Ana Cristina Vargas ditado por José Antônio

CB132128

O Quarto Crescente

A contestação feminina influenciando o progressso

boanova

Dados Internacionais de Catalogação na Publicação (CIP)
(Câmara Brasileira do Livro, SP, Brasil)

Antônio, José (Espírito) .
O Quarto Crescente / ditado por José Antônio ;
[psicografado por] Ana Cristina Vargas. --
Catanduva, SP : Boa Nova Editora, 2007.

ISBN 978-85-99772-16-4

1. Espiritismo 2. Psicografia 3. Romance
espírita I. Vargas, Ana Cristina. II. Título.

06-4062 CDD-133.93

Índices para catálogo sistemático:
1. Romances espíritas psicogarfados : Espiritismo
133.93

Impresso no Brasil/*Presita en Brazilo*

Ana Cristina Vargas ditado por José Antônio

O Quarto Crescente

Instituto Beneficente Boa Nova
Entidade coligada à Sociedade Espírita Boa Nova
Av. Porto Ferreira, 1.031 | Caixa Postal 143
Catanduva/SP | CEP 15809-020
www.boanova.net | boanova@boanova.net
Fone: (17) 3531-4444

2ª edição
Do 11º ao 20º mlheiro
10.000 exemplares
Setembro/2007

© 2007 by Boa Nova Editora.

Capa
Direção de arte
Francisco do Espírito Santo Neto
Designer
Cristina Fanhani Meira

Revisão
Noris Eunice Wiener Pureza Duarte
Maria de Lourdes Pio Gasparin

Editoração eletrônica
feita a partir da digitação
da própria médium por
Cristina Fanhani Meira

Todos os direitos estão reservados.
Nenhuma parte desta obra pode ser reproduzida ou transmitida por qualquer forma e/ou quaisquer meios (eletrônico ou mecânico, incluindo fotocópia e gravação) ou arquivada em qualquer sistema ou banco de dados sem permissão escrita da Editora.

O produto da venda desta obra é destinado à manutenção das atividades assistenciais da Sociedade de Estudos Espíritas Vida, de Pelotas, RS, e da Sociedade Espírita Boa Nova, de Catanduva, SP.

Sumário

Capítulo 1

Nascida à noite

O crepitar das labaredas da fogueira que queimava no centro do pátio chegava aos ouvidos de Rashida e com ela o som da música, a conversa dos homens reunidos.

Lançou um olhar, através das altas janelas, às estrelas, naquela noite de espera e agonia, pedindo a Alá e seus profetas que as amparassem.

Rodeada pelas mulheres, Farah, a preferida do emir, debatia-se nas dores de um parto prolongado. A jovem mulher sofria. Em seu rosto nenhum sinal da alegria, sua característica marcante. Estava vermelha e inchada, tinha o olhar de uma fera irada e abatida. O espírito rugia, no entanto o corpo não tinha mais condições de expressar idêntica força.

Há horas não falava, apenas balbuciava e gemia.

Rashida trocava olhares com a parteira judia. Leah – esse era seu nome – e desdobrava-se junto à parturiente, agora colocada sobre os tijolos vermelhos, exortando-a:

– Força e fé. A senhora pode. A natureza quer. É seu dever!

Lia-se com grande facilidade, nos olhos cor de mel da nobre Farah, o que ela pensava da exortação feita por Leah.

– Eu quero! – balbuciou ela entre dentes. – Preciso que ela venha ao mundo. Ela virá!

– Assim será! – falou Rashida aproximando-se. Tomando lugar ao lado da parturiente, estendeu-lhe a mão. – Vamos, aperte a minha mão quando a dor vier e... força.

– Força e fé – repetiu a parteira. – Força e fé. A mulher não é nada se não tiver força e fé. Nossa história é a mesma, não muda apesar do sangue, da cor da pele, da raça ou da religião. A mãe natureza nos fez iguais para os momentos da vida e da morte, para as horas de dor e nas grandes alegrias. Força e fé!

Rashida surpreendeu-se com o breve discurso de Leah e o sentimento estampou-se em sua face jovem, ainda inexperiente das dores experimentadas por sua cunhada.

– Olhe a sua volta – convidou a judia, dirigindo-se a Rashida. – O que vê? Não somos todas mulheres?

– Sim, mulheres de diferentes raças e crenças. Nessa hora entendemos que Jeová e Alá são um só e aceitamos sua ajuda misericordiosa sem indagar por qual nome nos oferta seu socorro e misericórdia.

– É – confirmou a judia. Voltando o olhar a Farah, constatou que empalidecia e, ao presumir fortes dores em sua atendida, tomou-lhe a outra mão dizendo-lhe, como se fosse uma irritante cantilena:

– Força e fé. A nat...

– Eu quero!!! – gritou Farah, reunindo toda a força de que ainda era capaz para expulsar a criança de seu ventre.

– Assim seja! – responderam as duas mulheres em uníssono.

Segundos depois, sorridente e aliviada, Leah aparou nas mãos o bebê que vinha à luz.

– Que tenha força e fé – desejou ela ao bebê, erguendo-o. Os fortes vagidos enchiam a sala. – É uma menina.

Rashida mal teve tempo de lançar um olhar à sobrinha que esperneava, pois quando enxugava a testa suada de Farah, a cunhada voltou a gritar, em desespero, tomada de novas dores.

– Serão dois? – indagou Leah.

– Examine – ordenou Farah, contorcendo-se outra vez.

Rashida observava os procedimentos da parteira e a movimentação no aposento. Enquanto duas mulheres tomavam conta da recém-nascida, outras três aguardavam ansiosas. A experiência lhes dizia que a continuidade das contrações com aquela intensidade prenunciava mais um nascimento.

– Gêmeos – murmuravam encantadas. Nem ouviam os ais de Farah. – O emir ficará orgulhoso. Que bom se...

– Prepare-se, temos mais um bebê. Posso tocar a cabecinha, está pronto para nascer. Lembre-se...

– Cale-se – ordenou Farah. – São meus filhos, e eu quero.

– Calma, Farah – pediu Rashida. – Concentre-se, busque suas forças. Pense no quanto meu irmão irá honrá-la, por dar-lhe o orgulho de ser pai de gêmeos.

Lembrando o marido, Farah sorriu e, num sopro de voz, pediu a uma das mulheres:

– Desça e avise ao emir Nasser que será pai de gêmeos. Que desejo festa em dobro, como foi a bênção de Alá à nossa união.

Sem demora, a jovem sobre a qual recaía o olhar de Farah afastou-se em direção à porta e, dali, rumou ao pátio para dar as novas ao emir.

– Serão dois? – indagou incrédulo Nasser.

– Sim – respondeu timidamente a jovem.

– Alá seja louvado! Que redobre a festa – ordenou aos serviçais. – Em honra de minha esposa Farah e meus filhos.

Lágrimas corriam nas faces de Nasser, tostadas pelo sol de Al Andaluz. Tornava-se pai, aos quarenta anos, quando a maioria dos homens já tinha uma grande prole e até netos. Apesar de suas várias esposas, nenhuma ainda lhe dera filhos, e nessa noite nasciam dois.

– Abençoado ventre de Farah, minha mulher –, e emocionado voltou o olhar em direção ao quarto onde ela dava a luz. Depois, notando que a jovem aguardava instruções, ordenou-lhe: – Volte ao seu dever.

Ao regressar aos aposentos de Farah, a moça assustou-se com o sofrimento da esposa do emir. Mais assustada ficou ao contemplar-lhe os olhos cor de mel, rajados de vermelho, onde o orgulho acendia uma força vivaz. Era uma mulher com têmpera de aço. O corpo estava debilitado, quase não obedecia a ela, porém o espírito... Ah! esse se manifestava em todo o seu esplendor no brilho daqueles olhos estriados de sangue. Refletiam orgulho, ira, a consciência de um novo poder, consolidado dia a dia durante a gestação e em cada contração de seu ventre naquela noite de tão longas horas.

Ao fim de muitas dores, ante o olhar aflito de Leah e Rashida, vinha ao mundo o outro filho do emir Nasser. Enfim, Farah caía nos braços da cunhada, suada, sem forças, com um brilho estonteante no olhar.

– É um menino! – gritou a parteira, erguendo o bebê e aplicando-lhe forte palmada, pois ele não chorava. Mas tinha certeza de que vivia por estar movimentando os braços. E falou imperativa ao recém-nascido: – Abra os pulmões, respire.

– Um menino, meu filho! – exclamou Farah exausta, feliz, pedindo: – Tragam-me os bebês. Quero vê-los.

– Espere alguns minutos – orientou Leah, entregando o menino a uma das auxiliares. – Irão banhá-los, enquanto cuidamos da senhora.

Farah submeteu-se aos procedimentos necessários, porém seus olhos não desgrudavam das mulheres que tinham seus filhos nas mãos. Assim que foi acomodada no leito, estendeu os dois braços pedindo a Rashida que lhe entregasse os bebês, aninhando-os, imediatamente, junto ao peito.

– "Não há outro Deus senão Alá, e Muhammad é seu profeta" – recitou Farah, primeiro suavemente de encontro ao ouvido da primogênita. Repetindo, depois, a profissão de fé junto ao ouvido do filho. Seu olhar examinava-os atentamente.

– São perfeitos – concluiu. E dirigindo-se à cunhada solicitou: – Avise ao emir que eu e seus filhos estamos bem.

– Não será melhor que descanse antes de ver meu irmão?

– Faça o que pedi – ordenou Farah com disfarçada doçura, repelindo o conselho da cunhada. – E dispense essas mulheres. Quero silêncio e privacidade.

Logo Rashida voltava na companhia do irmão. Encontrou a cunhada apenas sob os cuidados da parteira que, com a chegada do emir, saiu discretamente por uma porta lateral de acesso dos criados.

Sorrindo, Farah ergueu levemente os braços onde repousavam os gêmeos recém-nascidos para apreciação do marido.

Respeitoso, Nasser beijou-lhe a testa e a olhava com devoção.

– Lindos. Você me fez o mais feliz dos homens. Alá, o Clemente, sempre a proteja!

– Precisamos dar-lhes nomes – lembrou Farah.

– Qual nasceu primeiro?

– A menina – declarou Farah, erguendo suavemente o braço onde descansava a criança.

Nasser olhou a filha com grande carinho. Ela remexeu-se, inquieta, incomodada pelo sutil movimento, e resmungou, manifestando sua contrariedade.

– Ela reclama com facilidade. Nasceu aos berros; o irmão precisou de uma palmada – comentou Farah.

– Será que tem o gênio da mãe? – perguntou o emir bem-humorado. Tomando a filha nos braços, recitou baixinho junto ao seu ouvido: – "Não há outro Deus senão Alá, e Muhammad é seu profeta." Vamos chamá-la Layla, a nascida à noite.

Nasser devolveu a menina aos braços da mãe, repetindo os mesmo gestos, recitando a profissão de fé islâmica – que devem ser as primeiras e as últimas palavras ouvidas por um muçulmano – com o menino.

– E ao seu irmão chamaremos Karim, o precioso.

***

A infância de Layla e Karim transcorreu calmamente. Farah, pela maternidade, conquistou definitivamente prestígio e influência junto ao emir.

Sua filha cresceu recebendo oficialmente todas as lições que faziam parte da educação de uma mulher árabe muçulmana, pertencente a uma nobre família de um dos muitos reinos taifas existentes na Espanha, especificamente no sul, no território conhecido como Al Andaluz, nos séculos da alta Idade Média da era cristã. Cádiz, cidade reino de seu pai, brilhava como uma jóia incrustada às margens do oceano.

Conviviam, pacificamente, sob dominação muçulmana, os judeus e os cristãos. Os conquistadores árabes tomavam as terras e propriedades caídas em seu poder nas batalhas vencidas, recolhiam impostos, dominavam o comércio, porém, respeitavam, no teor mais profundo da palavra, a liberdade de consciência, religião e manifestação cultural dos povos conquistados, cujo direito de expressão não era sufocado.

Essas culturas formaram o caráter dos gêmeos.

Curiosa, inteligente, sagaz, extremamente rebelde e independente, Layla desde cedo mostrou ao mundo onde nascera que era uma mulher, mas não sabia ficar calada, nem viveria à sombra. Sua vida envolve-se, mescla-se com o fascínio da noite, desde a escuridão profunda ao brilho prateado e terno dos astros, da calmaria ao comando das tempestades, do desprezo à paixão.

Nunca aceitou o não ou o fracasso. Os revezes da vida, desde os que chamamos contrariedades até aqueles que entendemos como desgraças, ela os via como desafios de diferentes níveis. A queda era uma oportunidade de analisar o chão, mas nunca de prostrar-se e ficar lastimando sobre ele os fatos passados. As alturas eram para o pensamento. Enquanto mulher encarnada, mantinha o olhar e o pensamento na terra e no dia presente, sobre os quais andava. Mantinha-os, também, fixos em suas presas, seus objetivos; nenhuma sombra de deslumbre pelo poder a envolvia. Detinha-o, era sua propriedade e sabia exercê-lo, eis o que a guiou em sua jornada.

Da esmerada educação recebida – o povo árabe, diferentemente dos povos europeus, prezava o conhecimento, a cultura, a ciência, e todas as mulheres eram alfabetizadas e instruídas – o que mais recolheu como aprendizagem foi a arte de seduzir e cativar. As artimanhas femininas foram a maior herança, e lhe valeram em uma época na qual as mulheres, "teoricamente", não tinham voz, nem vez. Neste delicado assunto da astúcia feminina não havia caminhos ocultos para Farah, como também não houve na vida de sua bela e rebelde filha.

Capítulo II

Um reino oculto

– Você não pode – dizia Karim à irmã. – É uma menina!

– Eu sei. Não foi o que perguntei. E sua resposta não justifica coisa alguma – rebateu Layla furiosa e imperativa, aos sete anos de idade, numa ferrenha discussão com o irmão gêmeo, à vista do emir, que se divertia com a disputa.

Amava-os, mas seus olhos brilhavam orgulhosos quando via a filha lutando pelo que desejava.

"É uma guerreira. Tem o pensamento rápido. Não treme para decidir. Ah! Que natureza tão caprichosa e ingrata a fez mulher? Oxalá Karim tivesse a metade da personalidade da irmã! Ficaria mais tranqüilo quanto ao futuro da nosso tribo quando o comando repousar nas mãos dele," pensava Nasser. E sorria, observando seus filhos.

– Meninas não praticam com armas. Você não pode.

– Posso. Eu tenho braços, pernas e olhos como você. Sou forte para segurar o arco e esticá-lo. Onde está o motivo para não poder praticar? Ah! Sou melhor dirigindo um cavalo que você. Sou uma amazona perfeita.

– Isso não adianta. Você é menina. E meninas não podem... – insistia o irado Karim ante a teimosia da irmã. Como todos, também ele adorava Layla e, quando alguma dificuldade se interpunha em seu caminho, corria pedindo ajuda à irmã.

– Venham cá, meus filhos – chamou o emir buscando intervir na discussão. – Por que estão novamente discutindo?

Os dois pararam, lado a lado, à frente do pai, cabisbaixos, trocando olhares entre si, crendo que não era percebida a disputa muda e acirrada de olhares cheios de acusações.

– Então nenhum dos dois irá explicar? – questionou o pai. – Vamos ficar aqui até que me digam por que estavam discutindo. Eu vi. E já conversamos muito sobre essas brigas; pensei que estariam encerradas, mas vi que me enganei.

– Fui eu quem começou – admitiu Layla, serenamente. No olhar infantil brilhava confiança, nenhum traço de culpa ou remorso. Parecia sentir-se vitoriosa. E era, pois conseguira fazer chegar ao conhecimento do pai algo pelo qual se debatia desde o início daquela semana que chegava ao fim. A mãe horrorizara-se com a idéia da menina e a rechaçara de pronto. A última esperança era fazer o assunto chegar ao emir; descumprir uma de suas ordens – não discutir com o irmão – era um caminho. Sem titubear, prosseguiu:

– Quero aprender a manejar as armas. Karim disse que não posso e que não irá me ensinar. Mas ele está enganado, eu posso, sim. Afinal nós temos o mesmo tamanho.

Escondendo o sorriso ante o argumento usado pela filha, o emir fez-se de sério e severo ao inquirir:

– Você conhece alguma outra menina que maneje arco e flecha?

– Não, ainda não.

– E você já pensou por que nenhuma das outras meninas da sua idade, que vivem aqui no palácio, não praticam com armas?

– Ora, elas não gostam. Nunca quiseram – retrucou a menina. – Ou não deixaram.

Karim permanecia calado e cabisbaixo, lançando olhares sorrateiros à irmã.

– Já perguntou a alguma das mulheres o que elas pensam dessa idéia?

– Mamãe disse que o senhor é lindo montado sobre o cavalo quando sai para caçar ou para lutar. Ela sempre nos chama e lá do alto, na janela, mostra o senhor e diz: "Vejam como seu pai está lindo e forte". Junto com ela pedimos a Alá para abençoá-lo, e que o senhor seja bem sucedido.

– Layla! – repreendeu o emir, a cada segundo com maior dificuldade de aparentar seriedade. Em seu olhar transpareciam a diversão e o orgulho pela conduta da filha que habilmente desviava o rumo da discussão e o adulava com lisonjas. "Ela conhece o coração e as fragilidades humanas, por intuição. E é implacável no uso delas," analisava Nasser intimamente.

– É verdade, papai – insistia a menina. – Não é, Karim? Mamãe não chama sempre para mostrar o papai cavalgando com as armas?

Timidamente, Karim respondeu com um aceno afirmativo de cabeça.

– Não duvido, criança. Mas não respondeu o que lhe perguntei.

– Ora, mas nem é preciso. Se elas chamam para nos mostrar e dizem que é lindo, é porque elas gostam e acham lindo.

– Mas nenhuma delas maneja armas – afirmou o emir, surpreendido.

– Eu acho que elas querem... por que não pergunta? – e Layla sorria travessa.

Não era preciso muita perspicácia para entender que ela tinha perfeita consciência – embora expressasse idéias infantis – que o irmão estava com a razão e que o meio em que vivia a impedia de realizar seus desejos por considerá-los impróprios a uma mulher. Sabia que o pai, como autoridade máxima da tribo, poderia abrir-lhe exceções, mas, para tanto, era preciso manejar "outras idéias e caminhos" com maior habilidade. O cândido sorriso, a esperança confiante refletida no olhar, alguma bajulação, mil atenções, o esmero para que ele se orgulhasse dela socialmente, eram algumas das armas que lhe abriam as portas do proibido, que tanto a fascinavam e atraíam.

Nasser contemplava a filha, que parecia ignorar a própria idade. Embora nunca lhe faltasse com o respeito, ela agia como se fosse igual. "Que idéia! Perguntar às mulheres o que elas querem? Do que gostariam? Para quê?" Pensou, mas ao formular tais idéias, algo incômodo instalou-se em seu íntimo. Lançou um olhar nublado, estranho, à ala do palácio onde residiam suas esposas. Deu-se conta de que ele fora ouvido ao tomá-las por esposa, mas elas haviam apenas recebido o comunicado de que se casariam.

A primeira, Fátima, porque ele estava na idade de constituir família (já falecida); a segunda, Adara, porque se encantara com sua beleza trigueira e fora pela primeira vez tomado pela paixão; a terceira, Salma, fora resultante de uma necessidade política e comercial de fortalecer relações com um reino árabe vizinho; a quarta, Âmbar, era viúva de seu irmão, morto em combate e precisava de proteção; a quinta, Farah, era a mais jovem. Despertara-lhe um desejo insano quando a conhecera em uma comemoração na casa dos sogros e não pudera esquecê-la.

Não havia qualquer razão para fazê-lo, era perfeitamente lícito e normal tomá-la como esposa. Nessa ocasião, perturbava-o, terrivelmente, a infertilidade de suas uniões. A ingênua sugestão da filha o fez, pela primeira vez, ao longo daqueles anos, indagar a si do que elas gostariam. Baixou o olhar aos gêmeos. Layla o encarava confiante, sorridente, travessa. Karim tinha o olhar entediado, refletindo o orgulho masculino ao julgar ter razão e, de antemão, saber que a irmã teria seu pedido negado. Notou que o filho, aos sete anos, não cogitava considerar a vontade feminina.

Ainda incomodado pelas reflexões provocadas, abaixou-se à altura do filho e recomendou:

– Karim, vá ao encontro do instrutor. Eu conversarei um pouco mais com Layla.

Feliz por escapar da conversa, em seu entender, monótona, Karim afastou-se apressado. Alguns metros distante do emir, correu em direção aos pátios de treinamento.

– Venha, filha. Vamos procurar uma sombra. Está muito quente.

Obediente, Layla seguiu o pai em silêncio, acomodando-se a seu lado em um bonito banco de pedra, sob uma frondosa árvore.

– Você não gosta das lições de suas mestras e de sua mãe?

– Gosto.

– De qual você mais gosta?

– De dançar, de ler e de religião.

Surpreso com a segura e objetiva resposta, Nasser sorriu.

– Excelente. Você herdou esses gostos de sua mãe... e deve ter aprendido com Adara também.

– Adara é linda dançando, não é?

– Muito linda. Mas...

– Mamãe também lê bastante. Adoro os contos sobre heróis, guerreiros, sultões.

– Sua mãe lê isso para você?

– Eu leio e, quando não entendo, pergunto, então ela lê para mim – respondeu com fingida ingenuidade e simplicidade. Ficava claro que a menina manipulava a mãe.

– Sim, começo a entender... Mas voltando ao seu pedido, não lhe parece que você já tem muito a fazer com as ocupações que são adequadas a uma menina?

– Agora não estou fazendo nada – rebateu Layla tranqüila. Sua expressão completava o pensamento: "portanto, aprender a usar armas não será prejuízo".

– Mas poderia estar lendo ou dançando ou, se quisesse, ouvindo as orientações de seu primo Zafir.

– Já fiz tudo isso hoje. Não há nada a ser prejudicado se eu praticar com as mesmas armas de Karim. E não adianta falar de tamanho, nem de força. Eu nasci antes de Karim, temos o corpo igual.

"Páreo difícil essa minha filha. É astuta e perseverante," analisava o emir, contemplando o rosto de pele morena da menina.

– Para que vai lhe servir aprender a usar armas? Não poderá participar de torneios, nem de batalhas. Será inútil, pura perda de tempo.

– Nunca, papai. Zafir sempre diz que tudo que se aprende é útil na vida. Se as mulheres soubessem se defender de ataques dos espanhóis cristãos, seria muito melhor. Servirá para minha segurança e de muitas outras mulheres. Todas deveriam ter, pelo menos, um conhecimento pequeno. Acho até que os homens ficariam mais aliviados nas batalhas se tivessem a certeza de que suas mulheres são capazes de cuidar da própria vida.

– Filha, você disse que gosta de religião. É mesmo verdade? – indagou Nasser, lançando ao horizonte um olhar que levava consigo um apelo aos céus para ter paciência com a menina. Ela concordou, balançando a cabeça e sacudindo os pés, displicentemente, com grande tranqüilidade. – Então você já deve saber o que diz o livro sagrado quanto ao destino de homens e mulheres?

– Zafir conversa muito comigo. Mamãe também. Adara às vezes perde a paciência, irrita-se e me põe de castigo.

Imaginando as razões que tiravam a calma de sua segunda esposa, Nasser sorriu. Adara era geniosa, mas era de todas as suas esposas, depois de Farah, a mais amorosa com seus filhos. Via-se que tinha especial predileção por Karim, cujo temperamento cordato angariava sua incondicional simpatia. Já a inquieta Layla despertava-lhe fascínio e incômodo. Aliás, incômodo era um sentimento quase unânime entre todos que conviviam com a menina, exceto Zafir, que se deliciava com sua sagacidade e alegria.

– Eles conversam e lhe ensinam as suratas[1]. Então você já sabe que as mulheres são diferentes dos homens e não podem fazer as mesmas coisas, são inferiores. Por isso, você não pode aprender a usar armas.

– As mulheres são inferiores em tudo, papai?

– Sim, minha filha, é o que diz o Corão.

– E os homens são superiores em tudo, é assim?

– É Layla. Fico contente que tenha entendido.

– Se é assim, por que os homens têm medo de testar se Deus disse mesmo a verdade ao profeta? Eu não entendo.

Os olhos de Nasser arregalaram-se; suas faces tornaram-se rubras ante a insolência da criança. "Alá, dai-me paciência para educar essa alma. Eu amo a filha que me destes para criar e proteger, mas ela desafia-me a tolerância. É rebelde, parece não ter medo de nada." Respirou fundo e voltou a insistir em seus argumentos religiosos, falando novamente da surata.

– Papai – interrompeu Layla –, quem é superior não tem razão para impedir um inferior de fazer qualquer coisa. O inferior não vai conseguir, não é verdade? Por que impedir? Não vejo razão.

– Você está admitindo que se eu deixá-la praticar com as armas não vai conseguir aprender a manejá-las? Não vai ficar com vergonha depois?

– Não. Será apenas a comprovação. O senhor vai me deixar ter aulas junto com Karim?

– Vou, porque você é teimosa. E teimosia se dobra demonstrando quem

---

[1] *Suratas: versículo ou capítulo do Corão.*

tem razão. Eu digo que você não terá habilidade para armas. Mulheres não foram feitas para esse tipo de atividade, mas você insiste. Eu vou deixá-la passar vergonha. Depois não venha chorar magoada perto de mim.

Um sorriso de deleite, pura satisfação, estampou-se no rosto moreno de Layla. Faceira, ergueu-se, depositando um beijo estalado na face paterna. Tomou-lhe a mão conduzindo-o ao pátio onde se iniciavam as aulas do irmão.

– Eu prometo que não vou chorar – disse ela solene, encarando o emir quando chegaram ao local das instruções. – Mas... se eu conseguir...

– Chega, Layla. Primeiro vamos ver as lições, depois voltamos a falar – decidiu Nasser.

Em poucas palavras ordenou ao instrutor que fossem dadas à filha algumas aulas a fim de "domar-lhe a teimosia pela vergonha".

Ao término das instruções, Layla desenvolveu exímia pontaria. Era precisa e certeira. Uma campeã nata no arco e flecha.

Nasser, ao ver o desempenho da filha, dividia-se entre o orgulho e a incerteza. Farah condenara o envolvimento da filha com armas. Adara o advertira de que ele nunca dizia não à Layla, ainda que fosse um pedido absurdo como aquele.

A menina, percebendo a difícil situação que se criara, certa tarde falou ao pai e à contrariada mãe que os observavam treinar:

– Agora direi a Zafir que estou entendendo melhor a misericórdia de Alá.

A mãe franziu o cenho e olhou severa para a filha. Não admitia brincadeira em matéria de educação religiosa. Ia adverti-la, quando o marido ergueu a mão fazendo-a silenciar. Abaixando-se à altura da menina encarou-a e perguntou:

– Por que, minha filha?

– Porque há uma surata que diz que as mulheres devem ter os mesmos direitos exercidos contra elas. Por exemplo: quando há batalhas, como aquela em que morreu o marido de Âmbar, e ela foi machucada, ou seja, um homem exerceu o direito de feri-la com uma arma, ela não sabia defender-se, por isso sofreu muito. Eu pude aprender, porque o meu pai entende a palavra de Alá. Se alguém quiser me agredir, eu terei o direito sagrado de me defender e vou saber como fazer.

Os pais trocaram um olhar de espanto e nada responderam, mandando a menina de volta às lições. A sagacidade de Layla serviu ao pai, que passou a usar o argumento como resposta aos que questionavam as liberdades que concedia à filha, especialmente no tocante ao manejo de armas.

Ao aproximar-se da adolescência, Layla tinha o frescor de um botão de rosa orvalhado. Era a promessa de uma beleza oriental: seu cabelo negro e liso caía pesadamente até abaixo do quadril, a testa alta dava ao rosto uma expressão determinada e todos os traços eram bem desenhados. Os olhos negros lembravam ônix brilhante harmonizando com a aveludada pele bronzeada pelo calor do sol da Andaluzia. Era jovem, mas não era frágil, tinha o porte de uma guerreira. Sua expressão corporal falava que era senhora de uma mente clara e objetiva, e que trazia seus sentimentos sob vigilância constante, fato incomum, por isso incompreendido pela maioria das pessoas, mesmo as mais próximas.

Sobejamente demonstrada a habilidade com as armas, especialmente o arco e a flecha, ela tornou-se companheira do pai em suas caçadas. Amava as águias e gaviões que, adestrados admiravelmente por ela, pousavam serenos sobre o seu ombro, atendendo a seus comandos, obedientes ao servir a jovem. Porém, ela raramente matava um animal; seu prazer estava em cavalgar, em estar em contato com as aves, em dirigi-las, e nas disputas ingênuas que fazia com o pai e o irmão, das quais saía vencedora. Por saberem que ela raramente atirava para matar, ficavam surpresos diante de algumas atitudes e da expressão feroz que tomava conta de seus olhos, tornando-os verdadeiros abismos negros.

Em uma dessas ocasiões, observava o pai e o irmão caçando. Viu que perseguiam uma fêmea e que o animal aflito emitia sons. Olhando ao redor, percebeu que ela fugia do ninho na tentativa de proteger o filhote dos caçadores. O grito de advertência a Karim foi concomitante com a flecha disparada pelo irmão que feriu o animal, mas não o matou de imediato, causando sofrimento.

Irada, Layla sentiu as mãos crisparem-se em torno de suas armas. Mirou, decidida matando a presa, de forma instantânea. Em ato continuo, mirou e matou o filhote.

– Bela pontaria – elogiou o pai acenando. – Nunca consegui acertar um alvo de forma tão certeira a essa distância.

– Como você viu o outro animal escondido? – indagou o irmão. – Mande sua águia apanhá-los.

Sem dar-lhes resposta, ela assoviou e estendeu o braço direito, determinando à águia que voltasse e pousasse. Assim que sentiu as garras da ave sobre a pele, esporeou a montaria, partindo a galope de regresso à residência.

Vendo o comportamento da filha, Nasser disse a Karim:

– Veja, filho, quem entende as mulheres? Layla quer usar armas, mas quando mata um animal qualquer fica desse jeito. O restante do dia ela não falará.

Eles não a compreendiam, pois não transformavam conceitos em condutas e recusavam-se a exercer o direito de livre interpretação e manifestação do que aprendiam como norma de justiça e religiosidade. Para ela, aquela atitude fora de misericórdia. A ira não era contra o animal, que nada lhe havia feito, nem contra si mesma por ter-lhes tirado a vida, mas contra a falta de atenção do irmão que, ao ferir gravemente, impunha doloroso sofrimento e, que, ainda mais, não havia notado que perseguia uma fêmea com filhote.

A conduta de Karim geraria dor e destruição desnecessárias. A destruição ela não tivera meios de evitar: a fêmea ferida não tinha chance de sobreviver e o filhote seria presa fácil para outro animal maior. Decidira, movida pelo intuito de aplacar a dor e o sofrimento inúteis. Irritava-se quando percebia seres humanos dominados, cegos, pelas paixões, pelos instintos. Por isso, passava o dia calada e distante deles.

Apreciava a convivência com Leah, a mulher judia, que ajudara a trazê-la ao mundo. Havia entre elas amizade e carinho profundos. Certa tarde, quando Layla aproximava-se dos treze anos, estava no seu quarto de vestir provando trajes novos. Leah supervisionava a marcação da bainha da túnica à altura do tornozelo. Layla, envergando a veste alinhavada, punha-se imóvel sobre uma mesa baixa que facilitava o acesso das costureiras. Tinha o olhar distante, perdido nas paisagens verdes que se descortinavam além das janelas abertas, de par em par, para aliviar o calor. Estivera particularmente calada naquele dia e de supetão indagou:

– Leah, na sua religião também somos consideradas inferiores aos homens?

– Como? Não entendi – perguntou Leah, erguendo-se e fitando o rosto da jovem.

– Você entendeu sim, é uma mulher inteligente. Perguntei se na sua religião nós, mulheres, também somos consideradas criaturas inferiores.

– Inferiores... – murmurou Leah, refletindo em voz alta, enquanto por sua mente passavam rapidamente as lembranças das grandes heroínas da história de seu povo – a mulher de Abrão, as esposas de Jacó, as esposas de Davi e sua preferida, a rainha Esther. Ainda com a história desta mulher especial no pensamento, respondeu:

– Querida, inferioridade e superioridade são conceitos muito amplos. São comparações que se fazem. Quando se diz que é superior ou inferior é sempre em relação a algo ou alguém. Compararmo-nos aos homens é negarmos a obra divina, que nos criou diferentes.

– Quer dizer que não somos nem superiores nem inferiores. Então somos iguais?

Leah calmamente procurou as palavras necessárias para explicar seu pensamento.

– Não posso dizer isso, Layla. Nós, judias, assim como as mulheres muçulmanas, estamos submetidas à autoridade masculina, e nossos direitos não são iguais na sociedade humana. Mas a visão que tenho é aquela passada no Gênesis, o livro da criação, segundo a nossa fé. E ele diz que fomos criadas para ser companheiras do homem.

– Esposas submissas à vontade de um homem.

– Ah, minha querida, quando você crescer um pouquinho mais vai entender que submissão à vontade de um homem, assim como inferioridade ou superioridade, são assuntos muito amplos e zonas muito nebulosas.

– Depende de quem manda e de quem se submete?

– Também. Mas principalmente de "como manda" e de "como se submete". Poder todos temos – homens ou mulheres. O caso é que nem todos sabem que o possuem, e muito poucos, dentre os que sabem, usam-no com inteligência. Eu não deveria estar falando estas coisas. Pergunte ao senhor Zafir.

– Zafir sabe muitas coisas, mas é um homem.

– E agora sou eu quem pergunta: que diferença faz?

– Eu sou mulher, vivo, ajo, penso e sinto como mulher, e ele deve fazer a mesma coisa como homem, não é, Leah?

Assim ela acabava desvendando a real busca por trás do questionamento. Queria saber como as judias se sentiam, o que lhes era ensinado e como viviam intimamente. Nascida muçulmana, entre judias e cristãs, desde a infância Layla observava que as três religiões quase nada diferiam no que ensinavam quanto à mulher. Notava apenas um grande diferencial: enquanto o Islã e o judaísmo pregavam a necessidade de amor e proteção à mulher, os cristãos católicos silenciavam.

Zafir era filho de Âmbar com Ibn Abu, irmão de Nasser. Quinze anos mais velho que os gêmeos, tinha por eles grande carinho. O nascimento de Karim tirara-lhe de sobre os ombros a responsabilidade para com o povo. Não almejava nenhum poder. Não se interessava pelas funções de liderança; sua alma voltava-se, inteira, ao prazer de aprender, descobrir, pensar, vagar pelo universo místico e filosófico: isso o encantava. Em suma, era feliz com sua vida como funcionário da mesquita, dono de um conhecimento invejável na teologia islâmica. Era o imã[2] preferido do povo, um caso de rara unanimidade. Apesar do afeto pelo primo, por esmerar-se em desenvolver-lhe a inteligência e a compreensão da religião e do direito, guiá-lo nos conhecimentos necessários ao seu futuro como líder, era, entretanto, a instigante inteligência de Layla que o motivava na tarefa abraçada. Adoravam-se. Eram iguais. Poucas experiências são tão prazerosas quanto o convívio entre pessoas afins.

Após a realização de uma das cinco orações diárias, Zafir recolheu e enrolou o pequeno tapete que carregava consigo para ajoelhar-se e rezar. Tinha Karim à esquerda e Layla à sua direita; ambos o imitavam recolhendo seus tapetes.

Silenciosamente, retomaram seus lugares em torno da mesa onde vários livros estavam abertos.

---

[2] *O Islã não possui sacerdócio organizado e qualquer homem adulto pode ser imã, designação dada ao dirigente das preces e sermões na mesquita. Usalmente, é um funcionário da mesquita, com boa educação teológica, que recebe tal incumbência.*

– Voltemos ao estudo. Karim, leia para nós o Al Hadid, a surata revelada ao Profeta em Medina. Depois eu quero que você a comente.

Dócil, o jovem pôs-se de pé e leu a surata 57ª do Corão, conhecida pelo nome de Al Hadid.

– "Em nome de Deus, o Clemente, O Misericordioso."... – e prosseguiu a leitura dos 29 versículos para depois de uma pausa iniciar o comentário: – Al Hadid nos mostra a face de Alá, é por ele que melhor o conhecemos. O profeta nos diz que tudo na terra e no céu glorifica Deus. Seu poder se estende por este vasto reino, onde Ele é o criador onipotente, onisciente. E seu reinado abrange tudo que seja visível ou invisível, como Ele próprio o é. O coração do homem é seu reino, e Ele sabe de tudo o que se passa na nossa intimidade. O profeta nos convida a crer nesse Deus, a fazer a caridade a fim de obtermos grandes recompensas. Essas recompensas estão na vida futura, depois da morte. Esta surata foi revelada a Muhammad a fim de que ofertasse luz a todos nós, muçulmanos, fazendo-nos conhecer o que nos reserva o futuro e o caminho que nos conduz a Deus. Advertindo-nos dos poderes e do conhecimento de Deus sobre o que se passa em nossos corações, ficamos cientes de que nada lhe escapa à visão e já não tememos. Promete àqueles que ofertam de boa vontade suas contribuições a retribuição em dobro e nos fala do paraíso onde habitaremos. Igualmente adverte os hipócritas, os infiéis, os que caíram em tentação e duvidaram, os que se deixaram iludir por seus desejos, do que os espera. Outros povos receberam profetas e revelações divinas, mas não foram fiéis. Mantiveram seus corações endurecidos e, em sua maioria, foram rebeldes e transgressores. Por isso devemos ser, acima de tudo, submissos; lembrar a todo instante que Deus é maior e mais importante que qualquer outro interesse. Crer, obedecer, lembrar os pilares da nossa fé: "Não há outro Deus senão Alá, e Muhammad é seu profeta." Orar, praticar a caridade, o jejum e buscar Meca em peregrinação ao menos uma vez na vida.

– Muito bem, Karim. Você resumiu elementos importantes no Al Hadid, mas deve estudá-lo melhor. Leia-o e reflita. Com certeza, seu próximo comentário abordará temas que foram omitidos e são também importantes, portanto, será mais completo.

Voltando-se para a prima, observou que ela tinha o olhar distante, fixo e cego em um ponto qualquer na parede nua. Sorriu, conhecia essa expressão vaga, alheia. Não era – como alguns pensavam – sinônimo de ausência absoluta, mas sim, de um vôo profundo da própria mente nos assuntos que discutiam. Fascinava-o o dom estranho, do qual ela era senhora, que lhe permitia abstrair o pensamento e, ainda assim, ter consciência plena do que se passava à sua volta, reagindo de imediato. Não a chamou, sabia não ser preciso. Quando ela o fitou, segundos depois, havia questionamentos em seus olhos negros.

– O que são clemência e misericórdia? – perguntou Layla.

Zafir ampliou o sorriso limitando-se a erguer a sobrancelha em um gesto silencioso de incentivo a que expusesse suas dúvidas.

– Não podemos discutir o conteúdo desta surata sem estabelecermos o que é clemência e misericórdia, pois todas as suratas do Corão começam com essa afirmação. Penso que Muhammad, com isso, queria nos dizer que estes são os dois maiores atributos que nossa fé reverencia em Deus. Se estiver correta em meu modo de ver, o Al Hadid contém esclarecimentos que desvendam ainda mais as perfeições de Alá, levando-nos a reconhecê-lo como único Deus e nos fazendo muçulmanos, ou seja, fiéis submissos que nos entregamos a sua vontade em todas as áreas da vida por reconhecer-lhe virtudes máximas.

– Muito bem, Layla – elogiou Zafir, em verdade contendo-se para não aplaudir a jovem. Ela captava a mensagem profunda do texto, sem se deixar iludir pelas formas aparentes. Lia o objetivo e não somente a letra expressa no texto.

– Zafir, o que devo entender por misericórdia e por clemência? – insistiu a precoce jovem. – Explique-me. Você julgou o comentário de Karim muito bom, e ele entendeu que Alá é severo e pune com ferocidade, separa. Eu o entendo como misericordioso e clemente, e você me diz: Muito bem. Como pensamentos tão diferentes podem estar ambos "muito bem"? Preciso saber o que é misericórdia e clemência para você.

"Adversária fascinante. Ainda não tem noivo, mas que Alá lhe destine um marido inteligente que saiba apreciar também a mente e o entendimento feminino," pensou Zafir, contemplando o rosto sereno e concentrado da prima.

– Dois pensamentos podem diferir sem implicar incorreção, Layla. São formas de entender o Misericordioso. Se você olhar a paisagem além das janelas, teoricamente, e, apenas teoricamente, veremos a mesma imagem. Se eu pedir para você falar do que vê e pedir para Karim fazer o mesmo, ouvirei, com toda certeza, duas descrições próximas, porém muito diferentes. Entretanto, ambos analisaram e descreveram a mesma imagem. Onde está diferença? Na mente, minha doce Layla, e tão somente nela; na mente do homem, estão as diferenças. Você talvez descreva a beleza dos campos, a alegria e a dor dos animais, o verde dos bosques que tanto ama. Karim me falará do vento, dos sons, das coisas sussurradas, das folhas secas e tentará desvendar o futuro do que vê. Algum destes pensamentos está errado ou não atende ao que pedi?

– Não, Zafir – interveio Karim encarando a irmã. – Nenhum pensamento está errado, eles são expressão do que somos e sentimos. Não há como ser diferente. Tolerância para com os que pensam de forma diversa da nossa é uma virtude ensinada pelo Al Corão.

– Exato, Karim. Nenhuma forma de pensar merece reprovação: necessita de entendimento, análise e crítica, mas nunca reprovação. Não somos juízes da mente e dos corações de nossos semelhantes. Só Alá conhece a intimidade do coração humano, e só Ele pode julgá-lo – comentou Zafir, recordando lições já tratadas com os primos.

– Que tipo de julgamento faz alguém misericordioso e clemente? – indagou Layla.

– Um julgamento inclinado ao perdão. Alá, como diz o Al Hadid, é também Opulento. Ser opulento é ser abundante, cheio de riquezas; essa abundância não é só de coisas materiais, pois dessas ninguém possui mais que Alá. A Terra e tudo que ela contém – inclusive nós, seres humanos – pertencem a Alá e entendendo isso somos submissos a sua vontade. O que temos e usamos é mero empréstimo e, por essa razão, precisamos fazer caridade e de algum modo distribuir essa bênção. Não sermos egoístas, pois Ele é abundância. Uma de suas maiores abundâncias é a do reino das coisas invisíveis, e a fortuna maior é a sua misericórdia e clemência. Ser misericordioso é ser capaz de entender o outro e sentir-lhe as dores ou as alegrias e, assim, ser naturalmente inclinado ao perdão, liberto de rancores e sempre disposto a confiar. Clemência é enternecimento com os padecimentos da ignorância, Layla. É assunto para muitas aulas.

– Está certo então pensar que se o juiz é inclinado ao perdão nenhum réu é condenado? – rebateu Layla fitando o primo muito séria.

Não estava mantendo uma contenda verbal por manter, queria de fato ser esclarecida. Zafir balançou a cabeça, de forma quase imperceptível, numa confirmação tácita ao entendimento da jovem. Verdade é que a ela externava em palavras um dilema que há muito se debatia na mente do primo. Compreendia a existência de uma visão superficial, de uma mensagem comum, coabitando no mesmo livro que continha um entendimento profundo e uma mensagem de amor incomum a Deus.

Entenderia a dupla lição quem tivesse disposição para ler, interpretar, refletir, para encontrar a solução dos muitos dilemas e contradições da escritura do profeta. Segundo o que pensava, seria perceptível para quem buscasse contextualizar a mensagem e o trabalho de Muhammad. Pessoalmente, considerava o profeta um profundo admirador de Moisés e de Jesus, dois ilustres profetas do povo hebreu, tanto que citam suas profecias ou reproduzem-lhes o pensamento inúmeras vezes.

"Sem dúvida, estes dois grandes pensadores monoteístas não são devidamente compreendidos, e, sem dúvida, nosso profeta tinha uma predileção especial por Moisés. Talvez porque o meio ao qual Muhammad trouxe o esclarecimento se assemelhava muito ao do maior profeta hebreu. O povo árabe era dividido. Não possuía direção política ou religiosa. Cultuavam vários deuses. Viviam em disputas internas. A mensagem de Muhammad – tal qual a de Moisés – demorou a ser compreendida, precisou se revestir de duplo caráter. Foi necessário orientar a vida social e política do povo, e, também, a vida moral e religiosa. Aqueles que separaram essas duas faces da mensagem do Corão sabem quais ensinamentos morais devem aprofundar," pensava Zafir, esquecido da presença dos jovens alunos.

– Primo Zafir – chamou Layla, inquieta, agitando as mãos em frente aos olhos do primo –, estou esperando uma resposta. Tenho razão ou não em pensar que Alá, por ser clemente e misericordioso, não condenará ninguém?

– Deixe de ser insistente, Layla – advertiu Karim olhando-a severo. – Vou dizer a nosso pai que você foi insolente com o primo. Ele não vai gostar de saber desse comportamento de novo. Já a repreendeu mais de uma vez...

– Não estou sendo insolente, apenas quero saber – retrucou Layla e, de forma verdadeiramente insolente, completou: – Não me lembro de que isso seja motivo de condenação no Corão. Por acaso é?

Karim suspirou irritado. Adorava a irmã, mas não conseguia entendê-la. Por que não lhe bastava ouvir os ensinamentos? Sempre tinha que fazer perguntas. Isso prolongava as lições religiosas e o cansava. Seria melhor, simplesmente, ouvir e terminar a lição bem rápido, para envolver-se em outra atividade mais agradável.

Zafir percebia o diferente nível de apreço e entendimento das lições que ministrava. Abandonou a reflexão a que se entregara e contemporizou a situação, dispensando Karim e retendo Layla.

– Você merece uma resposta, prima. Seu pensamento está correto, e o íntimo de Deus é um mundo de amor e bondade. Ele jamais condenaria nenhum de seus filhos. Entretanto, nem todos conseguem conviver e harmonizar-se consigo, com o próximo e com o próprio Alá, pensando dessa forma. Acredito que por enxergar muito nitidamente essa realidade, o anjo Gabriel, ao fazer revelações ao profeta Muhammad, sempre enalteceu as características máximas de Deus e ressaltou suas muitas qualidades. Porém, a fim de fazer o povo obedecer à mensagem, fez com que este procurasse dar sentido à vida e à busca do comportamento amoroso e correto com Deus, consigo e com o próximo, prometendo-lhe uma vida futura cheia de prazeres; em contrapartida, ameaçou os desobedientes que se deixassem seduzir pelo mundo exterior e material, relegando a Deus, com a punição e o sofrimento.

– É mais difícil entender Deus como um ser amoroso e benevolente? Por que será que o profeta Muhammad e os outros não mostraram somente essa face íntima de Deus?

Zafir sorriu encantado com a indagação da jovem. Admirava-lhe a vivaz inteligência. Identificava nela o amor ao saber e a coragem de não renunciar à discussão das idéias próprias ou sugeridas.

– É difícil justificar as razões que levaram os profetas a agirem dessa ou daquela maneira. Aliás, é muito difícil justificar as razões de decidir e agir de outras pessoas. Muitas vezes nós não temos muito claros os nossos próprios motivos e objetivos em determinadas ações. Não vou lhe responder com a pretensão de estar dizendo por que Muhammad, ou qualquer outro, agiu ensinando algumas coisas de forma velada e outras de forma cristalina. Até porque, talvez, isso também esteja nos olhos de quem vê e nos ouvidos de quem ouve. Veja: seu irmão não questionou o mesmo que você. É possível que não tenha pensado nem percebido que são expressos conceitos aparentemente contraditórios. Você viu. Entretanto, no mesmo livro estão satisfeitas ambas as necessidades. Karim aprende que deve conduzir-se com amor e respeito a Alá e a todos os demais; aprende a buscar ser justo e viver corretamente, conforme os ensinos de nossa crença, colocando Deus acima de todas as coisas. Por ora, ele fará isso de maneira ritual e impensada, mas fará disso um hábito; no futuro, terá aprendido a amar um só Deus e começará a ver a vida sob essa luz. E, a partir daí, refletirá em muitos comportamentos e, como se fosse preso em um círculo, sua mente viajará muito longe para depois voltar à origem. Você avança nesse círculo, está a vários graus de distância do pensamento de Karim. Devemos considerar o meio no qual as revelações se deram. Como já lhe demonstrei, era preciso que elas atingissem uma variedade muito grande de entendimentos.

– Quer dizer que nem todos saberiam se conduzir bem se entendessem que Alá é benevolente, não saberiam respeitar e viver com alguém amoroso?

– Necessidades diferentes, querida. Há muitos seres que não gastam um só minuto do dia para refletir em si e na vida – obra máxima de Alá – onde podemos estudar mais de perto sobre Ele. Se não houvesse um freio exterior para suas condutas, acredite-me, seriam criaturas infelizes que infelicitariam muitas outras. Fazê-las ajoelhar cinco vezes por dia é uma tentativa de desenvolver hábitos de reflexão, de pensar em Deus e conviver com Ele. É bem provável que na infância, na juventude e na maturidade elas muito pouco pensem no que estão realizando, enxergarão quase nada além do cumprimento de uma obrigação a que temem desobedecer. Mas dia chegará em que esse hábito se converterá em um momento legítimo, um sentido de busca por maior compreensão da vida, de ansiar por um meio de escapar das coisas materiais e uma necessidade de investigar o próprio coração. Eu vejo com bons olhos essa máscara de ira lançada sobre a face de Alá. Ela engana apenas aqueles que se recusam a olhar com mais atenção e separar a realidade da fantasia.

Layla aceitou as explicações do primo. Intimamente formulou seus conceitos sobre elas, como em muitas outras questões.

***

As esposas de Nasser habitavam uma ala do palácio. Conviviam em relativa paz. A aparência era de harmonia; na intimidade, nem tudo era aceito. A disputa imperava especialmente entre Adara e Farah, as duas paixões do emir. Adara o encantava por sua beleza e sensualidade. Nenhuma das outras rivalizava com ela nestes quesitos. Farah, com a maternidade, consolidara poder sobre Nasser que lhe admirava o caráter, a inteligência e a formosura. A mãe de seus filhos seduzia-o com a mente e a astúcia.

Layla cresceu recebendo grande influência de ambas e da criada judia Leah. Estas três mulheres, por assim dizer, amassaram e modelaram a natureza rebelde da personalidade da menina. Cada uma legou influências na infância e na adolescência que ela carregou por toda a vida.

Adara, no início, preferia a companhia de Karim. Mas, com o passar dos anos, não conseguiu furtar-se ao encanto da menina morena de olhar cintilante que a observava sem esconder a curiosidade e o desejo de copiar suas maneiras e atitudes.

"Que mulher não desejaria deixar sua herança neste mundo? Imprimir sua marca? Ver a própria continuidade de sua vida?", pensava ela regozijando-se ao notar que, conforme Layla crescia e se aproximava da juventude, mais e mais assemelhava-se a ela no modo de vestir, de portar-se; até a suavidade do andar da moça lembrava o seu.

"É filha do meu marido, é minha herdeira; senão dos meus bens materiais, mas de tudo que sei como mulher" – decidiu Adara, quando a menina abeirava-se dos onze anos e pedira a ela que a ensinasse dançar.

– Você é a melhor dançarina de toda Cádiz – dissera Layla em meio a uma noite festiva, enrodilhada ao lado do emir vendo Adara dançar. – É o meu pai quem diz e todos concordam. Então, por que eu, até hoje, tive outras mestras? Somente voltarei a dançar se você me ensinar.

Nasser limitara-se a erguer as sobrancelhas. A filha sempre conseguia surpreendê-lo; sua sagacidade o encantava. Não havia mesmice ou tédio em sua companhia.

Adara sentira-se lisonjeada e, como boba não era, percebia que a filha tinha um lugar muito especial no coração do marido. Agradar à menina era fazê-lo feliz.

– Nunca pensei que desejasse receber lições comigo Layla – respondera Adara, encarando a menina. – Se não houver nenhuma objeção, é claro que eu poderei me encarregar de suas lições de dança. Vou gostar muito.

– Está resolvido – dissera Nasser, sem consultar Farah. – A partir de amanhã Adara será sua mestra de dança.

Layla sorrira para Adara cheia de confiança e alegria. Admirava a graciosidade da segunda esposa de seu pai. Mas Farah não gostou dos arranjos; seu rosto se fechou. Ante o olhar do marido, curvou a cabeça em aceitação tácita; intimamente guardou reservas.

O tempo mostrou que Layla agira com sabedoria ao exigir as lições de dança. Tornara-se uma jovem que ao fascínio do caráter, da inteligência e da beleza morena, unira-se uma graça de movimentos e uma sensualidade ímpar, que Adara a ensinara a manejar e ela dominava com a mesma maestria com que empunhava armas e domesticava águias.

– É o ventre que dança, Layla – advertia Adara ao ensinar-lhe a dança da fertilidade ou a dança do ventre. – Entregue-se. Mova o ventre no ritmo da música. Seus pés pouco têm a fazer. Concentre sua atenção nos movimentos do ventre. Orgulhe-se de ser mulher, exiba-se. Seu corpo é belo, menina, use-o.

Layla mostrou-se uma aprendiz digna da mestra. Aos quinze anos dançavam juntas nas festas e ninguém sabia dizer quem ensinara e quem aprendera. Esse laço as tornara amigas. Graças a ele, Adara aprendera a superar a sensação de incômodo que a menina ainda provocava em muitas ocasiões. Vendo-a mover braços, seios e ventre ao ritmo perfeito da música, ao observar a arte com que ela expressava no olhar um mundo de promessas e fantasias e no corpo uma capacidade sem igual de entrega e paixão, sentia-se orgulhosa. Aliás, a natureza apaixonada da personalidade de Layla manifestava-se em seu olhar: quando dançava, adquiria uma força hipnótica; quando enfrentava uma discussão era aberto, cristalino, de vivaz inteligência a ponto de desarmar seus contendores de qualquer inclinação menos justa ou honesta; porém, quando irada, tornavam-se gélidos abismos negros.

O fogo e o gelo queimam com igual intensidade. Naqueles em quem a ira se mostra em sua face fria – sob domínio da inteligência – o poder de atemorizar é sensivelmente maior. Qualquer um que encare alguém enfurecido, se mantiver a razão, é vencedor, pois o domínio da ira muitas vezes rouba espaço da inteligência. O ser dominado age de forma bestial e, como tal, é abatido; mas quem encarar alguém enfurecido e mantiver a fria razão, estará diante de um adversário terrível.

Aos dezesseis anos Layla era uma mulher adulta, senhora de si. Era a paixão e o desafio de todos que a tinham visto nascer e crescer nos domínios de Nasser Al Gassim.

Capítulo III

Um intruso

Os campos de Nasser Al Gassim, cultivados com esmerada dedicação, encantavam a comitiva que se deslocava pelas estradas empoeiradas sob o sol de Al Andaluz.

– Belíssimas plantações – elogiou o jovem chefe militar que acompanhava o emir Munir Al Jerrari.

– Observe a perfeição do plantio – comentava Munir, sacolejando ao andar do garanhão que lhe servia de montaria. – O emir há de nos oferecer bons alimentos. Espero que nossa visita seja produtiva. Dizem não ser fácil negociar com ele.

– Comentam que é excêntrico e muito liberal em relação às mulheres. É o que ouvi. Desconheço informações quanto às suas características como comerciante. É um reino abastado. Pequeno, é verdade, mas pode-se notar que é próspero.

Kiéram Simson percorria com o olhar as verdejantes plantações e, mais além, sobre um elevado do terreno, erguia-se a pequena aglomeração humana governada pelo emir Nasser.

– Parece bem fortificada.

Munir sorriu e um brilho maroto iluminou os olhos escuros ao ouvir a constatação de seu chefe militar. Recebera ao longo dos anos muitas críticas por confiar em um cidadão de segunda classe, um cristão, um soldado cuja habilidade era comprada ao preço de moedas de ouro. Muitas moedas, diga-se de passagem, tantas que o jovem Kiéram, apesar de sua condição social, desfrutava de uma vida de privilégios." Prefiro pagar e ficar tranqüilo a manter-me atento e fazer tudo. Kiéram jamais descansa. É fiel a mim e ao meu patrimônio."

– Não pretendo comandar uma invasão – retrucou o árabe. – Esta é uma missão comercial. Trouxemos alguma escolta por segurança. Há muitos assaltos e crimes nestas estradas.

– Eu sei, mas... não custa ver todos os ângulos. Questão de previdência.

Kiéram analisava o terreno, o caminho, as construções. Ao varrer a região com o olhar, teve sua atenção desviada pelo som das águias de caça. Acompanhou o mergulho de uma delas e a viu retornar ao braço de alguém bastante jovem, de inegável aptidão no trato com as aves. Fixou o olhar, mas a distância o impediu de distinguir com clareza o caçador. Em meio à conversa com o emir, continuou observando o caçador no vale. O aspecto franzino do corpo chamava-lhe a atenção e estava encantado com o comando preciso das aves.

Munir notou a atenção de Kiéram presa em algum ponto do vale. Com a experiência de anos de convivência foi fácil descobrir o motivo. Entendeu com um simples olhar o fascínio dele: o caçador era jovem e franzino demais, ao menos assim sugeria, visto à distância, qualidades incomuns em hábeis adestradores de águias.

– É um talento natural – comentou Kiéram, percebendo que o emir também observava a cena no vale. – Deve ser um adestrador de raro talento.

– Estamos precisando de um. Lembre-me de falar com Al Gassim sobre o rapaz.

– Sem dúvida, ele deve ser conhecido. Reparei que anda com muita desenvoltura pelo lugar, sabe conduzir o cavalo com perícia.

A conversa entre os dois prosseguiu entrecortada de observações sobre o caçador do vale e a missão comercial que vinham desempenhar junto ao emir Al Gassim, bem como a comentários quanto às faladas liberalidades do emir aos desejos de suas mulheres, especialmente da filha.

Ao jovem Kiéram, de orientação cristã, as referências às diversas esposas soava sempre estranha. Nascido em Al Andaluz, numa época multiconfessional, não conseguia entender a estrutura familiar e social do Islã. Contava com inúmeros amigos muçulmanos e convivia em suas residências, porém não compreendia o modo de vida, a estrutura social e religiosa que misturava política, religião e direito num mesmo caldo. Verdade seja dita que o mesmo fazia o catolicismo, em nome do Cristo, porém, dado sua estrutura clerical, os fiéis – destinatários finais desse imbróglio – não se apercebiam do fato, habituados, em sua grande maioria, a viver e exteriorizar uma religiosidade formal. Ele ouvia Munir falar das "mulheres" de seu anfitrião, aí incluídas filhas, esposas e mãe com um leve sorriso irônico. Não resistiu a uma amistosa provocação:

– Mas não é verdade que também o profeta Muhammad tinha preferência por uma de suas filhas?

Munir riu do questionamento e, balançando a cabeça, concordou. Fora ele quem em diversas ocasiões falara das tradições e da vida do profeta ao cristão.

– Vai ver todo pai muçulmano tem direito à sua "Fátima" – insistiu Kiéram ainda ironizando. – Nosso anfitrião e futuro parceiro comercial é apenas, digamos, muito conhecido por sua preferência.

– É o resultado de tornar-se pai em idade avançada. Corre-se o risco de se tornar presa da paixão que os filhos provocam. Na juventude essa paixão tende a passar, pois disputa primazia com outras até mais fortes. Isso não aconteceu com Nassar Al Gassim, pai velho.

– Ele não é nenhum ancião decrépito. Eu o conheci em Córdoba, lembra?

– Não aparenta a idade que tem. É um felizardo, pois também é famosa a beleza de suas mulheres.

– Ele, ao menos, não deve ansiar pelo paraíso, já vive nele – retrucou Kiéram, novamente alfinetando a crença do superior e amigo, segundo a qual o paraíso é cheio de belas virgens dispostas a servir aos homens fiéis.

– Meu caro, meu paraíso é mil vezes melhor do que o seu. Eu terei lindas virgens enquanto você terá, se alcançar tamanha glória, somente a companhia dos santos. Não, amigo, fique com a sua fé que não troco a minha. De mais a mais, você ainda tem que atravessar o purgatório com ranger de dentes, choro e muito sofrimento. Não, não. Deixe-me com meus jardins, sob os quais corre o rio, cercado de virgens – e ria alto da cara de espanto do outro, surpreendido com a comparação.

Munir lançou um olhar ao vale notando que o caçador se dirigia a galope para a propriedade de seu anfitrião.

– Parece que encerrou a caçada – comentou Kiéram, também com o olhar no cavaleiro que abandonava o vale e subia em direção à residência de Nasser Al Gassim.

* * *

Acomodado no alojamento destinado aos soldados, o mercenário cristão repousava em relativo conforto. Incorporara, como de resto todo o povo daquele território, os hábitos de higiene impostos pelo Islã. Os rituais de purificação antes das orações redundavam num aspecto benéfico à saúde pública. As casas de banho proliferavam e, ao lado de cada mesquita, havia pelo menos uma.

"Se purifica a alma ou não... é uma conversa que não interessa. Mas que traz um bem estar ao corpo cansado, não tenho dúvidas," pensava Kiéram, sentindo a brisa fresca da noite refrescar sua pele após um longo banho.

Os homens que acompanhavam Al Jerrari estavam adormecidos. Caracterizavam-se pela disciplina e, em nome dela, aceitavam a liderança de um mercenário. Reconheciam a capacidade e inteligência do cristão, mas não mantinham com ele laços de amizade. Por isso, Kiéram levava uma vida solitária.

Como cristão, era membro de segunda classe na sociedade. Os muçulmanos eram tolerantes, respeitavam cristãos e judeus, entretanto tolerância e respeito não são sinônimos de tratamento igualitário. As distinções eram bastante claras, visíveis e palpáveis. Assemelhava-se a uma sociedade de castas, e, nesse contexto, Kiéram sentia-se um pária completo e absoluto.

Entre seus iguais era discriminado por ser rico e seu dinheiro proceder do trabalho como mercenário; entre os muçulmanos e judeus, por ser cristão. Era alguém cujos amigos se contavam nos dedos de uma mão. A família restringia-se à mãe e a uma irmã jovem. Desde os quinze anos era o responsável pelos Simsons – o pai morrera em uma batalha e dele herdara bens, a responsabilidade pelos familiares e a própria profissão.

Tinha seu pequeno exército de mercenários que haviam ficado em Córdoba. Há oito anos trabalhava para o emir Al Jerrari; conheciam-se desde a infância e era um de seus mais fiéis amigos. Munir, no relacionamento com ele, ignorava as distinções de classe.

Entretido em suas divagações, de repente, teve sua atenção voltada a um som ritmado e muito conhecido. Sorrateiramente, ergueu-se do leito. Andou até a janela aberta que dava vista para o pátio de treinamento.

Era uma noite cheia de nuvens e, no exato momento em que foi observar o pátio, o luar foi escurecido. Enxergou os contornos de um vulto que exercitava a pontaria com o arco.

– Meu Deus! Está tomado de fúria – divertiu-se Kiéram ao notar a velocidade dos disparos certeiros.

Curioso, abandonou a estalagem, caminhando lentamente até o impiedoso atirador. A lua encoberta facilitava sua aproximação. A pessoa estava tão concentrada que ele acreditou não ser por ela percebido.

– Pare.

A ordem clara vinda de uma melodiosa voz feminina o surpreendeu. Procurou sua dona com o olhar. Não encontrou ninguém além dele e do atirador a metros de distância. Obedeceu, por uma pequena fração de minuto e dava o terceiro passo quando ouviu com mais nitidez.

– Pare.

– Desculpe, senhora, mas... – e calou-se surpreso.

O luar voltava a iluminar o pátio, e Kiéram teve a certeza de que a voz pertencia à furiosa atiradora. A silhueta feminina era inconfundível, e os longos cabelos soltos não deixavam margem à dúvida.

– Qual é a razão? Por que devo parar? Sou de paz e, veja, estou desarmado.

O pedido foi ignorado. Não se voltou para ver o homem que lhe falava. Sem interromper seu exercício, fria e firme, ordenou-lhe:

– Volte ao seu alojamento. Odeio ser observada sem permissão.

– Então... permita que lhe peça a devida autorização. Confesso-me admirado com sua destreza.

– Volte. Seu pedido foi negado.

"Autoritária. Quem será? Uma das esposas de Al Gassim, de outra forma não se comportaria dessa forma. É fácil ver que está irritada; controlada, mas a aspereza transparece na voz. Soa fria e cortante como gelo", analisava Kiéram sem arredar pé de onde estava.

– Obedeça, para o seu bem – alertou ela, sacando da aljava outra flecha que rapidamente acomodou e distendeu no arco antes de virar-se para encarar seu indesejado acompanhante.

A beleza da jovem atrás do arco encantou Kiéram, especialmente o brilho do olhar profundo e o rosto oval. A túnica escura que ela trajava escondia os contornos do corpo, deixando a mostra apenas os braços com músculos bem definidos, típicos de um atirador, mas que se moviam com uma suavidade feminina.

– Vá! – insistiu ela.

Ante a imobilidade de Kiéram, ela arremessou a flecha que passou rente ao seu pescoço, num aviso muito claro de que poderia atirar para matar.

Impressionado, vencido pela moça atiradora, ele ergueu as mãos reafirmando desejo de paz e voltou ao alojamento. Escondido pelas sombras da noite permitiu-se observar, por mais alguns minutos, o exercício da jovem que, após o breve encontro, parecia ainda mais irada.

Vencido pelo cansaço, abandonou a observação da moça e resolveu utilizar o som das flechadas como música para embalar seu sono. "Preciso descobrir quem é essa mulher. Por que estava tão furiosa?" Foram os últimos pensamentos dele antes de adormecer.

..*

Zafir, braços cruzados, no alto de um pequeno lance de escadas, observava o tio Al Gassim andar nervosamente pelo salão. Contrastando com a agitação do parente, ele tossiu discretamente e falou ao descer:

– Bom dia, caro tio. Como se encontra após a recepção de ontem? Nossos visitantes ainda dormem?

Nasser observou a lentidão enervante de Zafir nos degraus. Nem mesmo Farah, quando grávida dos gêmeos, fora tão lenta naquele pequeno lance de escada. Lançou-lhe um olhar onde a tempestade de sua alma era perfeitamente visível.

"Hum, parece um problema grande, faz muito que não vejo Nasser transtornado dessa forma", pensou Zafir, buscando manter-se calmo a fim de ser útil. Aproximando-se do emir, tocou-lhe o ombro encarando-o com amizade.

– Acredito que mandou me chamar porque deseja conversar. Diga-me: qual a razão desse nervosismo que salta aos olhos?

– Meu visitante – resmungou Nasser incomodado.

– O emir Munir? – surpreendeu-se Zafir.

– Ele mesmo. Imagine... tomou-se de encantos por Layla...

"Ciúme. Medo. Irritação. Pronto! Está tudo explicado", deduziu Zafir, mas manteve-se calado. Esse era um momento esperado e previsível. Nasser não notava que a filha era uma mulher adulta e logo estaria casada. Aliás, nenhuma providência tomara nesse sentido, quando era comum jovens da idade dela já serem mães.

O emir continuava resmungando idéias conhecidas do sobrinho. Repetia que sua filha era ainda uma menina; que teria de escolher para ela um marido especial que a compreendesse; bem como, a forma como fora educada.

– Este é um ponto muito importante. O senhor tem razão em se preocupar. Layla não é uma jovem comum, e o homem que pretender tê-la como esposa deve ser bem informado a respeito de quem levará para casa – comentou Zafir, sorrindo. – Admiro e a amo como uma irmã muito, muito querida. Mas sabemos o quanto ela é difícil e como todos cedemos às suas vontades desde menina. Agora é uma mulher, a mais temperamental que conheço.

– Pensa que não sei? – retrucou Nasser alterado no desabafo emocionado – Pois eu sei. Há muito me atormentava saber que esse dia chegaria. Acredite-me, Zafir, tive muitos pesadelos, e meu maior padecimento era, justamente, acertar os termos de um contrato de casamento envolvendo Layla. Que o profeta me perdoe, mas é... impensável tratar do assunto como o fiz quando contratei o casamento com minhas esposas. Layla é um espírito livre, é senhora de si. Eu não consigo pensar... por ela.

Zafir meneou a cabeça, permanecendo em silêncio alguns minutos. Depois sugeriu:

– Ninguém, desde os três anos de Layla, pensou por ela. É muito inteligente e, verdade seja dita, sempre acabamos pensando conforme as idéias que ela suscita, conforme os seus desejos. Imagino o drama e o dilema que estão dividindo sua alma, tio, porém, só posso lhe fazer uma sugestão: converse com Layla. Para quem já conquistou tantas liberdades e mostrou-se digna de todas elas, que mal há em ser ouvida nesse assunto?

Al Gassim passou a mão pela barba e cabelo, num gesto apressado, depois a deixou repousar sob o queixo que acariciava com polegar, cismando.

– Idéia sensata. Trará paz à minha consciência. Mas, conhecendo minha filha, tenho quase certeza de que Munir não causou o mesmo efeito. Talvez, bem ao contrário. Eu a vi bastante irritada com as atenções dele.

– Bem... então é praticamente certo que ela recusará qualquer pedido. Aliás, nosso visitante já formalizou alguma pretensão ou estamos apenas no campo das cogitações?

– Não oficialmente. Mas sou homem e reconheço um outro tomado de amores e paixão. Já fui jovem. Ele sugeriu que ampliássemos a visita e pudéssemos tratar de outros assuntos além do comércio. Não sou bobo. O assunto é Layla.

– E tia Farah percebeu algo? O que disse?

– Farah é uma mulher perspicaz, ponderada. Logo que notou as inclinações de Munir, ponderou prós e contras. Uma aliança familiar com os Al Jerrari seria comercialmente muito boa, garantiria um estreitamento de relações com o Califa de Córdoba, que é primo do nosso visitante. Mas, ela vê os mesmos problemas que eu.

– Não havia considerado as implicações comerciais e políticas – comentou Zafir, dando-se conta de que, tal como seus tios, não cogitava da possibilidade de envolver Layla em um contrato sem seu consentimento e participação. – Sendo assim, uma negativa pode ser interpretada como uma humilhação...

– Exatamente.

..*

"Uma belíssima residência, não há dúvida", analisava Munir em pensamento, vagando pelos aposentos que lhe havia designado o anfitrião. Apreciava a construção impecável, contendo alguns trechos de paredes com tijolos vazados que permitiam melhor circulação de ar e luminosidade no ambiente. A decoração com muitos tapetes, almofadas, móveis com laca e pés torneados, tapeçarias retratando cenas do cotidiano nas plantações e, outras, apenas a natureza do lugar.

Aproximou-se de uma que retratava os vinhedos. Examinou com apreço o detalhe dos cachos de uva matizados. Sorriu e murmurou:

– A colheita se aproximava. Que olhar atento tinha o tapeceiro.

Ouviu uma batida na porta; reconheceu-a como sinal de Kiéram e ordenou que entrasse.

– Bom dia – cumprimentou o mercenário.

– Venha, Kiéram – disse Munir, apontando um recanto próximo de uma porta-janela ampla que dava vista ao vale, para onde se encaminhou e, com as mãos apoiadas na mureta da sacada, encarou seu servidor militar.

– Nossa missão irá estender-se – informou, observando Kiéram erguer as sobrancelhas incrédulo. – Nossa providência imediata é enviar a Córdoba um mensageiro com esta informação.

– Podemos dispor de qualquer dos homens que nos acompanham. Deverá procurar seu primo Jamal ou ir à procura de Amirah?

Munir torceu a boca numa careta muito pessoal que fazia quando ponderava antes de tomar uma decisão.

– Jamal. De nada resolveria enviar mensagem à "minha esposa". Meu primo irá tranqüilizá-la e será melhor que receba a notícia através dele.

Kiéram não tinha por hábito questionar as decisões pessoais do emir. Ficou intrigado com a súbita mudança de planos. Afinal, estavam há pouco mais de 24 horas sob o teto de Al Gassim, e os objetivos da visita eram claros.

– A mensagem já está pronta?

– Tenho as idéias organizadas, em poucos minutos eu mesmo a escreverei.

Como Munir ficasse em silêncio, contemplando a paisagem, Kiéram indagou:

– Algo mais?

Munir negou, firmemente, com um gesto de cabeça e o soldado completou:

– Irei dar ordens a um de nossos homens e acompanharei os preparativos. Voltarei quando tudo estiver pronto para a partida, apenas para receber a correspondência e levá-la ao viajante.

– Ótimo.

Entendendo que a entrevista da manhã estava encerrada, Kiéram afastou-se caminhando a passos largos e rápidos, de volta à estalagem. Uma hora e meia após retornou. Encontrou Munir concentrado na leitura da mensagem.

– Está ótimo – declarou ele. – Não gosto de floreios, digo o necessário. Uma mensagem curta, clara e direta é o ideal.

– Perdoe-me, se for inconveniente, mas posso saber a razão da mudança de propósitos?

Munir deixou a mensagem aberta, não se importando que Kiéram lesse o teor da missiva. Conforme lia as frases, a tez morena pela vida muito ligada ao contato com o ar livre e o sol, empalidecia.

"... pretendo tomar uma segunda esposa. Informe Amirah. Demorarei alguns dias além do previsto..." Essas expressões saltavam aos olhos. De propósito, Munir usara o espaço entre as palavras, as linhas e os parágrafos, de modo a deixar claro o tema.

– Deus do céu! Se mil homens invadissem o palácio de seu primo, não causariam furor tão grande quanto a notícia dessa missiva – previu Kiéram, assustado com a insensatez de Munir, jogando incerteza sobre o futuro próximo.

O emir Al Jerrari riu baixinho, demonstrando que se divertia com a previsão e a considerava acertada.

– Agora sabe por que deve ser meu primo a receber a mensagem. Ele que se entenda com a "irmãzinha".

A atitude de Al Jerrari enchia de temor seu amigo e servidor. Pensamentos desconexos e temerosos varreram-lhe a mente com a força de um vendaval, rápidos, fortes; impossível opor barreiras, trazendo cenas de destruição à sua mente. Uma pergunta queimava-lhe a língua e não pôde calar:

– Valerá a pena, Munir? Essa não é uma decisão importante demais para ser tomada de forma tão afoita?

O emir sorriu. Um brilho eivado de cobiça, prazer e ansiedade iluminou seus olhos castanhos antes de responder. Sem dúvida, era um brilho traidor dos seus pensamentos, das lembranças, das emoções fortes que o tomaram de surpresa e o encantavam.

– Não, Kiéram – respondeu após a pausa reveladora. – Há decisões que são ditadas pelo coração e não pela razão. Elas são rápidas, não deixam margem à dúvida. Simplesmente são.

– Hum... sei do que fala. Mas com a liberdade que me permite nossa longa amizade, não ousaria chamá-las de "decisões do coração". O que vejo em seus olhos, meu caro, tem pouca relação com o coração – retrucou Kiéram irônico e sério.

Munir gargalhou do comentário e concluiu:

– Que seja! Conhecemo-nos faz tempo. É meu melhor amigo, Kiéram, a única pessoa em quem confio plenamente. Não me farei de rogado, você tem razão. Quando conhecer minha futura noiva dirá que estou certo, que minha decisão vale todos os transtornos que possa gerar. É a mulher mais linda e fascinante em que pus meus olhos até hoje.

– E precisa ser casamento? – indagou Kiéram com um olhar sugestivo.

– É a filha de Al Gassim.

– Por Deus, Munir! Não havia outra para enchê-lo de amores e desejo?

– São as ciladas da vida. Há fogo nos olhos dela, Kiéram... há... há uma força estranha em toda ela. Algo que não consigo descrever. Layla é encantamento...

– Munir, eu lhe imploro: pense bem. Esta não é primeira vez que se toma de amores; com suas conquistas eu já conseguiria formar uma guarnição. Mas uma segunda esposa agora não será complicar desnecessariamente a situação em Córdoba? Além do mais, você mal conhece essa moça, encontrou-a ontem à noite...

Al Jerrari parecia surdo aos apelos do amigo. Tinha a mente fixa em lembrança do dia anterior e, poder-se-ia dizer que, no íntimo, havia também um prazer secreto, uma razão oculta ao afrontar o Califa de Córdoba, seu primo e cunhado. Mesmo percebendo estas reações, Kiéram insistiu:

– Mandarei o mensageiro amanhã ao raiar do dia.

– Agora, Kiéram. Siga as ordens que lhe dei.

Capítulo IV

Relacionamentos em conflito

Alheia às aflições que dominavam seu senhor e dos episódios da noite anterior, Leah caminhava rapidamente cortando distâncias pelo pátio de treinamento até a entrada dos fundos da residência de Al Gassim.

Um véu diáfano, de seda branca, tremulava ao vento pendurado sobre as flores que ornamentavam os canteiros laterais. Apanhou-o, resmungando baixinho:

– É de Layla. Menina travessa! Se a mãe a descobre sem o véu... Que briga! Quando o terá perdido? Não veio treinar com as armas. Terá sido ontem à noite? Não é possível! Havia um banquete para receber os visitantes...

Leah permanecia parada com o véu nas mãos, confabulando consigo mesma.

A jovem odiava usar o véu, símbolo da sua condição de protegida do sexo masculino, no caso, pelo pai. Em família, na intimidade do lar, as mulheres muçulmanas podem ficar descobertas, mas nunca na presença de estranhos, especialmente de homens. Layla rebelava-se contra o véu, costumava atirá-los pelos cantos da propriedade sem nenhum cuidado. O uso a incomodava até para dançar.

Não foram poucas vezes que, em suas excursões com o pai e o irmão, ela dava um jeito de deixá-lo cair, de perdê-lo para usufruir a brisa e o calor do sol. Quando o pai a admoestava, ela sorria, estendia a mão mostrando o vale e os campos.

– Só há animais selvagens e vegetação, meu pai. Por certo o único olhar que recai sobre mim é o do Altíssimo e a ele me submeto com ou sem véu.

Por fim, todos entenderam a profunda aversão que ela sentia por "ser obrigada" a ostentar o símbolo que, a seu ver, a diminuía como ser humano. Era uma das suas muitas rebeldias às normas de comportamento ditadas pela sociedade islâmica, porém sua devoção a Alá e sua crença não podiam ser alvo de nenhuma crítica; ao contrário, reconhecia-se que muito de sua forte personalidade vinha desse escudo de fé no Criador que a sustentava. Podia-se dizer que ela era uma crente muçulmana no que há de mais profundo nessa vertente religiosa.

Layla era uma alma livre que unicamente se submetia a Deus, e o fazia com plenitude. Nunca alguém a ouviu questionar, reclamar ou imprecar contra algo da natureza.

– Reconheço a vontade de Alá e sou submissa – dizia ela e, sem murmurar, suportava vento, frio, calor, todos os movimentos da vida com seus ciclos de ganhos e perdas, de nascer e morrer, todas as dores e mal estares físicos. De nada reclamava.

Porém, onde não tivesse plena certeza de que fora uma determinação divina, suas próprias forças a guiavam, não acolhia e, se, porventura, fosse obrigada a tolerar – como era o caso do véu na presença de visitantes ou em público – isso a desgastava e o fazia, tão somente, pelo tempo necessário. Largá-lo em qualquer canto denunciava seu desprezo. Servia como mudo protesto.

Enrolando o véu e escondendo-o sob a manga do vestido, Leah retomou o caminho, refletindo que era bem provável que sua jovem senhora o houvesse largado em um momento de raiva. Era típico, desde quando passara a ter de usá-lo: se algo a incomodava, era a primeira coisa arrancada e jogada longe.

"Que terá acontecido?" questionava-se a servidora dos Al Gassim ao adentrar na residência dos senhores.

Conforme avançava, mais se acentuava o sentimento de que algo estranho estava acontecendo.

– Amanheceram nervosos – respondeu uma das criadas à sua indagação, numa breve conversa enquanto Leah colocava o avental sobre o vestido. – Não sei o que se passou na festa de ontem, mas, com certeza, deve ter acontecido algo para deixá-los neste estado. As mulheres estão agitadas. A senhora Farah tem os olhos vermelhos e inchados. A senhora Adara está muito calada, caminha de um lado a outro, procura pela menina Layla. As outras estão prostradas, rezando. E o emir mandou chamar o senhor Zafir antes da refeição matinal. Parece que os visitantes foram esquecidos.

– Obrigada, Mara. Já sei o que posso encontrar. E Layla? Alguém a viu?

– Não sei da menina. Deve estar nos aposentos à sua espera.

– Deve estar – concordou Leah, afastando-se ainda mais apressada.

"Algo está acontecendo e não creio que seja bom. Pressinto problemas", confabulava a criada em pensamento, repassando as informações recebidas.

O movimento relatado estava longe do usual. Chegando à porta dos aposentos de Layla, bateu, como de costume, e assim que recebeu permissão, entrou.

A jovem estava sentada entre almofadas, na posição de lótus, em frente às altas portas-janelas que se abriam dando vista aos jardins e campos cultivados. Leah notou que a jovem ainda usava as roupas de festa: a túnica branca bordada alcançava a altura dos joelhos e a calça de seda da mesma cor cobria-a até os pés, em cujo dedo mínimo brilhava um anel de ouro cravejado de pedras preciosas.

– O que houve, Layla? Não se sente bem? – indagou a criada com a familiaridade de quem a conhecia desde o nascimento.

A sombra de um sorriso se desenhou de modo fugaz no rosto moreno da filha de Al Gassim.

– Estou bem, Leah, apenas precisei meditar e depois perdi o sono. Foi isso.

Leah agachou-se próximo de Layla notando-lhe o olhar sombrio e distante.

– Algo ou alguém a incomodou na festa – afirmou Leah. – Não quer conversar, contar o que aconteceu?

Layla respirou profundamente; uniu as mãos. Seu olhar vagava pelo verde além dos umbrais das janelas.

– Muitas coisas me incomodam. Diria que há tempos; apenas algumas se renovaram na noite passada.

– Encontrei um véu no pátio de treinamento. É seu?

– Jogue-o no fogo – resmungou a jovem irritada.

– Fale o que houve. Vai se sentir melhor. Quando encontrei este véu, ele me pareceu um aviso. Você só iria ao pátio à noite se estivesse revoltada. O pobre véu estava jogado sobre as flores. Mais desprezado, só se o houvesse jogado em uma cocheira.

– No chiqueiro seria melhor. Odeio esse trapo.

– É bonito, Layla – retrucou Leah, na tentativa de apaziguar a disposição da moça com o emblema de sua religião.

– Use-o e verá quão belo ele é. Não deveria se chamar véu, mas sim, sujeição. Há homens que são mais imbecis que os muares. E pensam que são superiores, que tudo podem. Arrogantes. Imbecis. Prepotentes!

– Posso saber se tem um nome o homem que recebe tantos elogios? – questionou Leah, divertida com a fúria controlada de Layla, que esbravejava sem se mover ou alterar a expressão da face. Apenas o olhar e o tom da voz denunciavam seu estado emocional.

"Parece um temporal se anunciando com nuvens escuras e pesadas", comparou Leah mentalmente. Quando via sua jovem ama irada, lembrava cenas de tempestade.

– Sim, o mais recente atende pelo nome de Munir Al Jerrari. Ele reivindica o título de senhor supremo da prepotência.

– O visitante de Córdoba! – espantou-se Leah. – Mas o que ele fez?

– Resolveu cortejar-me, bajulou-me até que todos prestassem atenção. Agiu como se eu fosse uma mercadoria à disposição para compra e venda. Como se fosse obrigada a tolerá-lo e ainda devesse me sentir honrada.

– Você é uma mulher bonita, Layla, e solteira. Está na idade de chamar a atenção dos homens. É natural. Não devia se irritar. É um fato da vida, aceite, como convém à sua fé.

– Essa atitude não é vontade de Alá. Não me curvo e não aceito. Não sou mercadoria.

– Minha querida criança, sabe o quanto eu respeito sua crença e, muito especialmente, sua fé, mas não concordo com o que disse. Quem pode saber qual é a vontade do Criador? Conheço histórias da manifestação da vontade dele no seio do meu povo. É dos fatos concretos que se entende por onde andou a mão do Senhor escrevendo em nossas vidas. Uma situação bizarra, absurda, aos nossos olhos, pode ser um caminho da vontade dele. Você conhece a vida dos profetas, elas são cheias de fatos deste tipo.

– Leah, você quer me fazer crer que a atitude petulante do emir Al Jerrari é uma manifestação do Altíssimo? E que aceitar sua conduta e seus desejos é seguir o caminho correto? – questionou Layla, incrédula com o pensamento expresso pela criada.

Conhecia-a desde quando se entendia como gente. Admirava-a pela convicção e fé que demonstrava em sua vida, bem como pela férrea força de vontade e persistência. Não podia conceber que justo ela a aconselhasse a ser submissa.

– Todas as coisas do mundo são manifestações de um mesmo poder, são obras de um único Criador; nós somos suas criaturas e, se não somos perfeitos, é preciso reconhecer que Ele assim não desejou fazer, mas deu-nos a liberdade e o mundo inteirinho para descobrirmos e para aprendermos a amar a Ele, que nos deu a vida. É assim que os muçulmanos também crêem, certo?

Ante a concordância tácita de Layla, a criada concluiu:

– Por pensar desse modo eu respeito e aceito as imperfeições próprias e alheias como manifestações da vontade de Deus. Ele quis que nós participássemos da melhora pessoal e do mundo, que fôssemos testados por dores e prazeres; que nas lutas do mundo desenvolvêssemos a têmpera, a força, a fé e o amor incondicionais. Olha, o que quero mesmo lhe dizer é que você precisa aceitar que, hoje ou amanhã, se não for Al Jerrari será outro, aparecerá um homem que desejará casar com você. Esse é o fato da vida a ser aceito. Você cresceu, minha criança. A vida começa a lhe mostrar que traçou caminhos que são somente seus, de mais ninguém.

– Seu pensamento é sábio, verdadeiro, mas eu ainda creio que muitas coisas que acontecem não são manifestações do Misericordioso. São manifestações da imperfeição humana. Concordo com o que disse quanto a isso, mas essas imperfeições precisam ser corrigidas e, se formos sempre submissas, elas não mudarão.

Leah sorriu e ergueu-se, indo apanhar uma das escovas de cabelo enfileiradas sobre um aparador de madeira escura. Retornando, sentou-se atrás da jovem e começou a desfazer o penteado. Escovou os longos fios negros, enquanto falava como se pensasse em voz alta:

– Desde menina você tem dificuldade em entender a submissão das mulheres. Lembro que era pequena e já questionava a forma como vivemos. Agora você é adulta, pode conhecer o que antes não era conveniente.

Leah sorriu das ternas lembranças que lhe vinham à mente da rebeldia de sua ama e prosseguiu:

– Você nasceu aos gritos, Layla. Não é coisa comum bebês nascerem berrando. Devia ser sua alma anunciando que você não se conformaria, nem saberia calar. Mas nem só de gritos se faz uma luta; no silêncio também há poder. Os homens só o enxergam e o reconhecem onde há barulho e ele está exposto. São imediatistas, impacientes. Nós, mulheres, temos um aprendizado diferente. Nossas mentes vagam buscando caminhos no silêncio, e justamente no saber esperar, na força da paciência, da perseverança e em todos os poderes que se podem exercer sem que se note, é de onde haurimos forças. A natureza nos deu corpos diferentes; isso vale dizer aprendizados diferentes. Nós aprendemos a suportar as dores, os ciclos, a gerar e criar outros seres, e essas experiências ensinam a esperar, a ter paciência com a vida, a nos harmonizar com seus ciclos. Sabemos que não adianta berrar; descobrimos forças e poderes dentro de nós que não imaginávamos existir. Eu já lhe contei a história de Esther ou, como nós a chamamos, Hadassa?

– Já ouvi você falar dela, foi uma rainha do seu povo.

– Exatamente. Hadassa foi rainha sendo judia, pobre, vivendo sob dominação dos persas, quando isso parecia impossível, absurdo. A história do meu povo é cheia de dominações, de escravidão. Era uma menina que ficou órfã muito cedo; acabou sendo criada e educada por um tio. Tornou-se uma jovem linda, como você. Certo dia, o rei dos conquistadores incomodou-se com sua rainha, desentenderam-se e ele a repudiou, ficando livre para tomar nova esposa. Mas estava desiludido com o casamento, não sabia como escolher uma nova mulher. Aconselharam-no a que mandasse vir a sua presença as mais belas virgens da cidade e, entre elas, escolhesse a que lhe fosse do agrado. Seus soldados buscaram todas as jovens bonitas da cidade. Hadassa foi retirada da casa de seu tio e era a mais bela. Desconheciam sua origem e ela não a revelou de imediato. O rei a escolheu; tomou-a como esposa e rainha. Assim, Hadassa tornou-se Esther, rainha dos persas. Com o passar do tempo ele apaixonou-se pela esposa, que soube como nenhuma outra cativá-lo. Ocorreu, então, uma traição ao rei.

Aquele em quem ele mais confiava o atraiçoou e desejou lançar a culpa sobre o povo hebreu. Esse traidor conspirou para que os judeus fossem considerados culpados do crime e dizimados. Hadassa foi informada, recebeu todas as provas e, com a astúcia feminina, soube desmascará-lo. Revelou ao rei, nesse momento, sua ascendência hebréia; pediu e obteve a condenação do culpado. Porém, já não havia como impedir a tentativa de massacre aos judeus, mas ela conseguiu que nosso povo tivesse garantido o direito de se defender e lutar em igualdade de condições. Resultado: o culpado foi condenado. O massacre não aconteceu porque se defenderam; houve guerra, não massacre. O tio e tutor da rainha tornou-se o homem mais influente junto ao rei dos persas e, por causa dela, nosso povo conquistou melhores condições de vida na época. Nos livros sagrados, a história de Hadassa é contada pelos homens da minha raça, e, lógico, privilegiam o ponto de vista masculino, ressaltando a figura do tio e tutor que depois foi um governante, mas não é difícil perceber que Hadassa foi uma grande mulher, tanto que seu nome persa, Esther, significa a estrela do amor. Você acha que ela era submissa? Que não tinha nenhum poder?

– Não. Não era – respondeu Layla, após refletir algum tempo sobre a história da órfã judia que se tornou rainha dos persas. – Parecia ser, é isso que você quis dizer, quando falou da paciência e de que Hadassa cativou o rei.

– Se você cativar um animal, ele é dócil à sua vontade. Não é assim com suas águias? Pois bem, a mulher tem meios de cativar os que desejam submetê-la e, então, há a inversão do jogo. É o poder da paciência e de reconhecer o próprio valor.

– Quem cativa manda, embora o cativo pense ser ele.

– É, minha criança, não creia que a história do mundo é feita de homens e guerras. É feita também pelas mulheres. A diferença é que não somos nós que a contamos. Entretanto, mesmo na história contada pelos homens, se lida com atenção, percebe-se a sombra da mão feminina. Só se submetem realmente aquelas de nós que, infelizes, ignoram o poder que carregam.

Leah observou que o diálogo fazia bem à jovem cujo olhar ainda estava perdido na paisagem além das janelas, mas o brilho da ira arrefecera, dando lugar a uma expressão compenetrada. Os olhos de Layla não viam o céu, nem a clara paisagem de Al Andaluz. Estavam fixos na contemplação interior, na reflexão provocada pela mítica figura de Hadassa e sua extraordinária trajetória da orfandade ao auge do poder.

Nenhuma delas ouviu a suave aproximação de Adara, que, silenciosa, ficara ouvindo o diálogo. Aprovando o que ouviu, anunciou sua presença.

– Bom dia. Perdoem, pois ouvi a conversa.

Layla sorriu para a recém chegada e estendeu-lhe a mão num convite para que sentasse a seu lado.

– Notei que a noite de ontem a perturbou, por isso vim vê-la tão cedo. Como está?

– Melhor. Leah tem uma boca abençoada. Sempre encontra palavras que me acalmam, trazendo-me novos pensamentos. Ouviu a história da rainha persa?

– Já conhecia a história de Esther – e olhando para a criada, sorriu ao comentar: – Uma elogiável mulher da sua raça. Um exemplo.

Leah sorriu ao responder:

– Hadassa tem o poder feminino, sra. Adara. Seu exemplo serve a todas nós, independente de raça ou crença. Ela reinou entre estrangeiros. A menina Layla estava incomodada com o véu, como sempre. Com dúvidas sobre submissão e...

– Eu ouvi. Layla, você pensa que eu gosto de usar o véu?

– Não sei – retrucou Layla. – Não me lembro de termos discutido o assunto.

– Pois eu detesto, na maioria das vezes. Acho-o sufocante. Mas é uma tradição do nosso povo, é uma prescrição religiosa, e eu o aceito. Sinceramente, nesta conversa entre mulheres, ouso assumir que aceitar talvez não seja a palavra certa para dizer o que sinto, tolerar é mais honesto. E a vida tem me mostrado que a tolerância é uma virtude de valor inestimável; ela nos põe a caminho da aceitação real e da misericórdia. Vocês falavam de rainha e do poder da mulher. Pois eu creio que a tolerância nos acrescenta um valor muito grande. Quanto será que Hadassa não teve que tolerar em sua vida? Será que todos a aceitaram incondicionalmente no lugar da antiga rainha? Quais foram os incômodos íntimos que ela não teve que calar? Quantos hábitos diferentes dos seus não precisou suportar, acatar e até adotar? Talvez alguns muito sérios. Sabemos como o povo hebreu é zeloso com sua fé. Hadassa, como rainha, será que não teve que aceitar participar da fé do marido, tão diferente da sua? Será que isso não causava um desconforto interior?

Leah ouvia a argumentação de Adara e balançava a cabeça concordando. Questionara muitas vezes, em sua vida, aqueles mesmos pontos, entre outros, e informou:

– Sabe-se que, para se manter fiel ao nosso calendário e cumprir as prescrições de nossa religião, ela batizou cada uma das criadas que a servia com o nome de um dia da semana e ordenou que elas se revezassem. Era dessa forma que sabia quando era sábado. Ninguém, além dela, entendia o sentido daquele pedido; é possível que muitos a tenham criticado e a julgado uma excêntrica, louca até.

– E esse caminho silencioso valerá o sacrifício? – indagou Layla séria.

– O tempo deu à Hadassa a glória, a vitória. Mesmo numa cultura em que a mulher também era submissa ao homem, ela soube escrever o seu nome e ser lembrada – arrematou Leah. – Creio que sua vida é mesmo uma mensagem para as mulheres.

– A tolerância é, de fato, um caminho silencioso, cheio de espinhos, não é qualquer um que o percorre. É difícil – respondeu Adara à sua rebelde filha do coração. – Porém, ser tolerante é garantia de jamais andar sozinha, é ter a certeza de que, quando precisar, alguém lhe estenderá a mão. Eu creio que Hadassa tenha sido uma mulher muito tolerante e, por ser assim, conquistou o que desejava e realizou o que conhecemos de sua vida. A tolerância dá um poder benéfico sobre as pessoas, desperta confiança. A tolerância deve ser a companheira preferida da paciência, pois quem é tolerante sabe esperar. Trombetas e tambores anunciam violência; o poder da mulher não é, em essencial, violento, embora a violência não seja descartada de nossas atitudes.

– Hadassa autorizou uma das maiores chacinas e batalhas sangrentas que nosso povo conheceu – comentou Leah –, mesmo sendo tolerante...

– Por ser tolerante – atalhou Adara corrigindo o pensamento da criada –, ela sacramentou o que possivelmente não tinha outra forma de ser, o que não tinha caminho de volta. Eu penso que nós somos tão cruéis e violentas como os homens, mas de forma diferente. Violência é emprego de força, e a força feminina é de ordem moral, não física, é fruto da astúcia e do sentimento.

Adara voltou-se para Layla e completou, retomando a questão do véu e da submissão da mulher muçulmana:

– Querida, pense no véu da seguinte forma: ele demarca território. Fora das paredes do domínio da família, é o reino dos homens, e nós escondemos nossas cabeças. Na intimidade, entre os familiares, desvendamos nosso rosto, aí é o nosso território. E se você tiver olhos de ver, como dizia o profeta Jesus, entenderá que absolutamente tudo nasce dentro, no interior. As nascentes dos maiores e mais caudalosos rios brotam do ventre da terra; todos os homens, sem exceção, nascem das estranhas da mulher. Vem de dentro o que está aparente.

– Mais uma razão para mudarmos – retrucou Layla teimosa. – Por que tolerar o que nos incomoda? Vamos mudar o pensamento dos homens a nosso respeito.

– E a prescrição religiosa? – recordou Adara. – Como sermos submissas a Alá sem tolerar sequer a prescrição de Muhammad?

Tal argumento impunha silêncio à jovem Layla. Expor ante uma das esposas de seu pai o que pensava sobre o livro sagrado e muitas de suas prescrições seria motivo de uma terrível discussão doméstica.

"Isso deve ser um exercício de tolerância. Não posso chocar todos eles com meu modo de ver e pensar, só lhes traria sofrimento, nenhum proveito imediato. A questão de não discutir as prescrições de fé é tão ferrenhamente entranhada neles que nem ao menos gastariam alguns segundos para refletir se o que penso tem algum sentido. É melhor calar", pensou Layla, sorrindo para Adara e espelhando seu comportamento na história de Hadassa.

– Continuarei tentando tolerar o véu – declarou a jovem.

– E quanto ao emir que nos visita? – perguntou Adara. – Será tolerante também? Foi muito desagradável a maneira como abandonou o banquete ontem. Foi indelicado com o hóspede. E você bem conhece a importância de se receber bem um viajante. É um dever.

– Saí para o pátio a fim de evitar uma indelicadeza maior.

– Não precisará agir assim. Se não tolera este homem, antecipe-se a ele e fale com seu pai. Nasser não a forçará a ceder ao provável pedido, por melhor que ele seja para os nossos interesses. Lembre-se de que ele veio aqui a negócios, comércio. Mas, veja: uma aliança com a família de Al Jerrari seria excelente. Ele é jovem, atraente, gostou de você e livremente a escolheu. São fatores importantes para uma mulher ponderar num contrato de casamento, ainda que a maioria não seja consultada. Quando seu pai me escolheu, eu considerei estes fatores, em especial o fato de que ele não estava sendo obrigado a tomar-me como esposa. Ele queria. Vê as vantagens, Layla? É como na história de Hadassa.

Ignorando o comentário de Adara, a jovem filha de Nasser Al Gassim ordenou amavelmente à criada:

– Trance meus cabelos e use o colar de ouro com pingente de diamante para enfeitá-los.

Capítulo V

Dias decisivos

Ao meio dia, Layla adentrou na sala para participar com os demais familiares e visitantes do momento de oração.

Munir, desde que a avistou, não conseguia desviar a atenção da jovem. Ela o fascinava sem qualquer esforço. Atraía-o, como o ímã atrai o metal. Quanto mais a olhava, maior era o desejo de tê-la para si.

O jovem Al Jerrari era vítima de fascínio, não cogitava em momento algum de como Layla pensava, do que gostava, quais seus interesses. Ele era tão cego pelo modo de vida que levava, pela cultura na qual havia nascido que sequer imaginava a personalidade da mulher que tão ardorosamente desejava. Tudo que enxergava era a beleza, a pele morena saudável, os cabelos negros brilhantes, os olhos também negros com longas e volumosas pestanas, a testa alta onde, naquele momento, brilhava uma pedra preciosa em forma de lua crescente, presa a um cordão de ouro entrelaçado nas tranças que davam forma à cabeleira, encoberta pelo véu; o corpo esbelto e curvilíneo que adivinhava sob a túnica de seda amarela.

Gastava preciosos momentos imaginando-a, mas não prestava atenção à profundidade da expressão do olhar de Layla, em sua postura altiva e independente, na maneira como andava com a cabeça erguida, na forma como dirigia o olhar diretamente a quem falava ou a algo que a interessava. Houvesse prestado atenção a essa conduta e teria sabido que a mulher que tanto o fascinava era uma guerreira, senhora de si, cujo pensamento estava muito distante da concepção dominante no meio quanto à feminilidade.

– Venha, minha filha – convidou Farah, alguns passos atrás do marido, e em lado oposto. – Fique ao meu lado.

Obediente, ela aproximou-se da mãe e todos se prostraram ao chão, voltando-se na direção de Meca, para as orações. No ambiente, o odor de limpeza. O banho antes da oração era um ritual de purificação. Não podendo ser completo, em uma casa de banhos, era obrigatória a limpeza das mãos e do rosto com água. Em caso de falta ou impossibilidade de cumprir o ritual de higiene e purificação com água, substituíam-na por areia. Recendia o aroma das fragrâncias orientais apreciadas pelos árabes: mirra, jasmim, amadeirados.

Layla sentia sobre si a atenção do visitante e fazia o possível para ignorá-lo. Porém, em matéria de fé, ela era consciencioso. Ao sentir os joelhos tocarem os tapetes que cobriam o piso do salão e, logo depois, a testa alcançar o solo, esqueceu-se do visitante e de tudo que a incomodara para entregar-se à prece. Abandonava-se na experiência religiosa, tomada de profundo sentimento de entrega ao poder misericordioso de Deus. Toda vez que seus joelhos dobravam-se no ritual de prosternação, vinha-lhe à mente uma lembrança da infância. Recordava-se de quando ela e Karim, ainda crianças, perguntavam a Zafir por que tinham de se prostrar por terra. Parecia-lhe renovar-se, todos os dias, a resposta meiga do primo:

– Prestem atenção, quando nos prostramos por terra para orar, encostando nossas testas no solo, não é por simples hábito. É, porque dessa forma demonstramos a Alá, o Misericordioso, que reconhecemos os limites da nossa humanidade e Ele como a fonte regeneradora, o poder único, absoluto, completo, inteligente, a verdade pura. Assim, perante tamanha perfeição e beleza, nós nos submetemos. Nunca se esqueçam por que se prostram para orar. É uma manifestação de reconhecimento à perfeição do Deus único.

A lição fora amadurecida e refletida, chegando ao entendimento de que a experiência proposta era a de entregar-se ao poder de Deus no ato da oração – um contato direto, uma experiência espiritual profunda e individual. Agradava-lhe a liberdade pessoal no contato com o Criador – fundamentos da religião islâmica – ao qual se entregava com convicção e consciência.

Uma proposta de liberdade exige consciência e profundo nível de reflexão no compromisso pessoal que representa. O Islã propõe liberdade individual; não há um corpo sacerdotal encarregado de preservar a crença. Cada fiel, livremente, adere a seus preceitos e desenvolve sua relação com Deus, sem intermediários, somente pelo estudo e reflexão do Alcorão e do Haddit. No entanto, o meio social exerce forte pressão e, a fim de ser aceito pelo grupo, torna-se zeloso de desenvolver uma identidade religiosa cuja visibilidade está na prática exterior dos atos de devoção. Eis a pedra de tropeço. Em todas as crenças há aqueles que são praticantes por amor; outros que são pertencentes por necessidade de identificação social; e os não praticantes, que apenas se dizem fiéis, desenvolvendo, em geral, idéias próprias e superficiais no que diz respeito a um conceito sobre Deus, e cujo relacionamento com Ele é distante e incerto.

Munir se enquadrava na segunda hipótese e, desde que encontrara a filha de seu anfitrião, seu nível de atenção e envolvimento nas práticas devocionais beirava a nulidade. Com grande dificuldade mantinha a postura de prostração que lhe impedia contemplar Layla. E a pressa com que se pôs de pé chamou a atenção de Karim que, intrigado, perguntou:

– Sente-se bem hoje, Al Jerrari?

– Muito. Tive uma noite excelente. Por quê?

– Pareceu-me inquieto, agitado, febril. Como se sua mente não lhe desse um segundo de trégua. Imaginei que talvez pudesse ser em razão de alguma dor.

Munir arregalou os olhos surpreso com a exata descrição de como se sentia. Revisou suas atitudes assegurando-se de que cumprira com o ritual, não denunciando que seu pensamento estava divorciado do que executava seu corpo. Como tantas outras coisas na família e nos domínios de Al Gassim, ele ignorava a sensibilidade de Karim para captar os estados físicos e espirituais das pessoas. Abriu a boca para perguntar como ele sabia, porém a tempo percebeu que não seria prudente e fechou-a. Piscando, comentou:

– Você é muito perspicaz. Sinto um ligeiro incômodo nas pernas. Creio que deva ser da viagem. Nada preocupante, apenas tive certa dificuldade de manter-me ajoelhado. Com licença, preciso encontrar o chefe da minha escolta.

– Entendo. Desejo melhoras – respondeu Karim, observando descrente o visitante.

“Não me inspira confiança. Sinto algo estranho próximo dele, parece que a pele se arrepia como se eu fosse gato assustado com os pelos ouriçados. Devemos tomar cuidado”, pensou Karim, analisando o visitante que se afastava apressado.

– Um homem estranho – comentou Zafir, juntando-se ao primo na observação de Munir.

– É mentiroso. Não confio nele. A boca fala o que o coração não sente – disse Karim com ar preocupado. – Está aflito, agitado, não conseguiu calma nem na oração. Eu me senti mal na presença dele.

Zafir confiava nas percepções de Karim; sabia que ele raramente se enganava quanto ao caráter de alguém, e não foram poucas vezes que seus sonhos haviam sido valiosos avisos ao clã Al Gassim.

– Vou ficar atento. Seu pai está preocupado com a atenção que ele tem demonstrado a Layla. Você não estava no banquete de ontem, mas Al Jerrari chegou às raias da inconveniência e sua irmã nem ao menos simpatizou com ele.

Um pequeno sorriso debochado desenhou-se nos lábios de Karim; um brilho travesso de admiração iluminou seus olhos castanhos esverdeados. Ao trocar um olhar de entendimento com o primo, comentou:

– Ele não sabe “por quem” anseia.

– É certo que não. Em toda Al Andaluz não há mulher igual à Layla – concordou Zafir e, participando do espírito de troça, completou: – Mas somente nós sabemos das diferenças.

Karim concordou com um meneio da cabeça e voltando o olhar na direção da irmã, que do outro lado da sala lhe acenou alegre, declarou:

– Eu a amo muito por ser tão diferente. É bom tomarmos cuidado. Layla é a jóia dessa casa, é a alma da família.

***

Descontente e contrariado, Kiéram enviara um mensageiro ao Califa de Córdoba. Incomodava-o a atitude destemperada de Munir. Debruçado sobre a mureta que separava os jardins do pátio de treinamento e alojamentos, ele encarava o alvo marcado pelas flechas da atiradora. Recordava a inusitada cena, a voz determinada e a forma fria e segura com que atirara para adverti-lo. Sem perceber, levou a mão ao pescoço no afã de certificar-se de que não havia sido machucado.

– É uma arqueira invejável – murmurou pensativo.

Ignorava a identidade da atiradora, mas percebera que ela tinha uma alma rebelde. Estranha combinação numa mulher muçulmana. Sorriu ao olhar os canteiros de flores. Vira o véu branco jogado sobre as flores, desprezado, indício que, somado à habilidade com o manejo do arco, levava-o a pensar que ela devia ter um temperamento indomável. O sorriso ampliou-se ao lembrar que ela não titubeara em atirar nele, deixando claro que poderia matá-lo, se quisesse.

"Fria, consciente do que faz, tem capacidade de concentração e controle pleno dos sentimentos" – avaliou Kiéram, e a lembrança do brilho raivoso do olhar que vislumbrou o fez continuar o pensamento: "É furiosa, corajosa, segura. Será uma das esposas de Nasser? É uma mulher instigante! Se for sua esposa ele deve ser um homem que não pode reclamar de tédio."

A surpresa, a curiosidade e a admiração faziam com que a lembrança da noite anterior ocupasse seu pensamento quando se desviava, momentaneamente, dos objetivos que o tinham levado aos domínios de Al Gassim.

Envolto na análise da personalidade da mulher desconhecida, estava absorto e viu com indiferença a aproximação de Munir. A irritação da manhã jazia no fundo de seu ser, retirando o prazer e bem estar que costumava sentir na companhia do outro.

– Entregue à filosofia sob o sol do meio dia? – brincou Munir, apoiando as costas na mureta a fim de ficar face a face com Kiéram. – Já lhe disse para ter cuidado; certas coisas fazem mal à cabeça.

Kiéram lançou-lhe um olhar frio, que não escondia seu real estado de espírito.

– Vejo que está incomodado porque não atendi ao seu conselho.

– Já que tocou no assunto... continuo pensando que você está cometendo um ato por demais precipitado. Não consigo entender o motivo de uma decisão tão importante tomada dessa forma passional.

– Eu lhe disse: o coração decide rápido e sem margem para dúvidas. Eu quero Layla. Não tive escolha, senti isso assim que coloquei meus olhos nela, no primeiro instante. Bastou apenas um minuto para eu raciocinar e saber o que queria.

– Sei do que você fala, mas julguei que fosse um homem mais experiente e conhecesse melhor sentimentos desse tipo ou, ao menos, o suficiente para saber que não valem a confusão que você instalara na sua própria vida e, por conseqüência, na das pessoas que residem sob seu teto. Sem falar no relacionamento com seu primo.

– Casar-me com as mulheres que tenho a condição de sustentar é um direito meu. O que o nosso Califa poderá ver de errado? – argumentou Munir, fazendo-se de inocente, com uma expressão irônica e debochada no rosto.

– Essa rixa entre vocês não nos é benéfica, Munir. Ele tem o poder político, religioso e financeiro. Aceite o fato. Defina-se: alie-se a ele ou afaste-se. O caminho ambíguo que você traça em torno do Califa é perigoso. Esposou a irmã dele, e embora ela tenha consciência de que você poderá vir a ter outras esposas, com certeza não espera que faça isso na primeira viagem após o casamento. Ninguém espera, ainda mais com uma jovem desconhecida. Amirah vai ficar arrasada, e o irmão não lhe perdoará por essa mágoa que inflige a ela. Somente irá tumultuar a situação. Admita que essa idéia não passa de um capricho.

– Capricho ou não, a decisão já foi tomada. Acredite quando lhe digo que me apaixonei pela filha de Al Gassim. É lógico que sei das implicações. Elas são temperos extras, um prazer antecipado, eu diria, que se soma à paixão.

Kiéram o encarou. Em seu olhar e semblante estampava-se toda sua incredulidade à alegada paixão de Munir pela jovem. "Não existe amor tão rápido, quase instantâneo. Parece-me que o velho despeito que Munir nutre pelo primo é a causa real dessa loucura", pensava ele, incomodado com a irresponsabilidade e egoísmo do companheiro a quem importavam apenas os próprios e mesquinhos interesses.

– Infantilidade não seria um nome mais adequado? Sinceramente, não creio nesse amor à primeira vista, mas por argumento vou admiti-lo e isso me leva a pensar: se você ama, de verdade, essa jovem, por certo quer que ela o aceite e seja feliz a seu lado. Esse casamento, se vier a acontecer, não tem outro móvel além da sua vontade, pois não interferem interesses econômicos, políticos, nada; apenas o seu desejo. Muito bem, como você espera conquistar idêntico afeto levando-a a morar na mesma casa com Amirah, que ficará cheia de fel e despeito? A filha de Al Gassim começará um casamento em péssimas condições. Outra pergunta: essa moça demonstrou apreço pelo modo como foi assediada?

Munir considerou brevemente as perguntas de Kiéram e respondeu:

– Ela terá a vantagem de passar a pertencer a uma família muito influente. Irá morar em Córdoba. Minha casa é muitas vezes mais aprazível que este lugar. Ganhará jóias, roupas, criadas e logo estará à volta com filhos. Do que mais uma mulher pode precisar?

– Apesar da forma como são tratadas, tanto em seu meio como no meu, mulheres são seres humanos, têm vontades, sentimentos, pensam – replicou Kiéram indignado. – Revolta-me a maneira como muitos homens tratam as mulheres. Entendo que elas precisam ser protegidas, que são mais frágeis fisicamente, mas, por Deus, isso não justifica abuso. Você não teve mãe ou irmãs?

– Tive mãe, que Alá a guarde em paz. Minhas irmãs são casadas. São mulheres muçulmanas, aprendem desde cedo sua condição e função na sociedade. Creia-me, são felizes e amadas em suas famílias. Não há razão para tamanha indignação, Kiéram. Se não soubesse que não conhece minha pretendida, poderia pensar que está com ciúme.

– Eu nunca vi essa moça, mas me compadeço dela. Cairá num ninho de cobras, sem desconfiar. Preocupa-me a reação do Califa. Não queira me enganar, Munir, é a ele que você pretende atingir magoando e desprezando Amirah e o casamento arranjado. Ser o cunhado do Califa é muito diferente de ser o próprio, não é mesmo?

Munir riu debochado e admitiu:

– Claro que sim. Mulheres não são prêmios de consolação.

Kiéram suspirou; depois voltou a adverti-lo:

– Inveja e despeito são péssimos conselheiros. Em geral conduzem à destruição e a sofrimentos desnecessários. Desista, Munir. Tenha piedade ao menos dessa jovem que ignora o ambiente de Córdoba. Façamos as negociações que viemos fazer e retornemos o quanto antes, deixando os Al Gassim em paz. É tempo de você aceitar a situação. Além do mais, não foi obrigado ao casamento com Amirah: faça-a feliz e seja feliz também. É simples.

– Kiéram, não fosse o dever de gratidão que tenho com você, por ter salvado minha vida em batalhas, eu o mandaria calar a boca e guardar suas opiniões, e o dispensaria sem cerimônia. O dever e a amizade me impedem tal ato, porém vou pedir que fique longe desse assunto e se abstenha de me dar sua opinião. Eu já a conheço – revidou Munir seco e irritado com a insistência do amigo. Dando-lhe as costas, dirigiu-se aos jardins para uma caminhada solitária sob o olhar preocupado de Kiéram.

"Quanta teimosia! Que idéia insana se infiltrou na mente de Munir! A moça, pobre infeliz, com toda beleza e fascínio que possua, enfrentará dias tempestuosos. Não sabe que sua decantada graça a jogará na jaula de feras. O Califa é correto, amado pelo povo, é um homem bom e justo, mas é afeiçoado à irmã mais nova; se ela sofrer, ele poderá tornar-se um inimigo cruel. Munir não vê o perigo, só está pensando no prazer de mostrar ao Califa que tem vontade própria e não se submete ao seu poder. A aceitação da união foi mera aparência", refletia ele a respeito da situação vivida em Córdoba.

Zafir deixara o salão minutos após a saída do visitante, e discretamente, seguira-o, testemunhando incógnito o diálogo.

"Realmente não nos enganamos. Há intenção do emir em desposar nossa Layla, mas meu tio precisa saber que tais intenções não são puras. Há fatos que desconhecemos motivando esse comportamento. Por que ainda somos assim... tão cheios de mesquinhez e segundas intenções? Que seria de nós sem a clemência de Alá!" meditava Zafir, observando o afastamento de Munir. Uma brisa trouxe a suas narinas o aroma das flores do jardim e ele sorriu: "É, não existe apenas podridão no mundo, há também perfumes e beleza que se doam gratuitamente, sem nenhum outro interesse além de cumprir com a finalidade para a qual foram criados. Olhos de ver. Que bom que Alá colocou flores em nossos caminhos! Lembramo-nos de cultivar o olhar no prazer de apreciar a beleza e não deixá-lo fixo no que é desagradável. Para essas situações é preciso cultivar a misericórdia e construir lentamente o perdão. Bem disse o moço cristão: também não creio em amor ao primeiro olhar. É preciso tempo para tudo, inclusive para os sentimentos germinarem, crescerem e florescerem. De imediato, só a semente da simpatia ou aversão."

No recesso do salão iniciavam-se os preparativos para servir a refeição. Layla, fugindo à agitação, postava-se em frente a uma das amplas janelas, delicadamente apoiada ao parapeito. Seu olhar passeava pelo céu azul, marcado de nuvens brancas, procurando alguma de suas águias que estivesse com o treinador. Não percebeu a chegada de Munir.

– Posso saber o que a encanta tanto no céu? – indagou ele despreocupado.

– A liberdade – respondeu ela sem desviar a atenção.

Munir riu da resposta, julgando que ela brincava. Por isso, provocou:

– Há uma história de um jovem grego que tinha também anseio de voar livre e construiu asas com penas e cera de abelha. Conseguiu voar, porém o calor do sol derreteu a cera e desfez as asas falsas. Pobre jovem, despencou das alturas de seu sonho.

– Ícaro queria voar, ter asas como os pássaros. Eu não preciso de asas, muito menos considero ser livre tirando meus pés do chão. Não concordo com o senhor. Voar não é sinônimo de liberdade. O jovem grego era dependente das frágeis asas que havia construído. Eis a razão de haver despencado: Ícaro não conhecia suas fragilidades e dependências. Acreditou, cegamente, em um sonho exterior, sem olhar para suas condições. A liberdade tem parcerias obrigatórias e não ilusórias.

Surpreso com a resposta, Munir observou o perfil calmo e frio de Layla; seus olhos negros amendoados a passear nas alturas. Nada na conduta da jovem indicava que ela houvesse elaborado aquele pensamento no exato instante em que conversavam, mas, sim, que era dada à reflexão e confiava em suas próprias idéias. Ele não percebeu.

– Uma filósofa! – saudou Munir lisonjeiro. – Você disse belas palavras.

– Se é assim que o senhor pensa... – retrucou Layla indiferente. – Eu acho horrível não separar a ilusão da fantasia, o possível realizável daquilo que é um grande devaneio irrealizável. São ótimos caminhos para perder-se tempo na vida e colher sofrimento.

– Uma mulher tão bela e tão jovem não deve nem ao menos pronunciar a palavra sofrimento, quanto mais preocupar-se com caminhos de dor – aconselhou Munir, sempre recorrendo à lisonja e aos galanteios típicos de um conquistador.

– Com o devido respeito que devo à sua condição de hóspede na casa de meu pai, penso que aqueles que ignoram a existência da dor e do sofrimento são seres humanos inqualificáveis, tamanha a bestialidade que carregam na alma. Basta olhar a natureza, meu caro senhor, para encontrarmos as pegadas da dor e ela não escolhe a quem atacar. Portanto, mulheres jovens e belas não estão imunes ao sofrimento. Aprendi, desde muito cedo, a pensar e a analisar os caminhos que escolho, pois se neles eu vislumbrar sofrimento, é questão de lógica que, ao percorrê-los, irei sofrer.

Percebendo que Layla não estava brincando nem fazendo gênero, mas, ao contrário, era sincera e autêntica nas palavras que expressavam seu modo de pensar, Munir mudou a conduta. Uma sensação vaga de desconforto denunciava-lhe a insegurança frente à jovem mas, conscientemente, ele não a reconhecia.

– Uma idéia interessante esta a respeito de escolher caminhos que contenham dor. Falamos no nosso direito de escolher e da liberdade, mas não dos conteúdos desses caminhos e da fatalidade envolvida neles.

– A liberdade convive com a fatalidade, não são opostas, nem incompatíveis. A meu ver, é uma de suas parceiras obrigatórias – respondeu Layla, registrando que ainda que seu interlocutor tenha formulado um pensamento honesto não conseguira abandonar o mau hábito da lisonja sem propósito.

– E quais seriam as outras? – questionou Munir, encantando com o perfil de Layla e o olhar que lhe parecia misterioso, profundo e sugestivo.

– A fatalidade, a responsabilidade, o compromisso com a verdade e a realidade, por exemplo.

Voltando rapidamente o olhar ao rosto de seu interlocutor, a moça percebeu a sombra de um sorriso divertido e condescendente pairando sobre suas feições que a irritou, levando-a a explicar pedantemente:

– Vê aquela colina lá adiante? Digamos que o senhor resolva descê-la correndo, nada o impede. Ao descer correndo, há o risco de rolar pelo chão e se machucar gravemente nas pedras da encosta e do vale. Se isso acontecer, o senhor não tem a quem culpar, nem do que se queixar, senão da sua escolha imprudente que não considerou as possibilidades de sofrimento no que desejou fazer. Elas estavam lá, aliás, as fatalidades nunca são momentâneas ou incertas. Elas estão, desde sempre, de maneira muito clara, sinalizadas e apontadas nos caminhos. Logo, é companhia obrigatória da liberdade. Podemos escolher caminhos, mas feito isso, é fatal que se percorra a estrada; a menos, é claro, que nos arrependamos e voltemos atrás, o que implica uma nova escolha, cuja fatalidade será um sentimento de fracasso que precisaremos transformar em lição aprendida. A responsabilidade é outra decorrência direta. Se eu escolhi não cabe culpar ou glorificar qualquer outra coisa ou pessoa: sou responsável por isso.

Ignorando a expressão vazia no rosto de seu interlocutor, numa clara demonstração da dificuldade que enfrentava em concentrar-se no diálogo inesperado, e que não conseguia acompanhar, Layla sorriu e, com um olhar fingidamente doce, continuou, em tom de falsa preocupação em ser simpática com Munir.

– Não estou... tomando seu tempo? Não tenho a intenção de entendiá-lo com minhas idéias. Mas se o interessam, realmente, prometo ser breve.

– Por favor, continue. Estou apreciando muito ouvi-la – respondeu Munir, cortês, porém intimamente insatisfeito. Conversas filosóficas não eram suas preferidas.

– Então lhe explicarei primeiro por que usei a expressão "compromisso com". Creio que verdade e realidade são conceitos muito subjetivos e extremamente relativos. Não é possível ao comum dos homens atrever-se a dizer o que é a realidade e o que é a verdade. É preciso não pensar nas próprias imperfeições para afirmar um conceito a respeito destes temas, pois se conhecer suas virtudes saberá as características essenciais de ambos os assuntos como, por exemplo: de que elas existem sob milhares de formas e dependem da capacidade de entendimento de cada criatura. O que quero dizer é o seguinte: o que é realidade agora, no passado não era; o que é verdade hoje, ontem podia ser uma grande dúvida e... até uma mentira, um sonho, um desejo, algo que não se queria, que se detesta. Depende do tempo, do lugar, das pessoas e da forma como vivem e crêem no Misericordioso. Esses conceitos são de essência alterável e progressiva. Motivos que autorizam a aceitar-se que, na melhor das hipóteses, cada um pode apregoar um compromisso com a verdade e a realidade. Além do mais, o que é realidade para mim não é para o senhor. Já observou como isso é interessante? Estamos aqui compartilhando este momento, porém o que o senhor vê como realidade pode não ser o mesmo que eu percebo, e da mesma forma com a verdade.

Vendo que ele ouvira com atenção apenas parte do discurso filosófico e, propositadamente, maçante, numa voz despida de entusiasmo, rematou:

– Realidade opõe-se à ilusão, tal qual a verdade à mentira. É preciso ter os pés no chão para evitar que a mente divague. Voltando ao jovem Ícaro, para arrematar o assunto, prometo não o entediar mais.

Layla sorria calma, regozijando-se por perceber a luta insana que o visitante galanteador fazia para não lhe dar as costas, deselegantemente, e fugir do local.

– A história desse jovem sonhador que não via a realidade, nem media possibilidades, ou sequer considerava os avisos da fatalidade escritos no caminho escolhido é muito sugestiva. Ele e o pai foram aprisionados no labirinto mandado construir pelo rei Minos, de Creta, depois que Teseu matou o monstro metade humano, metade touro. Observe que ironia: Dédalo foi o arquiteto que projetou o labirinto onde vivia o monstro; foi ele que ensinou à princesa Ariadne o segredo do fio condutor. Como castigo, foi enclausurado junto com o filho adotivo em um labirinto. Foi Dédalo quem projetou e construiu as asas postiças com penas de pássaros e cera de abelha para que pudessem fugir da prisão. Ele alertou ao filho quanto à altura, direção e tempo que elas suportariam, ou seja, apenas o suficiente para fugirem do labirinto em direção a uma colina de onde prosseguiriam sua busca pela liberdade com os pés no chão. Entretanto, o desmedido jovem deslumbrou-se com a façanha de voar e acreditou-se capaz de coisas maiores, irrealizáveis, e partiu rumo ao sol. Quebrou as barreiras da sua possibilidade e... como sabemos, suas asas derreteram e ele caiu no mar, onde morreu. Dédalo conhecia as fatalidades implícitas em sua livre escolha; assumiu todas as companheiras inseparáveis da liberdade de escolha, enquanto Ícaro ignorou todos os avisos e pereceu tragicamente.

Aproveitando que Layla encerrava a narrativa, apressado, Munir tomou-lhe uma das mãos acariciando-a, respeitoso, num gesto de despedida.

– Preciso falar com seu primo Zafir – desculpou-se. – É um homem que admiro muitíssimo e ainda não tive a oportunidade de saudá-lo. Com a sua permissão.

– Oh! Claro. Vá, e que a paz do Clemente o acompanhe.

Num gesto característico de despedida, Munir saudou a filha de Nasser e afastou-se.

"Linda, mas é preciso mantê-la de boca fechada. Ainda bem que não precisamos conviver com elas obrigatoriamente, somente quando desejamos. Nossa responsabilidade é sustentá-las e a delas é servir ao nosso prazer", pensava ele dirigindo-se ao encontro de Zafir.

Layla, contemplando a vista do vale, respirava a longos haustos, satisfeita com o tédio que impusera ao visitante. Esperava com tal atitude arrefecer a paixão que vira no olhar dele, impondo-lhe outra imagem de si; e alertá-lo de que tinha idéias próprias e coragem de sustentá-las diante de qualquer homem, pois não os temia.

Aquela manhã foi uma mostra do que se tornou a semana de permanência de Munir Al Jerrari em Cádiz. Nervosismo, enfado, temor, ira recalcada eram os sentimentos que corriam por sob a ponte da polidez um tanto hipócrita de ambos os lados.

Kiéram não retomou o assunto de sua desavença com Munir. Também não voltou a encontrar a estranha mulher sem véu que o fascinara.

Duas vezes, durante a semana, nos horários propícios à caça, percorreu o vale em busca do caçador e amestrador de águias. Em vão. Indagou aos homens que trabalhavam na propriedade dos Al Gassim e a alguns campônios a respeito do caçador, entretanto todas as pistas que recebeu redundaram em falsas esperanças. Nenhum dos caçadores que localizou correspondia à silhueta que vislumbrara no vale. Eram altos e possantes, grandes demais para a imagem que recordava e nenhum caçava com águias.

– É uma ave muito cara, meu senhor, sou pobre. Esses animais pertencem a famílias nobres ou ricas. Quem sabe não seja um servidor do emir Al Gassim que o senhor viu?

Entre os muros da propriedade, as perguntas sobre o jovem amestrador eram respondidas com um estranho silêncio, como se houvesse um pacto de proteger-lhe a identidade.

* * *

Amanhecia a quinta feira daquela fatídica semana. Layla, despida do véu, contemplou do balcão da sacada da janela de seus aposentos o raiar do dia. Com respeito, prostrou-se ao chão voltada na direção de Meca.

"Abençoada Inteligência Infinita que nos legou a beleza do amanhecer, que nos traz a certeza de que a vida se renova após cumprir um ciclo ao qual submeteu todos os seres criados. Não importam quais as dores ou prazeres encobertos pela noite; o sol majestoso ilumina e aquece a terra. Eu também me submeto a ti, Misericordioso. Ajuda-me a identificar tua santa vontade. Sinto fechar-se um ciclo em minha vida. Mudanças batem à minha porta, eu sei. Mas, por que não as vejo com clareza? Auxilia-me, Misericordioso, para que eu não erre por insubordinação. Sei o quanto sou rebelde com meus irmãos de humanidade, porém a ti sempre busco obedecer. Quando sinto tuas mãos movendo-se invisíveis em torno de mim, eu procuro seguir-lhes e facilitar-lhes a ação. Mas agora... agora, apenas sinto ou pressinto alterações; diferente de outras ocasiões quando sempre vislumbrei as realizações novas de forma concreta. Ó Clemente, até hoje, tudo que eu desejei ou me predispus a conquistar, com tua sábia ajuda e concordância, eu conquistei. Agora sinto essa vaga energia a meu redor e não consigo decifrá-la. Imploro tua ajuda".

Após dar livre expressão a seus pensamentos e sentimentos em profunda comunhão com Deus, começou a recitar mentalmente:

"Em nome de Deus, o Clemente, o Misericordioso. Louvado seja Deus, o Senhor dos Mundos, o Clemente, o Misericordioso, o soberano do Dia do Julgamento. A ti somente adoramos. Somente a ti imploramos socorro. Guia-nos na senda da retidão. A senda dos que favoreceste, contra os quais não te iraste nem andam desencaminhados."[1]

Entregando-se ao bem estar proporcionado pelo ato de devoção, deixou-se ficar prostrada ainda alguns segundos. Depois se ergueu, sorrindo para a natureza que seus olhos contemplavam.

– Que manhã linda para cavalgar! – murmurou, dando voz ao desejo de liberdade que brotava em seu íntimo e a levava a querer sentir o vento no rosto e o galope de seu cavalo fazer ondular seu corpo no ritmo da velocidade. – Que prazer seria...

Entretanto, logo se lembrou que nenhum de seus desejos poderiam ser realizados, pois ainda tinham visitantes e mandava a lei que devesse se comportar como as demais mulheres, não podendo expor-se ao olhar dos estranhos.

– Haverão de ir embora. Amanhã é sexta-feira, dia sagrado, por certo não irão partir. Mas, no sábado, não há impedimento. Preciso suportar mais dois dias... – murmurou resignada.

Uma hora depois se ouviam os ruídos anunciando que a propriedade despertava. Pelos corredores da residência os passos dos criados ecoavam, e o aroma da primeira refeição invadia o ar.

O leve toque na porta avisou Layla que Leah estava pronta a auxiliá-la a arrumar os cabelos e, como de costume, escolher as vestes do dia.

Estava distante da porta de acesso; sabia que a criada não a ouviria, por isso atravessou o aposento e destrancou a abertura. Recepcionou Leah com um sorriso alegre e carinhoso.

– Bom dia!

– Bom dia – respondeu a criada. – Não entendo por que deixa a porta trancada. Pode ser perigoso. Se você adoecer durante a noite quem poderá socorrê-la? Teremos de galgar as paredes e invadir por uma das janelas.

[1] *N.A. Sura de abertura do Alcorão transformou-se em oração sendo uma das mais conhecidas e recitadas entre os muçulmanos que a decoram nas aulas de catecismo.*

– Não gosto de portas abertas. Não se preocupe, Leah. Tenho excelente saúde, não vou adoecer no meio da noite.

– Pode haver um mal estar, nunca se sabe.

– Prestando atenção ao organismo, cuidando do corpo, é difícil sermos surpreendidos por um mal súbito, dormindo.

– Eu sei que os médicos muçulmanos são ótimos e estudam muito. Portanto, o que lhe ensinaram deve ter valor e ser verdadeiro. Mas mesmo assim... fico inconformada com este hábito.

– Lamento.

Leah conhecia de sobra a personalidade da menina que viera ao mundo por suas mãos. Cada vez que constatava a determinação de suas opiniões, a firmeza de agir, lembrava a noite em que ela nascera aos gritos. Força e fé desejara-lhe na ocasião de sua chegada. Dezessete anos depois, via-se à frente de uma jovem decidida, em quem não faltavam força de caráter nem fé. Sorriu da lembrança e, mudando o assunto, indagou:

– Já decidiu a cor de hoje?

Layla lançou um olhar à janela, ansiava pela liberdade do vale e este desejo determinou sua escolha.

– Verde.

Leah afastou-se em direção ao quarto onde ficavam os baús repletos de roupas da moça e retirou de um deles a túnica longa na cor escolhida.

Uma longa trança deu forma à cabeleira. Enfeitava-lhe a testa um pingente de diamante em forma de gota que pendia de uma corrente de prata entrelaçada em seus cabelos iluminando-os, e um anel de prata cravejado de diamantes no dedo mínimo do pé direito completava o traje. Anéis nos dedos dos pés eram seus mimos, estilo preferido de jóias, que a identificavam; delicados, expressavam sentimentos que poucos enxergavam; a grande maioria julgava-os exóticos. Layla dispensava adornos tradicionais, ainda que somente os pudesse exibir no recesso íntimo do lar, na presença exclusiva de familiares. As poucas jóias não incorriam nas severas proibições da lei islâmica.

* * *

Nos aposentos de Nasser, um emissário de Munir Al Jarrari pedia para ser atendido.

Não se poderia dizer que o anfitrião fora surpreendido com o teor da mensagem. Em poucas e educadas linhas o visitante solicitava uma reunião formal para tratar de assunto relevante do interesse de ambos.

Suspirar, erguer o olhar ao alto fitando o teto trabalhado, expressão facial tomada de preocupação, foram as reações de Nasser observadas por Farah, que o acompanhava na refeição matinal quando recebeu o pedido. Preocupada, ela questionou:

– Do que se trata?

Nasser voltou o olhar sério para sua esposa e mãe de seus filhos. Não conseguia sorrir, como fazia ao dirigir-se a qualquer delas. Diante de Farah, não tentou disfarçar a aflição que o acometia durante aquela semana e da qual ainda não lhe falara.

– Um pedido para uma entrevista particular. Algo que eu temia...

– Houve acontecimentos que desconheço nos negócios que trouxeram nossos visitantes?

– Não, nossas relações comerciais foram excelentes. Politicamente foi uma deferência do Califa enviar um familiar até nós, o que acena com um estreitamento de relações. Tudo correu muito bem. A localização de Cádiz é estratégica. É lógico que ele quer se assegurar da minha fidelidade, por isso mandou um familiar.

– Exceto... – instigou Farah, notando que o marido vacilava em retomar o assunto, escondendo as reais aflições.

– Exceto pelo fator humano, sempre tão instável, minha bela Farah. Não sei como lhe dizer... deveria ter seguido o conselho de Zafir e tratado abertamente de meus temores com você e Layla. Mas observando os acontecimentos da semana, cheguei a considerar que nossa filha houvesse conseguido sozinha resolver o problema e da melhor forma possível. Porém, esta mensagem me faz pensar que me equivoquei.

– Layla? É ela o motivo da entrevista? Munir Al Jerrari foi muito explícito em demonstrar seu interesse por nossa filha. Eu vi, assim como Adara, inclusive conversamos a respeito. Tal qual você, acompanhei o comportamento deles, e também pensei que ela houvesse conseguido fazer arrefecer a paixão súbita do nosso visitante. Bem conhecemos o caráter de Layla, ela tanto encanta quanto atemoriza; é doce e ácida; suave ou dura, agradável ou insuportável ao convívio. Notei que ela empenhou-se em se mostrar educadamente insuportável ao convívio com o emir. Recusou-se até mesmo a acompanhar as danças – comentou Farah, abandonando completamente o figo envolto em mel com que se deliciava antes da chegada da mensagem. – A atitude dela foi tão clara quanto à dele. Rechaçou-o, não apreciou nem um pouco as atenções de que foi alvo. Entretanto, um contrato de casamento é decisão sua. O que pensa fazer?

– A verdade é que não sei – resmungou Nasser incomodado. – Nossa filha é tão especial, temo por seu futuro longe daqui. Será que todos os pais se sentem dessa forma ante um pedido de casamento?

Farah acercou-se do marido, acariciando-lhe os ombros e encostando a face em suas omoplatas.

– Acredito que não. É costume de nosso povo o pai contratar o casamento das filhas. É um negócio, há interesses em jogo. Tem sido assim há séculos.

– Jamais pensei que me sentiria desta forma, tão desconfortável. Minha filha não é uma mercadoria, não a comprei, não posso vendê-la.

– Mas, meu marido, não se trata de uma venda e, sim, de um contrato de casamento. Foi assim comigo, é assim com todas as mulheres muçulmanas. Não me senti vendida por meu pai – objetou Farah, buscando aliviar os sentimentos do marido.

– Você acha que devo concordar com o pedido?

– Será uma ofensa a Al Jerrari recusar sem razão o pedido. Layla não é prometida a ninguém; até hoje, não tem noivo. Você não quis. Por outro lado, as reações dela são imprevisíveis; poderão ser piores que uma recusa educada ou até que uma mentira salvadora.

– Está sugerindo que eu minta...

– Pense que é apenas uma antecipação da verdade. Algum dia Layla será a prometida de alguém. Veja, podemos dizer que se trata de um compromisso de muitos anos com um familiar e que somente irá se formalizar no próximo ano. Porém, sua palavra está empenhada. É um compromisso que deve ser respeitado.

– Farah! Sabe aonde essa idéia conduz? – questionou Nasser sério – Ele logicamente pensará que Layla é prometida ao nosso sobrinho.

– Uma idéia que, particularmente, me agrada. Zafir é o marido ideal para nossa filha.

Nasser considerou a sugestão, avaliou caminhos. Meditou sobre ela e perguntou à esposa:

– Por que não me falou no assunto antes?

– Não era tempo.

Admirando a inteligência da atitude de Farah em silenciar e aguardar, mantendo-se alerta para descobrir o momento exato em que ele acataria seus planos quanto ao futuro de Layla, sorriu e voltou-se. Tomando-a nos braços, murmurou, em seu ouvido, na linguagem de intimidade daqueles que compartilham a vida que diz mais do que o óbvio, expressando um entendimento amplo da atitude do outro:

– É por isso que você é minha preferida.

Farah riu baixinho, deixando-se acarinhar, dócil, ao marido.

– Então, concorda com minha idéia?

– Plenamente. Acha que devo falar com nossa filha e Zafir?

– Apenas com Zafir. Diga-lhe que é com o intuito de proteger Layla de um compromisso que visivelmente ela não deseja. Ele a adora, vai concordar. Mas tratar do assunto casamento entre eles como fato sério e provável ainda não é hora. Eu conversarei com Layla, fique tranqüilo, tudo dará certo. Contornaremos essa dificuldade com habilidade.

– Ainda que mentindo.

– Não, prefiro dizer: antecipando uma verdade futura.

* * *

Enquanto Nasser atendia ao pedido de Munir, sua esposa Farah mandava chamar a filha a sua presença.

Layla tinha o andar suave, ligeiro, seu corpo era dotado de uma estranha leveza, que fazia parecer que ela deslizava. Vê-la andar já encantava; havia uma graça natural em todos os seus movimentos aliada à extrema precisão e firmeza.

A mãe não percebeu sua entrada na ante-sala dos aposentos. Mergulhada em reflexão, buscando decidir qual a melhor abordagem a dar no diálogo com a filha, Farah surpreendeu-se ao sentir a mão da jovem pousar sobre seu ombro e o roçar dos lábios em seus cabelos num beijo delicado. Em resposta, acariciou a mão da filha fazendo-a andar até colocar-se a sua frente, onde jazia uma grande almofada de cetim sobre o tapete.

– Sente-se, Layla.

Observando a filha acomodar-se, sorriu ao ver o brilho do anel no dedo do pé, e balançou a cabeça.

– Por que ri, mamãe? – indagou a moça e acompanhando o olhar materno tocou na jóia que lhe enfeitava o dedo mínimo. – Adoro os meus anéis, são lindos. Nosso ourives é um verdadeiro artista, não acha?

– Sim, é, basta ver que consegue criar as jóias que você deseja em sua imaginação. Sinceramente, não entendo a razão de querer usar um anel no dedo mínimo do pé direito.

– Ora, mamãe, a senhora é uma mulher inteligente. A razão é muito simples: é a mesma pela qual se usa em qualquer dos outros dedos ou nas mãos. Eu gosto, acho bonito. Este é novo, não ficou lindo?

– Singelo. Um aro largo de prata cravejado de brilhantes. Produz um efeito bonito.

– Obrigada. Mas não me chamou para conversarmos sobre jóias.

– Não, filha, o assunto é outro e muito sério. Pensava a melhor forma de expô-lo para você.

Layla permaneceu em silêncio. Pressentia o tema da conversa, e sua atitude deixava claro que ela não estava disposta a colaborar ou a facilitar nenhum tipo de entendimento em relação à idéia de casamento, ainda mais indesejado. Farah percebeu que a filha viera intimamente armada para o encontro e suspirou. "Bem, acabo de descobrir como começar: desarmando-a", pensou Farah ao encarar Layla e sorrir, paciente.

– O emir Munir pediu uma entrevista com seu pai esta manhã. Supomos que o assunto seja o interesse dele em propor um contrato de casamento. Você é muito sagaz, Layla, tenho plena convicção de que não digo novidades. Eu e seu pai conversamos muito, ambos notamos suas manobras para esfriar o interesse de Al Jerrari e congratulo-a por sua atitude. Foi muito diplomática, tanto que alimentamos a esperança de que seria bem sucedida poupando a todos nós deste... embaraço. Antecipo-lhe, que diante do que observamos, a decisão de seu pai e minha é de não forçarmos você a aceitar o pedido.

Um fundo suspiro de alívio escapou do peito de Layla, denunciando a tensão que carregava no íntimo e muito bem disfarçava aos olhos alheios.

– Alá seja louvado! Obrigada, minha mãe – disse Layla, debruçando-se sobre as mãos da mãe e beijando-as com carinhosa gratidão. – Sei o quanto isso poderá ser constrangedor e até prejudicial aos interesses de nosso povo, mas desposar Munir Al Jerrari está além, muito além das minhas forças. Eu o acho repugnante.

Farah riu, acariciando os cabelos da filha. Ambas estavam agora relaxadas e confortáveis, abertas ao diálogo, abrindo campo para o entendimento necessário.

– É um homem jovem, bonito...

– Repugnante – atalhou Layla. – É bajulador, não confio nele, é mesquinho. Intelectualmente, muito pobre, o que me leva a pensar que moralmente também o seja.

– Filha, nem todas as pessoas com menor inteligência ou conhecimentos são imorais – retrucou Farah, meiga. – Há também aqueles que são muito inteligentes e cultos e que, entretanto, são infiéis, imorais...

– Concordo com a senhora, mas penso que isso se dá em extremos e nos extremos ficam poucas pessoas. A grande maioria caminha no largo espaço entre eles e, nestes, o comum é que quanto menor o desenvolvimento intelectual menor é a compreensão moral. O que não significa que sejam pessoas más, apenas de compreensão limitada. Creio que seja natural que o desenvolvimento da razão acarrete o desenvolvimento da moral. Talvez não necessariamente no mesmo instante... Mas voltemos ao assunto do pedido de Al Jerrari. Qual será a solução?

Farah felicitou-se pela inteligência e maturidade da filha, e esse sentimento mostrou-se no brilho cálido de seu olhar e na doçura da voz com que, por fim, expôs a idéia para contornar a embaraçosa negativa.

– Jamais pensei em casar-me com Zafir – comentou Layla, surpreendida pela solução proposta. – Aliás, não penso em casar-me, é uma idéia que simplesmente não visualizo em minha vida.

– Precisa mudar essa forma de pensar, filha. Desta vez concordamos em rechaçar o pedido, mas faz parte do destino de todas nós casar e ter filhos, é a nossa função na sociedade e na natureza – objetou Farah, preocupada. – Zafir é um homem excelente, ainda é jovem, belo, inteligente, tenho certeza de que lhe agrada. Vocês têm tanto em comum que não me surpreenderia se a mentira de hoje se tornasse uma feliz verdade amanhã.

Layla encarou a mãe pensativa, compreendendo os caminhos do pensamento de Farah.

– Filha, em nosso meio a mulher tem muitas armas com que lutar, não só o arco, a flecha e as armas empunhadas pelos homens que você maneja muito bem. É preciso calma para pensar, conhecer, analisar. Por detrás do véu, filha, nós traçamos os caminhos; basta usar a inteligência, ser previdentes, e colocar nosso verdadeiro arsenal em uso sob o comando da razão. É preciso ter claros os objetivos que pretendemos alcançar.

– Eu entendo, mamãe. Prometo-lhe pensar no assunto e voltar a lhe falar.

A conversa das duas mulheres prosseguiu ignorando o que se passava no andar térreo entre o anfitrião e um dos emires de Córdoba. Munir ouvia, contrariado e insatisfeito, a pronta e justificada negativa à proposta de união que formalizara. Educado e preparado, Nasser envolvera a negativa em lindas sedas como se faziam com as facas de prata o que, entretanto, não as tornava menos perigosas e cortantes.

Numa das salas da mesquita, Karim conversava com Zafir. Este lhe relatava o estranho encontro que testemunhara entre Munir e Kiéram e as razões escusas que levavam o visitante a desejar o consórcio com Layla, a qualquer preço, apesar dos esforços infatigáveis dela em dissuadi-lo desta intenção.

– Layla é uma mulher muito especial, e qualquer homem seria feliz em tomá-la como esposa, desde que ela concordasse, pois, do contrário, o pobre infeliz seria digno de todas as preces que se poderiam fazer – comentou Zafir bem-humorado.

– Posso deduzir que a idéia de tê-la como esposa não lhe é desagradável – insistiu o jovem sem disfarçar o contentamento, pois o futuro da irmã o afligia; não desejava vê-la longe de Cádiz. A sugestão de Farah parecia-lhe perfeita.

– Absolutamente, não é desagradável, apenas nunca havia sido cogitada – respondeu honestamente Zafir, propondo-se a questionar os sentimentos que tinha pela prima. Adorava-a, mas não sabia se era como uma familiar querida ou como uma mulher.

Capítulo VI

Ameaças

Kiéram sobressaltou-se ao ouvir a estrondosa batida da pesada porta de entrada dos aposentos de Munir. Chamou-lhe atenção os passos pesados e o fato de que jogava ao chão o turbante, depois o cinto e a adaga que carregava na cintura, sem o menor cuidado.

– Mil demônios o perseguem ou serão mais? – questionou Kiéram, debochando do comportamento furioso do recém chegado.

– Dois mil ou mais – respondeu exasperado o emir de Córdoba. – Odeio pessoas petulantes, que se julgam muito espertas, ainda mais quando não passam de criaturas que habitam longe da civilização. Só aparência de moral, mentem e enganam com a mesma cara com que sorriem e adulam.

– Obrigando aqueles a quem dirigem tal comportamento a agir da mesma forma, não é mesmo, meu caro? – provocou Kiéram dando a entender que compreendia a ira atribuindo-a à grande semelhança entre o comportamento de Al Gassim e familiares com o do próprio Munir, sendo esse reconhecimento a prova da semelhança e motivo maior da fúria.

– É, sem dúvida, um verdadeiro suplício. Engenhosa tortura, pois a vontade que eu tinha era de esganar Al Gassim e não de como um tolo dizer que compreendia e aceitava suas razões de recusa a meu pedido.

Um brilho de satisfação iluminou o olhar de Kiéram que nada fez para escondê-lo, mas foi contido em manifestar verbalmente o que sentia.

– A vida tem também suas próprias deliberações, Munir. Com o tempo verá que foi melhor assim. Amirah é uma boa mulher; não merecia a mágoa que iria lhe causar...

– Amirah é minha esposa; terá que aceitar o que eu desejar – retrucou Munir, escancarando o pouco apreço pela consorte.

Kiéram, optando por tentar acalmar o ânimo exaltado de Al Jerrari, resolveu incentivar o amigo a expressar sua revolta.

"Melhor ouvir asneiras do que deixar que ele, por capricho, cometa uma grande besteira que só trará infelicidade", pensou Kiéram frações de segundos antes de indagar solícito:

– Afinal, qual foi a desculpa de Al Gassim?

– Um arranjo entre parentes ainda não oficializado, mas cuja palavra foi empenhada. Segundo ele, a filha é prometida ao primo. Uma boa maneira de manter tudo em família... – e daí seguiu despejando sua revolta em palavras nada corteses contra a família Al Gassim.

"Se não for verdadeiro o compromisso, ao menos foi uma manobra muito inteligente, que salvou o orgulho de todos os envolvidos. Mas, ainda assim, esses próximos dois dias serão longos", concluiu Kiéram, enquanto ouvia Munir repetindo o assunto.

Andando de um lado a outro no amplo aposento, Munir assemelhava-se a uma fera enjaulada, na expressão, nos gestos, no andar, tudo nele dava sinais inequívocos de descontrole emocional.

Em meio a essa insana atividade, insinuava-se uma perigosa idéia em seu íntimo sobre a qual nenhuma palavra escapou-lhe dos lábios. Repentinamente, tornou-se silencioso; o andar mais manso denunciava a atitude mental reflexiva.

Kiéram, observando as mudanças, respirou aliviado. Julgou, de forma equivocada, que o amigo esgotara a raiva. Conhecia Munir o bastante para saber da impossibilidade de dialogar quando ele se enfurecia. De índole pacata, somente nos últimos meses – após a ascensão do primo como Califa – ele vinha mostrando destemperança acentuada.

Ignorava o moço cristão o efeito cumulativo desse sentimento e, mais ainda, que ele agisse mascarado, na sombra, roendo por dentro aqueles que não o dominam; levando seu hospedeiro a ferver rapidamente às vezes por banalidades. As causas da fúria acompanhavam Munir há meses. Originaram-se no fato de que ele se sentia ameaçado e prejudicado numa disputa de poder e território político. A paixão por Layla e a desagradável rejeição somente faziam vibrar notas do diapasão, nada tinham de novas, tampouco eram causas, não passavam de acréscimos.

* * *

Karim exercitava-se no pátio de treinamento; concentrado, mirava o alvo, antes de desferir a flecha. Estava sozinho. Preferia assim quando desejava buscar a solução de algo que intimamente o incomodava. Fixava o olhar no alvo e a máxima atenção no manuseio do arco e da flecha; passava horas repetindo os movimentos. O exercício tinha para ele o mesmo efeito do canto sufi[1]: de tanto repeti-lo, atingia um estado interior de vazio, de afastamento do problema; impunha paz e libertação ao pensamento, quebrando o ciclo fechado de retroalimentação da preocupação e ansiedade. Era sua forma de meditar.

Ao cabo de algum tempo, o cansaço do corpo obrigou-o a parar e descansar à sombra de uma velha e frondosa árvore. Recostado no caule, sentindo a aspereza da casca através do tecido de suas vestes, as idéias ou os sentimentos, enfim, haviam retornado à harmonia que o caracterizava.

Naquele dia acordara sentindo-se inquieto. Uma sensação indefinida o afligia. Buscou na memória e não recordou nenhum fato que justificasse; vasculhou as lembranças da situação que o afligia em relação ao futuro da irmã e as relações com os emires de Córdoba. Nada. A solução apresentada pelo pai lhe parecia perfeita. Quanto mais se falava dela, mais real parecia. Todos comentavam que a união de Layla e Zafir era ideal, maravilhosa, só poderia fazer a ambos muito felizes. Extra oficialmente, o noivado passara de "pretexto" a "possível" num passe de mágica. A mentira tornara-se verdade de geral aceitação.

Respirando lentamente, mergulhado na sensação de paz que o estranho exercício de meditação propiciara, emergiu de seu íntimo a consciência do que o incomodava.

– Perigo – murmurou ao recordar as cenas confusas de um sonho em que via a irmã lutando desesperada, tentando gritar, mas calada por uma mordaça, contida em seus movimentos por fortes amarras.

– Medo. É isso. O sonho com Layla me fez sentir ameaçado e com medo. Era o que estava me incomodando; deve ser fruto da preocupação destes dias – falou baixinho, um hábito desenvolvido desde a infância.

Pacificado pelo entendimento do que se passava consigo, Karim relaxou ainda mais de encontro ao robusto caule, refrescando-se com a brisa suave que fazia balançar as folhas enchendo o ar com a sonoridade calmante do barulho emanado por elas. Em meio à música da brisa e das folhas, imiscuiu-se uma doce voz feminina, a falar-lhe ao pensamento. Não perdeu tempo abrindo os olhos para contemplar sua interlocutora: já a sabia incorpórea. Acostumara-se ao tom caricioso e às advertências fraternas; sentia-se bem, e não questionava-lhe a origem. Como tantas outras circunstâncias e fatos de sua vida, aceitava-a, pura e simplesmente.

"– Karim, meu querido, lembre-se de que há caminhos traçados na vida. As

[1] *Sufi/Sufista/Sufismo: forma de misticismo e ascetismo islâmico, hostil à ortodoxia muçulmana, caracterizado por uma crença de fundo panteísta e pela utilização da dança e da música para uma comunhão direta com a divindade [Propagou-se esp. na Índia e na Pérsia, do sIX ao XII e foi influenciado pelo hinduísmo, budismo e cristianismo.]*

trilhas e estradas foram abertas, inicialmente, pelas ovelhas. Depois veio o homem e, sem pensar, seguiu esses caminhos alargando-os, ampliando-os, construindo sobre esse traçado suas estradas. Muitas vezes, eles passam ao lado de grandes precipícios, quando poderiam percorrer local mais seguro. Assim também fazemos com nossas vidas. As escolhas, as decisões que muitos tomam, seguem o princípio das ovelhas abrindo caminhos: não são pensadas, nem refletidas, são dirigidas unicamente por instinto ou desgoverno de si, agindo ao sabor de emoções fortes que arrastam. Entretanto, abrem caminhos e, mais tarde, usando a razão, terão de transformá-los em estradas, ampliá-los, dar-lhes freqüentemente correta direção, enfim, retomar e aperfeiçoar um trabalho em curso. Entenda e aceite que Deus pode usar "ovelhas" para conduzir os homens ao reto caminho. Por isso, renda-se à vontade do clemente e acate sempre suas sábias decisões."

– Posso saber a razão dessa recomendação? – questionou Karim, repetindo baixinho o que lhe ia no pensamento. Se alguém o visse poderia deduzir que falava dormindo.

"O futuro. O fato de que é sempre sábio distinguir homens de ovelhas; ainda que se escondam sob a pele humana, a forma pela qual decidem, guiados exclusivamente por instintos e grosseiros sentimentos, deixam a nu sua real condição" – respondeu a voz, afastando-se do pensamento de Karim tal qual se aproximara.

O moço apreciava as idéias que lhe chegavam por essa via. Embora ela não fosse freqüente, poder-se-ia considerar como constante em sua vida. Em geral, quando vivenciava uma situação difícil, na qual não conseguia se desembaraçar do mal-estar interior, da incerteza, "a voz" o socorria e suas idéias contribuíam para que ele tivesse um comportamento equilibrado e sereno.

A idéia sugerindo pensar em ovelhas e a forma de se construir caminhos o fez pensar. Recostado na árvore, olhos fechados, não percebeu que lentamente o sol se pôs. Foi o chamado do minarete[2] da mesquita para as orações do final da tarde que o fez erguer-se, abandonando o agradável local de reflexão e indolência.

Da sacada de seus aposentos, Layla observava o caminhar calmo do irmão. Também ela fora desperta de suas meditações pelo chamado da mesquita. O sinal sempre lhe trazia à memória o semblante de Zafir, seu olhar alegre e inteligente.

– Meu noivo?! – murmurou ela com um pequeno sorriso desenhando-se em seus lábios e um estranho brilho iluminando o olhar profundo. E em pensamento, continuou:

"Que estranho! Eu casada... e com Zafir! Penso e penso sobre isso. A idéia

[2] Miranete: nas mesquitas, torre alta e fina, com três ou quatro andares e balcões salientes, de onde o muezim conclama os muçulmanos às orações.

é inteligente, resolveu uma situação delicada, mas... mesmo sabendo que toda mulher deve se casar e dar filhos, ter um marido, um lar, aceitar outras esposas, eu, simplesmente, não consigo enxergar esse futuro. O que há que me encobre essa visão? Até hoje, sempre consegui ver com clareza a realização dos meus projetos, enxergá-los concretizados em minha mente e agir para vê-los deixar o mundo das idéias e sonhos para ingressarem no plano das realidades. E justo esse... por mais que me esforce, nem ao menos uma simples imagem se forma em meu pensamento. Não me vejo sendo preparada para um casamento. Não vejo Zafir compartilhando a existência comigo como meu marido. Parece haver um vazio em meu futuro; de repente, não mais que isso, tudo e todos parecem sumir da minha vida. Será essa sensação um efeito do choque, de ter que encarar uma idéia pouco simpática como a de casar-me?"

Karim desaparecia na entrada da residência, e o olhar de Layla fugia para vislumbrar a abóbada da mesquita, voltando a concentrar-se em Zafir.

"Zafir, meu querido Zafir... Ah! É tão estranho e ao mesmo tempo tão natural que seja ele o meu prometido. Somos tão semelhantes em tantas coisas, mas tão diferentes no modo de sentir e agir. Compartilhamos o amor ao conhecimento, à filosofia, à religião, ao pensamento, à formação de livre opinião. Sei que são poucos os grupos muçulmanos que admitem tal liberdade, e sei que são pontos de contato muito importantes. Adoramo-nos desde muito cedo. Entretanto, sei quem sou e sei quem é Zafir. Ele é doce, meigo, vive para a vida do intelecto. Eu compartilho disso, mas sinto ânsia de voar como Dédalo, de fugir dos labirintos que os homens construíram e onde prenderam as mulheres. Eu preciso sentir o vento no rosto desmanchando e soltando meus cabelos, arrancando o maldito véu. Eu amo comandar as águias e sei que sou capaz de matar friamente se algo despertar minha ira, de premeditar cada gesto. Nunca senti a força do ódio, mas sinto que sou capaz de vivê-lo e tenho medo do que posso ser capaz de fazer. Sei que sou como as fases da lua e posso estar tanto plena de luz, como deixar que as trevas envolvam-me ocultando sobre seu manto ações terríveis. Será que meu querido Zafir merece ter uma esposa assim? Ele é tão pacífico, tão comedido e constante. Em mim, só a exuberância é constante."

Ouviu os ruídos dos homens deixando o palácio em direção à mesquita, limpos, purificados para serem dignos de penetrar no local de oração e fé. Vendo-os caminhar ordeiramente numa procissão de turbantes brancos e túnicas, a jovem sorriu; apreciava as demonstrações de fé e submissão da comunidade. Entendia que esses pilares eram solidamente construídos no íntimo de cada um e garantiam a sua unidade e força. Eram também a razão de em tão curto espaço de tempo – historicamente falando – a nova religião haver se expandido tanto, suplantando o politeísmo dominante na cultura árabe pré-islâmica.

Com cuidado, afastou-se da sacada. A consciência lhe impunha o dever de reunir-se às esposas de seu pai para juntas se purificarem e, no recesso doméstico, fazer as orações, cantos e danças. Evitou pensar por que os homens iam à mesquita e as mulheres viviam sua religiosidade dentro das casas, cantando, dançando, orando e preparando comidas e bebidas típicas das datas especiais do calendário do Islã.

– Há momentos em que é preciso calar o pensamento e a consciência – disse para si mesma durante a luta interior para não abrir uma discussão interna. – Hoje é um deles. Basta os tumultos do dia, não preciso acrescentar-lhes o peso das tradições seculares.

Minutos depois de deixar seus aposentos ingressava na casa de banhos das mulheres da família Al Gassim. Ao se aproximar, ouviu o alarido das vozes conhecidas e foi envolvida pelo aroma dos óleos e essências. Aspirou-os contente. Adorava perfumes; tinham um poder relaxante e a carícia da água em sua pele seria benéfica.

Farah encontrava-se recostada na lateral da ampla piscina conversando baixinho com Adara. Não era preciso muita perspicácia para descobrir o assunto. Ao ver a chegada da filha que despia o manto antes de descer os degraus, mergulhando deliciada na água, sorriu e estendeu-lhe os braços, chamando-a para juntar-se a elas.

– Adivinhe sobre o que conversávamos? – propôs Farah.

Fingindo grande concentração na análise das expressões delas, arriscou:

– No meu brilhante compromisso com o primo Zafir.

– Maravilhoso plano, Farah – elogiou Adara. – É perfeito. Concretizando-se essa união garantimos um futuro feliz para nossa menina e a mantemos próxima e livre como sempre foi. Não consigo imaginá-la vivendo longe destas terras e do nosso povo.

Farah, orgulhosa de seu feito, aceitou o elogio de Adara; sabia que era sincero. Se não aprovasse a idéia, seria ela a primeira a se pôr aos berros em protesto externando sua opinião entre as quatro paredes do lar. Prosseguiram trocando idéias e relatos sobre como tudo transcorrera, repassando informações recebidas de Nasser sobre a mal fadada entrevista com o emir visitante. Algumas risadas divertidas incomodaram Layla que se mantinha ausente do diálogo, desinteressada no assunto.

– Layla, não vai dizer nada... Nenhum comentário? Não está feliz, minha filha? Será que preferia o enlace com Munir?

– Não – apressou-se a filha de Nasser em responder. – Na verdade, eu queria muito esquecer esse assunto.

– E a possibilidade de unir-se a Zafir? – interrogou Adara. – Também não lhe agrada? Pense, menina.

– Eu adoro Zafir. Ele é um homem encantador. Que mulher não gostaria de ser sua esposa? É lógico que sei de todas as vantagens, mas o fato é que não penso em me casar...

– Basta, Layla – ralhou Farah irritada com a colocação – Não me diga que pretende se juntar àquelas mulheres místicas que vivem nas montanhas rezando e cantando. Por favor, aquilo não é vida!

– Não se trata disso, mamãe – retrucou Layla sem se afetar com a alteração materna. – Eu não consigo me ver casada. É só. Vocês me perguntaram o que eu pensava e respondi. Não vou mudar de idéia porque a senhora crê que não exista outra vida para uma mulher além do casamento. E não, não tenho nenhuma inclinação para me tornar uma mística e viver em torno da sepultura de algum santo no oriente...

– Não há muitas opções, Layla – apartou Adara, alinhando-se ao lado de Farah na discussão. – É preciso ver a realidade e fazer as melhores escolhas. Aliás, como mulher é preciso premeditá-las, induzir a que surjam no horizonte e nos sejam propostas e, depois, fazer de conta que foram decisões masculinas.

– Cansa-me este jogo – declarou Layla aborrecida. – Não podemos mudar o assunto? Tinha idéia de deliciar-me com o banho, mas com tal conversa irrito-me.

Uma troca de olhares entre Farah e Adara foi suficiente para que concordassem em adiar o entendimento com Layla sobre o tema casamento e compromissos femininos.

***

Na mesquita, Zafir conduzia, como de costume, as orações e o discurso. Dissertava sobre o valor da submissão; empregava conhecimentos do cotidiano da assembléia. Não era um dia em que se sentisse especialmente inspirado. Amante do conhecimento, tinha preparo suficiente para orientar e encantar seus ouvintes, que não suspeitavam de seu estado interior dividido naquele momento. Parte dele não esquecia a idéia de união com a prima e forçava-o a uma revisão de sua conduta e sentimentos na última década. A imagem de Layla como sua noiva e esposa o seduzia, levando-o a questionar quais haviam sido, na verdade, seus sentimentos.

Horrorizava-o a idéia de que se apaixonara por uma linda menina que vira sem véu. Causava-lhe profundo desconforto crer que uma criança houvesse lhe inspirado paixão. Mas se negasse a verdade do interesse, agora reconhecido conscientemente, via-se forçado a sustentar que a atração nascera da idéia de casamento. Entretanto, esse pensamento lembrava uma cobra enrodilhada perseguindo o próprio rabo, pois bem sabia que aceitava tão candidamente a sugestão unicamente por quem era a prometida; e não o levava a parte alguma, andava em círculo, devolvia-o, sim, ao mesmo lugar, à mesma conclusão. Era um homem capaz de apaixonar-se por uma criança, e a existência desse sentimento o impedira de tomar outra mulher por esposa. Layla o fascinava; admitia que a prima o dominasse com o brilho do olhar como uma serpente enfeitiça e hipnotiza sua vítima, atraindo-a para a fatalidade. Isso o chocava e o fazia feliz ao mesmo tempo.

Lutando por concentrar o pensamento na atividade religiosa e não pronunciar orações e gestos rituais mecanicamente, espantou para longe os pensamentos envolvendo a prima. Foi vitorioso até o instante em que identificou a fisionomia de Munir Al Jerrari em meio aos assistentes. Um emaranhado de sentimentos a seu ver "inadequados" – como se tais existissem e se pudéssemos escolher o que sentir, como deliberamos sobre nossas vestes – para o ambiente e o momento, saltaram, ou melhor, assaltaram seu peito. Ciúme foi o primeiro; subjacente a ele a insegurança dos próprios sentimentos quanto à prima; ao longo relacionamento que tinham; e finalmente, de sua auto imagem, agora crivada de profundos questionamentos.

Nesse redemoinho emocional figurava o medo. O visitante passara a ser sentido como uma ameaça de perda iminente. Tivesse sido aceito o pedido "perderiam" Layla; recusado, sem justificativa, era motivo de represálias políticas, comerciais e quiçá militares. Zafir era de índole pacífica, o que difere de ser covarde, pacato ou indiferente. Portanto, suas energias em vista da ameaça mobilizavam-se para defender seus direitos e princípios. O medo caminhava com a raiva; sua fonte de determinação vinha da força que ele demonstrava aos outros. Havia, ainda, um sentimento de desprezo, de repugnância ao visitante quando lembrava da conversa que sem querer testemunhara. Estava consciente de que Al Jerrari pretendia usar a prima num jogo ignorado que ele travava em Córdoba contra o cunhado.

De pé, em meio à assistência, Munir aparentava interesse e concentração na atividade do culto, porém era apenas uma tênue camada do que chamamos "verniz social". Também ele, no íntimo, roía-se de ódio contra o imã daquele ato.

"Hipócrita!" gritava a consciência de Al Jerrari em resposta aos pensamentos que emitia contra Zafir. "Noiva?! Pois sim! Se ela é noiva deste homem sem sangue nas veias, eu sou um peixe caminhando sobre a grama."

A cerimônia chegou ao final e Zafir abandonou a posição destacada, misturando-se aos presentes na saída do templo. Cumprimentavam-se, alegremente, sob as arcadas abobadadas, decoradas com belos e coloridos azulejos, quando um arrepio frio correu pela coluna de Zafir, arrepiando-lhe os pelos do corpo assim que sentiu a mão de Munir pousada em seu ombro direito.

– Belo discurso – elogiou o visitante. – Quando for a Córdoba, não esqueça de nos visitar. Terei prazer em apresentá-lo na mesquita, indicando-o para imã. Tenho certeza de que nossa comunidade apreciará muitíssimo suas idéias.

– Será um prazer, embora improvável. Não gosto de me afastar de Cádiz. O mar azul-turquesa é irresistível. Amo demais essa terra; caminhar pela praia, contemplar os cumes brancos das construções contra o azul do mar e do céu, eis minha fonte de inspiração.

– Com mulheres tão lindas como as que conheci, tenho absoluta certeza de que existem outras razões – disse jocosamente Munir. – Embora digam que são extremamente temperamentais. É mesmo verdade?

– Não sei do que fala, meu caro emir. A meus olhos nossas mulheres são jóias de inestimável valor. São a beleza e o encanto, a sabedoria e a objetividade, o prazer e a alegria...

– A irritação e o ciúme, não? – atalhou Munir.

– Irritação? Quem não se irrita? Acaso será você um exemplar humano imune a esse sentimento? Todos se irritam. Se as mulheres irritam-se com maior facilidade devemos procurar as causas desse sentimento. Acredito seja muito provável que a fonte se encontre na intolerância e impertinência dos homens. Não concorda comigo que a condição feminina é muito exigida em nossa cultura?

Munir riu com gosto da colocação feita por Zafir, cuja única reação foi um brilho metálico e duro no olhar, que se fossem lâminas teriam transpassado seu interlocutor.

– Não, Zafir, definitivamente não consigo enxergar onde há exigências demasiadas às mulheres. Elas têm tudo. São protegidas, precisam preocupar-se com tão pouco...

– Não entendo proteção como tutela; a meu ver as mulheres são tuteladas e tolhidas. Deve ser como viver com os braços enfaixados de tal modo que se possa realizar apenas alguns movimentos, mas sem liberdade de ação. E quanto à manifestação de vontade? Diga-me se não é tolher a ação do semelhante quando decidimos por ele. E quanto a ter tudo, pergunto: tudo do quê? Daquilo que lhes damos e nos dá prazer ou o que elas desejariam? Será mesmo que as mulheres são como as vemos? Criaturas interessadas em jóias, roupas, perfumes, danças e escravas para nosso deleite? Eu, sinceramente, penso que elas são muito exigidas. Imagine-se sendo mulher e vivendo nesta condição. Como se sentiria?

A risada de Munir ecoou na mesquita vazia; os freqüentadores dispersaram-se pelo pátio em frente.

– Você tem muito senso de humor. Jamais me ocorreu tal disparate. Colocar-me na condição de mulher para quê? É muito engraçado!

– Pois faça esse exercício. Imagine nossa sociedade ao contrário. As mulheres tendo sobre os homens os direitos que hoje temos sobre elas. Imagine-se como um dos quatro maridos; imagine-se com direito de herança reduzido, havendo privilégio para suas irmãs. Imagine-se não podendo descobrir a cabeça; podendo ser surrado por sua esposa a seu bel prazer, usado e dispensado conforme as conveniências dela, para satisfazer seus mais mesquinhos e repugnantes interesses, quem sabe até num jogo medíocre de poder com outra mulher mais influente. Ah! Se nada disso o irritar e se você não desenvolver uma série de sentimentos derivados e uma forma peculiar de burlar essa imposição social e viver, talvez se erga em sua memória um túmulo que será guardado como o de um santo.

Conforme Zafir fazia as colocações, pausada e friamente, encarando-o, Munir foi calando o riso e fechando o semblante. Entendia o recado: estava desmascarado frente ao imã que julgara sem sangue nas veias.

– Uma esposa assim merecerá ser chamada de verme e não de mulher. Concorda? – provocou Zafir. – Pois há maridos, pais e irmãos desse tipo em nosso meio. Mulheres são criações de Alá, merecem amor e respeito. Têm sentimentos e pensam, têm vontades insuspeitas para aqueles que julgam que elas se satisfazem com adereços. Na verdade, eu lamento os homens que buscam conquistar uma mulher acenando-lhe com o poder econômico. É mesquinhez demais. São estúpidos escravos delas julgando-se senhores. Incapazes de conquistar-lhes o amor em liberdade, eles as enchem de privações para depois apresentarem-se como heróis, crendo que elas não percebem. É triste essa conduta masculina. Lamentável!

– Suas idéias são liberais demais – retrucou Munir irado e forçosamente contido pela atitude fria de Zafir. – Pensando melhor, talvez não seja mesmo uma boa idéia você deixar essa terra. Suas palavras são perigosas.

– É mesmo? Vejo que então começamos a nos entender. E, caro emir, minhas idéias não são mais perigosas que as atitudes irrefletidas de muitos homens. Mas, olhe, a comunidade nos abandona; apressemo-nos, ou boa parte das iguarias não provaremos.

* * *

Amanhecia o sábado quando Kiéram observou aproximar-se do alojamento um mensageiro vindo da residência de Al Gassim.

– Senhor Kiéram – chamou o jovem parado à soleira da porta.

– Entre – concedeu Kiéram sem mover-se do banco onde estava acomodado ao lado de uma janela. – Venha cá.

– Sim, senhor – atendeu respeitosamente o moço.

As façanhas do mercenário haviam corrido de boca em boca espalhadas pelos homens que o admiravam pela valentia e habilidade com as armas.

– Trago uma correspondência do emir Munir Al Jerrari.

Ao pronunciar as palavras, estendeu para Kiéram um rolo, tipo pergaminho, amarrado por uma fita.

– Que estranho! Não é do feitio de Munir mandar ordens escritas... – murmurou o cristão cujo semblante ao ler as breves palavras do texto transformou-se, primeiro, marcado pelo espanto que lhe causava o teor, depois, pela preocupação.

– Munir partindo praticamente sozinho? Sem guarda para sua segurança. É fato muito estranho – murmurou Kiéram. – Deixar-me responsável pela conclusão dos negócios pendentes é ainda mais surpreendente. Nunca participei dessas negociações... nem sei se posso. Há alguma coisa errada, mas o quê?

O mensageiro ergueu uma sobrancelha e apurou os ouvidos para registrar, em primeira mão, o que logo se tornaria o mais novo e interessante assunto entre a criadagem.

– Algo errado, senhor? – indagou aflito. – Posso ajudá-lo?

Percebendo que o rapaz aguardava por uma atitude sua, Kiéram decidiu dispensá-lo, sem maiores explicações. E ficou observando o manto celeste ser iluminado, afastando as trevas da noite, inundando a natureza suave e gradativamente com a luz e o calor.

O amanhecer infundia-lhe serenidade e calma. A imagem da esperança lhe despertava reflexões, mas naquela manhã conseguiu apenas um estado superficial e aparente de tranqüilidade; algo dentro de si permanecia inquieto. As perguntas quanto à atitude de Munir morriam no silêncio, sem resposta.

Notando a movimentação habitual na residência do anfitrião, dirigiu-se à presença de Al Gassim. Anunciado, foi de pronto recebido.

– Prezado emir, trago a incumbência de comunicar-lhe a partida de Munir Al Jerrari. Partiu, inesperadamente, durante a madrugada. Questões importantes em Córdoba exigiram sua presença. Pede que aceite suas desculpas e, ao mesmo tempo, que receba seu agradecimento pela hospitalidade.

Al Gassim encarou Kiéram surpreso. Estranhara a ausência do hóspede na refeição matinal, mas não imaginara que houvesse deixado Cádiz.

– Considere ambas aceitas. E quanto aos negócios que discutíamos?

Kiéram apresentou a carta e disse:

– Estou autorizado, com plenos poderes, a prosseguir e concluir tudo o que estiver pendente.

– Você goza de irrestrita confiança do seu emir e, posso crer, também do Califa de Córdoba. É inusitado.

– Por que não sou árabe? Nem muçulmano?

– Sim. São poucos os altos servidores do Califa na sua condição, não é mesmo?

– Apenas eu, emir Al Gassim. Nosso trabalho e amizade sobrepõem-se a questões raciais e religiosas. Entendemo-nos numa esfera de humanidade – esclareceu Kiéram.

– Suas façanhas militares são comentadas em toda Al Andaluz. Respeito a coragem e a competência em um homem, senhor Kiéram, independente de suas crenças. Tenho absoluta certeza de que nossas negociações serão produtivas.

– Obrigado, emir. Se não for inconveniente, gostaria de poder resolver todas as pendências hoje e partir amanhã ao raiar do dia. Será possível?

– Comecemos imediatamente – concordou Al Gassim, sentando-se e convidando, Kiéram, com um gesto, a fazer o mesmo, enquanto dava ordens a que trouxessem café.

A reunião ocupou a manhã e foi exitosa. Ao inteirar-se das pendências e da facilidade em resolvê-las, Kiéram encheu-se de mais dúvidas a respeito das motivações da partida de Munir. Conhecia-lhe, de sobra, o caráter volúvel, voluntarioso; e temia uma atitude infeliz, desnecessária.

Remoendo suas aflições, não encontrava respostas. Os instintos lhe advertiam para seguir o mais rápido possível ao encontro de Munir e vigiar seus atos. A consciência lhe pedia para alertar a família Al Gassim a fim de proteger a jovem que despertara insanos desejos em seu superior. Mas, como? Tivera maior contato com o emir, porém não podia, simplesmente, surgir a sua frente levantando suspeitas e suposições. Era inteligente o bastante para saber que sua palavra não mereceria crédito contra a honra e conduta de outro muçulmano. As castas eram unidas.

A solução surgiu ao fim da tarde, quando seus homens já haviam preparado a partida e descansavam. Andava à sombra das árvores que rodeavam o pátio de treinamento. Encostou-se à mureta de pedra, respirando o ar fresco e perfumado pelas flores. Chamou-lhe a atenção uma mulher judia que vasculhava os arbustos floridos.

– Procura algo? – perguntou Kiéram aproximando-se da mulher.

Recebeu em resposta um rápido olhar debochado. A procura tinha urgência e a indagação era um despropósito; era óbvio que ela estava buscando alguma coisa.

– Diga-me o que procura e poderei auxiliar – insistiu.

– Não perca seu tempo, senhor. É minha obrigação.

– Trabalha para o emir?

– Como todos nesta propriedade.

– Trabalha na residência dele? Em contato com a família?

– Aonde quer chegar com estas perguntas, senhor?

– Preciso saber, pois gostaria de enviar um aviso à filha do emir. Se a conhecer e tiver meios de falar a ela, por favor, diga-me.

– Sou Leah, criada da filha do emir. O senhor é o chefe da guarda do emir Al Jerrari, eu sei. Pode dar-me o aviso.

Kiéram sorriu aliviado. Não fora apresentado à filha de Al Gassim, mas a seu ver era uma jovem inocente, ignorante das complicadas relações dos poderosos de Córdoba; não merecia ter como destino servir a uma infantil vingança pessoal entre primos.

– Diga-lhe que tome cuidado. Sei que o pedido de casamento do emir Munir foi recusado. Creia-me, conheço-o bem para saber que ficou ofendido, apesar de não possuir razões para tal. Diga-lhe, também, que Munir é um homem vingativo e com sérias dificuldades de relacionamento com o Califa de Córdoba. Relações familiares tumultuadas o cercam e tê-la como esposa serviria para atingir e ferir outras pessoas. Insisto, diga-lhe que tome cuidado.

Leah baixou a cabeça, murmurou uma breve resposta e partiu. Quando chegava próxima a outra mureta que separava o pátio dos jardins da residência, Kiéram a viu se abaixar e recolher um pedaço de tecido branco de entre os arbustos.

– Um véu?! Jamais imaginei ver um véu jogado entre flores de um canteiro. Será que voou de um dos varais?

Em resposta às próprias perguntas, concluiu: – Não é possível, ficam do outro lado. Leah sabia o que estava procurando e sabia onde encontrar. Quem será a dona do véu? Como o perdeu? Foi preciso andar essa distância entre Córdoba e Cádiz para ver uma muçulmana perder o véu. Meu Deus, isto é tão desonroso quanto um soldado perder o escudo na batalha. Não foi sem motivo que a judia recusou minha ajuda.

Desconhecendo o estado de ânimo em que lançara Leah, o cristão, com a consciência tranqüila, retornou para junto dos soldados disposto a descansar, ultimando os preparativos para a partida sob as primeiras luzes do dia.

***

O pequeno grupo comandado por Kiéram movia-se pelo vale. O céu tingia-se de um tom alaranjado que, pouco a pouco, revelava o azul-celeste apagando as últimas estrelas da madrugada. O líder cavalgava a passo lento; seu olhar percorria o vale coberto de verde quando o som das águias chamou-lhe a atenção.

– Lindos animais! – reconheceu observando-lhes o vôo. – Não há nada mais atento que o olhar de uma águia. É penetrante, calmo, profundo, cristalino, certeiro. É uma ave de rara inteligência e sensibilidade. Ainda conseguirei um bom adestrador... Não é a qualquer homem que elas obedecem e reconhecem-lhe a superioridade. São fiéis àqueles que as cativam.

Observando o vôo das duas águias, que planavam sobre o vale, moveu o cavalo voltando em direção à entrada do vale. "Se as águias estão aqui, o caçador não pode estar longe," pensou Kiéram, intimamente acalentando a esperança de desvendar a identidade do habilidoso adestrador que vira na chegada à propriedade de Al Gassim e, talvez, convencê-lo a trabalhar em Córdoba.

Sua intuição estava certa. Bem à frente divisou a figura esguia, trajada de negro, montada num belo cavalo. Parecia um jovem franzino. Não pôde deixar de sorrir, pois a cena protagonizada pelo jovem caçador falava de alguém que amava a liberdade, galopava magistralmente, carregando o arco e a flecha de forma segura e elegante. Parecia um cavaleiro acostumado a competições. Os gestos e assobios com que se comunicava com as aves denotavam inteligência e capacidade de comando. Os pássaros obedeciam a ele sem hesitar; encantou-se ao vê-lo erguer o braço direito e uma águia pousar; parecia que aproximava a ave do rosto e lhe falava, para depois erguer o braço determinando a partida.

– Parece que não está caçando. Há muitos animais no vale, por que não atira? – falava Kiéram consigo mesmo, alheio à parada do grupo que aguardava suas ordens e perdia-se também na contemplação do caçador.

Desperto do fascínio provocado pelas águias e o adestrador, certo de que era o mesmo do dia da chegada, Kiéram deu ordens ao grupo que o aguardasse, pois iria ao vale falar com o caçador.

Num galope rápido aproximou-se do caçador, cujo desagrado foi evidente e tudo fez para afastar-se, sem conseguir.

O turbante encobria a cabeça; a túnica ampla sobre a calça de montaria disfarçava sutilmente as linhas femininas do corpo de Layla, mas a beleza morena e altiva de seu rosto não deixava dúvida de tratar-se de uma mulher. Kiéram a perseguia encostando seu cavalo, lado a lado, ao dela.

– Por favor, pare. Não desejo lhe fazer mal. Quero apenas conversar. Sou admirador do seu talento com as águias – pediu ele falando alto e rápido.

Layla segurou as rédeas freando a montaria e encarou o intruso. Reconheceu-o de imediato.

– Lamento sua sorte, senhor. Não desejo conversar. Vim ao vale cavalgar e exercitar meus pássaros – respondeu ela com voz fria.

– Se o seu tempo é tão escasso... – disse ele sorrindo dos modos arredios e escondendo a surpresa por ver que era uma moça, cujos traços revelavam a origem árabe – receba os cumprimentos de um sincero admirador. Eu a vi em minha chegada e agora quando estou partindo. Procurei-a, incansavelmente. Aliás, para dizer a verdade, procurei um adestrador de águias, não uma adestradora, por isso foi improdutiva minha busca. Observei-a nas duas oportunidades e a senhorita é exímia.

– Obrigada – agradeceu Layla com a expressão fechada. – Desejo-lhe uma boa viagem.

– Meu nome é Kiéram Simsons, sou do Califado de Córdoba, acompanhei o emir Munir Al Jerrari a Cádiz – apresentou-se Kiéram, ignorando a dispensa educada da jovem. – Posso saber seu nome?

– Não. Como lhe disse: não vim conversar. Faça boa viagem, senhor Simsons.

Antes que ele pudesse reagir, Layla esporeou a montaria que partiu num galope desenfreado, embrenhando-se num bosque próximo. Somente restou a Kiéram a visão das aves voando em círculos ao redor de sua dona.

– Será a filha ou uma das esposas de Al Gassim? – questionou-se Kiéram ao retornar para o grupo. – Linda! Que personalidade! É a mulher que ameaçou me matar no pátio com uma flechada.

Durante a manhã sua mente dividia-se em recordar a jovem, seu olhar que comparava ao das águias, pensando em quanto eram semelhantes; e em alcançar Munir, que imaginava estivesse acampado no caminho. Não acreditara em uma única palavra da mensagem recebida, à exceção das ordens para que concluísse a missão comercial que os levara a propriedade de Al Gassim.

A intuição, fiel companheira do guerreiro cristão, falhou. Viajaram, sem descanso, pelos caminhos que ligavam Cádiz a Córdoba e nem sequer a poeira ou os rastros de Munir Al Jerrari foram vistos.

Kiéram atravessava os portais da cidadela envolto em preocupação. Alheio à aparência suja e cansada, rumou ao encontro do Califa.

Capítulo VII

A tocaia

Munir tomara rumo contrário a Córdoba, seguira por um caminho pouco usado que levava a um vilarejo de pescadores à beira mar, distante não mais que duas horas da propriedade de Al Gassim.

Acampara com seus homens em um local abandonado que servira, conforme seu aspecto indicava, à construção de embarcações e estava desativado há muitos anos. Um aldeão o informou sobre o abrigo. Ao encontrá-lo, ele sorriu satisfeito; o local prestava-se a seus objetivos, e a permanência, ele assim o esperava, seria rápida.

Em torno de uma fogueira, comendo com os três homens que o acompanhavam, ele expressou suas ordens:

– Amanhã, antes do clarear do dia, vocês – e apontou dois de seus acompanhantes – retornarão à propriedade de Al Gassim disfarçados de camponeses. Quero que observem e indaguem, cautelosamente, sobre os movimentos da filha do emir. Um voltará aqui tão logo tenham as informações necessárias.

Os indicados trocaram um olhares e, encarando o emir, baixaram a cabeça acatando a determinação. Munir arrumou-lhes uma trouxa com as roupas e, na manhã seguinte, escondendo adagas na cintura, sob grossas faixas e largas camisas de tecido rústico eles partiram.

Numa pacífica comunidade rural, infiltrar-se entre os camponeses era fácil; antes do meio dia estavam entrosados com os moradores mais próximos da residência do emir. Daí a descobrir que a filha do emir era muito popular tanto por seus hábitos incomuns como por sua conhecida simpatia e bondade, fora ainda mais rápido e fácil.

Nas primeiras horas da noite um informante retornava ao acampamento de Al Jerrari relatando as descobertas.

– Excelente! – exultou Munir com um brilho ardente nos olhos, surpreendendo-se com algumas declarações de seu enviado – Uma mulher incomum! É ainda melhor do que desejava.

Como o subordinado aguardasse nova orientação, disfarçou o prazer que os próprios pensamentos, alimentados pelas informações recebidas lhe davam, e falou o mais natural que pôde:

– Descanse e retorne amanhã. Antes de sua partida darei as instruções.

***

O movimento nas ruelas de Córdoba era intenso. O mercado fervilhava, o som das vozes e da música preenchia o espaço dando alegria à cidade.

Kiéram cavalgava, seguido de perto por seus homens. Logo à frente o palácio do Califa se erguia majestoso. Ao seu comando, as portas se abriram dando passagem à comitiva, e o cavaleiro cristão ordenou ao guarda:

– Mande informar ao Califa que preciso vê-lo. Aguardarei no local de costume.

– Sim, sr. Kiéram. Considere feito.

Apressado, seguiu em direção aos alojamentos militares, onde fez ligeira higiene e, com os cabelos úmidos e roupas limpas, compareceu à presença do Califa.

Jamal Al-Hussain era um homem jovem para ocupar o importante cargo, naquele período tumultuado do império islâmico. As sucessivas guerras com os cristãos do norte e as ameaças internas dos Califas africanos exigiam diplomacia daquele que comandava uma das maiores cidades do império e, sem dúvida, das mais eminentes.

Córdoba era cultura, ciência, filosofia, economia, medicina, artes e arquitetura, enquanto o resto da Europa medieval era dominada pelas trevas da ignorância. O Califa conduzia seu reino com bom senso. Sua orientação sunita[1] lhe dava moderação nos assuntos religiosos e o fazia amante da filosofia e dos sábios que viam perfeita comunhão entre os sagrados ensinos do Alcorão e o uso da razão, do livre discernimento, dos conhecimentos que fazem o ser humano aprimorar a mais divina de todas as qualidades: a racionalidade.

Seu tipo físico, suas vestimentas, seu comportamento em público ou na privacidade do palácio eram sempre compatíveis com o que se esperava do detentor de tão alto cargo. Recebera a missão de comandar há poucos anos. Fora uma ascensão natural e meritória. Resumindo, poderia descrever o caráter e o comportamento do Califa de Córdoba como honrado, consciencioso, alguém que primava por não ferir ou violentar nada nem ninguém do seu povo. Tomava as noções de igualdade preconizadas pelo Islã, em seu mais amplo entendimento,

[1] *Sunita: relativo a muçulmanos ortodoxos que reconhecem a autoridade dos quatro primeiros califas.*

como norma de conduta. Tinha três esposas – casamentos decorrentes de alianças políticas com emires de outras cidades de Al Andaluz – e filhos. Estava feliz, e entre as pessoas que mais amava contava-se sua irmã, delicada e frágil mulher, recentemente casada com o primo Munir.

O mercenário cristão o encontrou cercado por alguns funcionários burocráticos, trabalhando na análise de documentos, que se amontoavam sobre uma mesa, encadernados em grossos volumes.

– Kiéram Simsons, por que retorna sozinho de Cádiz? – perguntou-lhe o Califa. – Onde ficou meu primo?

– Alteza, gostaria muito de poder responder à sua última pergunta de outra forma, mas... preciso dizer a verdade: desconheço onde se encontra o emir Al Jerrari. Ele partiu de Cádiz, com alguns dos nossos homens; deixou-me ordens de concluir a missão comercial para a qual fôramos enviados. Aliás, aqui estão os documentos que dão contas da incumbência concluída com sucesso – e repassou ao Califa os documentos dos negócios realizados com Al-Gassin.

O Califa o encarou sério; a atitude do primo lhe desagradava, mas não poderia expressar esse sentimento. Considerava Kiéram um homem inteligente, corajoso e honrado, confiava nele acima de quaisquer barreiras sociais; mas, ainda assim, continha-se.

– Parti tão logo concluídas as negociações – completou Kiéram. – Esperava alcançar o emir na estrada, mas não o encontrei.

– Alguma idéia do que possa ter acontecido?

– Alteza, tenho uma forte intuição do que possa ter acontecido – respondeu o cristão e enfrentando o olhar de Jamal prosseguiu. – Solicito uma entrevista particular, Alteza.

A preocupação brilhou mais intensa no olhar do Califa. Contemplou o cristão, notando que também ele continha-se, e sua expressão era carregada. Com um gesto dispensou os funcionários que se postavam ao redor da mesa. Ouvindo o bater suave da porta, fixou o olhar em Kiéram numa ordem muda para que se explicasse.

Ele, então, relatou os fatos que presenciara na propriedade de Nasser Al-Gassin concluindo com o inusitado pedido de casamento e a recusa do emir de Cádiz.

Enquanto ouvia, Jamal sentiu-se abater; profunda decepção invadia-lhe o íntimo. O caráter volúvel do primo o incomodava; não era difícil deduzir qual era a intuição do servidor à sua frente e, as razões da solicitação de privacidade eram justificadas. Notando que o cavaleiro silenciara, Jamal o instigou:

– Fale, Simsons. Conclua seu pensamento.

– O emir não recebeu bem os motivos de Al-Gassin para negar-lhe a filha. Temo que ele use meios impróprios para satisfazer seus desejos.

– Problemas! Problemas! Munir é insensato – desabafou Jamal. – Agradeço sua fidelidade.

Entendendo que a entrevista estava encerrada, Kiéram retirou-se. Esperava que após haver informado o Califa, recobrasse sua peculiar calma; porém, enganou-se. A contragosto tomava consciência de que seu pensamento voltava-se para a impertinente e bela filha do emir Nasser Al Gassim.

As grossas paredes isolavam o barulho da rua; a batida da porta no batente fora o último som que Jamal registrou com a saída do cristão. O olhar vagava pelo recinto, sem que nada lhe chamasse a atenção; aliás, ele não via. Sua mente fora tomada pelas informações sobre o comportamento do primo. Identificou a vingança como móvel das ações. Munir desejava o poder, não o trabalho, ou a responsabilidade, menos ainda a abdicação de seus interesses pessoais, para assumir e responder aos anseios e necessidades do povo. Ele calara-se ante a escolha de Jamal. Fingira acatamento, aceitação da vontade da comunidade. Mas, dia a dia, suas atitudes foram revelando o que, com o silêncio, julgava encobrir.

Ler pensamentos é um "dom sobrenatural" que alguns temem e outros fingem possuir; a ambos e a uma multidão de indecisos fascina. Ignoram que é possível e natural ler comportamentos e que eles dizem não só o que a boca cala, mas, também, revelam as coisas que respiram no inconsciente do ser humano.

Munir revelara-se ao olhar atento do Califa. Vingança, traição, afastamento eram esperados por Jamal, porém a covardia não havia sido. Usar a fragilidade de Amirah para feri-lo era uma atitude baixa, indigna, como tudo o que é feito às escondidas, era muita covardia! Seus pensamentos procuravam entender o ocorrido. "Esperava uma ação no campo político, talvez até militar, mas nunca na arena familiar e afetiva – murmurou Jamal passando a mão na nuca. – Ele é esperto, embora um rematado covarde. Quebre os pés de qualquer ser e o terá caído, prostrado, imóvel; eles são nossas frágeis fortalezas. Munir sabe que minha família são Amirah e meus filhos; são os pés da minha força. Ele não ousaria atacar os meninos. É... a idéia foi inteligente. Transtornar minha irmã; impor-lhe uma mágoa contínua, reiterada, e mais uma causa de rebaixamento, seria uma forma de tortura lenta, insuportável para ela e, por conseqüência, acabaria por me afetar. Preciso pensar. Alá me iluminará, eu confio na sua misericórdia."

Depois de dar muitas voltas ao redor da sala, aproximou-se de uma janela que dava vista ao pátio da ala de suas esposas. Lá em baixo, Zahra, sua terceira e mais recente esposa, passeava serenamente, ostentando o ventre protuberante. A visão trouxe-lhe ao pensamento as ligações que o levaram àquela união e, em meio a elas, suas idéias ganharam outro rumo. "É preciso esperar. O Misericordioso nos dá mostra em sua obra de que não tem pressa; todas as coisas caminham lenta e pausadamente nas trilhas que Ele traçou. Suas decisões, muito mais sábias e importantes que as minhas, não são tomadas ao atropelo. Ninguém sairá de Córdoba em busca de Munir. Quem parte deve regressar; e quem fica, espera.

* * *

– Preste atenção. Lá vem ela – sussurrou um dos guerreiros de Munir, disfarçado de camponês, ao seu companheiro.

O outro voltou a cabeça na direção dos portões da propriedade de Al Gassim que se abria para o vale. À distância identificou um vulto negro cavalgando elegante e armado.

– Você tem certeza? Não me parece uma mulher.

Uma expressão desgostosa cobriu a face do homem que vigiava Layla. Era visível a reprovação a tudo que descobrira a respeito da filha do emir de Cádiz.

– Tenho. É a filha de Al Gassim. Os rumores que ouvimos são verdadeiros. Elas são infiéis, ímpias. Não fosse assim, eu não teria obedecido às ordens do nosso emir. Não é lícito tomar uma mulher a não ser que ela seja sua esposa. Eu bem sei o que diz a lei, Alá seja louvado. Mas depois que observei por dois dias essa mulher, não tenho dúvidas: é uma infiel. Se Munir a deseja, que a tome. Ela não pertence ao Altíssimo.

– Eu vejo armas e águias. Isso é tão estranho!

– Muito. Nesses dias eu a vi sair cedo, armada e com as aves. Cavalga livre, sem ninguém para acompanhá-la, porém não sei para quê. Não a vi atirar uma única flecha, nem sei se sabe usar o que carrega. As aves ela conduz muito bem, devo reconhecer, mas armas... ela deve ter confundido com as jóias e enfeites.

– O que, por Alá, Al Jerrari quer com uma infiel? Não tem mulheres suficientes em Córdoba para tomar por esposa?

– Também não entendo. Acredito que ele vai arrumar confusão.

O outro concordou e passaram a rememorar o plano que os levava até aquelas paragens ao amanhecer. Acertados, partiram lentamente para não chamar atenção dos animais à volta e, assim, atrair a atenção das águias denunciando a presença deles no vale. Cavalgaram pelo lado oposto ao bosque e nele se embrenharam. Depois o atravessaram para espreitarem a jovem, sempre às escondidas. Postando-se entre os primeiros de arbustos, observaram desgostosos o prazer e a habilidade da mulher em adestrar aves de caça.

– Agora – determinou baixinho o que liderava a ação ao notar que a caçadora passaria a trote lento bem próximo a eles.

Inopinadamente, lançaram-se à frente do cavalo de Layla, espantando-o, fazendo empinar as patas dianteiras. Atacada de surpresa, Layla não logrou dominar o animal que a jogou ao chão. O líder amarrou-a, com dificuldade, pois ela se debatia e lançava imprecações violentas a seu raptor que retrucava repetindo a mesma expressão, irritando-a ainda mais ao acusá-la de infiel. O outro raptor cravava a espada no cavalo caído, sangrando-o até a morte.

Acostumado aos combates, o homem percebeu que ela lutava por desembaraçar-se e que seus gritos acabariam despertando indesejada atenção. Concluiu que não haveria como transportá-la até o esconderijo do emir Al Jerrari consciente. Decidido, acertou-lhe um golpe na cabeça, fazendo-a desfalecer.

– Controle-se, não a matei – disse o líder vendo o susto do parceiro. – Não sofrerei nenhuma condenação. Ela é feroz. Você não viu como ela tentou lutar comigo?

– Pelo que você relatou dos modos dela, eu não esperava que ela fosse dócil. Mas pode tê-la machucado muito. É melhor corrermos e entregarmos essa "encomenda" viva ao emir.

Preocupado, o líder tocou com o indicador no pescoço de Layla, apertando suavemente o dedo até sentir a pulsação sanguínea.

– Está viva. Vamos logo. Enrole esta mulher-fera nas mantas.

Desacordada e amarrada, Layla foi transportada como um fardo inerte. Horas depois, foi depositada e desenrolada aos pés de Munir Al Jerrari, onde despertou com a mente confusa, uma latejante dor de cabeça e o corpo inteiro dolorido.

Munir sorriu satisfeito ao vê-la piscar os longos cílios negros. Encantava-se com suas feições despidas do véu. Era perfeita para o seu plano. Desconhecia-lhe o caráter. De forma estúpida, típica de uma criatura egoísta, indagou interessado:

– Você está bem?

"Ele não merece resposta", pensou Layla, fitando-o incrédula e furiosa.

– Diga-me: o que deseja? – insistiu ele.

– Matá-lo lentamente – grunhiu ela entre dentes.

O brilho frio e assassino de seus olhos petrificou o emir; não reconhecia a filha de seu anfitrião.

– E aviso-lhe que o farei. Não se atreva a encostar um dedo em mim. Quem você pensa que é? Imbecil, arrogante...

A dor a impedia de prosseguir, embora a ira derramasse uma dose de energia extra em seu corpo. As mordaças, firmemente amarradas em seus membros, imobilizavam-na, fazendo-a se debater inutilmente.

Recuperado do espanto, Munir sorriu e retrucou:

– Pensou que desprezaria com tanta facilidade meu interesse? Pois saiba, e entenda bem, eu tenho tudo que quero. Nunca aceito um não como resposta. Você será minha, como desejei.

– Nunca! Você é desprezível. Vil, um verme, infame.

Layla espumava nos cantos da boca e seu olhar era frio como o metal das adagas que os soldados carregavam presos à cintura.

– Covarde! Incapaz de conquistar as coisas que deseja! Você cobiça o que homens mais inteligentes e capazes conquistam por mérito. Sabe muito bem que sou prometida a meu primo Zafir, que eu o amo e admiro, mais que a mim mesma...

– Mentiras inventadas – atalhou Munir. – E cale-se, pois agora a sua posição é outra. Sou eu quem decidirá seu futuro. Pensei em torná-la minha esposa, como ofereci a seu pai, mas posso mudar de idéia e jogá-la no harém em Córdoba. Devolvê-la ou abandoná-la desonrada é a sua morte. Tem consciência disso, espero.

– Iluda-se com seu poder, homem covarde. Onde quer que eu vá, meu destino sou eu que faço.

A declaração firme fez Munir rir; a idéia de uma mulher dirigindo seu próprio destino lhe parecia disparatada.

– Ria – provocou Layla. – Ria e aproveite, porque eu vou matá-lo. É bom que se lembre.

– Cale-se, mulher. Amanhã você estará no harém em Córdoba. Os eunucos e alguns dias de isolamento aplacarão sua fúria.

Voltando-se para o homem que a depusera a seus pés e que a seqüestrara, determinou:

– Farid, amordace a moça. Não quero ouvir mais nada até chegarmos a Córdoba. Partiremos imediatamente. Coloque-a na sela e a vigie de perto.

* * *

Na propriedade de Al Gassim as águias pousaram sozinhas chamando a atenção do tratador. Intrigado, afastou-se das gaiolas que revisava e abriu a janela para as duas águias preferidas de Layla.

– Onde está a senhora? – perguntou o servidor aos animais, como se elas pudessem responder. Recebeu apenas um caminhar nervoso e bater de asas como resposta. Lançou um olhar ao vale, que do alto da torre se descortinava à sua vista. Lá em embaixo, à distância, vislumbrou um corpo caído próximo do bosque.

– Aconteceu alguma coisa. É melhor avisar o emir – decidiu o tratador, engaiolando as agitadas aves e descendo apressado a escadaria até o pátio interno onde encontrou Leah.

– Onde está D. Layla? – indagou ele, ofegante.

– Saiu logo cedo. Por quê?

– Eu sei que ela saiu cedo. Entreguei as aves a ela. Quero saber onde está agora.

– Ainda não voltou – esclareceu Leah, preocupando-se com a expressão que via no rosto do tratador. – Houve alguma coisa?

– As águias voltaram sozinhas do vale. E posso estar enganado, mas há algo ou alguém caído próximo ao bosque. É longe, mas como estou acostumado a olhar toda hora, já conheço a paisagem e consegui ver...

– Venha – disse Leah, puxando-o pelo braço na direção do interior da construção, enquanto o enchia de perguntas e começava a concordar com ele quanto a haver acontecido algo estranho com sua ama.

O alerta do guerreiro cristão ecoava na mente da criada. E ela pensava: "Não há de se permitir tamanha brutalidade. A menina é excêntrica, rebelde, mas tem um coração de ouro, como diz o povo. Para ela não há criaturas diferentes, não sei de onde tira idéias tão estranhas. Layla, sempre disse que crê que os homens façam culturas diferentes, escrevam histórias diferentes, mas que no fundo são todos semelhantes, feitos pelo mesmo Criador. O Alá, que ela tanto ama, há de protegê-la, assim como nosso Deus protegeu a rainha Esther."

A lembrança da história e dos muitos momentos em que a contara para Layla a acalmaram. Talvez também o Deus do povo de Israel pudesse proteger sua jovem ama e ter planos para ela. Embora eles não pertencessem ao povo escolhido, acreditavam em um ser soberano, em um deus único. Por certo, esse ser maior a protegeria e, em seus desígnios, tudo sempre caminhava para o melhor e para a justiça.

Anunciou sua presença na sala onde a família Al Gassim fazia a refeição matinal, comentando o atraso de Layla e rindo da ânsia que ela deveria estar sentindo por seus passeios, proibidos durante a visita do emir Al Jerrari.

Farah foi a primeira a perceber a criada e notou as feições tomadas pelo medo. Leah tinha tez pálida e viam-se gotículas de suor em sua testa; a boca trêmula. Chamou-a e Leah acercou-se da quarta esposa de Nasser e segredou-lhe ao ouvido primeiro o relato do tratador de aves e, depois, o estranho aviso do guerreiro cristão. As reações se repetiram em Farah, que empalideceu, chamando a atenção do marido que tomou-lhe a mão constatando que estava fria, com as palmas molhadas.

– Que se passa, Farah? Fale, por Alá, o misericordioso, senão enlouqueço. O que está acontecendo?

– Le... Leah..., diga – ordenou Farah gaguejando, tão amedrontada que a voz ficara presa em sua garganta.

– O que está acontecendo? – indagou Nasser erguendo-se da cadeira e encarando a criada.

– A menina, Alteza – principiou Leah. – D. Layla saiu para cavalgar com as águias muito cedo e, ainda não voltou. Estranhei o fato, pois ela sempre retorna para a primeira oração e a refeição. Armando, o tratador de aves, veio avisar que as águias de D. Layla chegaram sozinhas e que do alto da torre vê-se um corpo caído próximo ao bosque.

– Fa... le o pior – pediu Farah recuperando-se do impacto da emoção.

– Pior? O que pode ser pior que um acidente com nossa menina? – indagou Nasser. – Vou ao vale. Mande arrear meu cavalo. Chame o médico, ela deve estar machucada. Alá a proteja.

– Sente, Nasser – pediu Farah, assustada, mas recuperada do choque. – Há mais a saber. Não seria um acidente a deixar-me sem fala. Leah recebeu um aviso do Sr. Kiéram, minutos antes de ele partir, pedindo para zelar pela segurança de nossa filha, pois o emir Munir era vingativo. Pode ter sido uma emboscada... – e ao expressar seu pensamento caiu em pranto copioso. Imagens da filha morta, torturada e maltratada povoavam-lhe a mente e começou a falar de seus temores.

As mulheres da família a cercaram tentando, em vão, consolá-la, pois no fundo sentiam o mesmo medo. Somente Adara permaneceu em seu local, silenciosa. Ouvira cada palavra, rememorou os olhares interessados do emir, meditou sobre sua partida imediata após a recusa delicada do pedido. "Ele não mataria Layla. Não parece ser um homem violento. Parecia, sim, ter outros interesses no pedido de casamento além da paixão. Não se vingaria matando a menina, mas, sim, impondo sua vontade. Um rapto obrigaria ao casamento. Alá a proteja, que triste sina." E assim pensando, colocou-se em prece pedindo pela filha do coração.

Zafir foi chamado, e nenhum dos presentes guardou qualquer dúvida de que o imã preferido da comunidade amava a prima que ajudara a educar e a reconhecia publicamente como sua noiva, não mais de mentira, mas como fato consumado. Foi ele o único a notar a introspecção de Adara.

– Não posso consolar Farah – respondera ela ao olhar indagador do sobrinho. – Temo coisa ainda pior que uma emboscada.

– Como? – retrucara surpreso. – O que pode ser pior?

– Um rapto. Perderíamos Layla para sempre, e aquele verme em forma de gente teria uma vingança digna de alguém imprestável.

As explicações de Adara caíram como chumbo derretido sobre Zafir; queimaram, paralisaram, foram até as entranhas de seu ser. Impondo-se um comportamento racional, sentou-se ao lado da tia. Colocando a cabeça entre as mãos, respirou fundo, para controlar a náusea que o acometera.

– Tem razão, tia – e ergueu a cabeça à procura de Nasser que, nervoso, despejava ordens aos criados organizando a busca no vale. – É preciso mais. Se ela não estiver no bosque teremos de seguir ao encalço de Al Jerrari.

– Isso mesmo. Ajude seu tio, Zafir. Ele está descontrolado. Todos sabemos o quanto ama Layla.

– Todos a amamos, tia Adara. Ela é a própria alma desse lugar.

Adara respondeu com um sorriso triste, apertando a mão do sobrinho de encontro ao rosto bonito.

– Vá, Zafir, traga nossa menina de volta. Você não se importará com esse rapto, não é mesmo? Vai aceitá-la como esposa e nos livrará do peso da lei e dos costumes de nosso povo.

– É claro, tia. Layla é muito mais importante para mim do que eu sequer imaginava. Não posso imaginar nossa família pedindo a sua morte ou saber que ela está sob o poder de um homem que ela não quer.

– Que bom ouvir estas palavras, querido. Alá os protegerá. Eu ficarei em prece por vocês e por Layla.

Zafir agradeceu e, aproximando-se do tio, acompanhado de Karin, ambos atônitos, percebeu que o comando da busca lhe caberia. Apesar do profundo abalo emocional, do verdadeiro buraco que sentia no peito, era o mais racional e equilibrado naquele momento.

"Não há como ser mais ferido do que fui. Uma ferida na carne somente poderá mostrar a marca que tenho na alma", pensava ele no pátio montando seu alazão e assumindo o comando do grupo. Karim o acompanhava cavalgando a seu lado. Intuitivamente, sabia que a busca seria infrutífera; pressentia a irmã distante, mas não ferida.

– Estamos perdendo tempo. Layla não está no bosque. Acredite em mim, Zafir. Minha irmã não está ferida gravemente. Está em perigo e distante daqui, eu sinto – resmungou Karim, irritado com a busca.

– Entendo seu receio – respondeu Zafir. – Pensa o mesmo que tia Adara. Eu concordo, também sinto que o perigo é maior, mas precisamos verificar o bosque. Talvez encontremos algumas pistas e, quem sabe, sejam infundados nossos receios e tenha havido apenas um acidente.

Karim balançou a cabeça em negativa e acelerou o trotar do cavalo para companhar o galope apressado do primo.

Capítulo VIII

Alterando o destino

– Eu não sento de lado na sela – declarou Layla ao contemplar as montarias prontas para partirem. – Desamarrem minhas pernas. Eu não ficarei sentada sobre esse cavalo nessa posição ridícula e, ainda por cima, amarrada.

Vendo que Munir sorria desdenhoso de suas queixas, encarou-o, fulminando-lhe com o olhar e ameaçou:

– Ouse me lançar sobre esse animal.

– Suas bravatas me encantam, querida – ironizou o emir. – Diga-me o que fará se eu colocá-la sobre o cavalo?

– Tente e descobrirá, "querido" – retrucou ela, debochada e fria.

– Ouviram a moça – disse Munir aos seus homens. – Coloquem-na sobre o cavalo.

Layla sorriu para o primeiro que se apresentou como voluntário. Deixou-se levantar do solo, passivamente; ouviu a risada de escárnio do emir. Ao sentir o acento da sela, reuniu toda sua força nas pernas amarradas juntas e acertou, com os joelhos, primeiro o queixo do homem e depois, com os pés, empurrou-lhe o peito, derrubando-o ao chão. Caído, o homem se enfureceu, mas estava tonto, sentia os dentes frouxos e o gosto salgado do sangue na boca.

– Maldita! – resmungou ele. – Amaldiçoada infiel.

Munir calou-se, assustado. Layla sorria, furiosa e dona de si. Escorregou novamente ao chão, parando de pé ao lado do assustado cavalo.

– Mande desamarrar minhas pernas – ordenou ela encarando o emir.– Eu não irei a lugar algum sentada dessa forma.

– A vida a seu lado não será tediosa – retrucou o emir, observando o guerreiro levantar-se e andar cambaleante, até apoiar-se no tronco de uma árvore próxima. – Está certo. Eu lhe concederei a vitória dessa vez.

Voltando-se para o outro soldado, determinou que desamarrasse as pernas da jovem e retirasse a sela feminina.

– Tomei esse cuidado pensando em seu conforto, mas se prefere ir montada no animal em pêlo – declarou Munir dando de ombros – a escolha é sua.

– Vitórias não se concedem; são conquistadas pelo vencedor. Nunca lhe ensinaram? E prefiro o pêlo do cavalo ao aperto desconfortável dessa sela. É por ser horrível que as mulheres detestam cavalgar com elas.

– Julguei que fosse o contrário. Que houvessem sido concebidas para o bem estar – ralhou Munir, observando temeroso o soldado desatar os pés de Layla. Não sabia do que ela seria capaz e começava a temer aquela mulher estranha de olhar selvagem. Não lembrava em nada a moça educada, polida, que o entediara ao extremo com sua conversa sobre cultura grega clássica e filosofava sobre comportamento humano.

– O senhor se engana sobre muitas coisas, emir Al-Jerrari. Essa é somente mais uma – retrucou Layla movendo os pés e, surpreendendo o guerreiro que a olhava como se visse uma feiticeira, disse: – Muito obrigada, entendo que vocês apenas obedecem às ordens de um covarde. Retire a sela e pode me colocar sobre o cavalo.

Mustafá olhou incrédulo e desconfiado para Al Jerrari, solicitando permissão para obedecer à ordem da moça, ao que Munir respondeu com um aceno afirmativo. Apoiado à árvore, o guerreiro que conservava o disfarce de camponês acompanhava a cena tomado de revolta. Sentia-se humilhado por haver sido derrubado e ferido por uma mulher. "Se ela cair do cavalo e quebrar o belo pescocinho será bem merecido", pensava ele. Apalpando os dentes frouxos, enfureceu-se mais. "Maldita! Já eram poucos os que tinha, agora provavelmente ficarei com menos. Estarei desdentado logo."

Alheio ao que se passava com o guerreiro machucado, Munir montou seu alazão e ordenou a Mustafá que cavalgasse ao lado de Layla, vigiando-a.

Layla baixou os cílios, velando os olhos semicerrados, escondendo a expressão astuta e determinada que brilhava em suas íris.

Mustafá aquiesceu. Lançou um olhar ao companheiro ferido, compreendeu a humilhação que o outro sentia e não indagou como ele estava. Era visível que não ocorrera nada de grave, apesar da dor que os ferimentos produziram. Calou a própria revolta com a "bruxa infiel" que o emir pretendia levar a Córdoba e convidou o amigo a montar e partir.

Munir seguiria para Córdoba pelo caminho mais distante, seguindo a rota oposta a que percorrera na vinda a Cádiz. Traçaria um círculo, por assim dizer. Esse percurso cruzava por algumas aldeias pequenas.

Layla cavalgava em absoluto silêncio. Não murmurava sequer um ai. Seu olhar perdia-se no horizonte à frente. Seu rosto era uma máscara fria, escondendo seu pensamento como um espelho opaco. Ao divisar ao longe as torres de uma igreja cristã, de aspecto pobre, pressionou os joelhos no cavalo fazendo-o disparar em correria, arrancando as rédeas das mãos de Mustafá que se desequilibrou. Lutando para não cair e ser arrastado, parou o cavalo.

Ao sentir que o animal obedecia a ela, olhando rapidamente para trás constatou que os homens se atrasariam para sair em sua perseguição. Layla abaixou-se para dar maior equilíbrio ao corpo e falou junto a orelha do animal, incitando-o ao galope:

– Muito bom! Vamos, corra. Ganhe deles.

Com as mãos amarradas, agarrou primeiro uma rédea e depois a outra. Segurando-as bem próximo do pescoço da montaria, começou a dirigi-la rumo à torre da igreja que avistava no horizonte.

Surpresos, Munir e seus homens demoraram para entender o que ela havia feito. Parados, olhavam-na galopando.

– Ela não conseguirá ir longe – bradara Al Jerrari indignado. – Cairá logo, lançada do cavalo. É preciso ser muito bom no domínio de um animal para seguir numa corrida louca como ela faz. Recolhê-la jogada ao chão será ótimo.

Mustafá olhava estupefato e encantado com as manobras da moça. Sentia raiva dela, mas não conseguia negar a admiração que sentia por sua corajosa luta. Vendo-a distanciar-se e manter o controle do cavalo, atreveu-se a discordar do emir.

– Ela ganha distância e tem domínio. A moça sabe cavalgar e muito bem. Acho...

– Cale a boca e vá atrás dela. Era sua obrigação vigiá-la. Que belos guerreiros são vocês! Vencidos por uma mulher!

Um grande rebanho pastava calmamente e, ao vê-lo, Layla sorriu sentindo a vitória próxima. Apertou ainda mais os flancos do cavalo e lançou-se em meio ao gado, gritando, assustando os animais e causando alvoroço, o que dificultaria a perseguição de Mustafá, fazendo-o perder velocidade e não conseguir vê-la ou encontrar seu rastro. Não demorou muito e a pequena igreja, com um cemitério à direita e uma singela construção residencial nos fundos, surgia à sua frente. Lutando para fazer o cavalo parar junto à porta da residência, gritou esbaforida pedindo ajuda. Rangeram as dobradiças da porta e sob o batente a encarou um religioso, baixo e gordo, com uma tonsura no alto da cabeça, que aliada à cor e à pobreza da surrada batina que envergava, denunciavam-no como membro da ordem franciscana, nova entre os cristãos.

– Por amor, padre, ajude-me – pediu Layla com sincera humildade. E mostrando-lhe as mãos amarradas, explicou: – Fui raptada e tento fugir para retornar ao meu lar. Sou de Cádiz. Ajude-me, por misericórdia!

O religioso aproximou-se, em silêncio, e estendeu-lhe os braços para ajudá-la descer do cavalo. Depois a fez entrar na casa e fechou a porta. Tomou as rédeas como chicote e açoitou o animal. Vendo-o disparar, correr solto, sem destino, riu. Olhando as marcas das patas no pátio de terra, pôs-se a varrer, apressadamente, com uma vassoura rústica, feita com galhos, apagando os rastros. Ouviu, a certa distância, o barulho do rebanho inquieto. Deduziu que os perseguidores da moça se aproximavam. Regressou ao interior da casa, apanhou um facão que repousava sobre a mesa da cozinha e, apontando o fundo da sala contígua, dividida por um arco na parede, orientou sua inusitada hóspede:

– Siga-me – e a conduziu até um porão cujo acesso era escondido atrás do oratório, encostado à parede. Lá, tateando na semi escuridão, cortou as cordas que amarravam-lhe as mãos e ordenou: – Fique quieta. Depois que eles passarem eu voltarei – e se foi, deixando-a parada em meio à escuridão e umidade.

Agradecendo a Alá em pensamento, Layla sentou-se no último degrau da escada e aguardou a volta de seu benfeitor. Não havia luzes nem sons vindos de fora, apenas o ruído de algumas ratazanas chegava a seus ouvidos.

– Animais são sempre confiáveis – murmurou para si mesma, sem se abalar ao pressentir-lhes a proximidade.

Varrendo o amplo pátio que cercava as construções onde residia, irmão Leon – assim se chamava o religioso franciscano – sorriu bondosamente ao ser interpelado por Mustafá, afoito.

– Uma jovem? Montada como um homem? Galopando em velocidade? – repetia ele as indagações do árabe e, fingindo-se pensativo, coçou a cabeça na altura da tonsura e respondeu: – Não, estou certo de não ter visto nada parecido. O senhor tem certeza de que ela veio nessa direção?

– Sim. Ela fugiu da minha vigilância.

– A tal mulher cometeu algum crime? – indagou irmão Leon.

– É uma infiel.

– Mas é criminosa? Matou, roubou, é adúltera? Uma bruxa?

– Não, por Deus. Que eu saiba é até bem nascida, muçulmana, e era noiva.

– E por que a perseguia, meu bom senhor? Deus a todos perdoa, mesmo aos infiéis. Não é necessário que façamos justiça porque algumas pessoas não o amam. Deixe-a seguir seu rumo, se ela nada deve à justiça de seu rei – aconselhou irmão Leon. – Vejo que seu cavalo está cansado e o senhor está suando. O sol, de fato, é escaldante a essa hora do dia. Não quer descansar e tomar água?

Mustafá ficou desorientado com o rumo do assunto. Em sua mente formou-se a imagem de uma caneca grande de água fresca. E sombra. Não mais raciocinou; os desejos e necessidades da matéria impuseram a satisfação do apetite despertado. Lançou um olhar para trás. O emir e seu acompanhante estavam distante, teria tempo.

– Aceito sua hospitalidade, padre.

– Irmão Leon – corrigiu o religioso, gentilmente, ao apresentar-se.

– Irmão. Perdão, eu não entendo a sua religião. Nunca sei reconhecer ou diferenciar os religiosos cristãos.

– Não se importe com isso, é secundário mesmo – afirmou irmão Leon e depois esclareceu: – Tem importância apenas para nós que vivemos essa crença. O padre tem uma autoridade de pai e é nesta posição que ele se coloca diante dos fiéis da igreja; já na nossa ordem, nós nos entendemos como irmãos de tudo e de todos, filhos que somos de um único Deus. Ele, sim, é nosso Pai, e por isso nos intitulamos irmãos. Venha, vamos saciar a sede e descansar o corpo. Questão de retórica; na prática não há muita diferença.

Captando a confiança de Mustafá, ouviu dele um breve relato sobre a perseguição que empreendiam e as razões de tal atitude.

– É uma pena! Não quero julgar seu povo, tampouco suas crenças. Mas é uma pena tudo isso que me conta – lamentou o irmão Leon ao final das informações. – Mas tenho fé que um dia os seres humanos serão mais compreensivos e respeitosos uns com os outros.

– Meu senhor sentiu-se ofendido. Raptar a moça é uma forma de tê-la como esposa – defendeu Mustafá.

– E será bom desposar uma mulher infeliz? Eu tenho minhas dúvidas.

– A crença do senhor o impede de se casar, não é mesmo? Algo estranho. Para nós, Alá fez a mulher para o prazer e a felicidade do homem. Não sendo o senhor casado, como pode indagar se é bom ou não desposar uma mulher infeliz? A condição da mulher pouco importa.

Leon sorriu, benevolente, e argumentou:

– Como religioso é verdade que não me casarei. Voluntariamente, abri mãos das bênçãos de um lar, de uma esposa e de filhos. Mas isso não me impede de pensar, de observar, de ver e ouvir o que se passa à minha volta e, principalmente, de pensar sobre elas. Aqui, eu convivo com dois amigos; portanto, somos três. Se um deles está mal-humorado, zangado ou triste, os demais também são afetados e, nestes dias, é preciso vigiar para que possamos chegar à noite sem que coisa mais grave que uma altercação de palavras ocorra. Um desses amigos, chegou aqui vagando, era um trapo humano, talvez estivesse com a bílis negra. Foi muito difícil acolhê-lo; houve dias que ele irritava as galinhas, é... creia, foi verdade. Então fico pensando, imaginando, o que é ter que viver e conviver, intimamente, com uma mulher infeliz. As nossas irmãs são lindas, não é verdade?

Mustafá sorriu jocoso, maliciando em pensamento o comportamento do religioso católico.

– Mas são megeras horrorosas quando infelizes. Não vi, ainda, nada mais feio que uma mulher infeliz. É quase como se fosse antinatural. Assim como recolhem a vida e enchem de alegria e afeto quando felizes, se forem infelizes – e pôs as mãos na cabeça girando-a fortemente para os lados para enfatizar o desespero que a idéia lhe causava –, Deus me livre da sua presença. Como um rastro de pólvora, como um vinho azedo, destroem e dão desprazer e infelicidade a quem com elas convive. Perdão, meu irmão, mas o seu senhor não deve ter pensado bem quando decidiu raptar a tal moça. Está condenando a si mesmo. Por certo que ele deve ser um homem inteligente; faça-o pensar no que conversamos.

Ouvindo os argumentos pacientes e racionais do irmão Leon, a dúvida insinuou-se em Mustafá. "É, o homem pode não ser casado, mas entende bastante do comportamento das mulheres. Ele tem razão, não é bom viver com alguém infeliz, azedo."

– Olhe. Veja aqueles cavaleiros no alto da colina. Lá, ao longe – apontou irmão Leon mostrando através da janela. – Não é o seu senhor?

Mustafá apressou-se e o fato de erguer-se de imediato e sair pela porta em direção ao cavalo preso, à sombra, na árvore, foi a resposta que obteve. Não o seguiu, limitando-se a observá-lo sob o umbral da porta.

– Deus o acompanhe, vá em paz – respondeu irmão Leon ao receber os agradecimentos apressados do perseguidor de Layla, que agora seguiria viagem atrás dos rastros de um cavalo guiado pelos instintos, se é que os encontraria.

Calmo, o franciscano decidiu sentar-se à sombra da velha árvore. Como não gostasse de horas vazias, apanhou uma pedra de amolar e o facão, com o qual libertara Layla, e cuidou de afiar a lâmina usada no serviço com o rebanho. Assim o encontrou o emir Munir e seu acompanhante ferido. Ofereceu-lhes água, convidou-os a descansar, pediu permissão para tratar dos ferimentos do guerreiro e tudo fez, com diligência, sem pressa, cativando-os, para depois deixá-los partir, dizendo o rumo seguido por Mustafá.

Era o tempo necessário a que a confusão se estabelecesse, em definitivo, entre os perseguidores. Munir não identificaria o rastro deixado por Mustafá. O vento encobriria as pegadas. E o manto da noite logo viria aumentar ainda mais as dificuldades.

– Deus os acompanhe, vão em paz – despediu-se o religioso ao receber o agradecimento dos visitantes pela cordial hospitalidade.

"Homens, meus irmãos! Quando nos entenderemos? Será que enxergar o outro como alguém igual, como um ser humano, é assim tão difícil? Meu Deus, tudo que vive merece respeito. O que eu dou ao mundo, ele me devolve. Onde estará a cabeça desse atrapalhado emir? Parece um cego do pior tipo: sofrendo a cegueira de si. Ao querer o que lhe dá satisfação, não percebe o que está dando ao mundo: violência, desrespeito, mesquinharia. Semeiam tudo isso na horta da casa e, depois, algum reclamará do que encontra crescido. Insanos!", pensava irmão Leon, vendo-os galopar envoltos em uma nuvem de poeira. "A moça disse a verdade. Pobre criatura! Vou soltá-la, o porão é sujo e cheio de ratos. Deve estar assustada."

Layla, porém, aguardava-o, calma. Como ele a orientara, permanecera sentada no degrau. A escuridão impedia seus movimentos. Ao ouvir o ranger da porta e a luz jorrar pelo vão iluminando a escada, ergueu-se; antecipando-se ao pedido do religioso, que olhava do alto, subiu ao seu encontro.

– A senhorita está bem? – indagou o religioso e, bem-humorado, esclareceu o motivo de sua preocupação. – As ratazanas não são educadas, recebem poucas visitas.

A filha de Al Gassim não conteve o riso. Mesmo em meio ao mais atroz desespero ou à maior dor, o homem com a mente saudável é capaz de rir, de ter humor. Um sinal da bondade de Deus que a tudo oferece tréguas. Simpatizara com o irmão Leon quase que instantaneamente.

– Eu aprecio os animais, irmão, de qualquer espécie. Não me diga que a criação de ratazanas de seu porão é um capricho pessoal! Algo como animais de estimação domésticos.

– Ah! Vejo que temos coisas em comum – declarou Leon, sorridente e alegre. – Considero-me irmão de tudo que vive. E não estou fazendo graça: as ratazanas são membros da minha família. Fico feliz que elas não a tenham perturbado, pois estava preocupado; elas são irracionais e não aprendem a receber visita. E fico ainda mais feliz de constatar que foi uma aflição vã.

– Para qualquer um que viva a minha experiência, algumas dezenas de ratazanas significam, apenas, uns animaizinhos pequenos, ruidosos e roedores – retrucou Layla, cansada.

A jovem abeirou-se da janela. Contemplando a linha do horizonte, buscou localizar sinais de seus perseguidores. Nada notou. Parecia que haviam sido tragados por uma força misteriosa. Desaparecidos. Voltou a cabeça na direção de onde viera e seu olhar perdeu-se na planície verde marcada pelas alongadas sombras do entardecer.

– Não conseguirá avistá-los – alertou o atento religioso. – Seguiram rumos distintos. O primeiro segue um cavalo sem condutor. O outro perdeu-se em meio a rastros confusos; sumiu numa nuvem de pó.

– Bom. Mas tentava ver se enxergava... – uma emoção repentina a fez emudecer e seus olhos brilharam através de um tênue véu de lágrimas.

– Sua casa? – sugeriu Leon, aproximando-se.

– Sim – sussurrou a moça, deixando correr grossas e silenciosas lágrimas reveladoras da sua tristeza, do alívio por haver escapado aos raptores e, enfim, do medo que calcara no íntimo em face à violência. Respirando fundo para controlar as emoções, prosseguiu:

– Na companhia de suas "familiares", pensei bastante sobre como os meus estarão encarando esses fatos.

– Entendo – e no intuito de a consolar, acariciou-lhe gentilmente as costas, como o faria a uma criança assustada, recomendando: – Mas não se gaste à toa. Imaginar tormentos e suplícios nos faz sofrer. Vejo isso todo ano, na época da Páscoa. Seus familiares hão de estar bem. Deus, nosso pai, cuida de todas as criaturas desse imenso mundo; estará velando sobre sua família. Confie. Todas as coisas caminham para a harmonia e o equilíbrio, mesmo quando parecem estranhas e insólitas como quando nos deparamos com um cachorro pastando.

Mesmo chorando, Layla não pôde deixar de sorrir da imagem sugerida pelo religioso. Era de fato insólita, porém verídica; muitas vezes vira cachorros pastando e sabia que o faziam quando tinham algum mal-estar orgânico. Era a forma de a natureza oferecer-lhes o retorno ao equilíbrio e à saúde. Irmão Leon tinha razão. A vida, por ser manifestação direta de Deus, tende sempre à harmonia, à beleza, à saúde, ao equilíbrio e ao crescimento.

– O senhor está certo. Obrigada por lembrar-me disso. Nós, muçulmanos, também cremos que Deus é abundância e misericórdia. Eu vacilei; julgava ter uma fé mais robusta, agora vejo que devo me esforçar mais.

– Minha linda criança, não diga isso. Quem, enfrentado o que você passou, não teria um momento de "... fraqueza"? É humano! Não podemos fugir, querida, da condição que o Pai nos outorgou. Não somos heróis; somos – graças a Deus – apenas criaturas de carne, osso e espírito, caminhando sobre a Terra, tentando aprender a viver e usufruir esse presente divino. Nada mais.

Layla, mais calma, secou o rosto com a manga da túnica que vestia. Ao sentir o contato do tecido com a pele sentiu as partículas de poeira arranharem-na.

– Suas palavras me acalmam. O senhor crê que eles não voltarão?

– Os raptores? Não. Ficaram aqui tempo suficiente para se convencerem de que você não estava comigo. Julgarão que é perda de tempo retornar. Acredito que irão vagar por alguns dias, numa perseguição inútil e, depois desistir; talvez, pensem que animais a atacaram e mataram. Desistirão, é questão de lógica.

– Paixões não são sempre questão de lógica – discordou Layla, pensativa.

– É verdade. Mas foi por paixão que a raptaram? Pelo que entendi, a senhorita é prometida a outro homem e o emir, mesmo sabendo do fato, raptou-a. Não sei por que razão, mas pensei que houvesse interesse político por trás de gesto. Não paixão.

– Interesses políticos também poder ser paixões, não acha? – questionou a jovem com o olhar distante, vagando pelo horizonte.

A pergunta levou o religioso a rever uma série de acontecimentos que envolviam sua vida e o fato de encontrar-se ali, numa igreja pequena, cercado de rebanhos, natureza, numa planície batida pelo sol e pelo vento, cuidando de um rebanho de almas que muito pouco o compreendiam. A moça árabe tinha razão. Fora o hábito de aliar a palavra "paixão" a relacionamentos afetivos entre pessoas que o impedira de enxergar a extensão desse sentimento.

– A paixão é linda, mas pode ser trágica e triste. Os humanos se apaixonam por muitas coisas. Meu primo Zafir, o melhor imã de nossa comunidade, sempre ensina que precisamos pensar sobre nossos sentimentos para bem governá-los. Que a paixão é um dos mais fortes, porque pode se aliar a qualquer outro e intensificá-lo ao máximo. Aliás, sempre diz que paixão é somente a intensidade da manifestação de um sentimento, de um querer.

– Sábio o seu primo. Não havia pensado, confesso, na essência da paixão. Mas é provável que ele tenha razão. Vinham à minha mente alguns exemplos de homens de comportamento passional; eles são extremados.

Layla, agora mais calma, sentia a poeira incomodá-la e começava a pensar em atitudes práticas como um banho, roupas limpas, a necessidade de fazer suas preces e haurir novas forças.

– Irmão, seria abusar de sua hospitalidade pedir-lhe água suficiente para um banho e alguma roupa limpa?

– Jesus! É claro que não. Perdoe minha distração. Tenho tão poucas pessoas com quem conversar que não percebi suas necessidades. As minhas falaram alto demais, berraram a meus ouvidos. Perdão. Venha comigo.

Um pequeno cômodo com uma banheira e rústicas toalhas servia como local de higiene. Layla não pôde deixar de comparar, em pensamento, com as salas de banho e as grandes piscinas azulejadas, óleos perfumados e essências que faziam parte da cultura de seu povo e de sua crença. A higiene não era só fator de saúde física, era também ritual de purificação da alma; era inconcebível dirigir-se sujo ao Criador. O local ofertado pelo religioso cristão era rústico, mas servia aos propósitos.

– Quanto a roupas... somente posso lhe oferecer uma batina igual a que estou vestindo. Se aceitar usá-la, ficarei honrado.

"Que dia mais cheio de ironias!" pensou a filha de Al Gassim.

– Quem se sentirá honrada serei eu, irmão. Aceito sua generosidade. Obrigada.

Leon também não podia deixar de perceber e sorrir ante a ironia da situação. Não podia deixar a jovem suja, tampouco nua em sua casa. Tinha apenas três batinas, sendo uma usada para cerimônias de batismo e eucaristia, que não poderia emprestar. Restava uma. Habitaria com ele uma jovem muçulmana, sem véu, trajando uma batina cristã de homem. A vida era hilária: brincava com todas as convenções estabelecidas pelos homens e ria-se, prazerosa, em obrigá-los a perceber as idiotiçes em que acreditavam e pelas quais alguns faziam correr o sangue do semelhante.

"Por certo verei uma mulher envergando uma batina masculina, que deverá se prostrar ao solo, sem véu, em adoração a Deus, que ela chama Alá. E é o mesmo que considero meu Senhor. Enquanto isso se dá sob meu teto humilde, em outros lugares desse país, cristãos e muçulmanos se matam, apegados a fórmulas, vestes, rituais e símbolos. Conceitos humanos falhos. Separações por falta de respeito e compreensão de que é natural pensarmos de forma diferentes. Ah, o mal da humanidade é querer, a ferro e fogo, que todos sejam iguais ao pensamento que uma meia dúzia tem como correto. Parece que eles não sabem que o que hoje é, amanhã deixa de ser", refletia irmão Leon enquanto ia buscar a veste sacerdotal para emprestar à mulher muçulmana raptada.

Ao cair da noite, quando já se via a lua crescente no céu, eis que naquela planície solitária a cena inusitada prevista pelo religioso aconteceu. Layla, vestida com a batina sacerdotal católica, no pátio, prostrada ao solo, voltada na direção de Meca, recitava a sura primeira do Alcorão, com profunda devoção. Irmão Leon, segurando o terço, ajoelhado em frente ao singelo altar, desfiava as contas do rosário. E o clima era de paz, leveza, no ambiente rural que os cercava. Cada qual harmônico com a própria natureza, respeitando, como irmão, o outro.

Capítulo IX

Em Córdoba

Uma semana após, adentrava a trote lento pelas ruelas de mercado de Córdoba o primo do Califa e um guerreiro com o rosto inchado, exibindo alguns hematomas entre as faces e o queixo. O povo olhava os cavaleiros com curiosidade. De onde teriam vindo? Por que chegavam à luz meridiana do sol com as roupas empoeiradas, cansados, e os cavalos sujos com marcas de haverem entrado em banhados e matas? Será que em nenhum lugar tinham encontrado casas de banho? Era horrível sentir-se impuro, imaginavam os mercadores e seus fregueses.

Alheio ao burburinho, mas ciente do lamentável espetáculo que proporcionavam, Munir esporeou o cavalo exausto. Tinha pressa de chegar à sua residência. Trazia a mente tumultuada, sem descanso. A todo instante maldizia a rebeldia de Layla e a odiava pela fuga que o colocara no ridículo da incompetência.

– Maldita! Mil vezes maldita! Haverá de padecer pelo que me fez. Ingrata! Eu lhe daria boa vida em Córdoba. Honrada, digna. Mas a maldita teve que me afrontar – dizia ele para si mesmo. E freqüentemente repetia a ladainha ao guerreiro, que balançava levemente a cabeça, concordando. A dor que sentia pelos dentes quebrados e o maxilar machucado tirava-lhe o raciocínio. Era mais fácil concordar.

Como a memória pode ser curta! Especialmente entre homens cujo comportamento ainda é dominado pelo interesse pessoal. Ela é tão curta! Altera-se com tanta facilidade para atender ao sabor da interpretação fazendo com que, não raro, o mentiroso creia em sua mentira. Com Munir se dava o fenômeno. Esquecera-se da elegância com que seu pedido de casamento fora recusado. Nasser Al Gassim primara pela boa educação e cuidado para não ferir nem magoá-lo. Apagara da lembrança que Layla não incentivara nenhuma de suas investidas;

que falhara em todas as tentativas de cortejá-la. Aliás, fora indelicado insistindo. Agora acreditava-se um homem apaixonado e humilhado. Uma vítima injuriada da beleza de uma mulher rebelde.

– Mulheres são criaturas do mal. É preciso ter muito cuidado. Aquela maldita é o próprio mal. Quem iria imaginar a possibilidade de uma jovem, bem nascida, enfrentar três homens armados. Um gata selvagem! Furiosa! Você lembra os olhos dela? Nunca vi nada igual, mais negros que um abismo. Por Deus, ela espumava de brava. Dissimulada..

Com a fala arrastada, em razão dos machucados na boca, o acompanhante do emir indagou:

– Que seráá dela ag... gora? Es tááá... sozinha. É... cerrttoo agir assim com... uma mulher? Nãão deevemos protegê-las... e... e zelar por sua honra?

A pergunta ecoou na consciência de Munir, mas, com pouco efeito, como uma pedrinha minúscula lançada ao lago. Foi uma repercussão inócua.

– Não é o caso daquela maldita gata furiosa. Não precisa de nenhum homem para defendê-la. Nós é que... – e ao perceber a quase admissão que fazia, calou-se. Excitou o cavalo exigindo mais velocidade. Nesse estado de ânimo chegou ao pátio interno da residência, localizada ao lado do palácio do Califa.

No segundo andar da construção, velado pela cortina, um rosto feminino, com a pele morena, de traços suaves, expressão gentil e humilde, distendia-se num sorriso. Ao mesmo tempo, um suspiro de alívio escapava de seu peito. Seu marido estava bem, regressara ao lar. Era o fim dos dias e noites de aflição. Alegre, chamou a criada que a servia, e ordenou:

– Ximena. Desça e transmita minhas ordens para que preparem o banho, alimento e os aposentos do emir que acaba de retornar de viagem.

– Sim, sra. Amirah – respondeu a moça, abandonando a arrumação que fazia nos pertences da senhora para atender ao pedido. Saía, quando ouviu o último pedido, na voz tímida de sua ama, um sussurro quase inaudível:

– Ah! Diga-lhe que estou bem.

Penalizada, a pequena Ximena fez de conta que não ouvira a ordem.

"Não foi uma ordem para ser cumprida", pensou, transitando pelo corredores e escadaria. "Que destino cruel vive minha pobre senhora. É rica, tem tudo e não é nada. Nem ao menos é amada, também não sei se é amante. É princesa, tem servos e escravos; ouro, jóias e belos trajes não lhe faltam, mas tudo isso é... nada. Talvez dê bem pouco valor; creio que ela trocaria essas coisas, grata e feliz, por algumas outras que, às vezes, mulheres como eu desfrutam e nem percebem. Que Deus tenha piedade! Sussurrar uma ordem para que o marido saiba dela, que coisa mais triste! Pobrezinha. É tão delicada, tão sensível. Ela sussurrou para não enfrentar a decepção que o descaso do marido lhe traria, para fugir ao embaraço de ver quão pouca atenção ele lhe dá. É certo que ela queira a presença dele e o chame. Falando, assim, tão baixinho, a pobre dá-se por satisfeita. E a culpada sou eu – a criada é que não ouviu. Tudo fica bem para minha ama princesa. É uma mentira a ordem; e outra, eu não haver escutado. Brincamos de faz de conta. Imagino o quanto ela queira uma migalha de atenção, de carinho. A necessidade é tanta que teme não suportar, se for negada. Eu não entendo esses árabes: por que casar uma mulher como Amirah com um sujeito tão... tão... detestável como é o emir? Prefiro o que sou, simples criada. Filha de criados, casada com um criado. Mas ele eu chamo, eu grito. Não mandamos recados, temos que resolver, cara a cara, o bom e o ruim da vida. Bobo é quem vive querendo ter a vida deles, não sabem o que pedem. Nós é que temos que valorizar a simplicidade das nossas vidas, das nossas casas e de termos que zelar apenas por nós e nossas famílias. Sem esses compromissos. Eu não ganho jóias, mas também não imploro carinho. A alegria de um presente como um punhado de flores colhidas no campo por alguém que me quer bem, é algo que ela não conhece. Que vida triste! Miserável de amor."

– Olha por onde anda – esbravejou a mãe de Ximena que carregava uma bandeja e foi atropelada pela filha distraída. – Quase derrubo tudo, por sua culpa.

– Perdão. Eu vinha pensando...

– Hum! Que novidade! Vive com a cabeça não sei onde. Atenção no serviço, quase nada. O emir chegou: Tome cuidado para não tropeçar nele.

– Eu sei. D. Amirah me mandou com ordens...

– Então se apresse. Chega de conversa – ralhou Esperanza, afastando-se a passos rápidos da filha. Ela era generosa em tudo, nas formas e no proceder; quando ralhava com alguém, esbanjava xingamentos; quando fazia afagos, era muito doce. Não havia quem não simpatizasse com a roliça Esperanza, falante e espevitada.

A filha era seu oposto: pequena, delicada, introspectiva, gestos comedidos, calmos; preferia pensar a falar. Porém, também encantava com sua meiguice, paciência e, em dias de dificuldade, era Ximena quem estruturava e comandava a criadagem. Por essa característica escondida que Jamal soubera ver, ela era a criada pessoal de Amirah. Tinha acesso direto e a qualquer hora ao Califa.

A azáfama foi pouco apreciada por Munir, não merecendo de sua parte sequer uma palavra de gratidão pelo cuidado da esposa e solicitude dos criados em atendê-lo.

"Cristo! O homem foi picado por alguma cobra venenosa. Que mau humor! Foi ótimo não ter ouvido a ordem da princesa. Mulher alguma merece receber um marido transformado num porco espinho. Arc! Tomara que durma muitas horas e acorde outro", pensava Ximena, observando o comportamento ácido do emir Al Jerrari, que não perguntou pela esposa.

..*

Voltando ao dia do rapto nos vales de Cádiz e as buscas por Layla.

– Está morto – constatou Karim ao deparar-se com o cavalo da irmã. Observando o ferimento na altura do pescoço completou: – Foi morto com um golpe certeiro, feito por quem está acostumado a sacrificar animais.

Esparramando o sangue, entre os dedos polegar e indicador, examinou a viscosidade, e completou:

– Faz horas que o mataram. Layla saiu ao amanhecer.

– Ainda se via a lua crescente – confirmou o tratador de aves acompanhando a expedição de busca.

– De nossa casa até aqui é pouco tempo de cavalgada. Deve fazer horas que esse animal foi morto – repetiu Karim, encarando Zafir e o pai, preocupado.

– É muito tempo a favor deles – declarou Zafir – mas não irrecuperável. Eu não tenho dúvidas: Layla foi raptada. A morte do cavalo é indício suficiente da ação de Al Jerrari. Esse animal foi morto por um guerreiro. Estou errado, tio?

– Não, sua idéia é correta. Aquele bastardo raptou a minha menina. Deve ter sido um de seus homens que sacrificou o animal. Agiu como se faz em batalhas quando o animal é machucado: furou o pescoço, cortando a veia e a respiração ao mesmo tempo. Morte rápida – analisou Nasser, andando em volta do animal tombado. Lançando olhares em direção a dois de seus servidores, determinou: – Enterrem-no.

– Que faremos, papai? – questionou Karim, ansioso.

– Sua intuição não lhe diz nada, filho? – respondeu Nasser com outro questionamento: – Você e sua irmã sempre tiveram uma percepção aguda a respeito um do outro, às vezes até sabiam onde era a dor do outro. Não consegue pressentir nada sobre ela agora?

Zafir acompanhava o diálogo interessado e pensativo. Encarava o primo sem esconder o quanto ansiava por alguma informação, qualquer que fosse a origem, a respeito de sua noiva.

– Desde que recebemos a notícia, eu estou dizendo o que sinto. Ninguém me deu ouvidos. Eu sinto que Layla não tem nenhum ferimento sério. Sinto angústia, raiva, medo e que ela tem uma determinação férrea de fugir de onde está. O lugar me parece distante. Eis tudo. Ah! E como gostaria que essas nossa "estranha" comunicação hoje fosse capaz de me dizer para onde a levaram. Mas, não sei.

– Sabemos disso, Karim. Não se torture. É o desespero que nos faz pedir o impossível – comentou Zafir. – Bom seria podermos voltar no tempo e ter impedido Layla de sair de casa, ou pelo menos tê-la alertado. Mas não podemos, e o fato é que estamos todos aflitos pelo destino dela. Eu sei que ela é uma mulher muito difícil e, sinceramente, na atual circunstância não consigo decidir se isso é bom ou ruim...

– Seguiremos para Córdoba – anunciou Nasser, após ouvir em silêncio as colocações do filho e do sobrinho. Acenou chamando o tratador de aves e ordenou-lhe:

– Volte. Avise minhas esposas, especialmente Farah, que seguiremos para Córdoba. Quero satisfações daquele covarde.

– Meu pai, Layla não está em Córdoba. Não vamos encontrá-la.

– Al Jerrari a raptou porque a queria para esposa. É óbvio que a levou para Córdoba. Marchemos depressa.

Zafir tentou ponderar com o tio, advogando, em vão, uma busca mais detalhada no local. Foi inútil pedir ao emir que atendesse as intuições de Karim. Resignado, dirigia-se a Deus, silenciosamente, em fervorosa prece rogando que Ele protegesse Layla e que os conduzisse ao seu encontro.

Acabaram chegando a Córdoba dois dias antes de Munir. A surpresa e a decepção na reunião com o Califa foram grandes.

***

Ignorando a esposa, Munir refugiara-se em seus aposentos. Não se interessava em saber como haviam sido os dias de Amirah, tampouco tinha ânsia de inteirar-se pelos negócios de estado. Eram problema de Jamal. Limpo, alimentado, jogara-se sobre o leito, entregando-se aos cuidados de Orfeu.

Após comunicar à ama que o marido pedira escusas – mais uma de suas mentiras para evitar dissabores a Amirah –, e alegando cansaço da longa viagem fora descansar ciente de que a esposa estava bem, Ximena encaminhou-se a passos rápidos à residência do Califa.

Jamal ainda trabalhava, debatia com um de seus vizires[1], quando foi informado por seu secretário que a serva de sua irmã desejava lhe falar.

– Meu caro Ibrahim, por hoje basta – anunciou o Califa após receber o recado. – Pensarei sobre essas questões. Assim que tiver tomado uma decisão mandarei chamá-lo.

– Considere, Califa, que é urgente. Não podemos...

[1] *Ministro.*

– Urgência não é emergência, vizir – alertou Jamal firme, interrompendo a fala do vizir que insistia em seus argumentos. – Decisões apressadas costumam trazer remorsos e arrependimentos. Tenho experiência bastante para saber medir a conseqüência de minhas decisões.

Vencido, o vizir beijou o solo em frente ao Califa, num gesto de submissão e respeito, despediu-se e se afastou.

– Mande entrar Ximena – ordenou Jamal, sentando-se em sua cadeira.

Ao ver a jovem e delicada serva, não pôde se furtar de apreciar-lhe a beleza. Era uma flor morena e miúda. Gostava de seus olhos, sempre luminosos, brilhantes. Havia nela a alegria típica das crianças. Seria linda em um harém, mas preferira continuar a servir Amirah.

"Somente Alá entende as mulheres", pensou Jamal ao vê-la se aproximar, repetindo o gesto feito pelo vizir à sua frente.

– O que houve, Ximena?

– Vim informar que o emir Al Jerrari regressou à cidade e está descansando – disse a serva sem erguer o olhar ao Califa.

– Ahã... então ele encontrou o caminho de Córdoba. Sabe por onde ele esteve?

– Não senhor. Sei que regressou na companhia de um só dos guerreiros. Mustafá continua desaparecido. Idris chegou machucado. Tem o rosto ferido. Interrogado, é possível que ele informe onde estiveram.

"Inteligente. Esperta. Com Munir descansando posso descobrir tudo em um piscar de olhos. Os guerreiros de meu primo nunca primaram pela lealdade. O mais honesto é Kiéram. Ainda assim, é um mercenário", avaliou Jamal admirando a serva.

– Obrigado por sua lealdade, Ximena. Se...

– Não é preciso, Califa – interrompeu, ousadamente, a serva. – Quando for a hora certa, eu lhe pedirei.

– Considere atendido, seja o que for que desejar, Ximena – assegurou Jamal.

Ximena baixou a cabeça aquiescendo e encerrando a entrevista. Após os cumprimentos, afastou-se ligeira de regresso aos aposentos de sua ama. Os encontros com o Califa tinham o poder de desconcertá-la. Necessitava de toda prudência que tinha nesses contatos.

"A felicidade não é feita de ilusões, mas de realidades e possibilidades concretas", repetia ela em pensamentos ao regressar.

Quando se esgueirava pelos portões dos fundos viu dois guerreiros do Califa acompanhando Idris, que nervoso, gesticulava muito e falava alto.

– Mas o que quer o Califa? Por que não pode esperar até amanhã? – indagava ele.

– Não sabemos – foi a resposta seca que recebeu do mais forte, fazendo Idris calar-se.

Pelo vão da porta entreaberta, Ximena os viu se afastarem. Um sorriso de contentamento pairava em seu rosto, esquecida do abalo íntimo de minutos atrás.

Na sala do Califa, não foi preciso muito esforço para que Idris contasse em detalhes a experiência vivida em Cádiz.

– Layla – murmurou Jamal sozinho, após haver dispensado seus servidores e determinado a prisão de Idris. – Que mulher estranha! Tenho nada menos que quatro homens dispostos a pendurar o pescoço por ela. Suas façanhas narradas por Idris são... inacreditáveis! Onde estará? Que direi ao emir Al Gassim?

Enquanto pensava, falando baixinho consigo mesmo, lembrou que o primeiro a lhe falar de Layla e da confusão que se avizinhava fora Kiéram. Sem perder tempo, sua mente traçou um plano de ação e a execução não se fez esperar.

Sob o manto da noite, Kiéram fora chamado e informado pelo Califa das trapalhadas do malogrado rapto. Jamal o encarregou de dirigir as buscas para localizar a jovem filha do emir de Cádiz e trazê-la em segurança a Córdoba.

Jamal não pôde deixar de notar o brilho de admiração no olhar do cristão ao contar-lhe as façanhas de Layla.

– Conheceu a filha de Al Gassim? – indagou curioso.

– Sim, tive a oportunidade de vê-la caçando. É uma mulher notável. Tem grande habilidade com arco e flecha, uma pontaria invejável – declarou Kiéram sorrindo. – Comanda águias com maestria.

– Encontre a moça. Traga-a sã e salva. Ninguém deve saber desse incidente. Estão comigo o pai e o noivo dela; tenho interesse em resolver essa... "história" da melhor forma.

– Farei o melhor a meu alcance. A região é grande, mas pouco habitada. Não há muitos lugares onde ela possa estar escondida.

– Espero que não esteja morta.

Kiéram riu e controlou-se para não gargalhar da preocupação de Jamal. Vira de perto a força da personalidade da jovem de Cádiz. Ela fora capaz de derrubar com sua astúcia dois guerreiros treinados; saberia sobreviver.

– Considera minha preocupação estapafúrdia, Simsons?

– Não. Fosse qualquer outra mulher e eu teria o mesmo temor. Mas... a filha de Al Gassim... não é como as outras. Ela deve estar bem. Não me surpreenderia se estivesse de volta a Cádiz. Seria bom mandar um mensageiro, aliás, farei isso. Despacharei alguém para lá pelo caminho mais curto, com ordens de nos encontrar no percurso feito pelo emir Al Jerrari.

Jamal reuniu as sobrancelhas demonstrando dúvida e espanto ante a afirmação do cristão. Porém nada disse, limitando-se a ruminar a própria curiosidade.

..*

Karim caminhava pelas ruelas da cidade, pensativo. O pressentimento de que Layla estava distante persistia, forte. Protestara todo o caminho, de Cádiz a Córdoba, afirmando andarem em sentido contrário. Mas, embora consultado, sua opinião não tivera influência sobre a decisão paterna. Nasser Al Gassim deixara-se tomar pela ira, ficara surdo aos apelos da razão e, alheio, absolutamente alheio a qualquer questão de fé ou crença. A fera dominava o homem e impunha-lhe seu reino de sensações. Sua mente arquitetava revides, planejava, mil vezes, incansavelmente, cada palavra com a qual despejaria sua indignação sobre o emir Al Jerrari e sobre o Califa.

No pensamento de seu filho ainda reverberava a frase repetida à exaustão:

– Quando um homem tem razão, até mesmo os céus se dobram a seus desejos. Isso é justiça.

"Justiça?!" inquiria-se Karim, chutando um cascalho com o pé. "Que valor é esse? O que é mesmo justiça? Eu tenho uma justiça; o Califa tem outra; meu pai a vê de uma terceira forma; Zafir a seu modo é diferente de todos. Parece não haver um consenso do que seja justiça. Eu penso e, dentro das minhas razões, parece-me que sei o que é justiça e a tenho a meu serviço. Daí ouço o Califa e ele me diz: "Nunca se apresse; nunca veja apenas por um lado". Ele tem razão. Eu posso, seguindo apenas o meu critério, ser injusto, quando pretendia exercer a justiça. Oh! Deusa ingrata que nasceu da sabedoria e parece que se esparrama entre os homens como o pólen das flores no vento da primavera. Seria tão mais simples ter a quem consultar e que me dissesse o que é justiça. É terrível esse embate entre intelecto e sentimentos. Meu pai entregou-se à ira; venceram os sentimentos. Desespero, indignação, raiva, cada um a seu tempo e, às vezes, misturados comandam sua ação. Já eu não consigo render-me tão facilmente aos sentimentos, creio que não sou tão passional. Layla é paixão, mas não cega. E eu, acho que sou razão, mas não insensível. Alá, ao nos colocar juntos no mundo, deve ter nos dado um dom predominante. Minha irmã foi raptada, fugiu, desapareceu. A responsabilidade inicial é de Al Jerrari e justo é que responda por seu ato. Mas agora, as ações de Layla, quer me parecer, são livres da condução de qualquer outra pessoa, portanto a única, ou ao menos, a maior responsável é ela. Não acredito que esteja morta – eu saberia se ela estivesse no mundo das almas – mas, se estivesse, não seria justo culpar Al Jerrari. Meu pai não vê assim. O Califa é um homem estranho. Ponderado, talvez seja o termo. Ele adia sua definição de justiça nesse caso. Quer uma averiguação detalhada para dar a meu pai a merecida compensação. Começo a pensar como Jamal. Zafir é fé e filosofia puras. Entretanto, eu vejo os sinais claros de ansiedade e indignação em seu comportamento. Ele ama Layla, com devoção, não há dúvida. Caso contrário não teria assumido prontamente as dores de noivo. E a indignação dele será justa? Apenas se tornou noivo de Layla numa farsa engendrada pelas atitudes de Munir. Será que, ao invés de raiva, ele não deveria pensar em ser grato? Afinal, não fosse esse tresloucado, não teria descoberto esse amor."

Nesse ponto de sua caminhada, o fio de seus pensamentos foi cortado. Ainda que sem prestar atenção por onde perambulava, registrou que chegava em frente à residência de Al Jerrari e, instintivamente, seu olhar elevou-se a uma janela, sempre aberta, noite e dia, velada por uma fina cortina branca. Através dela via um vulto feminino que lhe chamava atenção. Parecia uma mulher ainda moça.

Descobrira que ela tinha o hábito ou a necessidade, não sabia, de ficar por horas olhando a rua. Desde que chegara à cidade passava longo tempo caminhando. O exercício auxiliava a controlar os sentimentos conflituosos. Durante esses passeios, certa noite, chamara-lhe a atenção a janela aberta e contra a luz do interior o vulto feminino se revelava por trás da cortina.

A curiosidade não é privilégio exclusivo das mulheres. Acometido desse mal, tornou-se um observador da referida janela. Mentalmente construiu histórias e suposições sobre a habitante do aposento. Descobriu que se tratava da irmã do Califa, a primeira esposa de Al Jerrari. Penalizou-se, imaginando como ela deveria estar sofrendo com a atitude do marido. Não era bobo; as mulheres aceitavam a existência de outras esposas na vida do marido, mas isso não era sinônimo de apreciar a situação.

"Por Deus, como a mente humana divaga", constatou Karim, ainda admirando a janela aberta. Não havia nenhuma silhueta próxima para excitar sua imaginação a construir fábulas. "Que mundo fantástico esse que existe dentro de nós. Tem a capacidade de apagar toda a força do concreto e real existente ao nosso redor. Mas, afinal, já diziam os filósofos que o real não é o palpável, e sim o mundo das idéias. Eis a luta da alma pela supremacia sobre o corpo e o seu direito de governá-lo. Chega! É preciso voltar – ainda que não consiga dormir – ao palácio do Califa."

Capítulo X

Novos aprendizados - de princesa a escrava

Layla vivenciava aquela semana um inusitado aprendizado. Admirava a forma alegre, espontânea e livre com que irmão Leon governava seu pequeno e pobre "reino". Descobrira que a rotina era uma trindade: trabalho, prece, diálogo. Conhecera os outros dois habitantes: Paco e Balboa. Homens humildes, passavam a maior parte do dia em meio ao rebanho. O cuidado com os animais e o cultivo de uma horta oferecia o necessário a uma alimentação simples.

Paco era o homem de quem irmão Leon falara a Mustafá. Na tarde seguinte a sua chegada, ela o acompanhara no trabalho. Logo descobriram-se falando, sem reservas, a respeito de suas vidas e crenças. Estas últimas constituíam um forte elo de união e fonte inesgotável de extensas conversas.

Engana-se quem confunde forma de expressão igual com afinidade; e engana-se, ainda mais, se pensar que o prazer de conversar está na semelhança de opiniões. Ele reside na existência de respeito entre os que dialogam.

Naquele pobre reino, o estímulo ao diálogo era a crença em Deus e o amor a tudo que vive. Manifestavam esses valores de forma diferente, influenciados pela cultura do meio onde nasceram; mas a essência comum era a base do diálogo, e dela decorria o respeito, a maneira de pensar e expressar do próximo. Eram afins, embora dessemelhantes culturalmente aos olhos de um observador superficial. Analisados em profundidade, lá está a afinidade: amor, fé, e uma série de virtudes nascidas desses sentimentos. Conversavam por horas, incansáveis, sedentos de trocar informações, de entender as culturas a que pertenciam.

Em uma das noites que passou em seu exílio, após suas preces, Layla meditava sobre os eventos do dia e, espantada, percebeu que se sentia feliz, em paz, entre os homens pobres e cristãos. Integrara-se à minúscula comunidade com perfeição. Entregando-se à análise, pensou:

"Paco é um bom homem. É forte. Superar todas as perdas e revezes que teve... não é nada fácil. É compreensível que tenha vivido um período melancólico, de grande tristeza. A esposa o abandonou, partindo na companhia de um mercador. Preferir uma vida como escrava do invasor apenas por conforto material é uma escolha capaz de causar uma dor profunda em quem é rejeitado. É como ele me disse: faz o sujeito se sentir um incapaz, inútil. Depois, desatinado, viu seus filhos serem carregados para o lar de outras pessoas, separados, porque ele não conseguia se erguer do golpe sofrido com o abandono. Quando deu por si, percebendo que a vida continuava, a situação era irremediável. Viu que já não tinha mais com que alimentá-los, perdera tudo. Acabara vendo realizar-se a forma como sentira o desprezo da mulher: tornara-se um incapaz. Sempre fora pobre e tivera tão só o necessário a custo de muito trabalho; depois ficara sem nada. Ao constatar o fato, desesperou-se. Abandonou a casa e a gleba de terra que cultivava. Saiu a caminhar sem destino, mendigando alimento. Foi assim que, depois de meses, batera às portas de irmão Leon, escorraçado do vilarejo próximo, onde um morador em tom de deboche lhe ensinara o caminho, dizendo: – 'Siga sempre em frente. Ande em direção à planície, lá pelo meio tem uma velha igreja, que estava abandonada há anos. Mudou-se para lá um padre que cuida até de cachorro sarnento. Vá prá lá.' Paco adora o irmão Leon, é visível. Deve a ele a restituição da sanidade, da dignidade e de uma razão para viver. Deu-lhe um lar, um meio onde foi aceito. Irmão Leon... que pessoa fabulosa! E Balboa, não tem uma história muito diferente. Apenas os fatos foram outros. Era um jovem, que fora um menino enjeitado. Crescera nas ruas de Córdoba, comendo restos, fazendo pequenos serviços, às vezes roubando; outras, pedindo. Acabara perambulando em feiras e um dia fora largado desmaiado à porta do irmão Leon. E ficou. Aliás, chegou antes de Paco. Acredito que Balboa seja capaz de qualquer ato para defender irmão Leon. E eu o acompanharia, devo-lhe muito, eu sei. Eles são seus compatriotas, irmãos de religião, mas eu sou filha de uma tribo árabe que invadiu e conquistou essa terra. Ele poderia me odiar só pela raça a qual pertenço, mas... não fez qualquer menção ao assunto. Além disso, sou muçulmana, e o mundo cristão guerreia conosco. Tempos absurdos! Aqui, em Espanha, somos invasores e conquistadores; lá, no Oriente, eles invadem e lutam por conquistar. É tão mais fácil reconhecer que cada povo tem seu lugar, mas parece que todos querem ser Ícaros e voar além de suas possibilidades..."

Vencida pelo cansaço das atividades a que não estava habituada, a jovem adormeceu.

Na cozinha da humilde residência, Paco batia a nata em uma tigela alta. Como era estouvado, batia com a colher de pau contra as paredes do recipiente. Irmão Leon, ocupado em despejar o leite nas bacias para talhar e elaborar os queijos, lançava olhares impacientes ao auxiliar. Não suportando mais observar em silêncio o trabalho do outro, acabou ralhando:

– Paco, será que não aprenderá a bater manteiga? Restam três tigelas grandes. Se quebrar mais uma, logo, logo, terá que fazer maior esforço para preparar a manteiga, pois restarão somente as pequenas que comportam menos nata.

Paco mexia a nata de um lado ao outro, brincando com o creme espesso que se formava sob os golpes rudes de sua mão. Despreocupado, não prestou muita atenção ao alerta. Compreendeu apenas a parte que todos os dias irmão Leon repetia, pedindo-lhe que procurasse elaborar a manteiga com suavidade e diminuiu a força.

Entre uma tarefa e outra, na preparação dos produtos derivados do leite, irmão Leon sorriu satisfeito e elogiou:

– Melhorou bastante. Continue. A manteiga preparada com carinho é mais cremosa. Quando você bate com força e violência a manteiga fica dura, consistente demais, parece graxa. Além de, na maioria das vezes, acabar quebrando a tigela. Duplo desperdício.

– O senhor tem cada idéia – respondeu Paco, buscando na memória, inutilmente, a lembrança das manteigas e da forma como as havia preparado. Como nunca prestou atenção aos alimentos que ingeria, não recordou as manteigas que comeu, tampouco da forma como as tinha batido. – Eu nunca reparei essas coisas.

– É, eu sei. Mas preste atenção daqui para frente e verá como tenho razão. Tudo que fizemos demonstra nosso modo de ser, meu irmão. Você bate com força porque seu pensamento voa para lembranças que lhe trazem raiva; acaba espancando a nata e quebrando a vasilha. Duplo, não, triplo desperdício: do alimento, do material e da sua energia. A natureza não precisa que usemos força bruta. A nata se junta e se transforma, basta mexermos de um lado para o outro, com um leve vigor... para não levar horas e azedar tudo. Quando cavamos a terra não é necessário golpear com a pá; basta enterrá-la fazendo um pouco de pressão com o pé. São ensinamentos para que aprendamos a ser suaves. É mais inteligente e nos desgastamos menos. A raiva é útil, senão Deus não a teria posto em nossos seres, mas tem a hora e a maneira certa para ser usada. Fora disso, é prejudicial. Não cultive lembranças que o atormentem. Deixe-as ir embora, Paco.

– Eu tento – resmungou Paco, e, sem notar, apertou a colher com força e golpeou o creme de nata amarelado. – Mas elas voltam.

– Se elas voltam é sinal de que não foram libertadas de verdade. Você as afundou em algum canto do seu coração, mas não as libertou. Escondeu-as. Liberte-as, ocupe-se e valorize o que está fazendo agora. Você nem se lembrava como é a manteiga que tem preparado; não a tem saboreado, nem apreciado a espessura. É tão bonito transformar a natureza, descobrir as possibilidade que

Deus semeou na criação para a inteligência do homem desvendar. Eu penso em quem terá descoberto que era possível separar a nata do leite; depois, que com certos movimentos dela se separava uma água da gordura e... eis a manteiga. Essa delícia. Aliás, deve ter existido uma criatura muito observadora que um dia ficou olhando as vacas amamentando suas crias e descobriu a capacidade de tirar o leite do animal.

– É, mas será que, primeiro, a criatura não tentou mamar nas tetas da vaca? Como ficou sabendo que o leite era bom? – perguntou Paco, mostrando a visão muito terra-a-terra que estava tendo das idéias expostas pelo religioso.

– Para você ver como o conhecimento da humanidade necessita ser compartilhado para avançar – e vencido pelo argumento canhestro do companheiro concordou: – É, você tem razão; antes de alguém separar a nata do leite, um outro precisou descobrir que a vaca produz leite, que o leite é bom e... acho que alguém... um dia, pode mesmo ter se posto a mamar em uma vaca. O aprendizado passa por caminhos estranhos para se desenvolver.

Esse último pensamento vinha se repetindo em sua mente, desde a chegada da jovem muçulmana. A fraternidade aprendida e experimentada sob seu teto não deixava de ser efetuada em um situação estranha, quase bizarra. Em outras partes do mundo, cristãos e muçulmanos faziam correr rios de sangue. Tudo em nome do amor a Deus e na defesa de objetos e lugares sagrados. Uma grande ironia, pois não há amor em destruir a obra do Ser Amado e nela não há conceituação entre mais e menos sagrado.

"Isso faz pensar na forma como manifestamos nossos amores, se assim posso me expressar. Que amor é esse que proclamamos? É aquele capaz de matar; desejoso de impor-se, de dominar? Um amor ciumento, possessivo? Ou, tão idealizado que nunca chegamos a sentir uma única fibra do nosso ser tocada por esse sentimento, tão elevado e distante nos é apresentado? Sabemos que o amor verdadeiro se desenvolve nesse meio. No mais abjeto dos seres, na pior expressão da brutalidade humana, mesmo ali jazem as sementes do amor. Intocadas ou lançadas em meio a terrenos ainda incultos, cheios de vícios e carentes de virtudes, suas sementes germinam apresentando-se de diversas maneiras na conduta humana. Por isso, nossos amores ainda são muito passionais e quase nada fraternos.

A marca da passionalidade é forte em nosso carácter. As necessidades gritam; os sentimentos sufocam, clamando migalhas de atenção para serem conhecidos e desenvolvidos. Eis o quadro que determina o império da paixão e o desgoverno na conduta. A temperança, a viril virtude do autodomínio, é pouco exercitada. Ela está um passo além do autoconhecimento. É preciso conhecer para dominar; e é dominando que nos libertamos das escravidões morais.

Arrogantes criaturas, crentes que são as donas da verdade, dão-nos o infeliz espetáculo de banhos de sangue e intolerância. Nunca pensaram seriamente em Deus; ainda vivem as faixas de, tão somente, intuir sua existência. Ele é apenas um nome e, o mais das vezes, um conceito vão, que usam para encobrir grosseiros interesses. Lastimável que os homens ainda não enxerguem a si mesmos. Pegaram em arcos e flechas, hoje usam armas mais potentes, mas continuam demorando milênios para retirar a trave do próprio olho. São guerreiros cegos.

A fé, que é a mãe de tantas virtudes e deverá abrir as portas do amor fraternal, ainda habita neles nas mesmas condições que o Criador – como algo que se intui – sobre o qual não se pensa, não se raciocina, não se tem conceito. Quando é necessário, chamam a Deus e professam fé. Ambas concepções instáveis, cambaleantes e comprometidas, regra geral, com a solução de um momento de dor, de um interesse pessoal e imediato."

Algumas dessas idéias cruzavam a mente do bondoso e incompreendido irmão Leon – o estranho padre, que se dizia irmão.

A Ordem dos Irmãos Menores era ainda marginal dentro da cristandade católica, vistos, na maioria dos casos, como seguidores de um jovem italiano excêntrico. Seguir e amar Jesus ao modo de Francisco não era tarefa fácil. Compreender tudo que vive e respira como nosso irmão, dar primazia ao domínio do espírito, abandonar a ilusão da matéria e construir no reino invisível das mentes e corações reerguendo, ou melhor, desenvolvendo valores intuitivos soterrados, tais como a compreensão de Deus, da fé e do amor fraterno, subjugando a passionalidade, requeria um missionário ímpar.

E aqueles que o compreenderam – como irmão Leon – precisaram aceitar a pecha que os "guerreiros cegos" sempre atribuem aos que extirpam a trave do próprio olho e já não lutam, nem querem sangue, sendo chamados de excêntricos, loucos, bruxos, criaturas meio estranhas, etc..

Suspirando, irmão Leon encarou seu companheiro, que sob o influxo das idéias e sentimentos sugeridos na conversa, batia a nata suavemente. Sorriu ao perceber a transformação, e aproximando-se do companheiro que a vida lhe ofertara, acariciou-lhe os cabelos desgrenhados e maltratados.

– Está fazendo uma linda manteiga. Amanhã teremos uma refeição deliciosa. Obrigado, Paco.

As muitas carências impostas a Paco o tornavam uma pessoa para quem alguns sentimentos eram desconfortáveis. As manifestações de carinho e apreço, das quais tanto necessitava, eram as mais difíceis. Uma sensação semelhante ao desconforto causado pela ingestão de alimentos sólidos após prolongado jejum. Um prazer e um peso, ao mesmo tempo, mesclado com uma ansiedade e uma dose de insegurança; de querer mais e temer um mal-estar, um sofrimento, com a rejeição do que tanto prazer lhe trouxe. Ele remexeu-se, nervoso e inquieto sob as mãos fraternas que o afagavam. Por fim riu, parecendo um idiota. Irmão Leon o observava. Compreendia as reações que causava e, mansamente, continuou a acariciar-lhe os cabelos. Pensava no gesto que fazia e nas reações que provocava. Notando que a calma invadia seu tutelado, louvou a Deus, em pensamento, e ao cabo de alguns segundos, anunciou:

– Vou dormir, Paco. Você viu que maravilha suas mãos operaram transformando com amor a natureza, infundindo paz em seu coração e nos seus gestos? Deus o abençoe. Boa noite.

– Boa noite, irmão – respondeu Paco, ouvindo os passos do amigo ao afastar-se. Mexia, delicadamente, conforme entendia e expressava delicadeza, a manteiga cremosa e amarelada. Erguia a colher com o produto de seu trabalho e olhava encantado o brilho da chama da vela refletido. Estava macia, bonita, firme e, tomando uma pequena porção entre os dedos, constatou que ela deslizava facilmente.

Aquele contato lhe deu prazer, satisfação. Levou à boca um dos dedos melecados e deliciou-se ao sentir a manteiga derreter em sua língua. Paco não saberia expressar, se alguém perguntasse, qual o sentimento que vivenciava. Porém, observando sua fisionomia e o brilho de seu olhar, eu diria que era o prazer de viver, de experimentar momentos de paz e satisfação.

Teimamos em buscar nas grandes coisas aquilo que se encontra nas pequenas atitudes, possíveis, e sempre ao nosso alcance. A paz e a fraternidade não estão encerradas em salas distantes, cercadas de segurança, tampouco dependem de papéis ou de assinaturas. Elas estão em nós e precisam ser descobertas nas suas formas simples e acessíveis. É assim que cada um colaborará para que elas se realizem, em círculos cada vez maiores de influência, usando aquilo que tem à mão, dentro das suas possibilidades. A vida não pede nada além daquilo que podemos fazer.

***

Em Córdoba, Jamal aguardava Zafir, por quem desenvolvera simpatia. Apreciava a cultura e a moderação das atitudes do injuriado visitante. Não demorou e ele adentrou a sala, seguindo as formalidades usuais.

– Sente-se ao meu lado, Zafir – convidou o Califa, mostrando-lhe a mesa farta, posta para ambos. – Temos muito a conversar e, acompanhado de algum prazer, ficará ainda melhor. Não concorda?

Zafir sorriu, acomodando-se à mesa como indicado.

– Por favor, não se ofenda se eu não apreciar devidamente as iguarias com que me homenageia. Mas... têm sido dias muito desgastantes. Estou preocupado com Layla; não tenho estimado, como deveria, sua hospitalidade.

Tomando um cacho de uvas brancas, após comer um grão, Jamal comentou:

– É compreensível. Sei que lhe peço talvez o impossível, mas confie em Kiéram Simsons. Ele é o melhor que temos. É um campeão, sem dúvida. Se alguém é capaz de encontrar sua noiva é ele. Você ama essa jovem, não é mesmo? Não é um compromisso por mero interesse familiar.

– Confesso que demorei a reconhecer meus sentimentos, disse Zafir rindo. Seus olhos escuros brilharam, por um momento, escondendo a preocupação que lhe tomava a mente e completou:

– Foram como nossas barbas, entende?

– Bem abaixo de nosso nariz e precisamos de um espelho para enxergar – comentou o Califa, rindo da comparação.

– Foi preciso servir a inveja de seu primo como espelho para que eu enxergasse meu próprio íntimo. Estranho, não?

– A vida tem dessas situações. Diante de uma ameaça reconhecemos sentimentos e fatos que em circunstâncias normais não tomariam nossa atenção. Creio que somos muito desatentos na maior parte de nossas horas. Percebemos aquilo que é mais grotesco; as sutilezas... essas vivem num recanto qualquer das nossas almas, pouco visitado.

– Eis aí uma declaração inesperada – falou Zafir surpreso. – O Califa é também um poeta, um pensador, além de um governante.

– É mau o governante que não usa da falsafa[1]. Como diz o povo, "quem não mede as conseqüências não tem o destino como bom companheiro."[2] Medir conseqüências é refletir, é pensar. Faço isso em todas, ou em quase todas as horas do dia. Creia-me, é um exercício solitário, mas no qual aprendo muito, especialmente a reconhecer o móvel das atitudes humanas. Como o meu destino carrega consigo milhares de almas, preciso ponderar muito. É o que mais gosto de fazer durante a madrugada.

– O silêncio da noite é inspirador. Também o prezo. Quais são os móveis que mais aprecia nas ações humanas?

– A sinceridade. É uma jóia rara; pouco encontrada.

Zafir balançou a cabeça, concordando. Retribuía a simpatia de que era objeto por parte de Jamal, mas sentia necessidade de conhecer-lhe o caráter com maior profundidade, de saber como pensava e agia, a fim de determinar o grau de confiança que lhe concederia.

– E o que menos aprecia?

– A inveja. É a mais cruel e lamentável manifestação de um ser humano. Entretanto, é a que mais identifico em graus e níveis diversos semeada entre o povo, desde o mais reles serviçal até eu mesmo, o Califa.

---

[1] *Expressão árabe que significa Filosofia.*

[2] *Antigo ditado popular árabe.*

– Agora sou eu quem digo que o povo tem razão: "nenhum corpo vivo está imune à inveja"[3]. Absurdos são engendrados por esse sentimento. Eu creio que ele tem algo de irracional...

– Ou não.

Ao ouvir a calma colocação do Califa, uma sombra de tristeza perpassou o olhar Zafir e, de imediato, foi registrada pelo observador governante de Córdoba.

– Julga que disse alguma besteira muito grande e se condói da minha ignorância?

– Por Deus, que pergunta estranha! Aliás, não entendo o propósito de sua indagação.

– Li em seu olhar uma tristeza imensa assim que pronunciei minha discordância ao seu pensamento. Creio que a causa seja óbvia: julga-me um ignorante pelo que disse.

– Não! Absolutamente – protestou Zafir –, louvo a sua perspicácia. De fato, senti grande tristeza ao ouvir sua colocação, mas não pelo motivo que alega. A causa é outra. Trata-se de Layla. Minha prima defende exatamente a mesma idéia.

"De novo essa mulher", pensou o Califa. Sentando-se entre almofadas, apanhou uma taça com um suco adoçado com mel, degustando-o, gole a gole, até o final, enquanto observava Zafir com o olhar distante, perdido na direção em que Kiéram partira na busca pela jovem filha de Nasser Al Gassim.

– Fale-me de sua noiva, Zafir. Parece-me uma mulher "incomum".

Zafir sorriu, expressando sentimentos mesclados de ternura e tristeza; sua face modificou-se várias vezes numa pequena fração de segundo. Ao responder, predominava a ternura e a resignação com a torturante espera.

– Incomum. O que é alguém incomum? Não sei se este é o termo adequado. Por um lado, é; por outro, não. Layla é única. Eu a definiria como incomparável.

– E o que é incomparável? Acaso não é também incomum?

– Não sei o que é incomum. Para definir o incomum eu precisaria saber o que é comum. Para considerar Layla uma mulher incomum, seria necessário definir o que é comum nas mulheres. Reconheço que existem muitas mulheres com personalidades habituais, vulgares, no sentido de se aproximarem gostos, pendores, sentimentos. Visto assim, Layla é incomum. Ela é muito distinta entre a maioria das mulheres. Parece viver à grande distância das coisas cotidianas do universo de interesse feminino. Por outro lado, é a mais sensível das mulheres que conheço. A mais delicada, feminina e graciosa. Parece uma mulher como as demais.

– Entretanto não é – completou Jamal interessado. – Confesso que sinto grande curiosidade em conhecer sua prima. Veja, ela despertou a admiração de

[3] *Ditado popular árabe antigo.*

um mercenário por sua habilidade com aves de caça. Não conheço nenhuma mulher que faça tal coisa. Meu primo embrenhou-se nessa insensatez raptando-a; não posso conceber que ele não tenha tido sérios motivos para escolher justo essa moça. Deve ser, ao menos, muito bonita. Eu conheço meus parentes. Interrogo dois guerreiros vencidos por ela, um, inclusive, bastante ferido. Por fim, recebo meus amigos de Cádiz em marcha à procura da jovem e, você, alguém cuja inteligência e cultura tenho apreciado, declara aceitá-la como esposa independente do que tenha acontecido a ela nestes dias todos em que está... à solta, sem a proteção da família. Deve realmente ser incomparável. Eu confesso: nunca tinha ouvido... Não, meu Deus, quanta asneira. Existiram duas mulheres extraordinárias na nossa dinastia. Que inclusive foram sultanas e sem véu.

– Layla adora falar nessas histórias da "grande senhora". Ela ama analisar a vida de mulheres famosas e poderosas. Diz encontrar nesses relatos forças e esperança. Mas, como falávamos antes... Minha adorável prima compartilha da opinião de que a inveja não exista no domínio dos irracionais. Muitas vezes, ela disse que os animais são mais confiáveis que os homens.

– Por serem, em essência, governados pelo instinto.

Zafir limitou-se a balançar a cabeça concordando. O olhar distante, cravado na parede, como se a atravessasse, ia aonde julgava ser a direção exata onde estava Layla

– As grandes histórias de vidas humanas são mesmo um manancial de força e esperança. Eu também as aprecio. São ricas, ensinam e transmitem muitos sentimentos. Cada vez fico mais intrigado com a personalidade de sua noiva. Que Alá, o Altíssimo, a proteja. Desejo conhecê-la.

Não era preciso viver muito tempo entre as paredes do palácio do Califa para identificar algumas de suas mais evidentes paixões: as mulheres. Zafir encarou Jamal, muito sério, imaginando se, por ventura, o importante nobre à sua frente tinha formado uma opinião a respeito do quanto Layla diferia das mulheres daquela sociedade.

"Minha prima é alguém que ele nunca viu. O que amamos nela não é visto em um primeiro olhar. Apaixonei-me por ela a cada dia da minha vida, desde o seu nascimento. Hoje sei que esse amor transformou-se conforme ela crescia. Creio que a amarei por todos os dias que o futuro nos reserva. Convivemos diariamente e nunca, nem um só dia, ela foi uma companhia indesejada, desagradável. Ela é como o sal e o mel, sabores extremos, que realçam a vida e o prazer dos alimentos. Há momentos doces e momentos salgados ao lado de Layla. Jamal não terá tempo de apreciar essas nuanças. Ele encanta-se com a beleza das mulheres que o cercam, mas não as ama. É apenas um querer físico, que não toca a alma. Suas mulheres não são amadas. Seus olhos muito raro se iluminam com ternura. É um bom homem, culto, inteligente, sensato; mas ninguém é perfeito. Somente Deus é perfeição e poder. Fraquezas são contingências da raça humana; barreiras a vencer a fim de que alma se torne cada vez mais pura. Jamal vence muitas barreiras, mas tropeça na sensualidade. Essa busca desenfreada pelo prazer, que percebo nele, talvez seja expressão de uma necessidade profunda, de algo que brota nalguma cratera insondável da alma e deságua nessa fome, nessa ânsia carregada de angústia, que o impulsiona ao encontro das mulheres. Mas que não o satisfazem. Se Layla tivesse tempo de conhecê-lo, creio que o desprezaria. Ela ainda é muita dura em seus julgamentos quanto ao caráter alheio. Fraquezas que geram sofrimento para uma parte e prazer para outra não lhe agradam", pensava Zafir enquanto fingia prestar grande atenção à conversa de seu anfitrião.

* * *

Kiéram seguiu viagem contrariado.

O dinheiro não recompensa todos os dissabores que um homem precisa enfrentar quando para merecê-lo subverte as próprias noções de moral.

A atitude de Munir, raptando a jovem muçulmana, feria-o em seus valores. Não se considerava um cristão praticante, aliás, pouca importância dava à religião. Olhava os muçulmanos, os judeus e os espanhóis católicos e via em todos a mesma forma humana. A vestimenta era fruto dos gostos; as danças, as comidas, a maneira de viver e as crenças também eram frutos de lugares distintos, de épocas e histórias próprias de cada raça. Mas, antes e acima de tudo, pensava que desnudando qualquer deles, raspando-lhes barba e cabelos – cujos cortes identificavam nacionalidade e crença – não haveria diferença.

Mesmo irritado, um sorriso esboçou-se em seu rosto como resposta imediata do que pensava. Tinha que reconhecer que, se fossem do sexo masculino, ainda assim, os judeus circuncidados se diferenciariam. "Será que eles eram ainda mais intolerantes que os outros?" Mataram-se entre si, por divergência de opiniões quanto ao entendimento das lições comuns. Perseguiam-se, mutuamente, dentre as várias facções; também perseguiram os cristãos, cujos membros expulsaram, esquecendo belíssimas mensagens de sabedoria que regavam sua milenar história.

A velocidade com que viaja o pensamento humano suplanta todas as formas de locomoção até hoje inventadas. Kiéram balançava-se sobre a cela no ritmo compassado do trote do cavalo, mas sua mente vasculhava séculos de história e pensamento religioso, sem que ele se desse conta.

Em outras cidades, mais ao norte da Espanha, sob o domínio dos reis católicos, ele via intransigência exacerbada contra os praticantes de outros credos. "Serão os cristãos intransigentes?" Lembrou rapidamente o que sabia. Os cristãos haviam sido, no início, perseguidos. Os primeiros fiéis, convertidos das antigas crenças politeístas ou de outras seitas judaicas, tinham sido mortos pelos romanos, durante nada menos que três séculos após a crucificação de Jesus. Usavam como símbolo um peixe, agora substituído por uma cruz. Ele não sabia a razão. Ao que sabia, haviam sido pacíficos e mártires. Mas os tempos eram outros, e eles agora erguem espadas que, (ironia do destino), lembram cruzes invertidas, matando e perseguindo muçulmanos no Oriente. Guerreiam e mancham de sangue as trilhas por onde andou o rabi da Galiléia, pregando a renovação do ser humano e suas novas leis de amor e fraternidade, numa mensagem de tolerância, compreensão e liberdade. Alheio a todos os preconceitos, sentava-se com qualquer um que desejasse ouvi-lo e recebê-lo, sem se importar com separações sociais determinadas por crenças, poder, nacionalidade, absolutamente nada. Nenhuma dessas convenções sociais às quais os homens se apegam tanto o impediam de atender a quem o desejasse ouvir. Ele não impunha sua presença, não forçava práticas exteriores de adoração, não exigia. Ia aonde era desejado, mesmo que seus anfitriões fossem mal vistos pela sociedade, que vivessem marginalizados ou lhes fossem imputadas práticas criminosas. Nos dias que passavam, os cristãos impunham sua presença, queriam converter à força praticantes de outras crenças e guerreavam por locais de adoração exterior.

"Por Deus, que tudo está invertido nesse mundo; tão invertido quanto à troca de símbolos: de um organismo vivo que alimenta para uma construção humana sem vida. De alguma forma o homem sempre diz a verdade do que pensa, ainda que sem palavras. Não sei se são cristãos católicos ou judeus os mais intransigentes. Creio que se igualam. Ambos têm lindas mensagens em suas culturas e feias práticas. O mais estranho é que ambos se dizem povos escolhidos. Mas os muçulmanos também se acham os escolhidos para devolverem ao mundo a moral e a fé corrompidas pelos povos do livro[4]. É bem provável que, apesar de a fé marcar o corpo e diferenciá-lo, as almas carreguem uma grande igualdade: crêem-se as melhores, as privilegiadas, as escolhidas e daí à intolerância é meio passo. E cá estou eu à procura de uma muçulmana raptada. Munir ultrapassou a bestialidade com essa ação. Vingança. Eis aí, de novo, a intransigência; agora entre irmãos de crença e familiares consangüíneos. Absurdo dos absurdos. Ele não foi capaz de pensar, de negociar com seus próprios valores e entender que nem tudo que se quer se pode ter. Há limites, dentro e fora de nós. Detesto estupidez, por isso me irrita essa viagem. Além do mais, é cansativa."

O soldado que cavalgava a seu lado o arrancou do devaneio, ao chamar-lhe a atenção.

---

[4] *Judeus e Cristãos.*

– Veja, Kiéram, o vilarejo está próximo. Vamos dar uma busca pela jovem? É provável que tenha pedido abrigo em alguma casa.

– É claro, Ramiro. Uma jovem sozinha, em sobrevivendo, deve, com toda certeza, ter procurado abrigar-se. Já se passaram mais de sete dias desde o rapto. Como não a encontramos, ainda é bem possível que esteja lá. Não é muito distante do local da fuga, segundo entendi pelas informações recebidas. Espero que ela tenha tido o bom senso de andar pelos caminhos, não se embrenhado nos campos e bosques; aí será impossível encontrá-la.

– As histórias em torno dessa mulher são inacreditáveis. Enfrentar dois guerreiros e reagir a um rapto me fazem admirá-la – declarou o soldado sorrindo. – E crer que é inteligente o suficiente para escolher a possibilidade óbvia de sucesso. Ela não tinha como saber qual a reação do pai e da família, não iria aventurar-se a fugir dos caminhos. Acredito que ela tenha pensado em voltar para casa. Assim, é lógico que retornasse pelo mesmo percurso.

– Pode ser – concordou Kiéram olhando de soslaio para o soldado. Compartilhava o sentimento de admiração e respeito por Layla, mas sentiu uma espécie de desconforto íntimo, algo desconhecido, ao constatar as mesmas emoções em seu companheiro. A vontade de conversar desapareceu; fechou-se num mutismo incomum. Os pensamentos que antes o entretinham como que sumiram por encanto, deixando espaço apenas para o estranho desconforto.

Aproximaram-se do vilarejo. Indagaram, conversaram, inutilmente. Ninguém vira uma jovem muçulmana naquelas paragens. Casa por casa, todos os habitantes questionados, nenhum resultado. Precisavam prosseguir.

– Daqui para frente é apenas uma enorme planície deserta – anunciou Kiéram aos soldados na saída do vilarejo. – Prestem atenção a qualquer coisa que se mova ou não, que se assemelhe a uma mulher. Ela pode estar ferida ou mesmo morta. Não há mais nada, que me lembre, nesse trecho do caminho até Cádiz.

– Eu morei em Cádiz, Kiéram – informou Ramiro. – Conheço a planície; muito cacei nesses campos. Havia antigas ruínas de uma igreja. Acho que seria bom darmos uma busca por lá. É um abrigo, mesmo que precário, para alguém perdido.

Kiéram ponderou a informação. Tinha vaga lembrança das ruínas. Não era uma rota que ele percorresse regularmente.

– Essas ruínas não ficam no caminho principal, não é mesmo?

– Não. Mas são visíveis da estrada. Ficam entre pequenas colinas.

– Siga na frente. Mostre-nos o caminho – ordenou Kiéram.

Capítulo XI

Tempestades

Ximena cruzou por Karim na ante-sala do salão onde Jamal despachava. A pequena morena chamou a atenção do jovem. Era-lhe familiar, mas não lembrava de onde; então, um lampejo de memória o fez identificá-la como uma das mulheres da janela do palácio do emir Al Jerrari. Dominado pela curiosidade, tomou-lhe o braço, sem cerimônia, pois reconhecera, por suas vestes, a condição social de serva.

– De onde vem? – indagou gentil, surpreendendo Ximena, após ter sido agarrada pelo hóspede desconhecido.

– Sou criada da primeira esposa do emir Al Jerrari, senhor – respondeu Ximena, encarando-o sem qualquer laivo de inferioridade.

– Como se chama sua senhora?

– Amirah.

– Amirah, um belo nome. A princesa das princesas.[1] É irmã do Califa, não é mesmo?

– Todos sabem, senhor. Por favor, solte o meu braço. Preciso retornar ao trabalho.

Karim, constrangido, percebeu que ainda segurava a jovem. Libertou-a, imediatamente, e pediu:

– Apenas me responda uma última pergunta. É sua senhora quem fica na janela do segundo andar do palácio do emir, velada pela cortina?

– Não sei, senhor, do que se passa em todos os aposentos e janelas do palácio Al Jerrari. Minha senhora é um mulher discreta e frágil que pouco sai à rua – desconversou Ximena. – Estou dispensada, senhor?

---

[1] *O comentário é em razão do significado do nome. Amirah significa princesa.*

– Claro.

Karim ficou observando o andar rápido e a leveza dos movimentos da criada. Ela parecia dançar. A firmeza e a coragem estampada nos olhos castanho-esverdeados o impressionaram. E, apesar da resposta evasiva, tinha a certeza de que a dama que lhe intrigava era a irmã do Califa – Amirah. Enfim, a mulher atrás da cortina tinha um nome.

Entregue a seus pensamentos, não viu que o Califa se retirara do salão e presenciara parte de seu encontro com Ximena e o olhava irritado.

– Karim Al Gassim – chamou Jamal, despertando o hóspede de seu devaneio mental. – Por que interroga os criados? Não conhece a sabedoria que ensina que no lar alheio não devemos ter língua nem ouvidos para relatar o que vemos e escutamos.

– Ah! Califa, desculpe meu gesto imprudente – retrucou Karim após saudar Jamal. – E tenha certeza de que não desejava em momento algum invadir a privacidade de ninguém. Pode confiar em minha discrição. Mas, a espera tem sido longa por uma solução nesse impasse que tanto sofrimento traz à minha família. Assim, a fim de espairecer a mente, caminho muito pela cidade, de dia ou à noite. E chama-me a atenção a janela, sempre aberta, independente do clima ou da hora, no segundo andar do palácio do desgraçado do seu primo. Como sabe, não tenho nenhuma simpatia por ele, quero que sofra até ranger os dentes pelo que fez a Layla. Porém, a mulher que vejo, ou melhor, entrevejo, escondida pela cortina, despertou minha simpatia. Parece tão jovem e como a vejo sempre próxima da janela, mas nunca a encontrei no palácio, a curiosidade desenvolveu hipóteses. Eu precisava confirmar.

– Pergunte a mim quando desejar saber sobre Amirah – respondeu Jamal, satisfeito com a explicação que acalmara outras dúvidas e sentimentos que tivera ao ver o hóspede segurando Ximena. – A criada não lhe dará nenhuma informação. Ela obedece às minhas ordens. Aliás, é bom que fique longe de Ximena.

– Por Deus! – indignou-se Karim. – Acaso me toma por seu primo que desonra as mulheres do lar que o acolhe? Os Al Gassim são nobres, Califa, não só de descendência, mas de valores morais. Por quem me toma? Um bruto qualquer capaz de impor-se a uma criada? Eu não pertenço à família Al Jerrari, senhor.

– Você é ousado. Seu primo é muito mais sensato. Eu sou o Califa de Córdoba, a maior cidade da Europa.

– Eu sei, conheço todos os seus títulos. Mas sei que antes e acima de qualquer um deles, você é humano e eu também. Seu poder não me intimida. Poderá assustar-me que a sua justiça e compreensão sejam tão pequenas a ponto de não entender a profunda infelicidade de viver a incógnita do paradeiro de alguém com quem você compartilhou, inclusive, o ventre materno. Tem o senhor alguma idéia do que estamos sentindo – eu e meus familiares – em razão do rapto e desaparecimento de minha irmã?

– Creia, eu sei o que é amar uma irmã. Sei também da ânsia que esse afeto traz de proteger, de amparar, de evitar sofrimento. Mas preciso lhe pedir que seja paciente. Para que minha justiça e compreensão não sejam pequenas preciso conhecer toda extensão das atitudes de meu primo. Creia, ele será punido com o rigor da sharia[2].

– É o que desejamos – declarou Karim. Depois, recordando o real motivo de sua vinda ao encontro do Califa, informou: – Meu pai adoeceu outra vez esta tarde. Seus médicos estão preocupados. Vim lhe pedir que mande um mensageiro a Cádiz. Nasser Al Gassim quer a companhia de suas esposas Farah e Adara.

– É um pedido extremo? Por que não fui avisado antes do estado de saúde do emir?

– Embora, meu caro Califa, haja a insistência de dizer que somos seus hóspedes e tratar-nos com toda deferência e delicadeza, não esquecemos os motivos que nos trazem a essa cidade. Não viemos em missão pacífica, nem comercial; queremos justiça. Acaso pensa que nos divertimos com seus banquetes? Meu pai ansiou e esperou por anos para ter filhos. Nascemos, minha irmã e eu. Acredite, Layla é a metade ou mais do coração de meu pai. Pelo que aconteceu a ela, obra de seu inconseqüente primo e aliado, é que ele adoece. Essa espera é torturante. Não sei se ele suportará. Mande vir minha mãe e Adara, se preza em tão grande conta seus deveres – retrucou Karim, azedo e sarcástico.

Karim não tolerava mais a espera. A custo continha o sentimento de tristeza, a sufocação que em alguns momentos lhe invadia o peito. A única coisa que amenizara esse estado fora a curiosidade despertada pela vida que levava a esposa de Al Jerrari.

– Entendo sua situação, Karim. Porém preciso continuar a pedir-lhe paciência enquanto aguardamos notícias de Kiéram. Minhas medidas para localizar e recolher sua irmã foram imediatas, isso você deve reconhecer. Assim será, também, quanto à reparação da honra da jovem.

– A honra de Layla é o que menos nos aflige. Ela tem família, tem um noivo que a ama e a deseja por esposa pelos valores que minha irmã possui como ser humano, como mulher admirável que é. Dane-se a lei, nenhum de nós irá matá-la. Mas nada disso retornará, nem a felicidade que antes desfrutávamos em nossa casa, se ela morrer ou ficar gravemente ferida. Toda sua imensa fortuna é nada e,

[2] *Lei muçulmana.*

por certo, não pagará uma só hora do sofrimento que irá nos causar. Aliás, ela já é pequena para indenizar a aflição desnecessária que estamos vivendo. Amenize esse sofrimento e traga, o quanto antes, as esposas de meu pai para Córdoba.

– Considere feito, caro príncipe.

Karim, irritado, dardejava de seus olhos faíscas da mais pura raiva sobre o luxo e a opulência que cercava Jamal. Pouco lhe interessava que o Califa de Córdoba fosse quase uma lenda viva, tal o respeito que lhe tinham os demais governantes. Menos atenção ainda dava ao desenvolvimento da ciência, das artes, da filosofia. Se a cidade era linda, naqueles dias, sua perturbação emocional não lhe permitia ver. E, mesmo que lembrasse a aura que cercava Jamal, ainda que reconhecesse o progresso que florescia de seu trabalho, nada disso o impediria de reclamar justiça e exigir atitudes positivas para que Layla voltasse aos braços da família.

Sem dar importância ao protocolo de cumprimentos ao Califa, Karim deu-lhe as costas, sem nenhuma cerimônia, nem ao menos uma palavra de despedida. Pisando duro, corpo rígido e empertigado, marchou em direção à saída, deixando o governante de Córdoba a olhá-lo, admirado.

Bateu um pequeno sino de prata e, das sombras da sala, surgiu seu secretário.

– Fatin, envie a Cádiz uma escolta, imediatamente. Que a chefie um dos meus vizires. Devem trazer, com a maior brevidade, as esposas do emir Al Gassim: Farah e Adara. A razão é que ele está doente e pede a presença das mulheres.

– Será executado. Entendi, perfeitamente – respondeu o secretário, e por onde entrou, saiu.

"Das raízes nascem as árvores, dos pais nascem os filhos" – filosofou Jamal, em pensamento, contemplando uma das tapeçarias que adornavam o salão. "Conhecer a mãe dessa jovem será uma boa forma de ter noções seguras a respeito dela. Sendo boa a raiz, a árvore também será. São criaturas muito independentes esses filhos do emir Al Gassim. O filho será bom governante, não treme, é decidido. Ah! Não há poderio nem força senão em Deus Altíssimo. Permita Alá que Kiéram encontre essa jovem e retorne logo, trazendo-a sã e salva."

* * *

Frágeis dedos, delicados e pequenos, teciam, imaginariamente, o desenho que a mente elaborava sobre o fino véu da cortina. Amirah empregava grande parte das horas a permanecer ao lado da janela, velada aos olhos de curiosos.

Sentia-se como alguém sobrenatural, dotada de uma capacidade de onisciência em relação ao trecho da rua que sua vista alcançava. Sabia todos os movimentos usuais dos habitantes. Conhecia-lhes as feições. Observava como se cumprimentavam ao passarem uns pelos outros. Sabia, inclusive, daqueles que disfarçavam fingindo não ver ou não reconhecer alguém; sabia, de antemão, o caminho alternativo que faziam para evitar encontros indesejados. Reconhecia os encontros de amigos, de familiares queridos ou de amantes indiscretos.

A vida passava, desfilava, para além do batente da janela de seu quarto.

Várias vezes surpreendia-se ao notar e refletir sobre a infinita gama de relações e sentimentos que se expunham a seus olhos.

Acostumara-se a ver a vida por de trás da cortina e descobrira encantos que as pessoas, comumente, não enxergavam. Suas horas, aparentemente vazias e quiçá, para muitos, tediosas, eram, ao contrário, repletas do encantamento das mais envolventes histórias; lembravam-na da leitura de "As Mil e Uma Noites", no velho manuscrito que pertencera à sua mãe.

Era uma relíquia conservada com carinho; contava de alguns séculos; viera com o enxoval de sua avó das terras longínquas da Pérsia. Na capa tinha o nome da genitora primorosamente escrito em uma dedicatória feita pela avó – que não conhecera – onde se lia, em persa: "Ava, aquela que busca a sabedoria jamais experimenta a sede. Torna-se fonte inesgotável que dessedenta e devolve à vida sua plenitude".

Ganhara-o, ao completar treze anos.

– Leia-o com carinho e atenção, minha filha – dissera-lhe ela. – Aprenda a interpretar as mirabolantes histórias da sábia Sahrãzãd e conhecerás o coração e o pensamento dos homens. Desvende as lições da inteligente filha do vizir e você também será uma rainha. Lembre-se de que ganhará o seu título e o manterá através do seu esforço constante, da sua sensualidade, mas acima de tudo com sensibilidade de mulher. Inteligência e sensualidade são patrimônios comuns a homens e mulheres; sensibilidade com as dores do coração humano é uma aquisição feminina. Nunca se esqueça disso.

Ava morrera meses depois, quando ela ainda não havia concluído a leitura das lições de Sahrãzãd. Por isso, cada vez que concluía a leitura do livro, retornava ao início. Tantas vezes o lera, que memorizara muitas histórias. Agindo assim, sentia-se próxima da mãe; era uma forma pessoal de cultuar-lhe a memória.

Observar a rua e o movimento das pessoas tinha o mesmo encanto de "As Mil e Uma Noites". Sempre acontecia uma cena da qual se desenrolava uma história nova; surgiam novos personagens, desapareciam outros. Tal como nas histórias da inteligente Sahrãzãd, compunham um jogo de espelhos no qual ela fazia refletir o que enxergava no íntimo torturado do grande rei. A vida atrás da cortina lhe ofertava, igualmente, a visão de muitos espelhos e o desenrolar de histórias mudas, cujas falas sua imaginação construía, destruía e reconstruía infinitas vezes. Esse exercício de ler as histórias da vida, conforme elas se desenrolavam a seus olhos, aperfeiçoando falas, fazia desabrochar devagar em Amirah uma inteligência brilhante e uma alta capacidade de prever condutas.

Ela, por exemplo, olhava agora o andar altivo e apressado de Ximena e, enquanto seus dedos teciam imaginariamente, um sorriso indulgente pairava sobre seus lábios.

– A quem eles pensam enganar? – murmurava Amirah roçando a face na seda da cortina. – Pobres queridos! Tão parecidos e tão distantes, embora vivendo, praticamente, sob um teto comum. Quantas barreiras erguem os homens! Quase todas como os arabescos que faço nesse cortinado – pura imaginação. Fantasias, ilusões, quimeras; mil palavras existem para definir a mesma conduta. Parecemos crianças, com corpos grandes, vivendo nossas histórias de faz de conta, com nossas mentes povoadas de medos e sonhos. Medos de perder; sonhos de ganhar, de ter nossos desejos realizados. Oscilamos entre esses extremos. Poucas vezes enxergamos as barreiras em que construímos a nossa felicidade. Meu miserável e poderoso irmão, tão sábio e inteligente, ainda não descobriu essas coisinhas miúdas, mas tão grandes e importantes, que fazem parte de nós. O Califa de Córdoba vive para todos, menos para si. É amado por todos, mas não conhece a satisfação do amor. Eu também não, mas ao menos enxergo esse fato. Ele quis tanto me fazer feliz, quis tanto que eu me sentisse como qualquer outra mulher; ele me ama, é verdade, mas não o bastante para aceitar que não sou igual às outras, porém que eu posso ser feliz do jeito que Alá me criou. Se ele se preocupasse em reconhecer as barreiras imaginárias que o impedem de ser feliz, entenderia que não perde ou ganha de uma outra pessoa, mas, sim, apenas de si mesmo. Nem só os amantes lêem com as pupilas o que as pestanas do ser amado escreveu; também quem está próximo e atento percebe a ancestral linguagem dos sinais. Talvez as tenhamos copiado dos animais. É fácil reconhecer os casais de pombos e a linguagem de gestos, carícias e o próprio canto diferenciado para conquistar um companheiro ou companheira. Os pavões são lindos dançando em torno das pavoas, pobrezinhas, tão feias se comparadas a eles. Eles se exibem, querem chamar a atenção. Mudam o comportamento, sem que disso se apercebam. É da natureza; é manifestação imediata do sentimento de atração. Há como que uma aura brilhosa, pela qual se reconhece um casal enamorado. Seres humanos não são diferentes. Deve ser por isso que os poetas e filósofos relacionam o amor com a beleza. O enternecimento transforma, sutiliza, enfeita a criatura. É pena que desperdicem toda essa energia deixando-a chocar-se contra barreiras bobas. Ximena é cristã, e daí... Deus não é único? Que diferença faz o nome e a forma como ela o adora? Islamismo ou cristianismo são, quanto à essência – que é a crença em Deus –, apenas uma divergência de nomes e formas. Pela rua vejo passar judeus em direção à sinagoga; cristãos em busca da catedral; muçulmanos a caminho da mesquita. Todos seguem confiantes, constritos, imbuídos de sentimentos muito parecidos. Isso se estampa em seus rostos. Eu não entendo por que brigam. Mas creio que seja por outras razões, não pode ser pelo sentimento religioso. Esse os uniria, porque percebo identidade nas suas manifestações em qualquer dos povos. Há de ser por outra razão. Jamal poderia, muito bem, revogar essas práticas absurdas que barram o amor entre criaturas pertencentes a cultos distintos. É até irônico vê-lo encantado por Ximena, como nunca o foi por nenhuma muçulmana. Justo ele, o grande líder. Acho que os homens, além de crianças, são cegos que não querem ver algumas verdades óbvias. A força da vida não pergunta se ali por onde ela deseja passar estão erguidas essas barreiras do pensamento humano; ela simplesmente devasta; é como uma tempestade que não vê as construções que derruba.

O ranger da dobradiça da pesada porta impôs silêncio ao pensamento e à voz da princesa. Lentamente, seu olhar dirigiu-se à porta, para constatar no rosto de Ximena a realidade e a confirmação de suas reflexões. O rosto rosado, o olhar e a pele brilhantes, uma incontida alegria e agitação nos gestos da jovem criada revelavam o teor de seus pensamentos, refletiam a ação de seus sentimentos sobre o corpo. E fazem ver que quando alguém diz que se transpira amor, isso é verdade.

Nossos sentimentos lançam em nossos organismos físicos cores, temperaturas, odores, sinais, de fato, inequívocos e ancestrais, frutos da lei da evolução e marcas dos instintos. Essa linguagem de sinais é tão antiga quanto à vida.

Ninguém é analfabeto nesse idioma; transmitimos e compreendemos instintivamente. Por ele são ditas verdades que a fala emudece; que a escrita não registra e, mesmo, que ambas renegam. Porém, esses sinais determinam reações. Tomar consciência e perceber essa linguagem nos auxilia a entender e conhecer o que sentimos. A natureza não mente, porque essa linguagem não pode ser manipulada. Quando muito, imitada; imitação sempre medíocre, pois não contemplará o conjunto de sinais, o rastro que os sentimentos imprimem no corpo, duradouros ou fugazes.

– Como está meu irmão? – indagou Amirah, calma.

– Agitado – respondeu Ximena, esforçando-se para parecer indiferente.

– Ainda não se resolveu a história da filha do emir de Cádiz?

– Parece que não. Estão todos muito tensos no palácio do Califa. O irmão da tal moça interpelou-me no corredor. São ousados e atrevidos.

– Estão enfurecidos – contradisse Amirah, sem alterar-se. – E com razão. Meu ilustre marido, com sua pouca inteligência, fez uma grande besteira. Jamal não devia estar se ocupando com uma situação desnecessária. Já bastam as preocupações com as invasões africanas em nossa costa ou com os reis cristãos.

Aliás, essa intolerável disputa religiosa é desgastante, por si só. Houvesse mais racionalidade, como bem pede nosso sábio amigo Averróis, e tudo seria diferente. Mas não, os homens deixam imperar a passionalidade, e o que vemos são atitudes estúpidas. Pudera! Mal sabem eles distinguir alegria de euforia; dor de tristeza. São dominados por forças que desconhecem, mas que são naturais – os próprios sentimentos e emoções –, que habitam neles mesmos. É um espetáculo! Lamentável, mas, ainda assim, um espetáculo.

– Concordo que o Califa tem dado excessiva importância a esse incidente. Mas ele deve ter suas razões. Talvez as invasões africanas sejam uma das causas de tamanha atenção ao rapto e desaparecimento da jovem. Não deve ser por ela mesma, é óbvio, mas para manter a lealdade do emir Al Gassim. Cádiz é a beira mar, senhora – retrucou com sagacidade a serva.

Amirah voltou o olhar, fixando-o atentamente na jovem Ximena. Estavam juntas há anos. A serva era inteligente, perspicaz, aprendia com facilidade e raciocinava com frieza e lógica, qualidades raras que ela muito apreciava. Convivia com poucas pessoas e as escolhia com rigor. Valorizava seu tempo para perdê-lo ou dividi-lo com estouvados. Não tinha paciência. Nesse ambiente criado por Amirah, circulavam as melhores inteligências da cidade, por isso Ximena adquirira vasta cultura. Porém, sua condição social não lhe permitia explorar esse saber.

– Boa leitura dos fatos, Ximena. Não havia pensado nisso. Pobre Jamal, deve estar exausto. Não disse quando viria visitar-me?

Ximena sentia-se incomodada com o conhecimento que Amirah tinha de seus atos. Eles deveriam ser discretos, para que a princesa não soubesse que era vigiada. Mas, em muitos momentos, sentia que era transparente ao olhar âmbar e cristalino de Amirah.

– Você esteve no palácio, não é mesmo? – indagou Amirah ante o incômodo silêncio de Ximena. – Vai lá todas as manhãs. Ou houve alguma alteração na rotina de nossa casa de que não fui informada?

– É, fui ao palácio há pouco – respondeu Ximena, nervosa e apressada. – Deve ter me visto atravessar a rua. Faço isso todo dia. Não houve nenhuma mudança em nossa rotina.

– Ótimo! Você fala com Jamal quase todos os dias, Ximena. Não precisa mentir para mim, eu sei. E você também sabe. Responda, portanto, o que lhe perguntei, sem motivos para ataques de nervos: Jamal virá aqui?

– Ele não disse nada.

– Então ele virá amanhã participar de nossa reunião semanal. Espero que Munir tenha a sabedoria de ficar bem longe, de preferência que tenha uma indisposição qualquer – falou Amirah, voltando a encarar a rua e sua típica agitação matinal.

– Na verdade, não sei se devemos fazer muitos planos para amanhã – comentou Ximena, cautelosa.

– Qual a razão dessa idéia? – questionou Amirah, acompanhando com o olhar o jovem hóspede de seu irmão que aprendera a reconhecer, de tanto vê-lo parado na calçada em frente à sua janela. Achava-o interessante, penalizava-se pela agitação que percebia em seus movimentos. Era perceptível seu sofrimento.

– O emir Al Gassim não passa bem. Mandaram trazer suas esposas – informou Ximena. – Parece grave. O Califa chamou nossos melhores médicos.

– Ibn Rusch já deu algum parecer?

– Quando saí do palácio ele ainda estava com o doente.

– Então, quando terminar seu trabalho, volte ao palácio e procure se informar. Se puder, fale com Jamal e diga que pedi que estenda o convite aos seus hóspedes.

O sorriso de Ximena expressava alívio e encantamento. Entendia a intenção de Amirah. Convidando a família da jovem raptada, demonstrava ao irmão que não estava magoada com o marido por querer uma segunda esposa, embora fizesse tão pouco tempo que houvesse casado com ela; e aos Al Gassim garantiria que Layla seria bem recebida e tratada com dignidade em sua casa. Aceitava o casamento do marido. A união de Layla e Munir devolveria a honra da jovem e satisfaria a família injuriada.

* * *

O tropel dos cavalos chegou aos ouvidos de Irmão Leon antes que qualquer dos outros habitantes o notasse. A vida solitária, na planície semidesértica, apurara sua audição. A prática constante do pensamento elevado e atento ao bem contribuía para torná-lo bastante sensível.

– Logo teremos visitas – anunciou ele para aos demais que compartilhavam a refeição, em torno da velha mesa cujo tampo cheio de marcas contava um pouco da história da passagem do tempo e dos moradores que por ali tinham vivido.

– Como sabe, Irmão? – indagou Layla curiosa.

– Nada de especial, querida menina. Apenas ouço o trote de cavalos. Como não os temos em nosso rebanho, são estranhos. O ritmo é cadenciado. Isso me faz pensar que alguém os dirige e como o som se torna mais forte... eles se aproximam de nós.

Paco e Balboa, habituados ao convívio com o religioso, nada estranharam, continuando a mastigar sem pressa seus nacos de pão. A reação foi tão somente uma troca de olhares, que comunicavam em silêncio: "São eles."

– Como pode dizer que isso não é especial? É, e muito especial. Eu sempre me orgulhei de ter boa visão e pontaria, de entender-me perfeitamente bem com os animais, mas, sinceramente, essa habilidade que o senhor demonstrou me causa inveja – declarou Layla.

– Não devia. A inveja é um grande mal que faz sofrer aquele que a carrega no peito. Não me inveje, exercite sua atenção. Será uma forma melhor de empregar seu tempo e saúde, do que o desperdiçando com um sentimento digno apenas dos preguiçosos.

– O silêncio ajuda nesse exercício – lembrou Layla. – De onde vim há um vale lindo. Lá é silencioso. Porém, como ia para caçar ou treinar as águias, não percebia que podia aprender a ouvir no silêncio.

– Querida, o silêncio não só é possível de ser ouvido como ele também fala. E o mais interessante é que ele não existe.

– Como não existe? – ralhou Balboa, interferindo na conversa – Aqui é tudo tão quieto que se escuta o assobio do vento varrendo os campos.

Irmão Leon sorriu, sem nada responder. Não era preciso. A atitude benevolente trouxe alegria ao olhar de Layla que, encarando-o, comentou:

– E é sábio e eloqüente. Pensando melhor, acho que eu é que não havia percebido até agora a forma de usar o que ouço.

– Que bom você ter entendido isso. Eu apenas descobri que ouço o que quero, quando quero. Se não quiser ouvir nada também consigo, basta prestar atenção em tudo ou em nada especificamente e deixar o pensamento à toa, rolando. Pronto. É só balbúrdia. Coisa que deixa qualquer um enlouquecido, atordoado. Começamos a correr e a nos movimentar apressados, dirigidos por mil sons sem sentido, nem ritmo. Mas, escolhendo um som...

O ruído vindo do pátio, agora percebido por todos, impôs silêncio. Irmão Leon apontou a Layla o caminho do porão e disse:

– Se forem de sua família ou a mando dela, eu a chamo.

Diligente, a jovem desceu ao úmido e escuro porão, enquanto Irmão Leon, com a costumeira tranqüilidade, passava a manteiga nova em uma grossa fatia de pão e a mordia com indisfarçável prazer.

– Bom dia! Há alguém em casa? – gritou Romero, montado em seu cavalo parado no pátio entre a igreja e a casa paroquial.

– Que há pessoas morando aqui não tenho dúvidas – comentou Kiéram, olhando ao redor e notando o pátio limpo e varrido, o poço da água com corda e roldana novas, e os animais domésticos que desfrutavam do calor da manhã. – Não sei é onde podem estar.

– Aqui, senhor – respondeu Irmão Leon, aproximando-se dos cavaleiros e dirigindo-se a Kiéram, que identificara como o líder do grupo. – Bom dia. Em que posso ajudar, senhor?

Respeitosamente, Kiéram desceu do cavalo e, apresentando-se como cristão, pediu a bênção ao religioso. Depois respondeu:

– Estamos a serviço do Califa Jamal al Hussain, de Córdoba. Procuramos uma jovem chamada Layla, filha de Nasser Al Gassim, emir de Cádiz. Temos ordens de levá-la em segurança a Córdoba, onde a espera sua família.

– Sim, meu senhor. Entendo. Mas o que o leva a pensar que a dita jovem se encontre justo nesta planície, quase deserta? – questionou Irmão Leon, erguendo a mão para encobrir o sol que incidia sobre seus olhos.

– Essa jovem foi vítima de rapto por um emir de Córdoba e fugiu de seus raptores enquanto atravessavam a planície em direção à nossa cidade.

– Mas que barbárie! Não compreendo meus irmãos muçulmanos. Por que tamanha violência com suas mulheres? Nunca vou entender essa permissividade de raptar uma mulher. É absurdo. Sabe o que pretendem fazer com essa pobre moça? Por certo irão casá-la com o raptor; ou a família mandará matá-la. É o mandamento da lei islâmica.

– Também não concordo com esses métodos, padre...

– Irmão – corrigiu imediatamente o religioso.

– Perdão. Mas como dizia, não concordo com esses métodos dos árabes muçulmanos.

Kiéram falava devagar. Focando sua atenção nas reações do homem à sua frente, começava a desconfiar que aquela conversa escondia propósitos ocultos.

– Porém, sou muito pouco influente para mudar uma cultura antiga.

– Pobre moça! Deus tenha piedade de sua alma e de seu destino. Creio que seja triste sina ver-se obrigada a receber como marido um homem violento e numa situação de imposição intolerável.

Vendo o grupo de soldados impacientes, o líder mercenário ergueu a mão num típico pedido de calma e, ao mesmo tempo, ordenava se manterem parados aguardando sua conversava com o franciscano.

– Da grande maioria das moças árabes eu tenho piedade, pa... irmão – declarou Kiéram calculadamente. – Mas pela jovem que procuramos eu não tenho esse sentimento. É uma mulher muito forte, diferente da maioria. Aliás, eu diria que muito diferente. O senhor viu alguma jovem perambulando por essas bandas? Creio que não exista mais do que uma muçulmana vagando livre por essa vastidão de terras. Concorda?

– Sim, sim. Nem muçulmana, nem cristã. É uma região desértica, perigosa. Sabe o destino da jovem, senhor Simsons?

– O senhor quer dizer quando ela chegar a Córdoba?

– Sim.

– O primo, a quem era prometida, exige o cumprimento do compromisso.

Aceita a noiva maculada pelo rapto. A família apóia o pedido. Creio que o Califa vá entregá-la aos Al Gassim.

– Deus seja louvado! – exultou Irmão Leon, sorrindo satisfeito com a resposta. – Bendita seja a justiça de seu mestre! A jovem está comigo. Eu irei chamá-la. Siga-me.

Deixando Kiéram postado ao lado da mesa, onde ainda estava servida a refeição matinal, Irmão Leon sumiu nas sombras da casa.

– Layla – chamou o religioso descendo cuidosamente as escadas do porão. – Venha. O cavaleiro que veio buscá-la é digno de confiança. É enviado do Califa Jamal Al Hussain, de Córdoba e dos seus familiares, menina. Pode confiar nele.

Aliviada, a jovem subiu os degraus ao encontro do amigo. Curiosa e levemente nervosa, indagou:

– Como o senhor sabe que o tal cavaleiro é digno de confiança?

– Tenho meus métodos, querida. A vida nos ensina a conhecer os caracteres humanos. Às vezes são pequenos gestos que nos revelam uma atitude suspeita ou incoerente; mas é, sobretudo, nos olhos das pessoas que eu conheço a índole do coração. Quem veio buscá-la é um bom homem, olha nos olhos, fala sem pressa, seu corpo lhe obedece como um cavalo bem domado, é direto, sem rodeios. Não foi violento. Eu o testei com algumas perguntas e constatei que ele diz a verdade. É um bom homem, creia em mim.

Layla sorriu e pensou alguns segundos. Não poderia ficar para sempre abrigada sob o teto de irmão Leon. Sentia falta de sua família, de seu povo. Fora bem recebida pela pequena comunidade cristã, entretanto sabia que era temporário. Decidida, colocou a mão no ombro do religioso, apertou suavemente os dedos em sua carne e disse:

– Eu creio. Obrigada por tudo que fez por mim. Jamais esquecerei. Quando precisar de qualquer coisa, por favor, procure-me.

– Não sou orgulhoso, querida, ou melhor, estou procurando não ser. Portanto, se algum dia vier a precisar de auxílio irei procurá-la. Mas, por hora, deixemos assim. Deus todo dia nos dá a luz e a escuridão, o trabalho e o descanso, a fome e o pão. Nada nos falta. Agradeçamos a Ele e sigamos a vida, certo?

– Que Alá, o misericordioso, jamais o esqueça! O senhor estará em minhas preces. A virtude nunca é esquecida entre nosso povo, não importa de onde venha. Os virtuosos têm seu lugar sempre entre nós – respondeu a moça com um amplo sorriso, que a escuridão não permitia ao religioso ver, mas a entonação terna e confiante da voz lhe permitia imaginar o semblante iluminado.

– Deus a abençoe, menina. Conserve a sua fé. Também, para mim, os virtuosos têm seu lugar e são lembrados; os viciosos aqui também têm lugar, mas seus vícios devem ser esquecidos, por eles e por nós.

Irmanados num sentimento de amizade e alegria, típicos de uma despedida feliz, subiram os degraus restantes e, em segundos, Layla estava frente a frente com Kiéram.

– Você! – exclamou ela surpresa, e voltando-se para irmão Leon, perguntou:

– O senhor tem certeza de que ele vem em nome do Califa? Esse homem fazia parte, se não me falha a memória, da guarda pessoal do homem que me raptou.

Antes que o religioso tivesse tempo de abrir a boca, Kiéram esclareceu:

– É verdade. Mas neste momento estou a serviço do Califa Jamal al Hussain e tenho ordens de conduzi-la, sã e salva, a Córdoba, onde a espera sua família e seu noivo. Sou um mercenário, senhora. Trabalho a peso de ouro para quem me paga, eis tudo. Minha fidelidade é mercadoria de compra e venda.

Layla buscou o olhar de irmão Leon e nele leu uma insuspeita confiança. Encarando-a, ele sorriu e comentou:

– Isso é honestidade. Louvo sua coragem, senhor. Não é qualquer homem que faz tal declaração, embora muitos tenham idêntica fonte de renda.

Kiéram os olhou em silêncio. Não era herói, nem se julgava corajoso; julgava agir de acordo com seu dever. A ninguém enganava quanto aos conceitos e valores que abrigava e eram os móveis de suas ações.

– Siga com ele – incentivou irmão Leon, dirigindo-se à Layla, reforçando a confiança e aceitação da companhia do cavaleiro cristão. E, conduzindo-os para fora da residência, despediu-se sem delongas: – Boa viagem. Deus os acompanhe.

Kiéram agradeceu com uma suave inclinação de cabeça. Dirigiu-se a seu cavalo e, notando os passos hesitantes de Layla, voltou-se e explicou:

– Você viajará comigo.

Mal terminou de dizer a última palavra e a ergueu do solo, sentando-a sobre a cela que dividiriam. Rindo da surpresa estampada no rosto da bela muçulmana, comentou:

– Eu sei a forma como gosta de cavalgar. Esqueceu que nos encontramos no vale?

Em uma das raras ocasiões em que não sabia como agir, Layla envolveu-se no silêncio e deliberou ser um fardo dócil, indiferente, entre os braços do mercenário cristão. Enquanto ele montava e tomava as rédeas, ela acenou para os amigos que deixava nas ruínas da igreja.

Olhou seus trajes, os mesmos com que fora raptada, cheios de grosseiros cerzidos; recordou os cabelos que trançara logo cedo, naquela manhã e, por fim, lembrou-se do véu perdido na desabalada fuga. "Farei um entrada digna de uma rainha em Córdoba", pensou ironicamente, e um sorriso misterioso insinuou-se em seu rosto, encantando Kiéram que aproveitava a concentração da jovem para observá-la. O calor que sentiu aquecer-lhe o peito era fruto do inegável prazer proporcionado pela proximidade da filha de Nasser Al Gassim.

***

Na noite seguinte, sob o estrelado céu de Córdoba, os convidados do banquete de Amirah movimentavam-se em direção ao palácio da anfitriã.

Karim, irritado e aflito, acompanhava Zafir, cujas rodas azuladas em torno dos olhos denunciavam preocupação e insônia. Tinha a aparência abatida, embora, diferentemente do primo, mantivesse a calma e o domínio.

– Não suporto mais essa situação ridícula – declarou Karim. – Estamos como palermas aguardando, entre banquetes, festas e passeios, que nos entreguem Layla. Sinto que a receberemos bem, porém, não posso deixar de pensar que minha intuição pode ser falsa, um fruto do meu querer vê-la bem. Tenho receio de que eu crie esse sentimento, essa certeza profunda e meio irracional de que ela está bem. A inação me incomoda. E agora é dupla: temos que esperar as esposas de meu pai.

– Acalme-se, Karim. Também estou incomodado, mas reconheço que, sendo ruim para nós, é o melhor para Layla e para a situação como um todo. Infelizmente há outros interesses que precisam ser considerados. Seu pai é o emir de uma cidade estratégica. Uma desavença com o Califa seria uma faca de dois gumes; cortamos e saímos cortados. Tenhamos fé. Alá é clemente, sejamos nós também indulgentes e, ao menos, tenhamos disposição para perdoar. Assim, esses dias não passarão de um transtorno, quando no futuro os recordarmos.

– Banquetear-me na casa de Munir Al Jerrari é bem mais que um transtorno, é uma descida ao inferno. Será que precisamos aprender clemência lidando justo com criaturas semelhantes a esse verme?

– E, por ventura, pretende ser clemente com anjos, meu primo? – inquiriu Zafir. – Nossas virtudes garantem-nos boa companhia e é agradável conviver com os virtuosos, entretanto é preciso reconhecer que as desenvolvemos e exercitamos em convívio com o vício. Somos todos lírios: florescemos no lodo.

A colocação sensata e racional de Zafir teve o condão de mudar o rumo dos pensamentos do jovem Karim, apaziguando-os. Envolto nas reflexões que a admoestação do primo despertara, Karim viu-se adentrar as altas portas da residência de Amirah sem prestar atenção e sequer lembrar-se da curiosidade que o atormentava acerca de sua dona.

***

Munir, no segundo andar da construção, assemelhava-se a uma fera enjaulada. Ferido em seu orgulho e vaidade, primeiro pelo desprezo de Layla, depois por sua fuga, que literalmente o lançara no desprestígio, pois fora vencido pela força de uma mulher. Ele era um leão machucado, rugindo sua revolta.

Os servidores que o atendiam eram os destinatários imediatos do rancor e do despeito que o consumiam. Recebera o educado e frio aviso de sua "frágil" esposa – como o advertia com freqüência o poderoso primo e cunhado: 'Amirah é frágil, sua saúde é delicada' – para que não comparecesse ao banquete daquela noite. Claramente, ela o aprisionava dentro do lar.

"Imbecil, Jamal, tolo, idiota. Nunca viu o que sua doce e frágil irmãzinha é na verdade. Víbora! Casei-me com ela e foi o que bastou para descobrir as garras afiadas que ela esconde", pensava Munir. "Arc, mulheres! Terão todas perdido o juízo ou sou eu o 'felizardo' que só encontro loucas? Cada qual pior que a outra. Elas hão de pagar caro, muito caro, pelo que estão me fazendo passar. Doente! Sim, doente, mas a alma é de uma besta feroz. Nada tem de frágil ou doentia. Hei de me vingar. Ah! Que delícia seria desfilar com uma mulher bela, saudável, de fazer inveja às mulheres de Jamal. Pisar sobre essa 'viborazinha doentia' com a qual me casei. Desgraça! Essa união não me trará os dividendos pretendidos. Sou apenas mais um dos vizires desse reino; minhas decisões não servem para nada".

Munir, como todo covarde, remoía suas justificativas, mas não erguia a voz ou a mão para exercitar um mínimo de honestidade. Escondia-se sob o confortável e morno manto da hipocrisia. Seu plano falhara. Nele, segundo seu pensamento, Layla seria o espinho a ferir a carne e as entranhas da alma de Amirah, reduzindo-a a uma condição de mulher inválida, imprestável e não desejada pelo marido. Ele posaria de vítima da paixão, no legítimo exercício de seus direitos como homem. Jamal ficaria impotente ante a dor da irmã e, assim, ele cravaria sua lança nos pés do grande Califa.

Entretanto, quisera o destino ser caprichoso e o colocar naquela desconfortável situação. A vida arrancara a luva de pelica, e sua mão estava a descoberto. Não havia como enganar ou fugir de seus atos. Criara um desagradável e sério incidente. Claro, ele sabia que o casamento com Layla ainda resolveria a situação ante o emir de Cádiz, mas já não servia aos seus interesses pessoais.

"E se aquela mulher estiver morta? Se caiu do cavalo e quebrou o pescoço? Se algum animal selvagem a atacou? Que será então de mim? Serei julgado e condenado... por Deus, é o fim!" – preocupava-se Munir, jogando-se de costas sobre o leito coberto de almofadas de cetim, com a mão na testa e o olhar estático a mirar o dossel como se ali estivesse escrita a resposta à idéia que lhe invadira a mente acrescendo aflições. Até aquele minuto ocupara-se apenas e tão somente com seus propósitos naquela tresloucada aventura; agora percebia que sua situação poderia tornar-se muito pior. Em meio a pensamentos desconexos e imagens da rebelde filha de Al Gassim, ele balbuciava preces e pedidos de ajuda a Alá.

..*

Jamal, sentado sobre um elegante tapete persa em frente a uma espécie de nicho para orações, que indicava a direção da Caaba[3] entre velas acesas que exalavam um perfume almiscarado, salmodiava textos do Alcorão, com voz suave. O livro estava aberto diante de si, mas ele não necessitava ler. Conhecia de cor as suras.

"Em nome de Deus, o Clemente, o Misericordioso

Tudo quanto existe nos céus e na terra glorifica Deus, porque Ele é o Poderoso, o Prudentíssimo.

Seu é o reino dos céus e da terra; dá a vida e dá a morte, e é Onipotente..

Ele é o Primeiro e o Último; o Visível e o Invisível, e é Onisciente.

Ele foi quem criou os céus e a terra, em seis dias; então, assumiu o trono. Ele bem conhece o que penetra na terra e tudo quanto dela sai; o que desce do céu e tudo quanto a ele ascende, e está convosco onde quer que estejais, e bem vê tudo quanto fazeis.

Seu é o reino dos céus e da terra, e a Deus retornarão todos os assuntos.

Ele insere a noite no dia e o dia na noite, e é Sabedor das intimidades dos corações.

Crede em Deus e em seu Mensageiro, e fazei caridade daquilo que Ele vos fez herdar. E aqueles que, dentre vós, crerem e fizerem caridade, obterão uma grande recompensa.

(...)

Sabei que a vida terrena é tão somente jogo e diversão, veleidades, mútua vanglória e rivalidade, com respeito à multiplicação de bens e filhos; é como a chuva, que compraz aos cultivadores, por vivificar a plantação; logo, completa-se o seu crescimento e a vereis amarelada e transformada em feno. Na outra vida haverá castigos severos, indulgência e complacência de Deus. Que é vida terrena, senão um prazer ilusório?"[4]

Ele não ouviu os passos pesados de sua terceira esposa. Zahara ingressou no ambiente de preces do marido e, com respeito, prostrou-se, a certa distância dele, sobre um tapete, acompanhando a recitação do Al Hadid. Foi com pesar que reconheceu quando ele recitava as últimas frases do texto; sentira-se tão calma que gostaria que ele fosse bem mais longo.

"Que os adeptos do Livro saibam que não têm qualquer poder sobre a graça

---

[3] *Pedra sagrada dos muçulmanos localizada em Meca, na direção da qual eles se prostam em oração.*

[4] *Alcorão. Al Hadid, 57:1, 2, 3, 4, 5, 6, 7, 20.*

de Deus, porque a graça somente está na Mão de Deus, que a concede a quem lhe apraz; sabei que Deus é Agraciante por excelência."[5]

Após concluir a declamação, um fundo suspiro brotou do peito de Jamal, revelando seu cansaço e uma tristeza guardada no íntimo do coração. Fechou o livro que tinha à sua frente e o depositou no nicho. Acariciou a capa de couro, ornamentada com arabescos dourados, enquanto sua mente ainda viajava pelas mensagens recitadas.

Tinha especial apreço pelo Al Hadid (O Ferro). Toda vez que o recitava ecoavam em seu interior os belos conceitos a respeito de Deus. Gostava de pensar que Ele conhecia a intimidade de seu coração – saber da existência de alguém que o conhecia profundamente e o amparava, confortava um vago sentimento de solidão que perambulava desde a juventude em sua alma. Entretanto, incomodava-o muito a pergunta incisiva: "Que é a vida terrena, senão um prazer ilusório?"

Ergueu-se e, ao se virar, contemplou Zahara. Gentilmente aproximou-se dela estendendo-lhe a mão para auxiliá-la a se pôr de pé.

– Não a ouvi entrar – disse ele.

– Estava muito concentrado em suas preces. Como também precisava dar paz à minha alma, acompanhei-o em silêncio. Mas vim à sua procura para avisá-lo que o aguardam para ir à casa de Amirah – respondeu baixinho a jovem Zahara.

– O banquete? Eu orava justamente para me preparar. Esse encontro não será nada fácil. Há momentos em que eu daria de bom grado tudo que tenho a alguém que assumisse minhas funções como Califa – confessou Jamal, cansado. – Que situação descabida ocorre nesses dias? Tudo por falta de bom senso de Munir. Bastariam as confusões da guerra entre muçulmanos e cristãos, essa disputa que vara os séculos. Ofensores e ofendidos há muito partiram desse mundo para o outro; o que era objeto de cobiça virou pó; hoje somos outras pessoas, outra cultura, criamos uma nova sociedade; a ninguém ofendemos ou desprezamos, porém...

– Tenha calma, meu Califa – pediu Zahara. – Confiamos em Deus, o Agraciante, como ainda há pouco era recitado. Ele tudo pode, dá e retira, como apraz a sua sabedoria e bondade. Tudo correrá bem. Tenho também uma boa notícia: Ibn Rusch garante que o emir de Cádiz está se recuperando. Ele viverá, e nosso bom amigo aceitou comparecer ao banquete.

As sobrancelhas de Jamal se ergueram, demonstrando a surpresa causada com a informação. Depois, relaxou o semblante e, buscando tornar-se descontraído, comentou:

---

[5] *Alcorão. Al Hadid, 57:29.*

– A presença de Ibn Rusch é garantia de boa conversa, ao menos essa alegria terei essa noite. Amirah deve estar se sentindo péssima com a atitude do marido. Ah! Como eu gostaria de poder mandar dar-lhe umas chibatadas... É um irresponsável, invejoso. Contemporizo e falo na justiça de ouvir as partes envolvidas, mas em meu coração, sei muito bem a quem cabe a responsabilidade nesse caso. Graças a Deus, o noivo da jovem raptada exige a devolução da prometida. Seria uma terrível injustiça ter que casar essa moça com Munir; pior me sentiria em entregá-la à família para que a matassem, caso eles desejassem cumprir os costumes.

– A vida das mulheres se escreve com uma só palavra: aceitação. A filha do emir Nasser me parece não ter lido essa lição – disse Zahara. – Ela sofre e sofrerá até aprender. A meu ver essa fuga somente complicou ainda mais a situação.

Jamal olhou sua terceira esposa e a docilidade dela o incomodou.

A onda de solidão fez sentir sua presença, obrigando-o a buscar energias em idéias ouvidas, aprendidas e reproduzidas desde cedo, sem maiores questionamentos, reafirmando-as como verdadeiras. Entre elas a idéia de que a mulher era parte frágil, criada para o prazer do homem, e sob quem se devia ter olhos de muito cuidado, pois as tentações rondavam-lhe e com facilidade eram causa de perdição e traição. Portanto, as melhores virtudes femininas eram a obediência e mansuetude. Zahara, assim como suas outras esposas, além de boas alianças políticas, eram também boas mulheres: obedientes e mansas.

Desistindo de suas reflexões e fugindo ao contato com os sentimentos, simplesmente tomou a mão da mulher e com ela dirigiu-se à sala, onde, costumeiramente, suas esposas o esperavam para acompanhá-lo aos eventos sociais.

..*

Nas tempestades é interessante notar que há sempre um tempo silencioso de preparação, geralmente, quente, sufocante; mesmo nas épocas frias há um aquecimento.

Tudo que existe no exterior, existe no interior. As leis que regem a natureza física não são incompatíveis com as leis que regem a natureza moral, muito pelo contrário.

Quando abafamos crenças, valores, idéias, pensamentos ou sentimentos estamos preparando tempestades em nossas vidas.

Em nosso interior revolvem-se as nuvens de energia que são movimentadas por aquilo que sufocamos. Com o avançar natural do processo, são elas que começam a nos sufocar; sentimos o peito oprimido, as idéias em reboliço, como que em vendaval, perdidas e sem controle, a nos atormentar e amedrontar. O próprio corpo desestrutura-se, podendo entrar em colapso.

Depois de longas estiagens, o céu ruge com trovões, e a terra é cortada por raios; ventos fortes arrastam nuvens pesadas e desabam as enxurradas.

A seca e a enchente são destruidoras. A seca é calma, instala-se lentamente e vai aos poucos se tornando insuportável. É tão lenta e pacífica sua ação que vemos tudo a nossa volta morrendo e, ainda assim, permanecemos nela, inertes, como que acostumados ao sofrimento, aguardando nossa própria morte, sem forças para escapar.

Quando há escassez de sentimentos e de novas idéias em nossa existência é um tempo de seca, de carência, em que tudo vai, devagar, fenecendo, sem renovação, num solo estéril. Se nos apercebemos desse evento e reagimos, a força irá no sentido oposto e nos lançaremos com demasiada sede em tudo quanto possa nos satisfazer. Pode-se promover uma violenta tempestade, enchendo os espaços com nossa revolta, rebeldia, fazendo barulho com nossa insatisfação, chamando a atenção. Rapidamente nos saturamos.

Porém, pensemos: a reação é instintiva, fruto de mecanismo natural, não é refletida. Logo, nossa atitude de buscarmos a saturação pode ser tão destrutiva quanto a que nos levou à escassez. Aquilo que todos almejamos é a conquista do famoso caminho do meio, do equilíbrio, que não é escassez nem saturação, mas satisfação em todos os setores e dimensões da existência e da personalidade humana.

A maioria de nós debate-se na vida em busca do caminho da satisfação, e por não reconhecê-lo como sinônimo de equilíbrio, escorrega para a falta ou para os excessos de todas as naturezas.

E as tempestades sucedem-se em ciclos de seca e de enxurrada, carregando consigo um cortejo de sofrimentos inevitáveis, pois os elegemos em nossos caminhos através da escolha de nossas atitudes.

Em Córdoba como em Cádiz, cristãos, judeus e muçulmanos; homens e mulheres, cada um, dia a dia, enfrentava os períodos sufocantes, irrespiráveis, em que lançavam no fundo da alma experiências significativas órfãs de reflexão. Sementes de tempestades...

Capítulo XII

O inesperado

A vida apresenta-se, freqüentemente, com duas faces. Há uma certa preferência pela dicotomia. Enquanto a irmã do Califa recepcionava seus convivas cercada de luxo, boa comida e cultura, Kiéram, Layla e os soldados do grupo compartilhavam a refeição em torno de uma fogueira, no acampamento erguido em meio à planície, tendo o céu cravejado de estrelas faiscantes como teto e o solo umedecido pelo sereno como piso.

O mercenário cristão observava a desenvoltura de sua tutelada em manejar facas grandes e surpreendia-se com a docilidade e a força que emanavam dela.

"Mulher estranha", pensava. "Comporta-se como um guerreiro treinado. Maneja armas e animais com a mesma serenidade e confiança com que caminha com a postura de uma rainha. Lutou e venceu, o que é mais importante, dois bons e experimentados guerreiros. Não titubeou em lançar a sua vida na incerteza e no desprezo público. Afronta a sua religião repudiando o véu mas, ao mesmo tempo, prostra-se em preces, purifica-se com terra e, nessas horas, seu olhar é igual ao que devem ter os anjos, do que somente terei certeza se algum dia eu vir um deles. É estranha, muito estranha! Está calada, desde que saímos da igreja; sua voz apenas é ouvida quando recita o Alcorão, nas horas sagradas. Não causou, até agora, nenhum inconveniente comum de se viajar com mulher. Não fosse ela a atrevida que tentou me matar em Cádiz, ou a arrogante domadora de águias com quem falei no vale e eu poderia jurar que não tem mulher mais pacata na Terra. Não entendo por que Deus a fez tão linda e tão estranha. Ela parece mulher, mas... nem sempre o é, coisa estranha! Viaja em meio a meus braços, mas é arredia, distante, altiva como se fosse ela a dirigir o cavalo. Que farão com Layla em Córdoba? Qual será o destino que a aguarda? Será uma imensa infelicidade vê-la casada com Munir. Ele não a merece. Somos amigos. Eu o aprecio apesar de algumas de suas idéias serem muito tolas e das fanfarronices a que se presta, porém reconheço que essa pobre mulher não merece servir de brinquedo para uma vingança boba, medíocre e injusta contra Al Hussain, mesmo porque quem mais sofreria nessa história seria a irmã dele, que é inocente do fato de ser a irmã do todo-poderoso da cidade. Layla não fala comigo. É uma lástima... bem que eu gostaria de saber o que ela pensa encontrar em Córdoba. Agora, vendo-a contemplar as labaredas da fogueira, seus olhos são escuros e misteriosos como a noite, nada revelam".

Layla sentia o interesse de Kiéram sobre si. Percebia e lia os sinais grafados na forma como a olhava, no brilho da íris, na maneira como a tocava, no tom de voz e nas palavras. Sabia que a mente de seu condutor centrava-se, inteiramente, nela. Às vezes, achava graça e sorria ; em outras, seu rosto como que escurecia semelhante ao sol quando eclipsado pela lua; repentinamente o brilho da vida era ofuscado.

Nesses momentos, ela lembrava com saudade das mulheres que faziam parte de sua vida e questionava-se o que viria a ser sua existência doravante. Recordava as lições aprendidas sobre o que era ser mulher naquela sociedade tão masculina. Sem dúvida, a facilidade com que observava e entendia os sentimentos de Kiéram se explicavam pelo exercício das percepções femininas, muito bem direcionadas por Leah e Farah.

"Ele preocupa-se comigo. Olha-me como se eu fosse uma fera africana exposta em jaula, um animal que ele ainda não tinha visto. Devo me parecer – como os leopardos se assemelham aos gatos – com algum tipo que ele conheça. Não posso culpá-lo, é natural; eu sou diferente, sempre soube. Aliás, as pessoas me ensinaram isso. Mas, meu prezado protetor talvez não saiba o que é ser diferente. Talvez fique tentando comparações, buscando julgar o melhor e o pior, sem entender que sou apenas diferente. Eu já descobri que o melhor e o pior não existem em relação aos outros; eles são o que são, o que Deus criou e, assim, são perfeitos na sua forma de ser. O engraçado é que me julgam estranha, diferente, e não enxergam que também o são, que cada um deles é tão diferente como eu. Esses cristãos de Al Andaluz ainda mais. Vestem-se de maneira tão parecida! É como se usassem uniformes, por isso se sabe o que fazem na vida: militares, camponeses ou religiosos. Precisam viver em bandos. São incultos. Talvez aí esteja a causa. Mas... toda essa ânsia por se igualarem não é bastante para esconder o quanto são diferentes. Falta enxergarem-se. Adoram e endeusam o profeta Yeshua, entretanto não o entendem: ele foi o igual mais diferente dentre os profetas. Ou então, quem sabe, é sina dos "diferentes" serem primeiro achincalhados, depois, covardemente, assassinados pelos que querem ser "iguais", e, enfim, "endeusados" por terem ousado expor a diferença e a verdade. Deus, Tu que ergueste os céus, ajuda-me a entender a humanidade! Sozinha eu não consigo."

Ao redor do planeta, naquela noite, por certo, centenas de pessoas dormiam ao relento pelas mais diversas razões; outras tantas, compartilhavam festins e banquetes. A sabedoria divina provê muitos caminhos, que podem ser semelhantes e conduzir ao mesmo lugar, mas nada impede que diferentes experiências se dêem com cada um ao percorrê-los.

***

Na residência de Amirah, os convidados serviam-se com disposição do lauto banquete. Comiam, bebiam e riam descontraídos. Eis o ambiente percebido por Karim e Zafir, que pararam em frente à residência, reunindo forças, buscando munir-se de paciência, elemento que se tornava raro no irmão gêmeo de Layla.

– Esses nobres de Córdoba riem e se divertem como se nada houvessem feito – reclamou Karim irritado. – Eu gosto a cada hora menos de tudo o que estamos vivendo.

Zafir respondeu com o silêncio a nova queixa do primo. De nada adiantava irar-se, ponderava ele, lutando por conter os próprios sentimentos. Manter a racionalidade os faria resolver a questão de maneira apropriada, ainda que demandasse um controle hercúleo. Sentia seus nervos como se fossem as cordas de uma harpa, tensos e estirados ao extremo, porém sob o controle da mente.

Nesse estado de espírito viram se aproximar um homem, de aproximados 30 anos, de aspecto agradável, que irradiava uma aura de alegria e bem-estar. Barba negra, bem aparada, os cabelos escondidos por um turbante branco combinando com a túnica bordada. Amistosamente, o recém-chegado os saudou dando a conhecer seu nome: Ibn Rusch.

– É uma honra conhecê-lo, tive o prazer de ler alguns de seus trabalhos. Considere-me um humilde apreciador de seu pensamento. Sou Zafir Ibn Abu Gassim, de Cádiz e este é meu primo Karim, filho de Nasser Al Gassim.

Uma leve inclinação de cabeça foi a resposta delicada de Ibn Rusch que, encarando Zafir, comentou:

– Conheço as razões da permanência de vocês em Córdoba. A cidade é grande, mas não há distância que certas notícias não alcancem, embora, para ser sincero, tenha tomado conhecimento do fato em caráter sigiloso, ao atender o chamado do Califa para ver o emir Al Gassim. Lamento o que aconteceu a sua família. Os propósitos de Alá são impenetráveis e sábios, mas tudo é para o nosso bem.

– Que suas palavras sejam abençoadas – respondeu Karim, simpatizando com o homem de quem até então conhecera apenas o nome e o pensamento expresso em alguns textos lidos, por recomendação de Zafir. – Eu o imaginava bem mais velho.

Ibn riu da sinceridade do rapaz e tocando-lhe o ombro, respondeu:

– Comecei cedo. Vamos entrar, nossos anfitriões nos esperam.

Juntos adentraram a suntuosa residência de Munir Al Jerrari. A sala regurgitava com o som alegre das flautas. Eram poucos convivas, porém a animação reinava. Observando-os, Karim sentiu-se outra vez incomodado.

– Já conhecem a princesa Amirah? indagou Ibn.

– Não – respondeu Zafir, analisando discretamente o ambiente.

– É uma mulher encantadora. Muito inteligente, apreciadora da cultura e da filosofia. Venham... vou apresentá-los.

Karim dirigiu o olhar no rumo dos passos de Ibn, deparando-se com uma jovem reclinada em almofadas. Era pálida, sua face lembrava a brancura da porcelana; os olhos eram amêndoas contrastando com a pele clara; os lábios cheios e rosados; seus trajes de seda reproduziam as cores do arco-íris; um véu diáfano, vermelho alaranjado, bordado com linha de prata deixava entrever os longos cabelos. Sentiu que seu proceder indiscreto chamara-lhe a atenção e, numa fração de segundo, alheio às regras sociais, fixou os olhos de Amirah. Uma sensação de reconhecimento tomou-lhe a alma, mexeu no íntimo de seus sentimentos e impôs-lhe a estranha certeza de que conhecia aquela mulher e a sabia digna da mais alta confiança, entretanto nem ao menos ouvira o som de sua voz.

"Loucura", pensou Karim, preso ao fascínio do momento. "Deve ser o descalabro de emoções que vivo nesse dia. Sou vítima de minhas próprias fantasias. Mas... eu sinto, não tenho como evitar, é uma confiança plena. Loucura! Nunca senti algo desse tipo. Não é como nos meus pressentimentos... é bem mais claro e definido. Sim, loucura ou não, começo a entender a atração pela mulher atrás da cortina."

– Senhor Karim – cumprimentou a princesa, encantando- o com o som doce de sua voz. – É o irmão gêmeo da jovem desaparecida.

– Raptada, senhora – corrigiu ele recuperando-se da sensação que o dominara. – Layla não está desaparecida por seu desejo, foi uma necessidade que lhe impuseram injustamente.

Amirah, num gesto, convidou-o a sentar-se a sua frente. Queria observá-lo tão minuciosamente, até mais, do que ele fizera. Mal sabia Karim que o olhar de Amirah atravessava a pele como os raios do luar atravessam os espelhos d'água; ela não se satisfaria com menos do que uma percepção segura do pensamento do herdeiro de Al Gassim.

Zafir assentou-se ao lado do primo, e Ibn Rusch ao lado da anfitriã, com a intimidade de um velho amigo.

– Fale-me de sua irmã – pediu Amirah. – Anseio por vê-la. Ela tem sido assunto corrente e recorrente nesses dias; suas façanhas já são notórias.

– Layla é incomum, princesa. Faltariam palavras para descrevê-la e sobrariam histórias para contar a respeito de minha irmã. Prefiro resumir dizendo-lhe que ela é a alma e o coração de nossa família. Todos a amamos acima de qualquer convenção e não aceitaremos qualquer explicação para nos darmos por satisfeitos quanto ao seu destino.

– Expressivas suas colocações. Entendo que esteja ferido e, de coração, ofereço-lhe minha estima. Apreciei sobremaneira a opinião que deu de sua irmã e a clareza com que falou de seus sentimentos. Veja, eu não a conheço ainda, mas sou mulher, e morreria feliz se meus familiares dissessem de mim o que o senhor disse sobre sua irmã.

– Também o parabenizo, Karim Al Gassim. São poucos os homens que conheço capazes de declarar seu afeto por uma mulher e reconhecer que por esse afeto transgridem tradições que, a meu ver, merecem ser delegadas ao esquecimento e ao desuso para o bem de todos – interveio Ibn Rusch. – A mulher é parcela importante da vida e da sociedade. Não compartilho da visão do filósofo de que ela é um homem incompleto ou deficiente. Muitos poderiam ver na sua declaração um indicativo de fraqueza e vício; eu vejo coragem e honestidade. A maioria dos homens não tem contato suficiente com seu universo interior para reconhecer que uma mulher pode ser, sim, a alma e o coração de uma comunidade. É uma postura mais fácil torná-la frágil, submissa, como se nós – seres do sexo masculino – fôssemos o próprio Senhor dos senhores. Apesar de minha admiração pelo filósofo, discordo dele integralmente. Nesse assunto, prefiro a visão de Sócrates. Defendo tudo quanto possa instruir a parcela feminina de nossa sociedade e conferir-lhe a dignidade do papel de que precisa e que deve desempenhar. É um néscio o homem que impede o desenvolvimento da mulher. E digo mais: é um vil, reles e covarde escravo da paixão moral que tem por si mesmo.

Amirah serviu as taças e ofertou-as a cada um deles, ouvindo com atenção as colocações de Ibn Rusch. Um franzir do nariz, ao ouvir a menção ao pensamento aristotélico sobre a mulher, foi a reação que lhe denunciou o repúdio àquela idéia, a qual não pode furtar-se de comentar:

– Devemos muito ao gênio do grande filósofo. Mas, dentro da minha pequenez, como mulher, também discordo dele a esse respeito. Pela admiração que tenho por seu pensamento lógico e racional, busco entender como deve ser difícil descrever uma realidade e uma experiência oposta à pessoal. Ele é homem e descreveu o mundo e as pessoas sob a ótica masculina. Parece-me natural e não poderia ser diferente; entretanto, é necessário entender que essa visão comporta apenas a parcela masculina do humanidade, não o todo. Eu não me sinto um homem, quanto mais deficiente ou incompleto. E nem desejaria ser um homem.

Zafir ouvia o diálogo com interesse, porém reticente em participar. Confiava, desconfiando. Não sabia avaliar aquelas pessoas e mensurar o grau de credibilidade a lhes conceder. Conhecia o trabalho escrito de Ibn Rusch; não o homem influente na nobreza de Córdoba que estava a sua frente. Em sua mente ouvia um dito popular a repetir-se como um mantra: "Quem observa o silêncio se salva." Tinha consciência de pisar em solo estranho, e da situação ambígua, na qual cada palavra poderia ser uma atenuante ou uma agravante. Enquanto não tivesse certeza, era um observador.

Karim, dotado de uma natureza mais passional que a do primo, embrenhava-se na discussão e a noite transcorria sob o olhar analítico de Zafir e a discretíssima participação de Jamal, que a tudo ouvia com um tolerante sorriso no rosto. O tema e as referências ao comportamento de Layla – essa mulher sem rosto, cujo nome e história o obsediavam nos últimos dias – levavam seu pensamento a viajar no mar de seus próprios desejos insatisfeitos.

"Muçulmanos, judeus e cristãos apregoam que a mulher é o complemento do homem e que o Deus único a fez para sua companheira e auxiliar. Tenho já três, várias amantes, e em nenhuma encontrei uma companheira ou a satisfação duradoura. É quando muito uma satisfação fugaz das minhas necessidades sexuais. Sou um homem, não sou somente necessidades sexuais. E todas as outras necessidades que tenho serão algum preenchidas? Onde estará a mulher que me completará? Será que ela existe? Será que precisamos mesmo de um complemento? Não será essa idéia um eco longínquo de vozes do passado? Uma imagem antiga e desbotada que não reproduz mais a visão inicial de quem a produziu? Sei lá... São tantas quimeras que enchem as nossas bocas e gozam de direitos em nossas vidas que já não sei mais se penso ou se deliro. Ouso crer que qualquer homem de Córdoba gostaria de estar em meu lugar julgando que nada me falta e, assim, pensar que eu seja uma encarnação da felicidade... Ilusão! Mal sabem eles o que se passa em minha cabeça e todos os anseios comuns que meu coração abriga, ou quantos eu sufoco. Sufocar é uma expressão suave para o que faço; eu estrangulo alguns dos meus desejos. Ser maldito! Eu o mato e ele renasce, debochando da minha pretensão e da minha violência. Não sei de onde tira essa força, mas o maldito é imortal, eu o reconheço. Sei que não devia estar pensando isso, pois desse modo reconheço minha impotência e a soberania dele que me acena e faz sonhar com prazeres e satisfações, que me curva e dobra ao sabor de sua vontade. Será que desejo e insatisfação são pares, inseparáveis como sapatos? Um só é inútil ao homem. Ou, será que preciso caminhar de pés descalços? Despido de todas as quimeras criadas pela cultura humana, não importa em que época, para sentir-me integrado com a vida. Talvez seja um caminho.

Mas o poder que exerço é também uma quimera, uma grande feira de ilusões, e a verdade é que eu estrangulo muitos quereres em nome dele, por continuar ambicionando participar da feira em lugar de destaque. É, eles pensam que sou muito diferente, entretanto eu sei o quanto somos iguais. Talvez seja por isso que o Misericordioso traçou-me o destino de governante. Não posso fugir. Ninguém foge à própria vida e ao que é, esse é o meu destino. Não sei até quando continuarei a estrangular alguns para me regozijar com outros desses seres imortais chamados desejos, que vivem em mim, mas sei que é uma luta de cada segundo e de cada decisão. Há em tudo um gosto doce-amargo, um nascer e um morrer, uma satisfação mergulhada em insatisfação... "

Mastigando distraidamente os grãos de uva, Jamal não dava nenhum sinal exterior dos pensamentos que tinha naquele momento. Tornara-se alheio ao diálogo e a cena a seu redor a tal ponto que o secretário que invadira a sala apressado chamava-o pela segunda vez, sem lograr tirá-lo do transe de sua auto-análise. Foi preciso que Amirah lhe tocasse o ombro e indagasse aflita se estava sofrendo algum mal-estar, para trazê-lo de volta ao presente.

– Estou bem – respondeu ele, piscando rapidamente. – Eu refletia sobre algumas idéias que têm ocupado minha mente. De fato, não prestava atenção ao momento atual, fugi ao tempo e às horas. Desculpem.

– Preciso lhe falar com urgência. É grave. Imploro que volte comigo ao palácio – segredou Fatim junto ao ouvido de Jamal. – Assunto de estado.

De pronto, ele levantou-se, disse algumas palavras de despedida, deu uma justificativa de praxe, que não diz nada além do óbvio e saiu.

Zafir o seguiu com olhar, desconfiado. Sinalizou a Karim, que também observava a saída de Jamal, que aquele era o momento para se retirarem.

* * *

Kiéram, sentado ao chão, recostava-se contra o grosso tronco de uma árvore secular. Contemplava a lua cheia que iluminava a noite. Seu olhar passeava por seus soldados descansando, pelos cavalos, mais adiante, e sentia o calor de uma pequena fogueira a extinguir-se. Alguns metros a sua direita jazia o corpo esbelto da jovem muçulmana enrolado em uma rústica manta de lã. Tinha a mente vazia; desfrutava de uma hora de paz.

Layla repousava a cabeça contra o braço, que servia como travesseiro; também contemplava a lua cheia, porém não via nenhuma beleza. Seu pensamento estava inquieto. Pela primeira vez media as conseqüências de sua rebeldia; sentia-se aflita e revoltada. Seu senso de justiça gritava, do fundo de sua consciência, repudiando os pensamentos tecidos pela razão e pela lógica de sua cultura. Estes lhe diziam que se lançara numa condição social indigna para uma mulher e que melhor teria sido manter-se no estado de raptada – na qual teria direito a ser desposada e honrada pelo agressor.

"Ridículo. Essas leis não são reflexos da justiça, não podem ser, quanto mais da lei divina. Não! Deus não é mau, não pode ser injusto. Tudo que vejo é belo, harmonioso. Em tudo vejo machos e fêmeas e eles também vivem em beleza e harmonia. Onde a mão do homem não toca eu reconheço igualdade, liberdade, afeto. Onde escreve a mão do homem eu leio disputa, cerceamentos, anseios insatisfeitos gerando tristeza e dor. É claro que humanos não poderiam viver como animais. É claro que em nós existe muito mais trabalho do Eterno Misericordioso – glorificado seja pelas belezas que fez – do que neles – nos animais. Nós temos alma; eles ainda não. Por essa razão nossas vidas deveriam ser uma ampliação, um melhoramento, uma evolução da vida dos animais. Aqueles que formam casais e famílias o fazem por livre escolha, atendendo unicamente aos comandos da natureza e a suas vontades. Os pombos se casam, voam e habitam sempre junto a seu par, numa fidelidade invejável. Os lobos também agem assim; nós, humanos, desvirtuamos: um macho pode casar com várias fêmeas e habitar com elas. Ele escolhe por diversos motivos (na maioria das vezes o querer é o menos importante); já nós, mulheres – a grande maioria –, não temos voz nem vez. Comunicam-nos que estamos comprometidas, nem sequer perguntam se gostamos ou não, se estamos felizes ou não. Aliás, algumas raras afortunadas foram felizes sob o jugo dessa lei. Há expressões que deveriam ser revistas. Dizemos que algo é desumano quando contraria nossa senso de bondade, de beleza, de justiça, de compreensão, de tolerância; e que outra coisa é animalesca quando é agressiva, selvagem, impetuosa. Ora, a conduta dos animais é mais condizente com os padrões do humano do que a dos humanos – propriamente dita – que é animalesca, no que se refere à condição da fêmea, da mulher. Nunca vi uma fêmea de qualquer espécie animal ser enxotada do bando por defender-se de uma agressão; tampouco vi os machos negociarem entre si a posse das fêmeas. É absurdo! É absurda a minha situação. Que será de mim amanhã? Disseram que Zafir deseja desposar-me, para tanto meu pai terá que renunciar a reparação da ofensa sofrida. E eu que não desejo casar-me a isso serei obrigada. Não tenho mais como escapar. Lei absurda! Que me perdoe o profeta, mas não posso crer que seja essa a vontade do Altíssimo para as mulheres que criou. Ah! vida... vida louca! Cheia de homens animalizados" – e riu baixinho ao perceber que não conseguia usar uma expressão diferente, ainda que sua consciência reprovasse a escolha, forçando-a a reconhecer a liberdade de todas as fêmeas do reino animal.

Nesse momento, o silêncio da noite foi quebrado pelo tropel de cavalos e gritos de homens se aproximando com rapidez. Como de costume, um vinha na frente ostentando um estandarte do Califa e chamando por Kiéram.

– Aqui – informou Kiéram, acenando para o emissário. E indagou assim que ele desmontou a sua frente: – O que houve?

– Outra invasão africana em nosso litoral. O Califa marcha com muitos homens para o local, pede que se reúna a ele. Seguem rumo leste.

– Seguir daqui para uma batalha? – murmurou Kiéram atordoado. – O Califa esqueceu que cumpro a missão de resgate da filha do emir de Cádiz. Que faço com a mulher?

– Deve levá-la consigo. Ao que sei, o irmão e o noivo dela, assim que informados da invasão próxima de Cádiz retornaram à cidade para organizar a defesa. O emir Nasser ficou em Córdoba aos cuidados de duas de suas esposas. A mulher deve seguir ao encontro do Califa, assim ficou resolvido.

– É uma loucura! Carregar conosco uma mulher para o meio de uma batalha com os emires africanos é... insano.

Layla, que ouvia a conversa entre os dois, sentiu o coração acelerar ao compreender a extensão e a gravidade das informações. Sua aventura ganhava, a cada segundo, tintas mais vibrantes e inusitadas. Retomando sua linha de pensamento anterior, concluiu que, ao ser levada para uma frente de batalha, sua ruína era completa. Sentiu um frio de medo ou pavor – não conseguiu precisar – invadir-lhe o corpo e a alma. Por alguns minutos deixou-se embalar na idéia de que a existência lhe escapava das mãos, e o destino punha-lhe apertadas algemas. Foi quando lembrou das conversas com Leah e sua admiração pela rainha Esther.

"Que faria uma mulher como Esther em meu lugar?"matutava Layla em busca de resposta à sua indagação. Quando sentiu cair sobre si o olhar de Kiéram, abandonou seus pensamentos e o encarou. Seu olhar expressava medo e determinação ao mesmo tempo, despertando no mercenário cristão compaixão e respeito. O contato com aquela estranha mulher exercia sobre ele um fascínio poderoso, muito além do que ela julgava ver e entender.

– Não tenho escolha – disse ele, dispensando esclarecimentos e informações. Percebera que Layla acompanhara a conversa. – Mas quero dizer que é contra minha vontade e por absoluta impossibilidade de agir de outro modo que a levarei comigo.

– Sei que cumpre seu dever – respondeu Layla. – Eu cumpro meu destino. Dê-me armas e não tema. O senhor conquistou meu respeito. Sei que a hora é delicada, e meus familiares partiram para cumprir obrigações maiores com o povo. Peço que confie em mim. Sabe que domino o uso das armas; eu as quero para minha defesa, assim não serei um fardo tão pesado.

Espantado, Kiéram a encarou em silêncio levando-a a insistir:

– Confie em mim, senhor Simsons. Prometo que não se arrependerá. Entenda minha situação: não tenho marido, fui retirada de meu lar à força e fugi. Por força dos costumes, minha mãe deve pedir minha morte. Nesse exato momento não sirvo para nada. Chamei para minha vida todas as desgraças da lei. Como mulher, hoje, talvez eu possa vir a ser negociada como escrava para um harém de qualquer homem. Não mais do que isso. Sou uma pária. O que poderá tornar essa situação pior? Dê-me ao menos a oportunidade de morrer com dignidade, com armas em punho e lutando.

– Esse é um pedido masculino – rechaçou Kiéram.

– É um pedido de dignidade humana. Nós, mulheres, somos uma significativa e importante parcela dessa raça, dita humana. Mesmo sendo pária, ainda sou parte dela. Peço que confie em mim.

– Está bem, farei sua vontade.

Afastou-se a passos largos para voltar pouco depois carregando arco, flechas e facas, além de um fardo enrolado sob o braço que entregou a Layla, dizendo:

– São minhas roupas. Ficarão grandes, mas será melhor que as use e coloque também a malha e a capa. Disfarçarão seu corpo, será melhor. Enrole um turbante nos cabelos e esconda o rosto. Aqui estão suas armas.

Layla olhou firme para os trajes e armas que ele passava a suas mãos. Reconheceu a sabedoria da estratégia. Era uma forma de protegê-la e dar-lhe o que havia pedido. Baixou a cabeça e rumou decidida para trocar-se atrás de um pequeno arbusto.

"Será que Esther teria feito isso?" indagava-se ela, minutos depois, deixando o acampamento seguindo ao encontro do Califa.

Capítulo XIII

Virtudes versos paixões – o calor de uma guerra interna

– Acabou nossa agonia, Adara – declarou Farah ao atravessarem os portões do palácio do Califa. – Logo saberemos qual o destino de Layla e o estado de Nasser. Que Alá os proteja! Há visitantes que melhor seria nunca termos recebido. Munir é desse tipo. Por Deus que, se de alguma forma, eu tivesse sabido o que aconteceria a nossa família com tal visita, teria infringido de uma só vez todos os deveres de hospitalidade. Até aqueles prescritos no Alcorão.

– Somente sabemos do que somos capazes quando testados pela vida em situações reais. É fácil ser rígido, intolerante e exigir o cumprimento literal das leis, quando não sentimos na pele o preço da obediência a tais preceitos – concordou Adara, ajeitando-se no banco do veículo em que viajavam.

À frente, o cocheiro ia atento ao trânsito da cidade, ofertando-lhes plena liberdade para conversarem. A escolta cavalgava a alguns metros e não poderia ouvir as heresias que diziam as mulheres de Al Gassim.

– Nossas leis são feitas pelos homens e para os homens. Somos objeto delas, temos nossas vidas reguladas em detalhes, mas não fomos consultadas sobre quanto custa viver sob esse jugo – resmungou Farah, revoltada com o destino da filha. – Há coisas absurdas que meu coração se nega a obedecer. Sei que não deveria, que o correto, o esperado, o certo, era conformar-me e obedecer, pois são nossas leis e nossa religião. Mas... era mais fácil antes da maldita visita. Você me entende, Adara?

– Claro. Também sinto uma rebeldia feroz, uma vontade de gritar, de bater, de arrancar véus e roupas, e... tudo o mais, e dizer o quanto é injusto tudo que acontece com nossa Layla. Dói no fundo da minha alma ter que calar. Zafir é um anjo de bondade entendendo o que se passa em nossos corações e prontificando-se a manter o casamento. Não posso nem imaginar como me sentiria se fosse obrigada a assistir ao casamento de Layla com Al Jerrari, aquele porco. Pobrezinha! Morreria antes de conseguir dizer uma palavra pedindo que a..., você sabe. Ela deve ter sofrido horrores nas mãos do verme. Ah! Fico furiosa quando penso que ele tenha forçado intimidades com ela. Nenhuma mulher merece tal violência.

– Não quero nem pensar. Que me perdoe Alá e o profeta, mas é muita injustiça sobre uma pessoa. É absurdo! Ser raptada, sujeitar-se à violência física e moral, e a grande bênção e única salvação, em regra, é aceitar viver com esse mesmo homem por toda a vida. Isso não é salvação. É maldição! Não irei censurar minha filha se ela preferir abandonar a virtude e lançar-se às portas do inferno.

– Não qualquer pessoa, Farah; esse é o destino de mulheres. Houvesse acontecido o fato com Karim e uma guerra já estaria feita. Agora eles, os poderosos de Córdoba, não estão nem cogitando do que pode ter acontecido à menina; a preocupação é com a honra paterna que foi agravada.

– Nasser aflige-se pela filha. Nosso marido a ama, eu não tenho dúvida – protestou Farah.

– Concordo. Ele é um pai amoroso, merecia ter muitos filhos... Mas isso é o que pensamos em família. Zafir deseja casar-se com ela independente do que possa ter acontecido, ainda que Layla possa estar carregando no ventre o filho de outro homem. Quantos pensam assim em nosso povo? E se não existisse esse homem abençoado o que faria nosso marido? Aceitaria o lamentável destino que a lei determina em nome da honra da família? Isso que os homens chamam de honra – e que nós mulheres pagamos o preço – é mais importante que a felicidade? Se digo bobagens, esqueça. Estou muito revoltada. Para piorar tudo ainda temos a doença como companhia.

– Nem sei por qual meu coração se aflige mais, se por Layla ou por Nasser. Que Alá os proteja, é só o que peço.

Elas ainda desconheciam o destino de Karim e Zafir. Esperavam encontrá-los em Córdoba. E a notícia da invasão foi outro duro golpe que sofreram antes de conhecerem a gravidade do estado de saúde do emir de Cádiz.

Nos aposentos destinados ao emir Al Gassim elas se espantavam com o luxo e a quantidade de criados. Zahara as recebera, com certa frieza, mas cumprindo com rigor os deveres de hospitalidade. Limpas e alimentadas, foram conduzidas pela anfitriã até o quarto onde descansava o doente, assistido por Ibn Rusch, que o examinava acompanhando a evolução do estado de saúde.

Na antecâmara do aposento, Zahara convidou as visitantes a sentarem e aguardarem a saída do médico, explicando:

– Ibn Rusch é o melhor médico de Córdoba. Goza da confiança de meu marido. Podem ficar tranqüilas; o emir Al Gassim está sendo cuidado com toda competência. Ibn nunca errou em um diagnóstico conosco. É um sábio, estuda muito. Se ele não conseguir restituir a saúde ao emir, então, teremos que aceitar que é vontade do Altíssimo prová-lo com a doença.

– Em nome da vontade do Altíssimo muitas coisas que o envergonham já foram feitas na Terra. Não creio que fosse da vontade dele, a metade – retrucou Adara, seca e áspera. Não simpatizara com a jovem grávida que parecia não saber enunciar um pensamento ou dar uma informação sem falar no marido.

– Estamos cansadas, querida – desconversou Farah fazendo ouvido de mercador à grosseria de Adara com a anfitriã. – Seu marido deve ser muito ocupado. Não o vi até agora. Nem o emir Al Jerrari. Onde estão? Aliás, peço que mandem chamar meu filho e meu sobrinho. Também não os encontrei.

– Não sabem? Não lhes informaram onde está meu marido e os demais homens?

– Por Deus que não – respondeu Adara. – Ou não estaríamos indagando.

– Acalme-se, Adara – pediu Farah, sussurrando-lhe ao ouvido. – Infelizmente, precisaremos ter paciência e aceitar muitas coisas. Azedume não nos levará a resolver nada melhor nem mais rápido; ao contrário, colocará mais pedras no caminho. Tenha boa vontade, por favor.

– O que aconteceu? – perguntou Adara, dirigindo o olhar a Zahara.

– Houve uma denúncia de que emires da África preparavam um invasão ao nosso litoral. Um frota de navios foi avistada próxima de Cádiz. Todos partiram para o lá. Karim Al Gassim e seu primo partiram para organizar a cidade contra um provável ataque. Meu marido está comandando a defesa. É um problema essa incompreensão de nossos irmãos africanos.

Adara e Farah sentiram o chão sumir sob seus pés e a cabeça rodar numa sucessão desenfreada de imagens. O coração palpitava acelerado; parecia um tambor rufando no peito.

– Não sabíamos de nada – declarou Adara amparando Farah, que cambaleou a seu lado, e confortando-a. – Seja forte. Nasser precisa de você. Foi para isso que viemos. É o que podemos fazer agora; tudo mudou.

– Tenhamos fé – convidou Zahara, enternecida com o visível abalo que a notícia causara a Farah. – Logo serei mãe, creio que posso avaliar o que a senhora sente.

Farah lançou um olhar incrédulo à jovem e nada respondeu.

“Ela precisará sofrer para pôr no mundo o filho, depois aguardar que ele cresça, ano após ano, superar todas as dificuldades e – que não lhe aconteça, não rogo praga – então, surgir um imbecil do nada e lançar dor e tristeza no coração de toda família. Depois, terá que saber que seu marido está mal, sendo cuidado por estranhos e, por fim, que seu filho amado e sobrinho querido caminham para uma guerra que terá por palco a sua casa. Daí ela poderá me vir com essa conversa de 'avaliar como me sinto'. Só eu sei o quanto dói cada batida do meu coração nesse momento. Nunca mais direi bobagem igual a essa de saber como se sentem os outros. Ninguém faz senão pálida idéia do que sinto. Jovem boba!"

Nesse momento a porta do quarto se abriu e por ela saiu Ibn Rusch, com o semblante sério, compenetrado. Saudou respeitosamente as esposas de Nasser e, com objetividade, expôs a situação do paciente. Conscientizando-as da gravidade da doença, disse-lhes:

– Estamos fazendo o melhor. Ele é forte, mas uma hemorragia interna é difícil de estancar. Evitem agitá-lo muito. Ele precisa descansar, não deve se preocupar. Informei que seu filho e sobrinho viajaram a Cádiz em razão de negócio. Ele nada sabe sobre os reais motivos, entendem?

Recebeu como resposta acenos afirmativos e completou:

– Venho vê-lo duas vezes por dia. Os cuidados são... – e paciente, explicou os procedimentos necessários ao cuidado do enfermo.

* * *

Munir corria os dedos pela barba escura, longa e bem aparada que lhe cobria a face. Seu olhar percorria a extensão da praia. Cumprindo ordens do cunhado marchara à frente e chegava ao litoral horas antes com a missão de investigar o território e preparar o terreno para os demais. Escolhera um local protegido por dunas, de vegetação rasteira, para acamparem. Ficava bastante próximo da praia, o que facilitava a vigilância sobre o mar.

A idéia era, tão logo avistassem a frota africana, dimensionar o contingente que comportava e preparar o ataque quando os africanos tentassem desembarcar.

Jamal não gostava de demora; acreditava que melhor era agir antes do que aguardar a ação do inimigo. Considerava-se afrontado pelo Califa africano que pretendia desembarcar tropas militares na costa de Al Andaluz. Não era bobo, tampouco precisava que lhe dissessem as intenções óbvias de seu oponente. Rechaçaria, sem piedade, os irmãos muçulmanos, de volta ao próprio território. Munir sabia bem dessas intenções. Reconhecia nele um grande estrategista.

Quatro soldados o acompanhavam numa vistoria pela praia. Envolvidos em pensamentos belicosos, nenhum deles prestava atenção à beleza do cenário natural, nas areias tingidas de vermelho pelo sol, quase poente; nem nas ondas que quebravam mansamente nos cascos dos cavalos, ou mesmo no som das gaivotas que pescavam seu alimento no entardecer, cortando o céu com suas asas brancas. Olhavam o casamento do mar com o firmamento, no horizonte distante, porém não viam a infinita beleza. Os sentimentos que os animavam espelhavam-se nos olhares ferozes que varriam, vasculhavam as ondas e enfrentavam o infinito que a vista abrangia, unicamente em busca do inimigo; de uma mastro, uma bandeira negra tremulando ao longe.

É triste ver, em qualquer época, o descaso dos seres humanos com a beleza com que o Criador nos cercou nesse mundo-escola. Seria tão mais fácil aprendermos nos aliando ao princípio do prazer, sempre próximo do belo, do que encararmos a face, tão nobre quanto a outra, porém tão feia da dor. Um rosto sorrindo é, luminosamente, belo; um rosto crispado pela dor, enruga-se, torna-se opaco e disforme; as cores e traços perdem a suavidade e harmonia. Fomos todos criados para a felicidade, assim nos diz a natureza, ao apresentar-se sempre mais bela ao lado do prazer. É lendário o ensinamento apócrifo de Jesus e o lobo feroz, em que, observando a fera morta, enquanto todo viam horrores, o Mestre preferiu elogiar-lhe os belos dentes. Procurar o bom, o belo, é o mesmo que buscar o princípio do prazer que orienta a vida e nos comunica as forças da alegria e das virtudes.

Cada virtude que conquistamos é uma fonte de prazer e felicidade em nossas vidas, garante-nos bons momentos na matéria e fora dela. Precisamos pensar que o prazer é uma constante e uma das certezas que vislumbramos em nosso futuro espiritual.

A dor é mestra transitória em nossa vida, ensina-nos enquanto teimamos com as causas que a atraem para nosso lado.

O prazer, companheiro da felicidade, está conosco desde as idades mais remotas da nossa civilização, respondendo e manifestando-se, gradativamente, conforme nosso aprendizado e evolução; e seguirá, até onde nos conduza o progresso. O princípio da dor encerra sua trajetória nos mundos de regeneração; o princípio do prazer prossegue vivendo nos mundos felizes e nos mundos celestes.

Infeliz a criatura que não descobre e não caminha com o prazer de viver! Que não vê nas pequenas coisas motivos de satisfação. Que não enxerga a alegria, a paciência, a confiança. É preciso descobrir o prazer como mestre para encontrar os caminhos do amor. Afinal, o amor vive e habita onde existem virtudes e, em tal lugar, há o prazer de viver.

Por enxergar na natureza esses dois grandes princípios, lamento quando meu olhar se depara com seres cegos desse entendimento, ainda quando sobre essas cenas o tempo tenha lançado suas cortinas e transformado o cenário. Sei que eles enxergarão que o dia da compreensão raiará para todos no momento oportuno, mas, ainda assim, eu sinto. Voltemos à patrulha de Munir e seus homens.

– Não vejo nada, emir – declarou o mais alto dos cavaleiros. – É tudo céu e mar. Só azul, até onde minha vista alcança.

– Também não vejo nada – endossou um outro.

– Você ficará de guarda – ordenou Munir ao mais alto. – Mantenha-se atento. Durante a noite outro homem virá trocar a guarda. Os demais voltam comigo.

Descansando sob suntuosa e confortável tenda, Jamal alimentava-se, displicente. O pensamento vagava repassando os últimos acontecimentos. Dias enlouquecidos! Iniciados com uma simples e corriqueira missão de visita comercial que redundara num complexo caso de relações com o pequeno reino taifa de Cádiz num momento delicado; tão delicado, que ali estava comandando as defesas de Al Andaluz contra uma invasão. Muçulmanos brigando e matando muçulmanos! Para quê? indagava-se ele. Ou melhor, por quê? Intolerância, concluía.

Precisamos crer que somos os donos da verdade. É por orgulho que não admitimos que ela é relativa e cada um a compreende de determinada forma. Ela acompanha nosso grau de evolução. Pensar assim é admitir que ditos conceitos não se excluem; antes, completam-se. Aceitar a relatividade na vida abre espaço para o diálogo e o entendimento. É o arado que prepara o solo da alma para a humildade. Liberta-a de vícios daninhos decorrentes do orgulho e do egoísmo, sendo a intolerância o primeiro a ser retirado.

Os muçulmanos dos reinos da África queriam uma expansão religiosa maior, queriam dominação econômica e imposição de crença. Muçulmanos xiitas eram exaltados. Criticavam a atenção dada pelos sunitas de Al Andaluz ao desenvolvimento das ciências, das artes e da filosofia.

O desenvolvimento da medicina, da matemática, da arquitetura e da filosofia no ocidente deve muito às dinastias muçulmanas que governaram Al Andaluz e fizeram de Córdoba a cidade mais culta e próspera do Ocidente na Idade Média. Enquanto os reinos cristãos da Europa mergulhavam na idade das trevas, sucumbiam à ignorância e ao fanatismo, judeus e muçulmanos investiam no conhecimento e desenvolviam o saber; faziam florescer a cultura e a inteligência em seu meio. Porém, era uma facção, de orientação sunita, mais moderada, e a disposição progressista encontrava obstáculos no seio do próprio islamismo.

A disputa sadia faz crescer, mas promovida sob o império da ganância e do orgulho, separa e destrói. A casa dividida está fadada a tornar-se ruína. A luta entre xiitas e sunitas é fruto azedo da intolerância; cada qual jura ser seu o melhor direito a proclamar-se sucessor do profeta Muhamad. Diga-se que o próprio profeta não fez da sua sucessão um ponto de fé para o Islã.

A intolerância tem o condão de tornar principal o que é, por natureza, secundário. Os homens, em geral, disputam por picuinhas, puerilidades; em especial se a discussão é religiosa. Por trás de todas as banalidades, o que aquece a contenda é o bom e velho orgulho de crer-se o dono da verdade; o melhor entendedor das "coisas sagradas"; todavia, quase sempre não vê o seu próximo como "coisa sagrada" criada por Deus. Tampouco se interroga como os demais membros da criação vivem a relação com a verdade do outro.

Observassem um pouco mais, leriam, nesse imenso livro chamado natureza, que os animais respeitam as verdades uns dos outros e não interferem. As abelhas não pretendem ensinar as andorinhas a reconhecer os sinais da passagem das estações; os cavalos não querem mudar a orientação dos cachorros que se enrodilham para deitar. Não, cada qual vive à sua maneira, com a natureza, como o Criador o fez e lhe permitiu existir. Não se impõe aos outros, nem é preconceituoso.

Somente o ser humano vivencia a intolerância e o preconceito. Tristes experiências, porque sempre têm por destinatários de suas crueldades outro ser humano. Todos os preconceitos e intolerâncias são em razão de outro homem e fazem sofrer os da mesma espécie.

O entendimento da lei de reencarnação é o que fará a mudança, transformando consciências, pondo por terra a infantilidade da conduta preconceituosa; desvendando que não existem posições ou estados definitivos para a raça humana em nosso atual estágio de desenvolvimento. Portanto, cores, sexos, orientação sexual ou religiosa, raça, classe social... tudo, absolutamente tudo está sujeito às transformações necessárias ao progresso do ser espiritual no curso das muitas reencarnações. O que hoje é, no futuro poderá não ser; necessariamente, será modificado, fazendo ampliar a visão e a compreensão humana.

Dentro de suas possibilidades de entendimento, Jamal refletia sobre a estupidez da intolerância. Intimamente confortava-se e justificava-se, por integrar um dos pólos dessa contenda, dizendo-se que o fazia não pelos motivos ocorridos séculos antes, mas por todas as vidas que naquele momento dependiam e confiavam em sua proteção. E, lógico, por coerência a suas convicções na necessidade de promover o desenvolvimento da inteligência e da cultura do povo. Apenas religião, não. Seria o mesmo que fechar a mente em um labirinto, condenando-se a andar perdido, sem nunca achar a saída, em todas as portas detido por um dogma. Acreditava perfeitamente possível a convivência harmônica da religião com a ciência, com a filosofia, com as artes, e uma interpretação menos rígida das leis.

A mente humana precisa de serenidade, de tranqüilidade, e para tal conquista, muitos são os caminhos, todos necessários; nenhum excludente do outro. Mas tinha especial paixão pela filosofia; adorava conversar com Amirah e Ibn Rusch. Agora, meditando sobre a discórdia que os levava a embates entre muçulmanos, as palavras do amigo ecoavam em sua mente, fortalecendo as razões íntimas pelas quais lutava pelo progresso. Ibn repetia com freqüência:

– Caro Jamal, não há razão nem lógica em se desprezar algo benéfico por natureza. E o conhecimento, o desenvolvimento do intelecto humano é o que mais benéfico eu posso ver para a humanidade. Lembremos os males, o desconforto que o homem já conseguiu abolir da existência através do avanço da própria inteligência. Se há aqueles que abusam e distorcem a finalidade das coisas, isso não é razão para desprezar a coisa em si ou diminuir-lhe o valor. Consideremos isso um acidente. A culpa não é do progresso, do conhecimento, do homem avançado; é, antes, do ignorante que os usa indevidamente. Lembro-me do ensino do Profeta – Deus Altíssimo o envolva em sua paz – ao homem a quem ordenara dar mel a seu irmão acometido de diarréia, que aumentou após a ingestão do mel. Voltando o homem ao Profeta – abençoado seja – para queixar-se, recebeu como resposta: "Deus está com a verdade; o ventre de teu irmão é que mentiu." Isso se aplica, a meu ver, ao mau uso que alguns fazem do conhecimento, mas não pode servir de argumento para que se proíba aquele que está apto ao estudo da filosofia, da ciência, a fazê-lo. Seria como negar água a quem está sedento e do líquido depende para viver. Se alguns se engasgam e morrem com a água, muitos viverão pela mesma causa. Tudo depende de quem bebe.

– Eu o entendo, amigo. E comungo de seu modo de pensar. E o que me diz do temor de nossos irmãos de que favorecendo o conhecimento estamos afastando nosso povo de Deus?

– Novamente a questão é de entendimento. Não está escrito, em nosso livro: "Convoque [os homens] ao caminho de teu Senhor, pela sabedoria e pela boa exortação, e discuta com eles do melhor modo"? Ora, sabedoria, boa exortação e capacidade de discutir não nascem do nada. É preciso desenvolvê-las, ou seja, conhecer. Não temer avançar. Se a lei divina é a verdade, e se ela convida a desenvolver o exame racional de todas as coisas que levam ao conhecimento da verdade, é porque ela nada tem a temer com o progresso da razão humana. E nós, a comunidade muçulmana, estamos convictos disto: a especulação, o conhecimento, a discussão das idéias não podem conduzir a conclusões diferentes das contidas na Lei. A verdade não contraria a verdade, mas lhe dá prova e testemunho. O progresso da racionalidade, creio eu, só fará bem à relação do homem com Deus. Quanto mais compreendermos a natureza e a nós mesmos, mais próximos de compreender o Altíssimo estaremos. Não, Jamal, a inteligência real, aquela que comporta a humildade, não afasta o homem da experiência religiosa.

Defensor dessa visão, lá estava o Califa, administrando o conflito de idéias, que seria armado pela intolerância de muitos.

– Quisera eu saber quem vem nessa frota – murmurou Jamal, alheio ao movimento que se passava no exterior da tenda. – Conheço o pensamento geral dos irmãos muçulmanos da África, mas não conheço os homens que o professam. Já vivi e observei pessoas o suficiente para saber que uma coisa é o pensamento geral, a bandeira sob a qual se aglomeram ou se escondem, e outra são os indivíduos que a professam e empunham. Com esses, freqüentemente, em particular, chega-se ao termo do real objeto por detrás do geral. Na arte da guerra, conhecer o inimigo ainda é a grande chave. Que Alá me ilumine é tudo quanto peço, que inspire minhas palavras. Por tudo quanto há de sagrado, não desejo derramamento de sangue entre irmãos de fé...

Um ruído das cortinas de entrada silenciou Jamal que permaneceu onde estava, recostado entre almofadas, mas todo seu corpo se empertigou, denunciando estado de alerta.

Munir avançou pela tenda cumprimentando o parente e informando-lhe as determinações dadas à patrulha de vigilância.

– Fez bem. Mantenha-me informado. Quero saber de quem se trata tão logo avistem as bandeiras.

– É claro – respondeu Munir, subserviente.

Jamal irritava-se com a postura adotada pelo cunhado, após o evento do rapto da filha do emir de Cádiz, mas, tal como ele, punha em prática a noção de que o silêncio salva. Assim, ambos engoliam a indignação que nutriam por diversos motivos entre si, e o tema num acerto tácito foi abandonado em prol de um assunto maior: a invasão africana. Era hora de somar, não dividir; por maior que fosse o desejo de livrar-se do familiar hipócrita, aquele não era o momento indicado. Como governante, obrigava-se a calar a revolta pessoal.

– Algo mais? – indagou o Califa, sugerindo que não toleraria por mais tempo a presença de Munir, a menos que razões de estado o determinassem.

– Não, mas pensei que talvez desejasse...

– Não desejo nada. Obrigado. Pode retornar. Preciso pensar. Faça o que lhe pedi, sim?

– É claro – respondeu Munir, engolindo em seco a sumária dispensa da presença do Califa. "Desgraçado." Praguejava ele, em pensamento, constatando que a relação com Jamal estava estremecidíssima. "Culpa daquela mulher selvagem. Não fosse indócil daquele jeito e tudo seria diferente."

***

Preocupado com a situação complexa que se desenrolaria dali para frente, Kiéram aproximava-se do acampamento. À distância, na luz amena do amanhecer, vislumbrava as bandeiras tremulando sobre as tendas. Parou o cavalo e lançou um olhar à mulher a seu lado, envolta num traje negro, masculino.

– Lá está o acampamento – apontou, e como ela aquiescesse silenciosa, prosseguiu. – Seu disfarce, visto de longe... está bom. Mas vendo-a de perto, seus olhos são femininos demais. Não sei o que o Califa pretende fazer com você, mas até entregá-la a ele, fique perto de mim e mantenha a cabeça baixa quando ingressarmos no acampamento, e não fale. Não quero que nenhum soldado desconfie da verdade.

– O homem mente, a natureza não – comentou Layla. – Sei que para onde me conduz não é lugar de mulher. É interessante o pensamento dos homens. Desejam tanto proteger as mulheres que pertencem ao seu povo, à sua família, entretanto, não temem em desgraçar as que não lhe pertencem. As outras podem ter suas casas saqueadas, seus familiares mortos e serem violentadas. Tenho uma tia que se tornou esposa de meu pai por coisas desse tipo. A pobre não é mulher, é um ferimento de batalha não cicatrizado. Por que me protege, capitão?

– Cumpro meu dever, senhora. Não se esqueça de que minha espada é paga a preço de ouro e prata. Não luto por questões de fé ou poder.

– Mentira. Ouro e prata são símbolos de poder – retrucou Layla.

– Concordo, eu menti. Digamos então que minha espada é vendida para aquisição de um poder relativo. Ficou melhor? – indagou Kiéram sorrindo serenamente da petulante jovem muçulmana, porém, encantado com a força dela.

Em meio à adversidade máxima, para uma mulher de sua raça, ela mantinha a cabeça erguida e a mente alerta ao que se passava à sua volta. Contemplando-a encarar as tendas ainda distantes, Kiéram deu-se conta de que naquele momento eles se igualavam: ambos eram párias. E expressou o que pensava, ouvindo em troca:

– Eu sou pária, caro capitão. O senhor é um cidadão cristão, um mercenário; pertence a uma classe da sociedade. O senhor é um cidadão de segunda classe, ainda que seja rico. Eu sou, nesse exato momento, uma pária. Mulher, sem honra, sem posses, sem família; meu destino é tornar-me escrava; devo considerar escapar da morte uma bênção. Em nosso meio uma mulher não "existe" sem a proteção dos homens da família. Pensa que ignoro minha condição? Eu a reconheço bem. Se antes meus direitos eram poucos por ser mulher, agora são nada. Agradeço a gentileza de querer confortar-me, mas sei em que terreno piso. Jogar pedrinhas de açúcar sobre ele não o tornarão doce ou suave.

– Está exagerando. Sua família a quer de volta; seu noivo foi a Córdoba reivindicá-la. Deve ter grande amor pela senhora. São poucos os muçulmanos que aceitariam uma noiva que foi raptada, quanto mais ir buscá-la.

– Zafir é um grande homem. Seu modo de ser e pensar ultrapassa as limitações culturais. É a criatura mais honrada e amorosa que conheço.

– Pelo visto, o emir Munir intrometeu-se em caso raro de amor recíproco – disse Kiéram, disfarçando o desagrado que lhe causara as palavras de sua tutelada.

– O amor é um sentimento tão complexo e tão desconhecido de todos nós. Sob seu nome se abrigam tantas histórias e relações, que não posso imaginar ou conceber um único conceito para ele. Veja: nós, de fato, caminhamos para uma batalha, não é verdade? – E sem aguardar resposta, Layla prosseguiu, pondo em marcha o cavalo: – Lá feriremos e seremos feridos, haverá matança e tudo se fará em nome do amor a Deus. Entre muçulmanos – xiitas e sunitas – deveria haver um amor recíproco, não lhe parece?

– Não entendi seu pensamento – respondeu Kiéram, sinceramente, o que agradou sua acompanhante.

– Pense, capitão. E deduza o que lhe aprouver de minhas palavras. Elas não valem nada, são de uma pária.

Sem opção, Kiéram pôs sua montaria em movimento alcançando a jovem, mas encarando seu olhar, negro e profundo como um abismo, sério, a ponto de poder descrevê-lo como opaco, calou-se. Entendeu que ela não demonstrava a dor que lhe ia na alma, nem as angústias que lhe torturavam o pensamento, mas esse silêncio não era sinônimo de ausência. Ao contrário, naquele átomo de segundo, compreendeu a extensão do sofrimento e da força moral da mulher que cavalgava a seu lado. Admirou-a; nem lágrimas, nem histeria, apenas a clara constatação da realidade, tal como era, em muda aceitação, decidindo a cada passo o que fazer.

Ela deveria sentir-se como alguém que, subitamente, fica cego. Tudo que era familiar torna-se estranho, uma aventura. Não havia palavras a lhe dizer, e ele entendeu toda a frivolidade de suas cogitações. Qualquer coisa que dissesse não serviria como pedrinhas de açúcar, mas, sim, como punhados de sal sobre uma ferida recente.

– O silêncio salva – murmurou Kiéram para si mesmo, enxergando sob outro ângulo a sabedoria do provérbio popular.

O seu silêncio salvaria Layla da dor produzida pela curiosidade, pela especulação de quem pensava saber o que o outro passava e sentia, por preconceitos e bobas certezas. É mil vezes melhor o silêncio a palavras que ferem quando o coração sangra atingido por uma dor – que não mata – mas conduz à agonia.

* * *

Em Cádiz, sobre os muros que guarneciam a entrada da propriedade de Al Gassim, Karim supervisionava a entrada dos aldeães. Decidira abrigar toda população vizinha nos muros da propriedade. As informações que recebera em Córdoba eram preocupantes no tocante à conduta dos invasores em relação a cristãos e judeus. Os pobres camponeses, independente de crença, não mereciam violência; eram criaturas pacíficas, ignorantes das causas de disputa estabelecidas no seio do Islã.

Vendo-os passar pelos portões, Karim pensava:

"Pobres homens e mulheres. Devem estar com medo, abandonaram tudo que tinham, na esperança de que seus cadáveres não venham a servir de lenha na fogueira da intolerância dessa briga, cujas causas desconhecem. Eu mesmo, confesso, tenho dificuldades em mapear a exata zona desse litígio. E Layla, como estará?"

Ao pensar na situação da irmã, uma dor profunda, como uma lança atravessada no peito, atingiu-o. Chegou mesmo a verter gotas de frio suor, ao mesmo tempo em que o pensamento lhe comunicava uma calma e uma força tão profundas quanto a dor experimentada. Reconhecia a força moral da irmã naquela espécie de telepatia que os unia desde a infância. Layla sofria, mas estava armada física e espiritualmente. O corpo e a vida material ela saberia defender.

E agora tinha a certeza de que os sentimentos e o pensamento que se refletiam nele, originavam-se na irmã. Layla era uma guerreira diferenciada, armava-se com suas virtudes. Rememorava alguns episódios da infância quando ela justificava suas ações invocando piedade, compreensão da natureza maior das coisas e pessoas, e até respeito, para lutar.

"Layla é feita de abismos. Tudo nela tem uma profundidade e intensidade desconhecidas da maioria. Sinto a dor que a vergasta, sinto-me cair num precipício cujo fim não vejo e, ainda assim, esse mergulho não tem notas de desespero. Alá a proteja, irmãzinha! Onde quer que esteja, a fé é sempre sua maior arma."

Lá embaixo Leah organizava acomodações para os camponeses. Com um sorriso sereno distribuía ordens entre as mulheres e as acalmava. Comunicava-lhes toda a experiência de um povo que vivia e cultuava as lembranças do exílio, da servidão e que tinha a consciência de que tudo isso servia para recordar que, por pior que sejam os fatos e os momentos, eles são transitórios. O que deve sobrar é a certeza de que a consciência é, e sempre será livre naqueles que cultivam a independência de pensamento. Obedecer a ordens, ser servil, até sofrer alguma afronta por parte de alguém mais ignorante da espiritualidade, era para ela mera circunstância. Uma passageira que não permitia se demorar em seu pensamento. Essa forma de encarar a vida a fazia uma pessoa leve e sábia, dentro das suas condições. Querida por todos, fazia-se obedecer e respeitar pelo afeto que inspirava. A serva judia irradiava uma lei própria, que nascia nas profundezas de sua consciência e se manifestava em seu ser. Daí, judeus, cristãos e muçulmanos obedecerem a ela, pacificamente, naquele momento. Em torno dela era como se o véu de sua benevolência ocultasse dos outros as características sociais, raciais e religiosas que a distinguiam.

Quando o último camponês ingressou nos portões, ela respirou aliviada após direcioná-lo às acomodações que restavam.

– Obrigada, Senhor! – murmurou ela, contemplando o céu onde os tons alaranjados do amanhecer apagavam muitas estrelas.

Lançando um olhar ao alto das muralhas viu o jovem Karim contemplando o trabalho insano daquela noite. Cansada, caminhou até a escadaria que dava acesso ao alto do muro e aguardou a descida do filho do emir.

– Bom trabalho, Leah – cumprimentou o jovem, lançando o braço amistosamente sobre os ombros da serva. – Sua senhora não teria feito melhor.

– Obrigada. Apenas cumpri meu dever como serva desta propriedade e como criatura humana, nada mais. Por favor, dê-me notícia de sua irmã. Ela está bem?

Karim suspirou; seu semblante refletia cansaço e preocupação extremos. Passou uma das mãos pela testa. Apertou suavemente o ombro de Leah e respondeu:

– Não encontramos Layla. Não sabemos onde, nem como ela está. Você nos conhece desde o primeiro momento de nossas vidas, portanto, sabe tanto quanto eu o gênio feroz que ela possui. Crê que ela fugiu dos raptores, venceu dois guerreiros treinados, e... desapareceu na planície? Essa situação é muito aflitiva. Minha cabeça dói, sinto meus nervos tensos, sempre prontos a uma reação, sempre em expectativa; não durmo bem desde que tudo isso começou. A estada em Córdoba só piorou as coisas. Papai adoeceu, veio essa ameaça africana, eu e Zafir tivemos que deixá-lo. Quando saímos, o Califa havia determinado uma patrulha para vasculhar a planície e resgatar Layla, mas... não pudemos esperar. Precisávamos voltar e cuidar da cidade.

– Que notícias! O que será dela, meu senhor?

– Não sei, Leah. Sinto que ela está viva. Não tenho dúvida. Porém, sofre muito.

– Imagino! Qualquer mulher sofreria. Vou rezar por ela. Que destino! Uma pessoa tão amada pelos seus extraviar-se assim no mundo; é coisa difícil de aceitar. Ela é forte, eu sei. Mas, sabe-se lá onde e com quem irá parar. Esse modo de ser pode aumentar-lhe os sofrimentos.

– Não se aflija, Leah – comentou Zafir que ouvira os últimos pensamentos expressos pela serva ao se aproximar do primo. – Encontraremos Layla, não importa quando, nem como, e a traremos de volta. Ela será minha esposa, minha única esposa.

– Abençoado seja, senhor Zafir. Que os profetas de todas as crenças o protejam. Somente um homem como o senhor é capaz de um gesto assim. É nesses momentos que a verdadeira coragem se mostra. É preciso ser muito corajoso para afrontar séculos de uma forma de viver, pensar e agir em relação à mulher, como o senhor se propõe a fazer. Quero viver para ver este casamento.

– Viverá, Leah – murmurou ele, afastando-se a passos rápidos. Não queria enfrentar o olhar indagador de Karim.

Dia a dia, na ansiosa espera pelo resgate de Layla, tornara-se consciente do amor que nutria pela prima e que não conseguia mais esconder de si e de ninguém. Vislumbrara a estranheza de Karim quando declarara sua intenção de ter Layla como única esposa. Antes não pretendia casar-se, agora não via como amar, com a mesma plenitude, a duas ou mais mulheres. Ele não tinha sobre os ombros compromissos políticos; dava-se ao luxo de viver como queria.

No interior do palácio, recolheu-se a seus aposentos. Descansar era mais do que necessário, embora não fosse tarefa fácil. Era preciso lembrar que, mais algumas horas, e o minarete chamaria para as orações matinais na mesquita. Precisava estar com a mente clara para conduzir o serviço. Sabia que os demais estavam em piores condições, assim, a menos que alguém se apresentasse antes dele, pretendia exercer as funções de imã. Sabia o quanto a fé sustenta as pessoas nas horas difíceis. Tão importante quanto o alimento do corpo – talvez mais – as forças da alma tinham que ser revigoradas, tinha que extrair o máximo de vontade, disciplina e confiança dos fiéis.

"As verdadeiras lutas se travam – se vencem ou se perdem – na alma humana. Se os sentimentos dão a vontade e a força, a inteligência fornece e usa as armas; se sentimentos e inteligência não são mobilizados, o homem bate em retirada, foge da luta", concluía Zafir, decidindo que assim começaria o discurso na mesquita pela manhã.

Leah e Karim, insones, permaneceram conversando e orientando o povo que se aglomerava no pátio.

Capítulo XIV

O brilho do olhar nasce nas profundezas da alma

Kiéram apresentou-se à entrada da tenda do Califa. Como mandava a tradição, era preciso aguardar a permissão. Mexia-se, involuntariamente, revelando nervosismo e uma certa inconformidade.

Incomodava-o conduzir a jovem muçulmana àquele meio. Ela não devia, tampouco merecia a condição de pária desonrada a que estava relegada. Quanto mais pensava nas atitudes de Munir, mais seus sentimentos de amizade por ele eram postos em cheque e, como as gaivotas da orla marinha, batiam asas, ganhando liberdade e destino ignorados em seu ser. Identificava com clareza que boa parte da antiga afeição estava embotada pela raiva.

Dava pequenos chutes na areia, sem sair do lugar, quando ouviu o chamado do secretário de Jamal. A passos rápidos seguiu-o pelo interior da tenda.

– É um bom augúrio sua presença junto a nossas tropas. Conto com você e seus homens nessa luta.

– Aqui estamos, Califa. Não é outro o nosso destino. Mas, se me permite, peço que deixemos os demais acertos dessa transação para depois; agora me aflige o destino da jovem que, cumprindo suas ordens, trouxe para o acampamento.

Jamal analisou a figura conhecida do mercenário cristão; não era a primeira, nem seria a última vez que contrataria seus serviços. Ele era um guerreiro exímio e tal fato suplantava todo e qualquer pudor que pudesse ter em lutar ao lado de um cristão. Além do mais, não descumpria nenhum preceito corânico. Kiéram não era membro do seu exército. Ele chefiava uma companhia de homens independentes, mercenários como ele, que lutavam por e para quem lhes pagasse. Não entravam em jogo crenças ou ideais, apenas o poder do dinheiro.

Ele estava nervoso, não tinha a frieza que costumava caracterizar suas palavras e atitudes. Algo o transtornava. Era a jovem, não tinha dúvida. Mais uma vez o Califa pensou no quão estranha era aquela mulher, ainda sem rosto para ele; que estranhos poderes tinha que era capaz de desestabilizar as emoções de um guerreiro mercenário.

– A filha de Al Gassim. Onde está?

– É sobre o que desejo lhe falar. Com o devido respeito a sua ordem, que a contragosto executei, este não é o lugar para uma jovem bem nascida como a que conduzimos. Como pretende manter a segurança dela em meio às batalhas que hão de vir? Ou é sua intenção conhecê-la e remetê-la a Córdoba, com uma patrulha? – questionou Kiéram angustiado. – Sei pouco sobre as leis e costumes islâmicos, mas não posso deixar de reconhecer uma injustiça contra um ser humano quando a vejo. Como já lhe disse, essa jovem e sua família nenhuma ofensa fizeram ao emir Al Jerrari, mas ele a desgraçou, segundo entendo do pouco que conheço. Ela mesma me disse que é, agora, uma pária. Senhor, essa moça é forte como poucos guerreiros que conheço, porém jamais vi tanta dor no olhar de alguém.

O Califa sorriu ante as argumentações de Kiéram, constatando que estava correto em suas suposições sobre a mudança no estado de espírito de seu interlocutor.

– Vejo que a mulher o impressionou. Aliás, desde os episódios de Cádiz. Não devo satisfação de minhas decisões a ninguém, quanto mais a você. Traga à moça a minha presença e saberá qual destino lhe darei. Está dispensado.

– Não, não estou dispensado. Não sou guerreiro do seu exército. Sou cidadão de segunda classe, mas sou independente. Entenda, eu trouxe a jovem até aqui, sinto-me solidário e responsável por seu destino. E, sim, Layla Al Gassim impressionou-me muito. Conquistou o meu respeito e admiração por seus próprios méritos, não por nome de família ou cargo que ocupa. Pelos serviços que lhe prestei e pela estima que tenho por sua pessoa acredito ter o direito de insistir.

– Você é abusado, Kiéram Simsons. Por muito menos, outros Califas já determinaram a morte ou a mutilação de pessoas da sua classe – retrucou Jamal, admirando a ousadia e coragem do mercenário.

– E pelas minhas mãos, senhor, muitas almas já foram encaminhadas à outra vida. Nunca olhei para saber qual era a classe a que pertenciam, bastava me ameaçarem de alguma forma – devolveu Kiéram, enfrentando o olhar estupefato do Califa.

– Sabe que não pode pôr as mãos em uma mulher muçulmana, não sabe? Isso pode custar a vida dos dois.

– É claro que sei. Também sabe o senhor que não pode tocar em uma mulher cristã, espero. Afinal, uma certa e bela serva cristã, que conhecemos, é tentação o bastante, mesmo para o mais poderoso dos crentes, não é verdade? Pensa que somente homens muçulmanos enxergam? Pois creia, Deus deu a seus filhos cristãos – ainda que pervertidos e falseadores – a mesma faculdade.

– Sua língua é tão ferina quanto sua espada. Abre caminhos em fileiras adversárias com a mesma precisão e nos põe em pé de igualdade. Ofereço paz, Kiéram.

– Se me disser suas intenções quanto à filha de Al Gassim, eu aceito.

– Na verdade, estou muito curioso quanto a essa jovem. Um sentimento, hoje, fútil; reconheço. Tenho, também, um certo temor. Não ignoramos que o desejo de Munir com essa tresloucada aventura foi abalar Amirah e a mim. Sei que o melhor destino e mais justo para essa mulher, segundo nossas leis, é Munir tomá-la como esposa, reparando a falta e devolvendo-lhe a condição social usurpada. Mas eis um fato incomum – a família Al Gassim não quer. Desejam-na mesmo desonrada e, inclusive, um homem digno e culto, muçulmano, nobre, ainda a deseja por esposa. Ora, por favor, sou um mortal. Desejei conhecer essa mulher.

– Um capricho. É isso?

– Um desejo possível, eu diria. Não pensava em trazê-la a uma campanha militar, mas você e seus homens eram necessários. Você contagia os soldados, comunica-lhes coragem e ousadia, eu não podia abrir mão de sua presença aqui, agora. A defesa de Al Andaluz deve ser maior que quaisquer outros interesses.

– Então, não sabe o que fazer com Layla?

– Não, não sei. Não desejava encontrá-la dessa forma. Claro que minha decisão é favorável a devolvê-la à família e ao noivo. Prefiro que esse casamento seja em Córdoba e sob as minhas vistas. Trazê-la para cá foi uma decisão contingencial, não tive como escapar. Você estava com ela; e você era meu alvo.

Mais calmo, a honestidade de Jamal lhe agradara; sabendo que ele era um bom homem, mas que não era santo, Kiéram respondeu:

– Eu a disfarcei de homem. Julguei ser esta a forma mais segura de ingressar com ela em meio aos exércitos.

Os olhos de Jamal se arregalaram de espanto com a notícia, provocando um brilho de satisfação no olhar do mercenário, que continuou as informações.

– Ela luta e sabe usar armas, como os meus melhores guerreiros. Armei-a, como um deles. Ela traja as vestes dos guerreiros mercenários e usa um turbante negro – era o único que eu tinha – para esconder o rosto e os cabelos. Orientei para que não levantasse o olhar para nenhum dos soldados...

– Por Alá, isso me parece uma história de "As Mil e Uma Noites"! Fantástica, inacreditável! – murmurou Jamal, encarando Kiéram. – Um plano excelente. Vamos mantê-lo; é a melhor forma de protegê-la física e moralmente. Além dos que conhecem a verdade, ninguém mais tomará conhecimento dessa história. Ela permanecerá sob sua proteção, junto de seus homens. É o mais sensato.

Satisfeito, Kiéram baixou a cabeça em muda aceitação à determinação do Califa. Depois, voltou a encará-lo e disse:

– Irei buscá-la.

Não tardou o mercenário cristão a retornar à presença de Jamal Al Hussain, acompanhado de um soldado de estatura mediana, cujas roupas escondiam a fragilidade física. O andar tinha uma certa leveza, uma graciosidade natural que, por si, chamava a atenção a um observador atento. Vinha com a cabeça baixa, envolta num turbante negro.

"Eis a filha de Al Gassim. Que inusitada situação. Ela engana bem; olhando de longe parece um jovem franzino", pensou Jamal contemplando o casal que se aproximava.

– Califa – cumprimentou Kiéram saudando-o conforme determinava a tradição, para depois voltar-se para Layla. – Aproxime-se. O Califa Jamal Al Hussain deseja lhe falar.

Layla lançou olhares inseguros ao redor; não sabia como agir. Constatando não haver mais ninguém no interior da tenda, prostrou-se ante o Califa, beijando o solo.

– É uma honra conhecê-lo, príncipe dos crentes.

– Erga-se; filha de Nasser Al Gassim. É Layla o seu nome e eu o ouvi tanto nos últimos dias que me permiti, ou melhor, precisei fazer de você uma imagem. Por Deus, que não se assemelha em nada ao que imaginei. Mas quero que saiba da minha tristeza e pesar pelo procedimento de meu enviado ao lar de sua família.

Layla recebeu a informação em silêncio e de cabeça baixa. Nem ao menos cogitou agradecer a manifestação de simpatia do governante. O pesar do Califa não mudaria sua vida. Queria o quanto antes saber de seu destino e, assim, sem rodeios, meias palavras ou jogos sociais, indagou direta e abertamente, levantando a cabeça e encarando o Califa, numa atitude inconveniente a uma mulher:

– Meu destino está em suas mãos. Qual será ele?

A visão dos olhos negros de Layla e sua conduta foram suficientes para que Jamal entendesse todas as descrições que ao longo daqueles dias ouvira sobre a incomum filha do emir de Cádiz. A profundidade de seu olhar, a forma corajosa como o enfrentava, cativaram-no de imediato. Estava habituado à bajulação, à cômoda obediência a suas ordens. Aquele olhar marcado de tristeza, mas cheio de determinação ante o infortúnio, era uma rajada de vento forte e frio em sua vida.

– Por ora ficará nesse acampamento, seguindo as orientações e sob proteção de Kiéram Simsons. É o melhor, não posso enviá-la a Córdoba. Nesse momento preciso de todos os homens para defesa de Al Andaluz. As outras questões, por mais graves que sejam, são secundárias.

– Permanecerei aqui e sob custódia do sr. Simsons, mas... com as condições que negociei com ele, certo?

– Negociou com ele? Como assim?

Kiéram pigarreou, no intuito de advertir Layla e ao mesmo tempo de limpar a garganta para interferir na conversa, mas ela foi mais rápida e disparou:

– Armas. Eu exijo, para minha própria segurança, permanecer de posse e com livre uso das armas. Faço isso recorrendo ao direito sagrado de exercer minha defesa contra o que a mim fizerem os homens. Fui raptada, vítima de violência, estou em um campo de batalha travestida de homem; é meu direito exercer a minha defesa em igualdade de condições.

– Fui informado de suas habilidades – declarou Jamal, tentando esconder o quanto lhe agradava a "estranha mulher" à sua frente. Diferente de todas as outras que conhecera bem, trajadas, arrumadas para seduzir e encantar, essa tinha como único adereço o olhar profundo, verdadeiro abismo negro, e as palavras. Ambos revelavam sua alma, mil vezes mais interessante que as curvas de seu corpo.

"Ela tem a sedução da serpente", constatou Jamal. "Enfeitiça pelo olhar. É capaz de parar um homem com um simples piscar de olhos, ainda que vestida de homem e sem nenhum esforço de encantamento."

– Vejo que conhece muito bem o livro sagrado.

– Sou muçulmana, não tenha qualquer dúvida quanto à minha fé. Se meu destino é incerto, ainda assim entendo que o Misericordioso escreve palavras em nossas vidas que só o tempo nos dará a clara compreensão, por isso eu me submeto a Ele, e só a Ele – respondeu Layla numa mensagem de duplo sentido, ambos cheios de convicção, que o Califa entendeu.

– É um preceito pouco evocado e, talvez, por isso, pouco usado. Mas está bem. Enquanto estivermos nessa campanha, concedo seu direito de igual defesa e o uso das armas que maneja. Quais são?

– Arco e flecha, facas, escudo e, se houver aqui, uma águia.

– Águia?!

– Ela é a melhor adestradora de águias que já tive a oportunidade de ver. Essa moça é uma caçadora – interveio Kiéram divertido com a surpresa do Califa ante a jovem. – Parece que fala a língua das aves.

– É mesmo? Eu sou um amante das águias e das caçadas. Sente-se e me fale sobre isso.

Layla trocou um olhar com Kiéram e vendo que ele flexionava as pernas para acomodar-se nas almofadas, fez o mesmo.

– Não sei como começar. Por favor, entenda, estes dias têm sido intensos. Digo a mim mesma que tristezas não perduram, que assim como se vai a felicidade também se irá a tristeza, mas nesse momento esse sentimento domina minha alma. Seu pedido para que eu fale das águias e de caçadas agora me soa tão distante quanto as memórias longínquas de minha infância. Naquelas épocas... – e tranqüilamente Layla discorreu sobre seu interesse pelas armas, sua identificação com as águias, sua infância e juventude em meio ao vale, seu amor pelos animais. Revestiu essas lembranças com sutis mensagens ao Califa, informando-o de que ela tinha limites bem traçados a todas as pessoas que faziam parte de sua vida.

Durante aquela hora em que dialogou com Layla, o Califa quase esqueceu a razão de estar naquela tenda. A filha de Nasser Al Gassim encantava pela inteligência e simpatia. Comunicava uma força espiritual e moral viva. Esperara encontrar uma jovem arredia, furiosa, rebelde e à sua frente tinha uma mulher encantadora, calma, determinada. Lembrou-se da expressão usada por Karim para referir-se à irmã. Ele tinha razão: "incomum" era a expressão que melhor descrevia a jovem.

O movimento na entrada da tenda fez Layla calar-se bruscamente. O Califa a olhou espantado e recebeu como resposta um gesto imperioso dela para que prestasse atenção. Não tardou para seu secretário apresentar-se. Surpreso, Jamal questionou-se de como ela ouvira os passos sobre a areia.

– Alguma novidade? – indagou Jamal ao recém-chegado.

– Avistaram as bandeiras. São do sultão Kaleb.

– Era o que esperávamos. Quanto tempo para chegarem e qual direção?

– Tempo de algumas horas. Tudo indica que aportarão em Cádiz ou muito perto.

– Enviem um emissário a Karim Al Gassim com estas informações. Reúna os líderes das tribos. Quero todos aqui o mais breve possível.

– Considere feito, Califa – e, saudando-o, retirou-se apressado.

– Lamento interromper nossa conversa – declarou Jamal voltando a atenção para Layla. – Porém, o dever em primeiro lugar. Mas diga-me como conseguiu ouvir os passos na areia? Fiquei impressionado, jurava que estava tão entretida na conversa quanto nós.

– Os passos na areia faziam parte de um conjunto de atitudes e movimentos. Todos eles geravam ruídos. Quanto às armas, continuarei usando as fornecidas pelo sr. Simsons. Algum dia talvez tenha oportunidade de lhe demonstrar minhas habilidades com as aves – respondeu Layla.

Erguendo-se, imitou o comportamento do secretário e se retirou da tenda, caminhando em direção onde deixara as ditas armas, mas a tempo de ouvir quando o Califa reteve consigo o mercenário sob pretexto de tratar assunto sobre a invasão próxima e as táticas de defesa. Apanhou-as e andou até uma duna que ficava a poucos metros das tendas erguidas pelos mercenários, sem qualquer identificação de bandeira.

"Párias e cidadãos de segunda ordem não têm identificação", pensou Layla, observando a atividade. Quanto mais evitasse a convivência com os homens melhor, menos risco correria de ser descoberta. Em sua mente a informação sobre o porto de destino dos invasores repetia-se com a mesma insistência e constância que tinham as ondas do mar quebrando na praia à vista de seus olhos.

Sentia o coração oprimido; recordava o irmão, Zafir, Leah, o pai, a mãe, Adara, as tias, e tantos outros amigos queridos. Seus olhos arderam; salgadas lágrimas os queimavam.

"Não. Chorar não resolverá coisa alguma. Preciso lutar para ajudar os que amo. Não sei o que será o amanhã, mas hoje Deus quis que eu estivesse aqui, é onde melhor posso e devo estar, com toda certeza. Confiarei e serei recompensada", confortou-se Layla, em sua solidão.

Tomou nas mão um punhado de areia, esfregou-as, depois fez o mesmo nos braços e no rosto. Orientou seu corpo na direção de Meca e prostrou-se ao solo orando pela segurança de seus amigos e familiares. Entregue à oração percebeu a chegada de alguém, quando viu e sentiu a longa sombra que projetou-se para além de seu corpo, desenhando sobre as dunas os contornos de um corpo masculino.

Sem pressa, concluiu sua prece. Ergueu-se e voltou-se para contemplar o mercenário cristão. Sabia que era ele.

– Gostaria de ter a sua fé. Já descobri que é ela sua fonte de força e resignação. Eu a invejo; não tenho esse sentimento no mesmo grau.

– Pois não devia. Minha religião é acessível a qualquer pessoa. Converta-se, é simples.

– Não me refiro à fé muçulmana, cristã ou judia. Falo do sentimento, da ligação que tem com Deus. É algo pessoal, creia-me. Conheço muçulmanos, judeus e cristãos católicos desde que nasci; todas essas profissões de fé contam um grande número de fiéis fanáticos; e contam, também, é claro, com pessoas esclarecidas e crentes. Não é somente o que elas ensinam que desperta esse sentimento. Senão, salvo algumas pequenas diferenças, seria igual em todos. E não é. Consegue me entender?

– Sim, consigo. Mas eu creio que o senhor observou apenas os homens praticantes dessas religiões. Observe as mulheres e terá sua resposta. Nós, independente da fé professada, vivemos ligadas ao Criador. Cuidamos dos grandes mistérios da vida – nascer e morrer – desde sempre. É em nossas mãos e corpos que a eterna obra do Supremo Criador se manifesta visível e renovada a cada segundo. Nenhum grande homem nasceu do nada, senhor; todos precisaram de uma mãe e de mulheres em suas vidas, inclusive os profetas.

– Idéia interessante. Mas a mulher sem o homem não realiza essa obra de que você fala. A mulher é apenas campo fértil à semeadura. É o que dizem as religiões – retrucou Kiéram, lançando um olhar à praia, fitando o horizonte verde e azul.

– Idéia do filósofo. Não é de todo sem razão, reconheço. Mas, seguindo esse raciocínio, lembre-se de que as atividades agrícolas começaram pelas mãos das mulheres. Elas apanhavam a semente como e quando queriam, depois semeavam, esperavam germinar, cultivavam a terra, até que os frutos da natureza brotassem, florescessem; então vinham as colheitas, e todos se saciavam. Será que as coisas mudaram? Eu creio que não. As religiões nos subjugam e nos põem à margem; fazem de nós criaturas invisíveis, mas isso é uma ilusão. Cobrem nossas cabeças, mas não nossas mentes. Tentam apagar as marcas das mulheres no mundo, mas isso é impossível. A mulher aprende a cuidar e ter paciência, desde que nasce. E, se não tiver a consciência de que é, em si mesma, uma força indispensável da natureza, não merece viver. Aliás, não viverá, ainda que sobreviva. Será uma qualquer rastejando pelo mundo em busca de migalhas, nunca uma mulher. Por entendermos e vivermos a natureza da terra, em sua glória e plenitude, é que nos tornamos submissas à vontade do Criador.

– Por Deus, jamais tinha ouvido idéias semelhantes. De onde as tirou?

– Tenho o hábito de estudar a vida das grandes mulheres da humanidade. Elas existem, sabia?

– Não, não mesmo – respondeu Kiéram com um sorriso irônico, levemente debochado. – Sempre lidei com homens, sempre fui contratado por homens e sempre decidi com homens. Talvez eu seja alguém de pouca sorte.

– Bem, pegue os livros da sua religião e leia. Elas estão lá, eu garanto, assim como nos textos hebreus e nos muçulmanos. Estão também na história dos povos e dos pensadores. Como dizia o profeta Yeshua: "Quem tem olhos de ver, verá", – retrucou Layla, ignorando a expressão do homem a sua frente.

– Não sou um ignorante, sei o que está sugerindo. Conheço um pouco de cada coisa que há no mundo.

– Eis aí um grande mal. Quem conhece um pouco de cada coisa, não conhece coisa alguma em profundidade. Tem uma cultura de mentira; um conhecimento feito de frases decoradas. Corrija-se, sr. Simsons, ainda há tempo. Se o senhor teimar em ver apenas o que tem à frente de seus olhos, em reconhecer apenas a força bruta, nunca entenderá as complexas forças da natureza. Existe um poder imenso e muita força em elementos que o olhar e a mão do homem não tocam. São como temporais de vento. O ar existe, todos dependemos dele para viver, é tão comum em nossas vidas e tão pacato que somente quando vemos a fúria das tempestades de vento, rajadas violentas derrubando tudo por onde passam é que somos levados a pensar que em algum lugar existem elementos desconhecidos de uma substância vital e rotineira, à qual damos pouco valor em nosso dia-a-dia.

– Existem mulheres como tempestades, é o que está me dizendo.

– Exatamente, senhor – aplaudiu Layla debochada. – Felicitações!

– Ensine-me, então, onde encontrá-las – pediu Kiéram, sorridente. Estava apreciando aquela criatura provocativa.

– O senhor não tem os requisitos necessários. Não posso ensinar um cego a ver, quando muito a tatear, correto?

– A senhorita é ousada e abusada. Agora entendo o esforço de sua família em protegê-la; por certo terá uma vida muito difícil longe daqueles que a criaram.

– Minha vida... senhor, foi roubada. Layla, filha de Nasser Al Gassim, já não existe mais. Mas, veja. Estranhamente, na grande confusão em que lançaram minha existência, deram-me também a solução de antigo problema. Nunca fui o que se pode chamar de uma menina dócil; sempre conquistei liberdades que a maioria das mulheres de meu povo não têm; nunca desejei e nem consegui me ver como esposa. Pois bem. Agora sou tão livre quanto as gaivotas da praia – respondeu Layla, muito séria. Este não era um assunto com o qual fizesse gracejos.

Vendo-a séria, contemplando os abissais olhos negros, Kiéram voltou à realidade. Tinha diante de si uma mulher muçulmana, trajada de guerreiro mercenário, vivendo sob sua proteção em meio a exércitos prontos para uma batalha. Ela perdera tudo e ganhara um destino incerto.

O noivo ainda desejava esposá-la, mas também isso não era uma escolha, mais se parecia com um remendo mal feito num traje vistoso.

– Desculpe-me – pediu sinceramente. – Não era o momento para tolas provocações. Perdoe-me. Juro que desde que percebi as intenções de Munir, mesmo quando eu não sabia que era sobre você que elas recaíam, eu tentei de todas as formas ao meu alcance evitar o que aconteceu. Não repita que você é uma pária, pode lhe parecer estranho que um mercenário cristão se sinta... como direi... falta-me a palavra...

– Apiedado, não serve?

– Talvez seja. Mas o que gostaria que entendesse é que desejo, sem nenhuma outra intenção, protegê-la e amenizar o máximo possível o amargor dessa situação.

Layla o encarava, e ante a honestidade que brilhava na íris castanha de Kiéram, baixou o olhar comovida. Não queria chorar, mas sentiu os olhos arderem novamente. Respirou fundo. Traçando com a vista um ângulo de 180 graus, fixou o azul-celeste, aqui e ali marcado por brancas nuvens.

– Obrigada, senhor Simsons – respondeu sincera, voltando a encará-lo, refeita da emoção.

– Quero que prometa...

– Homens! Sempre exigem promessas – interrompeu Layla. – Será tão difícil assim somente, confiar?

– Ouça-me, então. Confiarei que seguirá todas as minhas ordens quando a batalha começar. Que irá se proteger e não fará nenhuma loucura. Eu sei que é ótima amazona, exímia caçadora, mas uma batalha é muito diferente dos seus passeios no vale. É cruel. O homem quando sente o cheiro de sangue age como uma outra besta fera qualquer. Enlouquece, torna-se irracional. Por favor, fique longe disso.

Layla entendeu a implacável lógica da argumentação do homem à sua frente. Mais do que isso, sentiu a preocupação dele com sua segurança, física e emocional. Percebia que, por ele, não seria ela mais machucada do que já fora.

– O senhor é um grande homem – falou ela solene e, aproximando-se, tocou-lhe a testa com respeito. – Alá o proteja e o conserve em sua misericórdia. Existe clemência e misericórdia em sua alma. Onde quer que eu vá e a qualquer tempo e lugar, perante amigos e inimigos, darei testemunho de que o senhor é um homem que merece viver com glória. Tem um coração nobre.

– Uma pena que ele bata no corpo de um mercenário cristão – redarguiu Kiéram com o olhar brilhante fixo na face da jovem. – Precisamos voltar; eles devem atacar logo. Foram na direção de Cádiz. Atacarão primeiro seu irmão. Nós marcharemos para lá a fim de surpreendê-los pela retaguarda.

Layla sentiu um nó se formar em sua garganta. Nada disse; apenas começou a descer a duna em direção ao grupo de tendas do pequeno exército mercenário. Em sua mente uma convicção se formara: – lutaria por sua gente; defenderia seus amigos. Eles não tinham culpa pelo que lhe acontecera; eram as leis que seguiam. Acreditava que também sofriam por cumprir o que elas determinavam, sabia-se amada por sua gente.

No raiar da madrugada, os exércitos sob o comando de Jamal se movimentavam em direção ao pequeno reino do emir Al Gassim. Nas últimas fileiras cavalgava a filha do emir, vestida de negro. No olhar um brilho frio, metálico, revelava a determinação que carregava no íntimo. Era um olhar negro, frio e hipnótico. Do final da tarde anterior até aquele momento, mudanças haviam se operado em seu espírito, para não mais se apagarem.

Capítulo XV

Batalhas

À distância, os grossos rolos de fumaça cinzenta erguiam-se contra o céu alaranjado do amanhecer. Contemplando aqueles sinais tétricos, Layla sentiu o coração oprimido. Uma angústia crescente apertava-lhe a garganta e tinha pressa de chegar, de ver, constatar as proporções da destruição que divisava ao longe. Instintivamente foi acelerando o trote do cavalo, ultrapassando posições na tropa e, somente quando sentiu a mão de Kiéram em seu braço, deu-se conta de que se afastara muito do exército mercenário.

Seu olhar traía o sentimento de aflição que carregava na alma. Não precisou de palavras para justificar sua atitude. O mercenário cristão a encarou com tristeza na face e comentou:

– Entendo. Deve ser horrível o que está sentindo, mas é preciso esperar. Infelizmente, há momentos em que chegar um pouco antes ou um pouco depois não mudam em nada os fatos. É preciso pensar em você.

A jovem baixou a cabeça; a frieza de Kiéram a atingira em cheio. Reconheceu o gesto piedoso dele. A racionalidade fria é mais piedosa e eficaz que o destempero de qualquer espécie. A contenção que impôs a Layla devolveu-lhe a calma em meio à ansiedade que se mesclava com a dor de ver seu lar sob domínio estrangeiro, e a incerteza do destino de seus familiares.

Pouco depois, as tropas foram, uma a uma, parando. Um mensageiro veio até Kiéram, sussurrou-lhe palavras ao ouvido e partiu.

– Inferno! – praguejou o mercenário, contemplando o horizonte enfumaçado.

– O que houve? Por Deus do céu, diga-me o que sabe? – implorou Layla, aflita, aproximando sua montaria.

– Vamos voltar. Jamal Al Hussaim deu ordem de recuar. Vai evitar o enfrentamento armado e tentar uma negociação. A cidade caiu em poder dos africanos.

– Meu Deus! E agora?

– Agora? Boa pergunta. Não sei, a ordem é recuar e buscar um bom local para montar acampamento.

– Preciso falar com o Califa. Há notícia da minha família?

– Eles, os sultões africanos, são sanguinários. Cruéis. Piedade e misericórdia são qualidades divinas, não humanas. Eles desconhecem qualquer traço delas. Será que entende o que isso implica?

Uma palidez mortal descoloriu os pedaços de pele visíveis do rosto de Layla. Seu corpo estremeceu, fazendo com que Kiéram tocasse seu ombro, apertando-o gentilmente, desejoso de lhe transmitir força e solidariedade naquele momento que percebia estar sendo difícil.

– Sim – murmurou ela revoltada. – Eu entendo. Sentia muita angústia, opressão no peito, enquanto vínhamos para cá. Lá no fundo, eu sabia que a situação não era favorável e que eles não estavam bem. Maldição! Diabos! Eles não mereciam isso; nenhum de nós merecia nada do que está acontecendo. É uma loucura atrás da outra. Parece não ter fim. Será que Deus saiu do céu e largou a Terra, sem destino, feito um barco à deriva na tempestade? Que Ele me perdoe ou me puna, mas está muito além das minhas forças aceitar passivamente a tudo isso.

Kiéram ouviu o desabafo da jovem sem nada responder, nem retrucar.

Não sabia o que fazer, essa era a verdade. Nenhuma palavra de consolo lhe vinha à mente, e as frases decoradas aprendidas na infância haviam desaparecido de seu vocabulário como chefe de exército mercenário. Definitivamente, palavras não eram o que mais dominava.

– Olha, eu não sou nenhum devoto religioso, mas penso que além das convicções que nos são ensinadas por nossas religiões, não importa quais sejam, cada um tem uma visão pessoal de Deus. Na minha, ele não pune, nem perdoa, simplesmente nos contempla e observa como vivemos. E creio que Ele sabe da nossa condição humana, muito mais do que nós mesmos. E se nos fez assim, não espera que sejamos diferentes. É questão de lógica que nos aceite da forma pela qual nos criou. Eu já o xinguei mais vezes do que posso me lembrar e, não pergunte como, mas eu sei que Ele não deu a menor importância. Era quase como se o brilho e o calor do sol refletissem o sorriso indulgente Dele para com as minhas... hum... renegações. Xingue, esbraveje, ponha para fora sua revolta, seus medos Ele vai ouvi-la e entendê-la – sugeriu Kiéram mansamente.

"Ele não entendeu sobre o que estou falando. Mas entenderá. É questão de tempo", pensou Layla, nada argumentando ou expondo quanto às idéias do cristão. Limitou-se a contemplar o bater nervoso das patas do cavalo no mesmo lugar.

À noite, deitada sobre uma esteira, num compartimento da tenda de Kiéram, ela se revolvia insone. A mente tumultuada, arquitetando planos, o coração batendo acelerado.

Fora das percepções dos sentidos comuns, dois espíritos compartilhavam o espaço com a filha do emir de Cádiz – um sob a forma de uma jovem mulher, envolta em roupas orientais diáfanas, contemplava Layla e acariciava-lhe a cabeça na tentativa de acalmá-la; a seu lado, um companheiro sob aparência masculina, também com trajes orientais, acompanhava a cena calado e imóvel.

– Nagib, eu a sinto indócil, distante de nossa influência. Preocupa-me esse estado – comentou o espírito de Safia.

– Layla ainda é bastante passional. O amor ao saber tem auxiliado muito na mudança de suas características de personalidade. A evolução do intelecto sempre acaba por surtir bons efeitos sobre as emoções, mas a verdadeira batalha não se trava sobre o solo da terra, para ela no dia de hoje, mas no solo pantanoso de suas emoções – respondeu ele, analisando-a fixamente. – Ela planeja atos, minuciosamente. Sente como se os estivesse praticando e, por ora, não vislumbrei sequer sombra de arrependimento. Ela questiona-se, titubeia, mas depois de decidida traça o caminho até o fim. A conversa será longa, muito longa, Safia.

– Ela precisa resistir. Entregar-se à revolta e a inclinações vingativas não mudará em nada os fatos ocorridos. Aliás, ela está se torturando além do necessário. Sinceramente, eu julgava que a experiência dela até esse momento, da vivência da fé muçulmana, estava sendo altamente benéfica. Eu a via exercitar o pensamento sobre Deus e estabelecer, pela oração, uma convivência com Ele. Ainda que fossem gestos mecânicos, obrigatórios, estavam dobrando-lhe o espírito e impondo, lentamente, o pensar e o viver com Deus.

– Bons hábitos, sem dúvida. Ainda tenho fé de que essa vivência dará a ela a conquista do equilíbrio entre a razão e a emoção. Ser passional não é um mal para o espírito, desde que saiba conduzir essa força extra nascida de paixão. É de fato salutar; mil vezes melhor encontrar e fazer jorrar essa fonte de força do que viver a míngua da vontade, da incerteza. Safia, sabemos que Layla se recupera de experiências extremas. Ela estudou-se muito, ampliou seus conhecimentos, despertou e desenvolveu novos valores. Mas eles são frágeis e, lógico, oscilam quando confrontados com vivências e atitudes passadas. Nenhuma virtude nasce forte e robusta. Como tudo, elas também se ensaiam pequeninas nos seres humanos.

– Eu sei. Já passamos por batalhas semelhantes a que ela trava nessa hora. São dilacerantes. Por Deus, rasgam-nos de cima a baixo; ficamos com nossas almas em frangalhos. Ah, quanto é preciso nos questionarmos! Quanto é preciso nos sentirmos em choque, confrontados, para, somente depois, encontrarmos lá no fundo essas luzinhas das virtudes. Como também eu me debati! Quisera que não fosse assim com Layla, mas...

– É o caminho fatal para todos. Do mal nasce o bem; no fruto podre está a semente de uma nova árvore. Sem que ele apodreça, nunca liberará a fonte de uma nova vida. Esse embate que ela experimenta é o inicio da transformação. Ela é muito jovem, até agora sempre foi muito protegida. Era preciso. Era necessário que estudasse, que convivesse com a filosofia, a ciência e a religião, para lançar bases teóricas na mudança de comportamento. É a partir de hoje que a existência de fato se inicia; doravante ela passará a encontrar e experimentar as provas necessárias e aceitas antes de retornar à matéria. Adormeça-a, Safia. Será prudente conversarmos com ela, recordar alguns conhecimentos. Para isso viemos, não é mesmo?

Sáfia concordou e tornou sua carícia ainda mais lenta sobre a testa da jovem, envolvendo-a num sono hipnótico, ao qual não haveria como resistir. Pouco depois, a alma de Layla exteriorizava-se, no fenômeno natural de emancipação pelo sono, e contemplava a encantadora e doce face de Safia. Reconheceu-a, mas não lembrava o nome, nem de onde provinha a familiaridade. Sorriu, pois experimentava uma sensação de alegria e intimidade. Não tinha dúvidas de que a jovem criatura era sua amiga.

Com freqüência reencontramos seres queridos nos chamados "sonhos". Essas experiências nos deixam boas lembranças, despertam sentimentos e sensações que jazem em arquivos profundos da memória; e, não raras vezes, esses encontros modificam nossas atitudes. Voltando ao estado de vigília, resumimos a reviravolta em nossas decisões como decorrência de uma boa noite de sono que nos permitiu apreciar a "realidade" dos fatos com mais calma. Ou, em outras ocasiões, amanhecemos com questionamentos sobre decisões que antes não tínhamos. Seja em um ou em outro caso, esse momento de libertação do espírito do jugo da matéria é importantíssimo. É o estado de viver no limiar, sob o umbral dos dois planos, que permite ver melhor todos os ângulos e contornos da situação, dimensionar ou redimencionar as conseqüências de uma ação.

A necessidade do repouso está na natureza, também com a grande finalidade de dar aos homens essa oportunidade de lembrarem e viverem sua condição real, afrouxando as ilusões da matéria. Por isso, períodos de repouso são fundamentais para que o espírito encarnado possa desenvolver criatividade e espiritualidade, pelo contato direto com os amigos e protetores espirituais.

Safia estendeu a mão, sorrindo, e convidou:

– Venha conosco, Layla. Precisamos conversar.

– Perdoe-me, mas não me lembro do seu nome, nem do senhor que a acompanha. De onde os conheço? Sim, eu sei que os conheço, mas não consigo lembrar.

– Somos amigos, querida Layla, de longínqua data. Agora você não poderá lembrar-se desses fatos passados; a sua condição de espírito ligado à matéria impede essa lembrança. Não se aflija, saiba que somos amigos e de confiança, é o bastante. Chame-me por Nagib e a jovem que lhe oferece a mão é Safia.

– Safia?? É um nome pouco usado, é muito antigo, mas... soa tão familiar - comentou Layla dando a mão à cândida entidade. – Gostaria de lembrar-me de onde a conheço.

– Um dia essas memórias retornarão, não se assuste. Nessa vida material tudo é transitório. O povo árabe ensina já há muito tempo que este "mundo é ilusão, e o homem é imagem transitória: mal chega e já se foi."[1]

– É verdade. É tudo tão movediço como areia. O que parece sólido, firme, de uma hora para outra virá pó e confusão. Minha vida em questão de horas desfez-se por completo. Vejam, estou vestida de homem, uso trajes de um exército mercenário, sem pátria, nem fé. Há poucos dias eu enverguei uma batina de sacerdote católico. Sim, ninguém melhor do que eu, hoje, para entender a transitoriedade das coisas e a ilusão das imagens. Eu ouvi várias vezes esse provérbio, mas só agora entendo o quanto é verdadeiro e profundo. Antes, eu não dava a ele essa interpretação. Pensava, apenas no óbvio, na morte; que o corpo é pouca coisa e, claro, o espírito imortal vale muito mais.

– Maturidade, querida Layla, é seu ganho em tudo que se dá com sua vida – apartou Nagib. – Suas alvíssaras.

Layla riu e surpreendeu-se com o som do próprio riso. Julgava que nunca mais o ouviria e, de repente, ele brotara tão espontâneo em face à sugestão de recompensa por boas novas.

– Quem mas dará? Quais são as boas novas de que sou portadora?

– Deus – respondeu Nagib, mantendo o ar sério. – Lembre-se sempre, querida menina: não forme julgamentos apressados; espere o tempo passar. No momento presente as coisas não são boas ou más – todo julgamento do presente é inválido e passional – elas apenas são. Os frutos dos acontecimentos é que falarão do caráter deles e, só então, poderemos bem julgá-los.

– Usando outras palavras o senhor repete os versos de um velho poema – retrucou Layla sem esconder que se sentia ferida com as circunstâncias que vivenciava, que o manto de força sob o qual se escondia era um disfarce para sua revolta íntima. E declamou os versos do velho poema de autor ignorado: – "Não peça justiça ao destino, isso não é justo; muito menos o censure: ele não foi feito para ser justo. Limite-se ao que alegra e deixe a tristeza de lado, pois nele – destino das nossas vidas – inevitavelmente se cumprem coisas boas e ruins."

[1] *Citação de sabedoria popular árabe.*

– Sei o quanto é difícil pedir-lhe que se submeta; que aceite todas as reviravoltas do seu destino. Entretanto, guardo comigo a forte esperança de que após nossa conversa você conseguirá transformar a arte das palavras em arte de viver – disse Safia, conduzindo-a para fora da tenda. – Venha, vamos conversar longe desse ambiente. Prefiro os raios do luar como toldo e o sereno como tapete.

* * *

Na propriedade de Nasser Al Gassim a fumaça e o fogo impediam a boa visão; provocavam tosse e dificultavam a respiração dos homens, a maioria feridos, que insistiam em manter a luta desigual contra o xeique africano Omar Almustadi.

Mais bem preparados para a luta, habituados ao combate, os homens do xeique destruíam sem pensar, não sentiam piedade pelo arraso que procediam. Em suas mentes ecoava a mensagem de seu líder e a ela obedeciam:

"– Para cumprir nossa missão, necessitamos de uma base no território de Al Andaluz. A melhor posicionada é a que atacaremos, fica à beira mar, o porto é próximo. Não esmoreçam, nem titubeiem; no futuro, nossos irmãos muçulmanos nos agradecerão. Tudo o que fazemos é para o bem e glória de Alá e do profeta Muhamad. Não podemos permitir infiéis deturpando a verdade a nós revelada; somos o povo escolhido para zelar pelas verdades e leis ensinadas no Alcorão. A morte de um infiel é ato de limpeza no tecido social. É como cortar fora parte de nossa carne picada por cobra venenosa. É necessário à própria salvação. Outros povos faliram, nós seguiremos até a vitória, até a salvação. Alá os abençoe, meus irmãos. Morrer na luta é motivo de glória e honra nesta vida e certeza de garantia de ingresso no Paraíso na vida imortal. Dar nossas existências transitórias em troca da glória e felicidade eternas é quase nada. Que vale um corpo cujo destino é o fim, é a morte? Quase nada. Mas a forma como o entregamos a esse destino é toda diferença. Lutem, meus irmãos. Mas, ao verem alguns dentre nós tombarem, lembrem que vivemos e morremos com honra e estaremos a caminho do Paraíso. Que essa santa visão lhes sirva de inspiração".

Imbuídos dessas idéias, os guerreiros africanos atacavam ferozes, cegos e surdos a todo sofrimento que dessem causa. Tinham em vista cumprir as ordens do xeique Omar. Seguiam-no, como cegos. Absolutamente fanatizados.

Karim, acompanhado de alguns poucos guerreiros sobreviventes da tragédia que se abatera sob seu pacífico e alegre lar, batia em retirada, apressado. Na retina de seus olhos ainda brilhava o horror de ter presenciado a morte de Zafir, em combate.

O primo fora um exemplo de coragem e liderança. Exortara os homens a defender seus lares e suas mulheres, mas a ninguém exigira o sacrifício da própria vida. Ao contrário, dissera-lhes textualmente que mais valia viver e prosperar em outras terras, reconstruir pelo trabalho, do que morrer por pedras e apego ao que era transitório na vida.

Porém, ele mesmo não suportara ver a barbárie das tribos africanas e partira na defesa de um bando de crianças que fugiam apavoradas após o incêndio do prédio onde se escondiam. Defendera-as e permitira, com sua ação, que elas ganhassem as matas do vale, fugindo do local invadido. O preço fora vê-lo transpassado pela espada de um guerreiro fanático que não sabia nada sobre a vida de quem dava fim.

A comitiva de Karim levava consigo os restos mortais do amigo de infância. Todos tinham as vestes rasgadas e sujas pela batalha, mas o que sobrara eles haviam rasgado e sujado os rostos com terra, demonstrando o luto pela perda de Zafir. A fim de salvar a vida não gritavam sua dor, como é costume nas comunidades muçulmanas, ao saberem da morte de alguém estimado.

Marchavam guerreiros, camponeses homens e algumas mulheres e crianças. Um cortejo de maltrapilhos e feridos, que, sob o manto da noite, seguiam desesperançados pela planície, em direção à Córdoba.

Inutilmente, Karim esperara o reforço dos exércitos liderados pelo Califa. Havia vislumbrado as bandeiras à distância e enchera-se de esperança por algumas horas. Jurara que poderiam resistir até a chegada do reforço. Entretanto, espantado, observara-os recuar. Sentira o abandono. Em desespero, tomara com Zafir a decisão de abandonar a propriedade levando com eles os sobreviventes.

A maioria não quisera segui-los e Zafir negociara com o xeique Almustadi a rendição em troca de que os invasores poupassem a vida e a honra daqueles que desejavam permanecer. A trágica morte ocorrera ao abandonarem os portões, quando perceberam que a negociação não fora cumprida pelo invasores e eles seguiam dizimando os inocentes camponeses.

No silêncio da noite, o irmão de Layla ouvia os sons e ruídos do animais entremeados por soluços e abafadas exclamações de dor e ira. Conhecia pouco aquele caminho. A única esperança seria abrigarem-se nas ruínas de uma antiga igreja cristã, ainda distante. Contava alcançar o lugar ao amanhecer. Era preciso sobrevier àquela noite.

Desconhecendo o que o aguardava no dia seguinte, irmão Leon revolvia-se insone entre os rústicos lençóis. Virou para um lado e outro, rolou no leito, até cansar. Então, conformado com sua insônia, sentou-se no leito, respirou profundamente e começou a monologar consigo, em pensamento. Queria encontrar as causas da inusitada ansiedade que reconhecia sentir. Vivia um estado de expectativa, um anseio por uma resposta, e o estranho era que não tinha consciência de qual era a pergunta que ecoava em sua mente gerando aquele sentimento angustiante. Até que, virando e revirando, os refolhos de suas experiências recentes e sentimentos, encontrou a causa.

– A jovem muçulmana! – falou baixinho – Sim, é o rosto dela que me aflige em sonhos. São seus grandes olhos que encontro em local escuro. Sim! É o destino dela que me angustia. Estará em Córdoba? Terá desposado alguém? Pobre moça! Sim, preciso encontrá-la, ou ao menos saber notícias. Não gosto de grandes cidades, especialmente da capital, mas... talvez eu deva ir.

Localizando a questão que o atormentava, trazendo à consciência, identificou seus sentimentos e reações. Agradecido a Deus, ergueu-se do leito, abriu as grosseiras janelas, recebeu com um sorriso a aragem noturna; levantou os olhos ao céu estrelado, viu no firmamento a tênue luz do quarto crescente lunar e voltou seu pensamento em prece a Deus, pedindo amparo à jovem muçulmana que lhe conquistara a amizade. Tranqüilizado pelo exercício de busca e reconhecimento interior seguido pela prece confortadora, o religioso retornou ao leito pacificado. Adormeceu segundos depois de repousar a cabeça no travesseiro de penas de ganso, um luxo ao qual se dava direito na ascética vida que escolhera.

Cada segundo daquele sono e descanso foram necessários quando raiou o sol. Em seu pátio jaziam feridos e queimados de toda ordem. Irmão Leon acordou com os sons lamentosos; custou a despertar plenamente e, envolto nas brumas da modorra, julgava sonhar. Foi o grito estridente de um bebê que o pôs alerta.

– Que está acontecendo? – indagou em voz alta, mesmo sabendo que estava só no aposento, pois tinha o hábito de conversar às vezes consigo mesmo, em monólogos íntimos com a consciência, outras vezes com a vida, lançando perguntas e conceitos ao vento, mas crente de que algo ou alguém os recolhia.

À sua maneira isso era uma antecipação das teorias da física contemporânea e uma interpretação muito pessoal, sensível e observadora da natureza e dos evangelhos de Jesus. Lembrava-se sempre da recomendação do Mestre de que os lírios não teciam, nem fiavam, porém o mais poderoso dos reis de Israel não tinha túnica igual.

Sim, para irmão Leon os ventos eram mensageiros. Assim como eles transportavam as sementes dos lírios, também transportavam suas idéias e dúvidas, e um dia, em algum lugar, não sabia onde, tinha convicção de que as primeiras frutificariam, e as segundas receberiam resposta. Lembrava o apóstolo dos gentios a dizer aos fiéis que nunca estamos sós, ao contrário, vivemos rodeados de uma nuvem de testemunhas invisíveis.

"Quem testemunha vê, ouve e fala; ainda que seja invisível", pensava ele. Assim, tudo quanto dizia acreditava que era ouvido e poderia ser benéfico a alguma dessas testemunhas se fosse bom; e seus muitos questionamentos receberiam resposta. De muitos ele dizia já ter tido sanadas suas indagações. Afirmava ser estranha a via de retorno, pois nem sempre a vida lhe respondia com palavras audíveis ou visíveis, aliás raramente elas vinham na boca de outras pessoas; o mais comum era apresentarem-se situações concretas em que ele sentia a resposta de Deus.

De um salto, ergueu-se. A batina surrada – o tecido que há muito perdera as fibras mais grosseiras, era por assim dizer amaciado pelo tempo e pelo uso constante – servia-lhe também perfeitamente de camisola. Perdera todos os incômodos da grosseria, da matéria de que era feita; assentava como uma segunda pele no religioso. Além do mais, não perdia tempo vestindo-se todas as manhãs. Estava sempre pronto ao trabalho e, naquele amanhecer, a prática mostrou-se adequada. Da janela avistou seu pátio tomado por bom número de pessoas.

Uma caravana de dor, onde se poderia dividir os integrantes em regularmente feridos, gravemente feridos, mutilados e mortos. Isso em relação ao corpo. Quanto à alma... seus olhos revelavam tanta dor e desespero que irmão Leon ficou em dúvida se era bondade de Deus aquecê-los com os raios solares ou se era a ira divina que permitia ao astro rei iluminar aquele horror para apreciação de seus olhos.

– Que fazem os homens, meu Senhor? – disse ele baixinho, desejoso de que apenas Deus o ouvisse. – Tenho medo de perguntar a alguém por que esse horror aconteceu. E se ele me revelar, Senhor, que fizeram essa barbárie em teu nome e por amor a ti? O que eu lhes digo? O que faço?

Silenciou um breve segundo e balançou a cabeça como se ouvisse uma resposta e concordasse.

– Nada... Não pergunto nada. É o que me dizes? Sim, Senhor, tens razão. Eu te louvo. Não me cabe questionar os porquês, nem os caminhos que os trouxeram até aqui. Entendo. Estás me dizendo que é meu dever ajudá-los como posso e como eles necessitam. Sim, sim, tens razão, como sempre. Vou saber o que eles precisam, não é hora para discussões. Obrigada, Senhor! Se for possível, Deus te abençoe.

Evitando maior perda de tempo, saltou a janela e caminhou os poucos metros que o afastavam de uma fileira de pessoas acomodadas sobre as raízes da grande árvore que dominava o pátio. Leu a sede e a febre nos rostos sujos. Espantou-se ao tomar ciência de que se tratava de dezenas de pessoas. Marchou resoluto em direção ao poço d'água que ficava em rumo contrário.

Ao lado do poço, manejando a roldana num supremo esforço, encontrava-se Karim, que aos olhos do irmão franciscano era apenas um jovem rapaz cuja aparência revelava ser parte do sofrido grupo.

– Preciso de água – rosnou ele, lançando um olhar feroz ao religioso. – Ninguém vai me impedir de matar a sede do que resta do meu povo. É bom que nem tente.

– Eu sei – respondeu irmão Leon, com voz tranqüila. – Vim aqui para fazer a mesma coisa. Vi que seu povo tem sede. Olhe, não quero ofendê-lo, mas embora mais velho que o senhor, nesse momento estou em melhor condição de ajudar. Se me permitir posso puxar a roldana e levar os baldes até... onde estão os outros. Eles receberão a água de suas mãos com mais confiança e alegria do que das minhas e isso será bom. Desejo trabalhar com o senhor.

A roupa miserável do religioso, seu rosto corado e sadio, as palavras compreensivas e o tom de voz amistoso que ele usava davam a Karim uma sensação de incerteza, de medo do desconhecido. Nunca vira ninguém, nenhum padre católico ou fiel cristão, agir daquele jeito. Mesmo zonzo e irado, estava lúcido para identificar que era um monge. As forças fugiam de seus músculos; o corpo não respondia mais à mente. O filho de Nasser reconhecia que precisava de ajuda, que tinha de confiar em alguém, por mais esquisito que fosse esse alguém.

Sem forças para falar, afastou-se do poço e ofereceu a corda que girava a roldana ao religioso, que sorriu ao recebê-la entre as mãos. Trabalharam em silêncio, dando de beber aos sedentos, lavando ferimentos mais graves. Paco e Balboa, habituados a seguir o comportamento do irmão Leon, naturalmente, logo juntaram-se a eles no socorro aos sobreviventes.

Foi um dia de muito trabalho e poucas palavras. A vida respondia que era preciso e mais importante sentir e ser misericordioso, mais do que pregar sobre misericórdia. Dizia, também em sua maneira de falar, que fazer aos outros o que desejamos que nos façam, não é fazer o que queremos, mas sim o que o outro precisa na condição em que se encontra.

* * *

No acampamento, Kiéram observava os arredores. Os homens ainda dormiam. Ele acordara com a movimentação de Layla. Acompanhara discretamente as ações dela e, em silêncio, louvara-lhe a sensatez.

A jovem afastara-se do acampamento, nas primeiras horas, em busca de privacidade para realizar sua higiene e orações, com a certeza de não ser vista por ninguém. Viu seu vulto desaparecer por entre as dunas. Quando ela regressou era natural que ele estivesse acordado e, assim, nem ao menos desconfiou que fora monitorada.

– Bom dia – saudou Kiéram.– Dormiu bem?

– Surpreendentemente bem, considerando-se as circunstâncias. A natureza é muito sábia; não luto com ela. Reconheço que é manifestação direta do Misericordioso e tudo nela obedece às suas vontades supremas; eu me submeto. Estranho como existem dias comuns em que não conseguimos conciliar o sono com facilidade ou com proveito, e outros, em que teríamos todas as razões do mundo para não adormecer ou ter um sono agitado com pesadelos, mas nada disso acontece. Dormimos tanto que temos a impressão de morrermos por algumas horas. Amanhece o dia e em nossa mente operou-se um distanciamento das emoções e preocupações que nos afligiam.

– Fico feliz de saber que teve uma boa noite. Diz minha mãe que o sono revigora o corpo e a alma. Vamos comer. É sempre melhor o sabor dos alimentos frescos. Acampamentos militares, mesmo com a presença de um Califa, não são o que de melhor se pode esperar em conforto e alimentação.

Layla sorriu, baixou a cabeça e caminhou tranqüila ao lado do mercenário, em direção a um pequeno grupo de homens que preparava a refeição matinal.

Sentou-se na areia, tal como fizera Kiéram, e admirou-se de apreciar o café forte que lhe foi servido, com pão ázimo ainda quente. Sentia-se estranha, tranqüila. O futuro, a cada hora mais incerto, não era objeto de suas cogitações; sua mente silenciara em relação a ele. O passado, o dolorido passado recente, era uma ferida que enxergava em si com clareza. Havia pontos infecciosos nela, porém era como se alguém, um habilidoso médico, houvesse derramado ungüentos calmantes, e o ferimento tivesse se transformado numa zona dormente.

Partilhando o alimento com os mercenários, correu o olhar à sua volta. Pisava no mundo dos homens e era vista e tratada como tal.

Diferente das mulheres era a amizade entre os homens; a seu ver parecia mais imediata e superficial. Os olhos voltavam-se para o externo. Não vislumbrou um único olhar introspectivo. Essa constatação a fez recordar os olhos de Zafir. Uma dor no peito lhe trouxe lágrimas aos próprios olhos. Dos tecidos macerados do passado brotou o questionamento sobre a sorte do primo querido e dos familiares.

"Mortos", pensou. "Não posso chorar. É preciso viver. Alá não escreveu, ainda, o meu fim."

Dos dias de sua infância veio a lembrança de Adara, dançando e declamando poesias, nos banquetes de Cádiz. Parecia ouvir-lhe a voz ecoando em sua cabeça:

"Diga a quem carrega uma tristeza
que tristezas não perduram;
assim como se vai a felicidade,
também as tristezas se vão."

Sem que se desse conta, balbuciara os versos atraindo a atenção de Kiéram, que girando a caneca entre as mãos, comentou:

– É a dinâmica da vida. Existe uma sucessão infinita de dias sempre novos. Nós pensamos que são iguais e há quem diga que "são sempre os mesmos". É uma ilusão. Existe um movimento constante em tudo. Nós pensamos que a areia sobre a qual nos sentamos está aqui desde sempre, mas é só olhar para o pico das dunas e ver que ela se move, está em mudança sempre. Com os fatos da vida e com o que sentimos é a mesma coisa.

– Ahã – concordou Layla, olhando fixamente a face de seu protetor. – Eu confio em você, Kiéram Simsons. Por favor, não me traia.

Calmo, ele voltou o olhar encarando-a. Mergulhar na íris negra de Layla não era tarefa fácil; exigia uma honestidade com os próprios sentimentos e muita confiança em si. A alma da jovem se espelhava na profundidade do olhar ao mesmo tempo que nela se escondia, porém ela parecia desnudar a alma de quem a enfrentasse olhos nos olhos.

– Agradeço sua confiança. É uma honra. Sou um mercenário, mas sou humano. Tem minha palavra.

– Sabe o que sou; também sou humana. Temos um pacto.

O acampamento despertava e o movimento fez dispersar o momento de intimidade e entendimento. Layla encarava o comportamento liberal dos homens, as obscenidades que diziam, as liberalidade de conduta, com uma perfeita e fingida naturalidade. Revelava-se uma atriz de talento. A luta pela vida impunha-lhe a superação e a transformação. De sua plácida e luxuosa rotina, sob a proteção familiar, nada mais restava em seu cotidiano.

Kiéram levantou-se e foi na direção de um grupo de nobres muçulmanos chefiados por Munir Al Jerrari, a poucos metros dali, que o chamavam. Layla permaneceu sentada abraçando os joelhos, cabeça levemente abaixada, apenas o suficiente para esconder seus olhos.

– Kiéram, meu primo enlouqueceu – declarou Munir sem rodeios. – Lançar-nos nessa empreitada contra o sultão Kaleb e o xeique Omar Amustadi só pode ser creditado à insanidade. Conversei com os emires – e fez um gesto mostrando os três homens que o acompanhavam. – Não desejamos negociar com os africanos, tampouco enfrentá-los. Eles já têm Cádiz. Era um reino pequeno, de pouca importância.

O mercenário cristão relanceou os olhos identificando os emires que acompanhavam Munir. Eram tolos, conhecia-os razoavelmente bem. Não tinham nenhuma influência, nem gozavam de prestígio. Mas eram tão interesseiros e irresponsáveis quanto o homem que os liderava. Sem vaidade, sabia que gozava de melhor prestígio junto a Jamal e ao governo de Córdoba do que todos eles reunidos.

– Sim. Essa é a posição dos senhores... mas o que tenho a ver com isso? – indagou o cristão, friamente.

– Estamos organizando um levante contra a decisão de Jamal. Queremos retornar a Córdoba. Enfrentar os africanos será morte certa – declarou Munir – Nenhuma razão mais existe para insistir na defesa de Cádiz. A família daquela cadelinha furiosa está morta. Não farão falta a ninguém. Dela ninguém sabe. Algum abutre há de tê-la devorado na planície...

– Guarde sua opinião para si, prezado emir – rugiu Kiéram enfurecido, encarando ameaçadoramente aquele que antes tinha como amigo e agora reconhecia desprezar e odiar. – Lembre-se de que eu jamais compactuei com ela e houvesse o prezado senhor dado ouvidos às palavras de um cidadão de segunda classe como eu – na época seu amigo – e nada disso teria acontecido. Salvo a invasão africana, mas mesmo nela sua insensatez tem parte. Não tivesse raptado a filha do emir de Cádiz e ele estaria lá com seus homens em condições de defender o pequeno reino, como disse, que não é tão sem importância assim. Qualquer imbecil, com um rasgo de inteligência, é capaz de enxergar o que o domínio de um porto representa numa luta. E antes que os senhores prossigam, informo–lhes que irei imediatamente dar conhecimento ao Califa do que vieram me propor e noticiar.

Munir babou de raiva ao ouvir as expressões insolentes de Kiéram e arremeteu contra ele de punho erguido, buscando acertá-lo no rosto. Este, porém, foi mais rápido e desviou o golpe. Os outros três reagiram lançando-se sobre Kiéram, numa luta desigual.

– Ai! – gritou um, alvejado por uma flecha certeira.

A seu lado caíram os outros, derrubados. Surpreso, Munir ergueu o olhar vendo por sobre o ombro de Kiéram o arqueiro negro que o encarava com os olhos incandescentes de ódio. Num gesto rápido o guerreiro expôs o rosto plenamente.

– Layla! – reconheceu ele e nada mais pôde dizer. Uma flechada mortal atingiu-lhe o pescoço.

Ela baixou o arco; com parte do turbante voltou a encobrir o rosto e, respirando aceleradamente, sentou-se. Sabia que matara um homem; os demais estavam feridos, apenas impossibilitara que agredissem o mercenário. Entretanto, ao ouvir as palavras desdenhosas de seu algoz a fúria a tomara, e decidira, movida pelas emoções, que era justo que ele pagasse com a vida o que lhe fizera e à sua família.

Kiéram não precisou se voltar para saber quem fora seu aliado na luta. Tudo fora tão rápido que o restante de seus homens ainda apreciava a cena e dava os primeiros passos quando as flechas de Layla encerraram a questão.

Aproximou-se do corpo de Munir, que Esthertorava, e ouviu seu último suspiro.

– Está morto – falou para Layla.

Avançou examinando os outros caídos sobre a areia. Voltou-se na direção do acampamento e, chamando alguns de seus homens, ordenou-lhes:

– Recolham. Estão feridos. Chamem quem possa tratá-los.

Os poucos soldados que conheciam a real identidade do defensor de Kiéram, olharam, disfarçadamente, com enorme respeito, na direção do guerreiro sentado sobre a duna. Transportaram os feridos para a tenda mais próxima, enquanto o líder mercenário retornava a seu lugar ao lado da jovem.

– Como você está? – indagou ele, observando que ela lutava para conter os tremores do corpo.

– Bem.

– Dizem que as primeiras coisas na vida de uma pessoa são as mais marcantes. Eu não creio nisso, já esqueci o primeiro homem que matei em combate. Mas, se desejar falar...

– Não é preciso.

Layla levantou-se, lançou-lhe um olhar tão perturbador que ele desistiu de argumentar e até de perguntar o que ela pretendia fazer. Impôs-lhe silêncio. Colocou sobre o ombro o arco e deu as costas a Kiéram dizendo: – Voltarei, não se assuste.

Vendo que ela tomava o rumo de onde estavam os cavalos, elevou a voz e disse:

– Obrigado pela ajuda.

Ela seguiu andando sem se voltar. Apenas ergueu a mão num gesto de aceitação e pouco caso do agradecimento. Tomou as rédeas do cavalo no qual viajara e partiu em direção à praia.

"Mulher estranha", pensou Kiéram, observando-a afastar-se. "Linda. Furiosa como uma tempestade. Decidida como uma rainha amazona."

– Kiéram – chamou um de seus soldados, forçando-o a voltar ao momento e abandonando a figura de Layla que desaparecia rapidamente de vista. – O que fazemos com o morto? É da família do Califa.

– Eu irei dar a notícia. Faça como manda a tradição muçulmana. Eles virão buscá-lo aqui.

– Qual será a reação do Califa? – insistiu o homem indagando, expressando o que na mente de todos passava a ser preocupação. – Afinal um emir muçulmano foi morto em nosso acampamento.

– Não sei, mas não vou demorar a descobrir.

E partiu com passos rápidos rumo à tenda do Califa, ignorando o protocolo.

Capítulo XVI

A Favorita

– O que diz? – indagou Jamal Al Hussain, incrédulo – É mesmo verdade? Você não ousaria mentir para mim, não é, Kiéram?

– Juro, senhor. Munir Al Jerrari, seu primo e cunhado está morto.

– Eu creio. Mas foi, realmente, a... – e olhou à volta percebendo, pelas sombras projetadas contra o tecido, que havia guardas e Fátim estava no compartimento ao lado. Reduziu o tom de voz a um murmúrio: – Foi a filha de Al Gassim quem o assassinou?

– Em minha defesa. Foi, senhor. Eu estava em desvantagem na luta. Eram quatro homens armados contra um desarmado. Ela não merece nenhuma punição. Afinal, para todos os efeitos, é "um homem" sob meu comando. Agiu na defesa de seu líder.

– Sei, sei – comentou o Califa com um olhar onde se lia um toque de inveja e outro de malícia. – Não haverá punições. Para ser honesto, devo reconhecer que me prestou grande serviço dizimando um líder rebelado; seria a segunda traição de Munir em questão de dias. Minha tolerância tem limites. Enviarei dois soldados com o cadáver e uma carta para minha irmã. Pouparei desgostos públicos. A Amirah será dito que ele morreu em missão sigilosa de investigação. Eu me encarregarei para que os outros revoltosos guardem silêncio.

Kiéram baixou a cabeça em sinal de concordância e agradecimento. Fazia menção de retirar-se quando a voz de Jamal o deteve.

– Cuidado, Kiéram. O perigo dorme a seu lado. Lembre-se de quem se trata.

– No passado ou no presente, Califa? – retrucou Kiéram e, sem aguardar resposta, emendou de forma igualmente dúbia: – Um guerreiro não vive de lembranças nem de expectativa; vive o momento, pois sabe que o amanhã é incerto e a vida, uma incógnita.

– Que trágico seu pensamento, meu amigo.

– Eu creio que mistérios e tragédias existem na vida de todos nós.

– Mistérios e tragédias... É, mas há também "outras" coisas na vida de todos nós.

– Senhor, o assunto que me trazia a sua presença está encerrado. Boa noite.

E saiu sem aguardar a permissão do Califa. Kiéram começava a irritar-se com os poderosos líderes muçulmanos.

Jamal ficou refletindo sobre a notícia. "A estranha mulher é mesmo incomum. Por Deus! Matar um homem exige muito sangue frio... ou será o contrário... será que exige a capacidade de ser tomado pela fúria, de sentir as labaredas da ira lamberem seu corpo e sua mente? Não. Pelo que contou Kiéram, ela agiu friamente. Tão friamente que mirou e antecipou o resultado com precisão assustadora. Sabia a quem, como e onde ferir para alcançar os propósitos que tinha. E sabia como matar, certeira, sem dor, sem gritos, uma execução primorosa. Tirou-lhe, completamente, em segundos, a capacidade de respirar; encharcou-lhe os pulmões com sangue. Misericórdia! Por Deus, que essa é a mesma mulher que me encantou com suas histórias sobre águias e caçadas. Tão serena, tão tranqüila, tão insondável em sua dor e coragem. Que alma é essa? Por Deus, eu quero saber. Eu preciso saber."

Lembrando-se de que Kiéram lhe dissera que após o "incidente" ela fora cavalgar, desaparecendo em direção à praia, lançou um olhar naquela direção, obviamente barrado pelos tecidos que faziam os compartimentos e limites de sua tenda. Deter o olhar no tecido cor de palha mudou o rumo de seus pensamentos. Tinha providências a tomar. Chamou pelo secretário e, assim que o viu, despejou ordens e informações sobre o ocorrido. Mal terminava de ditar suas ordens e os homens de Kiéram pediam para depor a seus pés os líderes insurretos.

– Então são esses os patifes. Vermes! Vocês não merecem viver. Aquele que não é fiel no pouco não merece o muito – disse o Califa. – Trezentas chibatadas, cem em cada, no meio do acampamento, para execração pública desses traidores. Carregarão para sempre na pele os sinais que informarão o tipo de gente que vocês são: indignos de confiança. Levem-nos daqui. Mantenham-nos presos e sob vigilância até o cumprimento da decisão; depois, quero-os longe daqui o mais rápido possível. Passem seus exércitos em revista; se forem fiéis e dignos da minha confiança, somar-se-ão ao meu exército. Caso contrário, expulse todos. Na guerra e na vida precisamos saber com quem mantemos contenda, onde e como está o inimigo e, principalmente, temos que conhecê-los. Não quero lutar contra o desconhecido nem ao lado de quem eu precise ficar de sobreaviso. Como ensinava o profeta Yeshua: "Aquele que comigo não ajunta, espalha." Fora.

E irritado, deu-lhes as costas. Os rebeldes, feridos no corpo e na alma, tinham o orgulho seriamente abalado. Ouviram calados a decisão de Jamal Al Hussain. Sabiam-no impiedoso ante traições; apenas o tremor dos corpos denunciava o estado emocional que viviam e o quanto de esforço faziam para controlar-se e escaparem com vida daquele episódio. Maldisseram o momento em que deram atenção às palavras de Munir Al Jerrari.

O castigo foi executado com o sol a pino. Pouco tempo depois foi enviado o corpo de Munir a Córdoba acompanhado de uma carta de esclarecimento à viúva.

Caía a tarde quando Layla regressou envolta no mesmo manto de silêncio em que partira. Foi diretamente para a tenda que dividia com o capitão mercenário.

Romero, que conversava com Kiéram, não pôde deixar de notar a mudança na atitude do chefe ao avistar a figura da jovem disfarçada. Parecia que o manto de silêncio dela havia se estendido sobre eles, de repente, encobrindo mais ao capitão. Como ele demorasse a retomar o assunto, Romero comentou:

– As mulheres muçulmanas me fascinam. São tão misteriosas, tão encantadoras. Despertam um anseio de desvendá-las, descobri-las. Também não sente isso?

Kiéram enrugou as sobrancelhas, pensou e respondeu:

– Não, nunca senti nada como o que fala. Mas acredito que se você sente essas coisas talvez seja por que elas nos são proibidas. Nunca me envolvi com mulheres muçulmanas; sempre foram figuras que eu via se moverem a uma saudável distância de mim. Acho que tenho piedade delas.

Romero riu. Depois, com a intimidade e familiaridade que Kiéram concedia a seus liderados, colocou-lhe mão no braço e disse:

– Boa história, mas não estou bêbado. Piedade? Por favor. Bem dizia meu avô que a boca mente... mas os olhos ou dizem a verdade ou se escondem. Eu sou o único que sabe quem é o “homem” que passou por aqui, lembra-se? Você devia ter visto a sua cara, Kiéram Simsons. Olha, aceite meu conselho: comece a usar um disfarce. O brilho no seu olhar é traidor; revela o que você não quer contar. Como você não o viu, eu lhe digo: não enxerguei piedade em seus olhos. Vi um interesse grande, para dizer o mínimo.

– Guarde suas opiniões para si, Romero – ralhou Kiéram, rude. – Agradeço seus avisos, mas lhe garanto que não são necessários. Você sabe mesmo de tudo; é bom que não esqueça que jurou guardar sigilo e respeito.

Romero baixou a cabeça. Conhecia Kiéram há muitos anos, admirava-o e confiava nele, não desejava perder credibilidade ou extrapolar a autonomia que tinha. Entendeu que a jovem muçulmana era um terreno tão cediço na vida de Kiéram quanto as dunas de areia. Era fácil afundar e difícil de locomover-se e sair; prazeroso, porém pesado. Melhor era seguir a sabedoria dos árabes: ver e calar. Pretextando supervisionar o preparo e arrumação das armas da tropa, deixou seu líder sozinho, e o assunto que os entretinha, antes da chegada de Layla, inacabado.

Kiéram dirigiu-se à tenda que compartilhava com Layla. Vendo-a deitada sobre o tapete, com os olhos fitando o teto e o rosto descoberto, não pode furtar-se ao encanto de contemplar-lhe a beleza das feições, naquele momento envoltas em uma expressão misteriosa, indefinível, que não saberia dizer se concentrada, se reflexiva. Parecia indiferente ou até ausente. Pigarreou chamando-lhe a atenção e foi com extrema lentidão que ela voltou o rosto e o olhar em sua direção, fitando-o silenciosa.

– Você está bem?

Ela fez, vagarosamente, um gesto afirmativo com a cabeça e tornou a prender o olhar no limite do tecido que encobria as estrelas de sua visão.

– Se quiser... conversar... sobre o que aconteceu... logo cedo... – insistiu Kiéram, incomodado com a insegurança que sentia para tocar no assunto.

A verdade é que não sabia como agir, pois a assassina era uma mulher e esta não era um atitude que ele esperasse em alguém do sexo feminino. Não a condenava, ao contrário, entendia as razões que a levaram ao ato de vingança. Reconhecia que agiria da mesma forma se estivesse em seu lugar. Entretanto, por ela ser mulher, não sabia como dizer-lhe o que lhe ia no pensamento; tinha dúvidas, anseios e fazia mil rodeios para abordar o tema. Para piorar, faltavam-lhe as palavras e por muito pouco não gaguejava

– Pensei... sobre o que lhe disse... de manhã. Bem,... não era... verdade. Mas é que... lido com homens, entende, e... bem... acho que é diferente. Daí me atrapalhei todo... quando falei com você. E o fato é que, bem, não gostaria que você tivesse a impressão que sou... sem sentimentos. E, também, queria lhe dizer que... que... Maldição! Coisa difícil! – e respirou fundo pela boca para depois declarar num só folego, disparando as palavras como flechas velozes. – Que matar é uma experiência terrível. É muito forte. Desnorteia. Arrasa com a gente e nos faz sentir um minuto de poder e horas de miserável agonia. É como se a gente olhasse no espelho e visse em lugar do nosso rosto a face do demônio.

– E é – respondeu Layla imperturbável. – É a face escura do dia, é a noite de lua nova.

Surpreendido com o tom de voz firme e claro da mulher estirada sobre o tapete, e em sua admissão da consciência que tinha dos próprios sentimentos, ele aproximou-se, agachou-se ao lado dela e perscrutou seu rosto com o olhar, em busca de algum vestígio de lágrimas, de descontrole. Nada. Nenhum vermelho no globo ocular, nenhum inchaço, nenhuma marca de choro. Apenas a expressão misteriosa e profunda que ele não sabia descrever.

– Isso não a incomoda? – questionou ele, e sem esperar resposta, prosseguiu falando de si. – Até hoje eu abomino o início e o fim das batalhas. No início porque sei tudo que precisarei fazer e o que irei ver; no final, por tudo que foi feito. Ainda não consegui deixar de pensar se os homens já não têm condição suficiente para resolverem seus conflitos através do diálogo e do entendimento. Confesso: não gosto de matar, embora às vezes o faça com prazer. Parece loucura, não é mesmo?

– A grande batalha da vida é dentro dos seres humanos. Você disse ver a face do demônio, em vez de seu rosto, depois que mata alguém. E eu lhe digo: há uma parte de cada um de nós que é demoníaca, que é má, vingativa, invejosa, ciumenta, dominada por uma ira absoluta. Essa parte de nossa alma destrói, mata. É ela que se sente poderosa e lhe dá a sensação de prazer nesses atos. O arrependimento é a outra face do seu íntimo, aquela que aflora assim que as chamas da ira arrefecem. É essa face que nos diz para não matar, é a voz de Deus em nosso interior.

– As duas faces do ser humano. Jesus ensinava que temos duas faces, dois caminhos de comportamento – emendou Kiéram, atento ao que falava a filha do emir de Cádiz.

– Nem sempre conseguimos mostrar a outra face. Algumas pessoas nos mostram sua cara demoníaca e isso acaba fazendo desvendar a nossa. A superioridade dos sentimentos e atitudes do profeta Yeshua é um árduo caminho para ser seguido e exemplificado. Perdoar é um ato sublime, mas confesso que não sei o que seja tal atitude, muito menos os sentimentos que devem ser vivenciados para externar uma conduta igual.

– Tenho aprendido que a desgraça une. Nessa vida como pária algumas coisas acabam sem importância, aliás, estranhamente sem importância, pois são as razões gerais de toda essa estrutura social que vivemos; uma delas é a intolerância entre as religiões dos cidadãos de segunda classe, o judaísmo e cristianismo. Acaba que tenho amigos judeus, grandes amigos, e a convivência com eles me faz pensar em muitas lições às quais, na igreja cristã, é dada uma conotação diferente. E até me parecem muito difíceis de entender.

Kiéram fez uma pausa e observou Layla. Percebeu interesse em seu olhar; a expressão misteriosa ainda estava presente em suas feições, especialmente nos olhos, mas perdera espaço. Estava mais humana e próxima do concreto e do presente.

– Não sei por que diz que a desgraça – e aqui entendo que isso signifique não ser muçulmano e assim ser considerado um cidadão de segunda classe em Al Andaluz – une. Eu, quando vivia como a protegida filha do emir de Cádiz, tinha amigos judeus; minha serva pessoal era judia; cuidou de mim desde que nasci. Eu a amo, aprendi muito com ela, é uma mulher muito sábia. Debatíamos muito a questão da mulher em nossas religiões. Apesar de muito se falar, no fundo, as diferenças são pequenas. Entendo e aceito que na minha fé muitas posições em relação a nós, mulheres, são muito duras e radicais. Porém, também no judaísmo a visão escrita e ensinada no livro sagrado é diferente da praticada e do entendimento "oficial" dos ensinamentos. Mas diga-me o que aprendeu com seus amigos.

– Com eles eu passei a entender lições e expressões usadas por Jesus que, sem conhecer um pouquinho de cultura judaica, seriam incompreensíveis. É engraçado observar o andar do tempo e as transformações que ele realiza. Os ensinamentos de Jesus foram dados a um povo e todo povo tem suas crenças, seu modo de viver, sua história e toda uma dinâmica social, política, religiosa e militar de acordo com a época. É preciso saber um pouco dessas informações para ver com mais clareza o que ele desejava ensinar e como esse homem era especial.

– Homem especial... interessante seu modo de falar. Sabia que nós, muçulmanos, o vemos como o profeta da vida interior, aquele que desvenda os caminhos do reino da consciência e da própria alma? – questionou Layla. – Eu gosto muito das lições do profeta Yeshua, como o chamamos.

– Sim, eu sei. Não se esqueça de que trabalho para líderes muçulmanos. Nem sempre estou com armas nas mãos; às vezes também pego livros ou sento-me para conversar.

Layla balançou a cabeça levemente aprovando o que ouvia e disse:

– Mas, afinal, não respondeu o que aprendeu com a desgraça.

– Ah, várias coisas. Por exemplo: a importância que algumas correntes do judaísmo dão às práticas de purificação. Eles têm uma imensidade de rituais. Eu, sinceramente, creio que não conseguiria aprender todos ao longo de uma vida. É pouco tempo, são mais de 600. Impossível para qualquer ser humano, penso eu, cumpri-los com o rigor da lei. Jesus entendeu isso e rompeu com esses preceitos. E a forma como afrontou essa prática me faz pensar que muitas pessoas, independente de crença, cercam-se de práticas exteriores para fugir ao confronto com esse ser de duas faces que, no final das contas, é o que cada um de nós é e carrega no fundo da alma. Ocupam-se lavando pratos e copos, determinando com que mão se come, o que e de que forma, listam e separam o que é puro e o que é impuro. Mas e dentro de si, como fica? Tudo misturado. Não fosse assim, o mundo seria um lugar bem melhor.

– Quer dizer que seria bem melhor conviver com as outras pessoas, mais fácil, mais simples, mais pacífico? O mundo, a meu ver, é maravilhoso. Foi Alá que o criou e é perfeito. Nós, criaturas humanas, é que somos complicadas e complicadoras.

– É, tem razão. Ele sabia dessas coisas todas e de muitas outras que ainda não tomamos conhecimento sobre nós mesmos. Por isso, dizia que precisamos nos perdoar não sete vezes, mas setenta vezes sete vezes. Conhecendo um pouco de cultura judaica, entende-se essa lição – como aprender a perdoar com plenitude, depois de cumprido um ciclo de transformação em nosso caráter. O número sete, que os judeus adoram, significa plenitude, o que está completo. Esse meu amigo ensinou-me o significado mostrando-me as sete partes da estrela de Davi.

– Sete partes? Não são seis pontas? – retrucou Layla, incrédula.

– Sim, são seis pontas e o centro é a sétima parte. Entre outras coisas, significa os seis dias da criação do mundo e, no sétimo, quando tudo estava pronto, o Criador descansou: são os seis dias da semana de trabalho e o sétimo – o sábado – consagrado ao descanso, à lembrança da libertação do exílio no Egito. O ciclo está completo e a tarefa é plena, portanto, Jesus dizia que devemos perdoar plenamente aos que nos ofendem. É um dos ensinamentos em que eu tenho maior dificuldade... perdoar, eu não sei, ainda. Mas conforta-me entender que perdoar não é um ato, mas um ciclo, uma construção a ser feita. Talvez eu esteja a caminho; ainda não tenha completado nenhum ciclo.

– Eu também não. Consigo entender esses ensinamentos, acho-os lindos, creio que devam fazer grande bem à alma de quem consegue dar-lhes cumprimento. Talvez seja preciso tornar-se um ser pacífico antes de perdoar. Você que é cristão, talvez saiba responder melhor. Não é necessário pacificar-se antes de perdoar?

Kiéram ficou olhando a jovem muçulmana, mas parecia não enxergá-la; navegava na própria mente em busca de elementos para responder. Só a honestidade o socorreu e ele declarou sorrindo:

– Para dizer a verdade, acho difícil perdoar e não me ocupo disso, nem em pensamento. Por outro lado, nunca esqueci a conversa sobre esse assunto com o meu melhor amigo judeu.

– Bem, você falou em ciclos, em fases. Eu pensei em quais seriam e me ocorreu a idéia. Parece lógica, não concorda?

– É, parece. A ira, a raiva, o rancor, o ódio são sentimentos absolutos. Muito fortes; pouco sobra em nós, quero dizer, não conseguimos pensar, falar, sentir, qualquer outra coisa. É como se esses sentimentos nos enchessem, não deixassem espaço para mais nada. Uma pessoa realmente enfurecida é insana – comentou Kiéram com dificuldade.

As palavras não eram sua melhor arma. Embora refletisse sobre a vida e várias questões do mundo da alma, não estava habituado a expressá-las, a conversar sobre esses assuntos. A experiência era nova e deliciosa, fazendo-o sentir-se íntimo de alguém em quem confiava de maneira instintiva.

Layla lia com enorme facilidade nas expressões de seu novo amigo o que ele não comentava. Mentalmente agradeceu às pessoas que a educaram: Farah, Adara, Leah, Zafir, seu pai. Ao recordá-los, seus olhos marejaram de lágrimas. Vendo a dificuldade de Kiéram, pôde avaliar o quanto fora rica, tanto no aspecto moral como intelectual, sua convivência em família.

Doía sabê-los mortos. Doía pensar na destruição que Al Jerrari causara em sua vida e que se completara com os invasores africanos. Entretanto, não sentia o vazio da ausência; era a falta da presença, do contato concreto, mas não um vazio de ausência. Todos eles viviam em seu íntimo; nenhum dos sentimentos que lhes consagrava havia morrido; continuava tão plena daquelas vozes amigas, dos carinhos afetuosos que recebera, que não havia vazio, apenas faltava a presença física. Essa era sua dor, imensa dor, que ocupava grande parte de sua alma, misturando-se a todos os seus sentimentos como uma mancha gordurosa se espalha em um tecido.

Num gesto impulsivo, Kiéram estendeu mão. Com a ponta dos dedos recolheu as lágrimas que fugiam dos olhos da filha do emir. Tocou-a delicadamente. Estava tão envolvido pelos sentimentos que ela demonstrava que se podia dizer que a tocava com a ponta dos dedos da alma. Muito além do contato com a pele, a carícia queria confortar o coração ferido, acolher, abraçar, proteger a parte indefesa que vislumbrava existir em Layla.

Nesse diálogo eloqüente e paradoxal, sem palavras, que nos mostra que a real comunicação é, de fato, realizada através do pensamento e dos sinais deixados pelos sentimentos, ela entendeu a carinhosa mensagem do amigo e, confiante, retribuiu a carícia esfregando suavemente a face nos dedos masculinos úmidos com suas lágrimas.

Foi o suficiente para que Kiéram a abraçasse, protetoramente. Correndo a mão por sua cabeça, afastou o turbante, soltando a cabeleira negra e deslizando os dedos por entre os longos fios. Seus gestos diziam que queria confortar a mulher magoada e sofrida que fora trancafiada em algum canto ao longo daqueles dias. Queria vê-la e dizer-lhe que a aceitava, que desejava ajudá-la, que a admirava tanto quanto à guerreira impávida que o salvara das agressões na manhã daquele dia.

Foi um abraço demorado. Nenhum dos dois tinha qualquer pressa em se separar. Encontravam algo novo, embora fosse tão velho e humano como o mundo: a cumplicidade daqueles que se harmonizam e se atraem. Não como seres incompletos, não como criaturas a meio, mas como seres completos, inteiros, porém inacabados, imperfeitos, e que no encontro se fortalecem, ampliam-se na permuta das experiências e vivências do outro. Párias que eram, gozavam naquele momento do bem que os integrados às castas daquela sociedade não tinham: a liberdade de um encontro.

Ela chorou recostada no peito de Kiéram; deixou que ele visse toda a fragilidade que também fazia parte de si. Esvaziou a dor de suas perdas e as energias mais densas do ódio que nutria por aqueles que destruíram sua família e a lançaram naquela sorte incerta. Sentiu como natural o carinho do amigo cristão; esqueceu onde estava e como vivia. Desejava, apenas, usufruir do calor do abraço, ouvir um outro coração batendo junto de si, saber que não estava sozinha. A cumplicidade descoberta na intimidade com Kiéram lhe devolvia uma noção de lar, de porto seguro, de destino.

Assim ficaram; o silêncio da noite os envolveu. O pranto cedeu a uma tênue paz interior; e abraçados, vencidos pelo cansaço, adormeceram.

Kiéram acordou sentindo o frio do amanhecer. O sono gostoso e pesado entorpecera-lhe a memória. Estranhou o compartimento e a inusitada sensação de vazio, como se faltasse algo que estivera segurando e aquecendo junto ao corpo. Ao olhar para os braços encontrou alguns fios de cabelos negros e longos colados à sua pele e recordou. Levantou-se de um salto, aflito. "Onde estava Layla?" Era seu único pensamento.

Lá fora ainda brilhavam as estrelas da madrugada, e a luz do quarto crescente lunar parecia não querer se apagar, afrontando os luminosos raios alaranjados prenunciando o nascer do sol. Todos dormiam, e da porta da tenda não foi difícil a Kiéram ver a silhueta de Layla andando em direção ao mar, sem olhar para trás.

Do alto de uma duna a viu alcançar a praia e despir-se. Encantou-se com sua beleza nua. Naquele cenário, parecia uma pintura da perfeição da natureza ou do paraíso, talvez uma lembrança do jardim do éden, embora lá não se ouvisse o som das ondas e o canto das gaivotas que pescavam o alimento entre as vagas do mar.

Ficou olhando-a entrar no mar que ocultou seu corpo.

– Então é isso que ela faz toda madrugada. Banha-se – murmurou Kiéram, ainda preso no encantamento de observá-la. – Preciso sair daqui, ela não gostará de saber que eu a vi.

Mas aquela imagem o acompanhou e passou a persegui-lo, sem trégua, pelo resto do dia, dificultando a concentração.

* * *

A tarde ia a meio.

O Califa negociava com o sultão Kaleb uma saída diplomática para o impasse.

O encontro ocorrera no vale, próximo da cidade ocupada. Depois de horas de diálogo, a situação apresentava-se sem mudança. Os invasores não tinham nenhuma disposição de abandonar o pequeno reino taifa do qual se apossaram.

Antes que se agastasse com o sultão e seus emires, Jamal optou por encerrar, temporariamente, a negociação.

É sempre melhor interromper uma conversa que segue o rumo da fúria ou da perda do controle emocional dos participantes, por qualquer motivo. A indisciplina dos sentimentos pode conduzir uma tentativa de diálogo a uma luta ferrenha, agravando uma desavença ao invés de contribuir para sua solução.

Sabedor dessa realidade, o Califa de Córdoba amenizou o diálogo e com muito tato encerrou o encontro, deixando a porta aberta à retomada das conversações, conquanto, de antemão, soubesse que era um sonho impossível. Os emires africanos tinham posições radicais, fanáticas. Não havia tolerância e abertura de idéias, base para qualquer negociação entre opositores.

De volta ao acampamento, reuniu o conselho de emires que compunham seu exército. Expôs a situação, e eles deliberaram articular um plano de invasão para retomada da cidade, que, afinal, ainda tinha um emir, entre a vida e a morte, em Córdoba. Caso Nasser Al Gassim morresse, caberia ao Califa entregar a cidade a outro chefe, pois, ao que sabiam, o filho e herdeiro morrera.

Jamal não se sentia plenamente de acordo com o rumo da reunião e com a solução que ela parecia apontar. Temia um confronto armado e direto. Os soldados sob comando do xeique Omar, líder militar do sultão Kaleb, eram capazes das mais extremas crueldades, ele o sabia. Eram cegos da razão, dominados pelo xeique que lhes tangia as cordas de sentimentos apaixonados, para não dizer ensandecidos. Seus líderes não sabiam o que iam enfrentar. Ele sabia. Visitara o oriente; conhecia muito bem a facção xiita de seu povo; sabia com quem estava lidando. Ao cheiro de sangue, os homens de Omar reagiriam como cães selvagens, violentos, estraçalhando suas vítimas. Era preciso usar astúcia nessa luta, mas ele pensava, pensava, e nenhum plano lhe acudia a mente.

– Muito bem, vamos chamar Kiéram Simsons. Ele é bom estrategista – e com um gesto determinou a Fátim que cumprisse a ordem.

Minutos depois, o mercenário cristão adentrava a reunião acompanhado de um franzino guerreiro, de cabeça baixa. Acomodaram-se nos lugares indicados. Kiéram ouviu, paciente, as razões que haviam determinado sua participação na reunião do conselho dos emires. Layla a seu lado, em silêncio, esforçava-se por controlar-se cada vez que mencionavam seus familiares.

A reunião se estendeu, mas sem resultado significativo. Deliberaram retomá-la no dia seguinte, pois era noite, estavam cansados e o raciocínio era lento.

Deitada, insone, Layla ruminava as informações a que tivera acesso durante a tarde. Entendera a resistência e os temores do Califa, e o admirara por sua prudência. Compartilhava com ele o desejo de retomar Cádiz e expulsar os invasores. Queria vingar-se do que eles haviam feito à sua terra, a seus amigos, à sua família. Um plano começou a desenhar-se em seu pensamento. Ponderou prós e contras, meticulosamente. Questionou-se quanto ao que se impunha fazer, reconheceu que seria difícil. Remexendo-se de um lado para outro acabou vendo chegar a madrugada. A água fria do mar auxiliaria a clarear sua mente.

Levantou-se e partiu em direção à praia. Como era seu costume, não olhou para trás; não viu Kiéram que, também insone, abandonara a tenda antes e caminhava a esmo pelo acampamento. Tampouco percebeu que ele a seguia e, escondido na duna, observava seu banho.

A brisa fria fez arrepiar sua pele ao sair do mar. Andou apressada até onde deixara suas roupas e, ao abaixar-se para apanhá-las, sentiu-se observada. Era uma percepção que desenvolvera no convívio com suas águias; sentia-lhes o olhar observando-a do alto do céu. Naquele momento sentia recair sobre si um olhar atento, próximo. Quase imperceptivelmente moveu a cabeça para cima, lançando o olhar na linha do horizonte, e avistou uma sombra sobre a duna. Com cuidado, prosseguiu vestindo-se como se não houvesse notado que alguém a observava. Terminada a tarefa, tomou do arco e disparou uma flecha mirando rente a cabeça de quem a observava e gritou com voz grossa:

– Venha até aqui ou atirarei para matar.

Envergonhado, Kiéram ergueu-se e obedeceu, sentindo-se como quando era repreendido por uma traquinagem na infância. Sabia estar em erro invadindo a privacidade de Layla e, mais envergonhado se sentia, por admitir o quanto lhe dava prazer observá-la na intimidade. Era um voyeurismo, e ele ficou encabulado. Cabeça baixa, encoberto pela sombra da madrugada, foi o porte e a voz que o identificaram.

– Perdoe-me, Layla – pediu ele humildemente, sem coragem de encará-la. – Fui fraco, deixei-me levar por um prazer clandestino. Perdoe-me, juro que não voltarei a fazer isso.

Ao reconhecer a voz de Kiéram, a moça primeiro espantou-se; depois, ao ouvir sua confissão e notá-lo tão acabrunhado, tão reverente, pôs-se a rir.

Em sua memória desfilaram lembranças de Adara a falar-lhe dos homens e do quanto pode ser fácil a uma mulher dominá-los usando seu corpo erótico como arma. Na atitude do amigo ela via a verdade das palavras de sua mestra nas artes da dança e da sedução.

Desconcertado, ele ouvia a inexplicável risada da jovem. Não conseguia, nem tinha como saber o que ela pensava, tampouco cogitava que a sua atitude era uma espécie de referendo que faltava ao plano da filha do emir.

Kiéram não ouviu os passos de Layla; apenas soube que ela estava bem perto ao sentir sua mão delicada pousar em seu rosto áspero, com a barba por fazer e acariciá-lo. Tomado de espanto sentiu a mão da jovem descer pelo pescoço, roçar-lhe a nuca e a viu colar seu corpo inteiramente ao dele, oferecendo-lhe os lábios num convite silencioso, enquanto as mãos dela seguiam passeando, descobrindo o corpo masculino, fazendo com que sua respiração se tornasse acelerada.

– Layla, você sabe o que está fazendo? – indagou ele.

– Sei. Preciso disso, eu confio em você.

– Mas não se trata de confiança...

– Sim, para mim se trata de confiança – respondeu Layla, colando os lábios aos dele, impondo-lhe silêncio e liberando a paixão que brilhava no olhar de Kiéram.

Era a lição prática que lhe faltava. Precisava romper com o medo de ser violentada. Em uma sociedade na qual a mulher era vista como coisa e objeto de troca na mão dos homens, para servir-lhes à produção de filhos ou à satisfação dos desejos sexuais, a presença da violência física era marcante em todas as suas formas, desde o espancamento sumário até o estupro. Tudo podia acontecer.

Layla conhecia-se suficientemente bem para saber que não toleraria ser violentada, não queria essa marca e não podia tê-la. Na condição em que vivia, seu próprio corpo e suas artes convertiam-se em armas e ela precisava delas inteiras. Ouvira histórias suficientes dos padecimentos de mulheres cujos homens haviam sido grosseiros e violentos no contato sexual e do horror que elas carregavam, perdendo grande parte de seu poder de resistência e sobrevivência naquela sociedade onde eram consideradas algo semelhante a um animal de tração ou menos.. Ela decidira que tinha direito a, pelo menos, boas lembranças. Afinal, era isso que preenchia seu passado; e preencheria, também, seu futuro.

– Por que fez isso? – indagou Kiéram já quando os raios solares alaranjavam o céu, ofuscando o quarto crescente. – Eu pensei que... bem, Munir raptou você e nessa condição, bem... eu pensei que...

– Que ele houvesse me violentado – completou Layla calmamente aninhada nos braços do mercenário cristão, aparentemente alheia que sobre eles caía uma condenação mortal. – Eu jamais permitiria que aquele verme tocasse um dedo em mim. Kiéram, eu não sei o que será o meu amanhã. Eu cresci ouvindo lamentações de mulheres maltratadas; decidi que não queria o mesmo destino. Sou uma pária, já lhe disse, preciso viver como tal. Eu precisava saber como era fazer sexo. E mais do que isso, eu confio em você, sabia que não seria maltratada.

E não tenho arrependimentos. Ninguém acreditaria que eu era virgem. Minha reputação já estava comprometida. Apenas decidi exercer meu restrito poder de escolha nessa situação. Eu o escolhi.

– Que vida louca! – murmurou Kiéram, apertando-a contra si. – Eu sei que você tem razão, mas como eu gostaria que as coisas fossem diferentes.

Beijou-lhe os cabelos no alto da cabeça repetidas vezes e pediu:

– Prometa-me que irá se cuidar. Prometa-me que mandará me chamar quando precisar, não importa onde e nem quando. Eu atenderei seu pedido, tenha certeza.

Layla riu baixinho do pedido e com o olhar luminoso e terno respondeu brincando:

– Você não sabe o que está pedindo, mas eu prometo. Se precisar, eu o chamarei.

– Outra coisa, Layla, você pode gerar um filho nosso. Por favor, se isso acontecer não me engane, nem esconda de mim.

– Não quero pensar nisso, Kiéram.

Ele não insistiu; permaneceu abraçando-a, protegendo-a da brisa fria que soprava, mas em pensamento não conseguia esquecer nem a experiência vivida nas areias da praia, nem o fato de que poderiam ter dado início a um outro ser. "Meu Deus, como esquecer?", indagava-se, em pensamento. Quanto mais a pergunta se repetia, mais as cenas se tornavam vívidas em sua mente.

***

Nas ruínas da igreja cristã, o dia amanhecia com experiências bem diversas. Karim, atendendo à insistência de irmão Leon – que soubera rapidamente cativá-lo –, decidiu partir para Córdoba, deixando os feridos aos cuidados do religioso.

– Vá, meu amigo – dissera-lhe ele. – Cuide de dar repouso à alma de seu parente. Providencie-lhe um sepultamento digno. Busque as autoridades de seu povo. Ouço falar muito bem do Califa, há de ser um bom homem. Vá, sepulte seu amigo; depois volte com ajuda para os que ficam comigo. Garanto-lhe que o que estiver a meu alcance para minorar-lhes o sofrimento do corpo, eles terão. Se aceitarem minhas preces e algumas palavras, poderei ajudar as almas. Mas sei que, embora sejamos todos filhos de um mesmo Deus, muitos homens ainda teimam em aferrar-se nas pequenas diferenças. Eu não me importo. Cuido para que meu coração seja livre dessas idéias que nos separam e que meus olhos vejam o bem e o amor. Meu amigo, acredite, não sou profeta, mas Deus fala comigo e, acima de tudo e de todos, eu ouço a voz dele.

Karim o olhou com estranheza. A conversa do cristão soava, por vezes, como a de um louco; há séculos que não se ouvia falar em profetas. Será que entre os cristãos também havia sufis, crentes muçulmanos que buscavam uma experiência direta e concreta de religiosidade, que queriam conhecer Deus. Seu olhar abandonou o rosto de religioso franciscano e pousou sobre o local onde estava acondicionado o cadáver de Zafir.

"Ele, mais do que qualquer um, merece ser sepultado com honra e dignidade. Foi por isso que trouxe seu corpo. Córdoba não é tão distante. Esse homem tem razão. Se eu partir com os homens sãos ou com ferimentos leves, chegaremos lá ao fim da tarde. Em poucos dias deveremos regressar com ajuda, ou até posso enviar de imediato ao chegar a cidade algum socorro. É o que farei." Ignorando as "esquisitices" de alguns argumentos de irmão Leon, Karim declarou concordar com o plano. Depois visitou, um a um, os habitantes feridos de Cádiz que estavam lúcidos, explicando as razões de sua partida e orientando a que aceitassem o auxílio ofertado de boa vontade.

Sob os raios solares da manhã, partiu com um pequeno grupo estropiado rumo à capital de Al Andaluz.

***

Em Córdoba, à noite, Amirah recebia a carta do irmão e o corpo para sepultamento de seu marido.

No acampamento militar o dia chegava ao fim, sem que tivessem tomado decisões significativas. Sentada, ao lado do amigo cristão, Layla ouvira todas as colocações feitas pelos líderes e as apreciações do Califa. Em um intervalo, quando uma pequena confusão se formou em torno da refeição, ela aproximou-se do Califa e puxando-lhe discretamente as vestes murmurou:

– Preciso lhe falar. Tenho um plano a sugerir. Entre todos, aqui presentes, eu sou quem melhor conhece Cádiz e a propriedade ocupada pelo sultão. Mande chamar Kiéram e seu "novo auxiliar" para uma entrevista particular. É importante.

Jamal notou a firmeza na voz da ousada mulher disfarçada de guerreiro. "É insolente", analisou ele. "Está dando ordens ao Califa. Será que ela percebeu?"Ao notar, pouco depois, o olhar dela cravado em si, frio e determinado, não teve dúvidas de que ela sabia o que fizera e agira atendendo a propósitos deliberados.

Obedecendo mais à curiosidade que a qualquer outro sentimento, Jamal fez o que ela determinara. No compartimento principal da tenda do Califa se sentaram sobre um grosso tapete persa cercado de almofadas, num luxo tipicamente oriental.

Ela acabara de expor seu plano, e os dois homens a olhavam com assombro. Trocaram olhares entre si. Não havia como não reconhecer que a moça era astuta, inteligente e perigosa. A idéia era viável, nas próprias palavras dela: não oferecia riscos, senão a ela que a estava propondo. Entretanto, se obtivesse êxito, seria de proveito geral. Jamal fez um gesto determinando a Kiéram que se aproximasse mais e confabularam rapidamente.

– Aceito o plano e louvo sua coragem, Layla Al Gassim. Saiba que se for exitosa será recompensada – declarou o Califa.

– Não busco recompensa, Califa. Quero justiça ou melhor, serei honesta, quero vingar a morte de todos que eu amei. Não tenho nada mais a perder. Já me tiraram tudo.

Kiéram abriu a boca para protestar, mas a lembrança de onde estavam fez com que as palavras morressem na garganta. Seu olhar, porém, gritava protestos ao que ouvira, como a clamar: "E eu? O que sou?Nada? Não, não é verdade."

Ruminando suas apreensões, Kiéram retornou com Layla à tenda que dividiam. Ao entrarem, tomou-a pela mão e levou-a ao compartimento principal que ocupava. Abraçou-a forte e murmurou em seu ouvido:

– Você se tornou a favorita do Califa em palavras, mas ainda não sabe de tudo. Fique comigo essa noite, porque eu confio em você.

Capítulo XVII

O presente

Jamal Al Hussain é um homem surpreendente – declarou o sultão Kaleb ao xeique Omar com quem despachava no antigo gabinete de Nasser Al Gassim, agora propriedade sob ocupação. – A mensagem trazida é um convite para um banquete no acampamento.

– Um banquete? – estranhou o xeique, coçando o cavanhaque preocupado. – Qual a razão para um evento social?

– É o que lhe digo, é um homem surpreendente. É também uma cobra diplomática, do tipo que se enrosca em sua vítima para matá-la asfixiada, moer-lhe os ossos, de preferência, para depois a engolir. Eu sei.

– Sendo assim, podemos pensar que ele deseja enroscar-se em nós. A questão é: deixaremos?

– Não sou homem de deixar que me envolvam em manobras diplomáticas. Sei o que quero e o que viemos fazer. É hora dessa dinastia sunita desaparecer; estão esfacelando a verdade de nossa religião. Não nos interessam universidades, artes, saber se o povo desconhece seu real compromisso com Deus e as verdades a nós confiadas. Não posso permitir que tudo se degenere. Não tolero traidores e infiéis como os outros povos do livro.

Os olhos do sultão pareciam crescer nas órbitas, querer saltar para fora do rosto; suas faces tornavam-se rubras sob a pele morena queimada pelo sol africano dos desertos do Egito. O fanatismo o incendiava, e o ardiloso xeique Omar manejava esse fanatismo para enriquecer suas arcas, navios e propriedades.

Omar era um homem violento e ambicioso. De índole apaixonada, era extremado em tudo. A função de homem de confiança do sultão, de ter uma posição política destacada junto aos outros xeiques era cômoda, caía-lhe como uma luva feita sob medida.

– Recusaremos o convite, então. Mas, meu caro sultão, se me permite externar minha opinião, não creio que devamos negar a oferta de hospitalidade do irmão sunita. Penso que deveríamos ir, ouvi-lo, observá-lo; seria uma excelente oportunidade de avaliar suas tropas e armas. É sempre prudente conhecer o inimigo. Além do mais, cientes como estamos a respeito do caráter de nosso anfitrião, não há o que temer. Creio que deveríamos ser dóceis, mas atentos – comentou o xeique, andando de um lado a outro numa fingida preocupação com o convite do Califa, como se ponderasse as idéias do sultão.

Entretanto, era sincero quando dizia desejar observar Jamal Al Hussain. Afinal, era o mais importante muçulmano do ocidente.

O sultão Kaleb o encarou e ficou pensativo ante a argumentação exposta.

– Você tem razão, Omar. Não tenho por que temer e recusar o convite do banquete. A oportunidade é muito boa e, principalmente, se ele crê que estamos dispostos ao diálogo, a evitar o enfrentamento, isso os deixará desprevenidos para a batalha real.

– Excelente visão, meu sultão – elogiou o xeique. – Eu mesmo redigirei o comunicado de nossa aceitação e agradecimento pela renovada "oportunidade de entendimento".

O sultão apreciou a ironia na voz de Omar e, entre risos, disse:

– É hilário! Ah! Se ele sonhasse... sim, sim, informe-lhe que aceitamos e "estamos ansiosos pelo encontro".

O xeique baixou a cabeça, deu meia volta e saiu da sala. Caminhou apressado ao compartimento onde encontrou o material necessário à elaboração de uma missiva rápida. Entregou-a ao mensageiro e voltou ao gabinete onde o sultão o esperava.

– Cumprido – informou o xeique ao sentar-se em frente a Kaleb. – Só precisamos aguardar o cair do dia. E o mistério se desvanecerá.

Kiéram e Romero retornavam ao acampamento já próximo ao entardecer. Acompanhava-os uma mulher, enrolada em uma manta azul, ostentando uma corrente de ouro a enfeitar-lhe a testa, com um pingente em ouro com o formato do quarto crescente lunar. Ela parecia frágil, de estatura mediana, cabeça altiva. Chamava a atenção a perfeição de seus traços e os belos olhos negros, profundos, inquietos e misteriosos. Parecia que sentar-se de lado na montaria não a agradava, pois vinha com o tronco voltado para a frente. Não era como as outras mulheres, que olhavam a vida passar a seu lado. Ela encarava o horizonte e cavalgava ao seu encontro - eis a mensagem corporal que transmitia.

Montava como "devia" montar uma mulher – aliás, uma posição que transmite a visão de alguém que observa a vida passar, que é levado, conduzido sem ter as rédeas do cavalo do destino nas mãos, andando de um lugar a outro sempre sob comando de uma vontade alheia à sua – com as pernas fechadas, absolutamente descente, mas o tronco virado para frente denunciava a rebeldia interior da amazona e seu desconforto.

Romero olhava ora para a mulher, que saíra do acampamento como um saco, e voltava como a " escrava favorita" do Califa, ora para seu comandante cristão, visivelmente zangado, aflito, diria preocupado como nos momentos que antecedem uma batalha séria. Ela, ao contrário, era uma criatura muda, decidida e misteriosa. Não conseguia distinguir nos olhos dela nenhum sentimento especial, nenhum pensamento, nem ao menos um brilho fugaz que revelasse um pensamento inconfessável ou travesso. Havia apenas aquela profundidade misteriosa, indefinível, que ao encará-la, enquanto a auxiliava a desmontar em frente à tenda do Califa, por fim ele conseguiu um comparativo.

Layla Al Gassim, ao ver do soldado Romero, tinha olhar de serpente: encanta, enfeitiça, paralisa e pode ser mortal, mas não revela nada.

Ela manteve a cabeça baixa, não olhou para nenhum lado, andou apressada para o interior da tenda. Sabia, afinal, comportar-se como convinha a uma muçulmana, ainda que escrava de harém, concubina do Califa.

Kiéram acompanhou com o olhar a trajetória de Layla. Entendia que ela, naquele momento, deixava de ser a pária que compartilhava a tenda e a intimidade com ele, para representar um *status* feminino que, absurdamente, tinha mais privilégios e aceitação do que a condição em que vivera antes.

– Permita Deus que esse plano ousado e perigoso tenha êxito. Caso contrário, somente ela arcará com as conseqüências, apesar do envolvimento do Califa – murmurou Kiéram ao movimentar seu cavalo para a parte do acampamento onde ficavam seus homens.

O aroma de finas iguarias da culinária árabe enchia o ar. Um verdadeiro banquete fora preparado. A fogueira ardia no centro do pátio em frente à tenda principal, ocupada por Jamal; um grupo de músicos substituía a cadência militar pelo som das flautas e pandeiros, num ritmo lento e sensual.

Jamal, trajando sua melhor túnica, caminhava, averiguando se tudo estava a contento, se nada havia sido esquecido. Notou que cada detalhe fora, minuciosamente, pensado. Layla não esquecera nenhum. Sem dúvida, era uma mulher bem nascida e preparada para uma vida entre a nobreza. Satisfeito, retornou à sua tenda.

Na hora aprazada, os convidados fizeram anunciar sua chegada, e Jamal os recebeu como se sobre Al Andaluz não houvesse nenhuma ameaça, como se o reino destruído nunca houvesse existido e aquele encontro não estivesse sendo realizado em acampamento militar. Entreteve os convidados com maestria.

O sultão e o xeique, de início, desconfiados até dos alimentos que eram ofertados, foram pouco a pouco relaxando e passaram a apreciar a hospitalidade do Califa.

Fartos de comer e beber, gastavam o tempo em conversas sem importância quando o sultão chamou a atenção para a música que lhe lembrava o oriente distante.

– Ao menos o bom gosto de nossa cultura é preservado nessas terras – alfinetou o sultão. – Não há como nossa verdadeira música. Esses ritmos misturados que se ouvem tanto por aqui são horríveis. E as danças... arc.

Jamal optou por ignorar a desdenhosa opinião e a crítica ao modo de vida dos muçulmanos por ele dirigidos, com maior liberdade de costumes do que o sultão julgava correto. Mas o argumento serviu como deixa para ele introduzir o assunto que faria desenrolar o plano.

– Sultão Kaleb, concordo com sua opinião, em parte, é lógico. Mas nessa noite não vamos discutir. Não tenho esse propósito. Eu os recebo em Al Andaluz e é meu dever alegrá-los. Gosta de música e dança? Entendi bem?

O xeique Omar passou a encarar o Califa com redobrado cuidado. O zelo e temor que haviam relaxado voltaram repentinamente, como se pressentisse algo ruim, um perigo no ar.

– Qual homem, meu caro Califa, não aprecia a beleza da dança oriental? Ouça essas flautas. São lindas! – confirmou o sultão. – Na minha terra não se troca a boa música e a dança por discussões filosóficas. A religião nos ensina tudo o que precisamos saber, e a vida nos oferece boas coisas para usufruir. Belezas, formas harmoniosas, reservadas e resguardadas para nosso prazer.

O xeique pigarreou e lançou olhares descontentes ao sultão. O rumo da conversa, a seu ver, não era adequado a chefes militares. Lembrar de fraquezas do espírito não era bom tema; debilitava a vontade e o corpo; destilava na mente pensamentos inoportunos.

Jamal sorriu ao observar o desespero calado do xeique.

“Nosso religiosíssimo sultão é um homem fraco. Será que Layla adivinhou seu calcanhar de Aquiles?”, pensou ele.

Fingindo não ver a atitude de Omar, insistiu no assunto, aclarando o tema e levando o sultão a falar sobre as mulheres que deixara em seu reino.

“Luxúria. Sensualidade. E todo o puritanismo de seu discurso que se aplique aos outros! Toda essa rigidez de conceitos é apenas para esconder uma licenciosidade de práticas na vida pessoal. Maravilhoso! Só espero que Layla saiba, de fato, usar essa arma”, pensava Jamal ao ouvir os relatos do sultão, o que talvez pudesse qualificar como orgias.

Os olhos de Kaleb brilhavam; as faces avermelharam-se; seus gestos eram nervosos; a voz se elevara e notava-se que salivava. Jamal não pôde deixar de sorrir e, fingindo acompanhar seu destempero, segredou-lhe ao ouvido:

– Nunca viajo, nem para acampamentos militares, sem levar ao menos uma de minhas escravas. Tenho muitas, mas sempre...

– Há uma mulher aqui? – indagou o sultão baixando a voz. – E seus homens? Ah, eles não sabem, não isso não é possível...

– Eu mandei buscar minha favorita quando percebi que nossas negociações poderiam se alongar. Está comigo há pouco tempo. É um sonho, uma beleza morena. Quando a vi, logo me veio à lembrança a história do Carregador e das três jovens de Bagdá. Minha escrava reúne a beleza das três irmãs em um único corpo.

O sultão riu gostosamente. A história era antiga e por demais conhecida. Caía-lhe no agrado a narrativa de todos os prazeres que ela encerrava; era indecente na medida certa para acossar ainda mais o caráter libidinoso de Kaleb. Aproveitando-se habilidosamente da reação de seu convidado, Jamal pôs-se a recordar trechos da história que exaltavam qualidades físicas das irmãs de Bagdá, reportando-as à sua escrava.

– Ah! Tenho mulheres lindas em meu harém – gabou-se Jamal. – Mas esta que tenho comigo é das mais belas. Do tipo que nos faz pensar em poesia.

– Poesia?! – riu jocoso o sultão, envolvido pela artimanha de Jamal, para desespero do xeique que a tudo assistia calado e com visível desgosto. – Só se for: "Se acaso medires seu talhe com ramo úmido, sobrecarregarás meu coração com inúteis pesos, pois o ramo é melhor que o encontremos coberto, enquanto tu, é melhor que te encontremos desnuda."

Jamal riu e bateu palmas três vezes – era o sinal combinado com Layla. Para surpresa do sultão, a mulher saiu da tenda do Califa, enrolada em um manto azul, de cabeça baixa. Em silêncio aguardou ordens de seu amo, numa evidente demonstração de submissão.

– Dance para meus convidados – ordenou Jamal.

Ela assentiu com um gesto de cabeça, sem encarar os homens. Retornou para o interior da tenda e de lá saiu quando ouviu os acordes de música que determinara a Jamal fizesse executar. Lânguida, sensual, permitia que ela demonstrasse tudo o que aprendera com Adara. Atrás da porta da tenda, ela lançou longe o manto. Usava uma roupa que deixava descoberto seu ventre, enfeitado com correntes de ouro e pequenos pingentes; os braços desnudos estavam enfeitados por jóias; em seu colo o ouro também brilhava. Os seios fartos estavam perfeitamente delineados deixando pouco à imaginação, o mesmo com os quadris e as pernas, cobertos por um tecido vermelho transparente. Naquele conjunto, o véu que a encobria tornava-se mais uma artimanha sensual do que um artefato religioso. E ela o sabia. Era preciso expor, mas a lição de sabedoria de suas antepassadas ainda era válida: é preciso deixar espaço ao mistério no jogo da sedução e do encantamento.

Antes de ingressar no pátio, Layla rememorou um a um seus familiares, seus amigos, a terra onde crescera e fora tão amada. Precisava de força, e a encontrou no ódio que sentia por aqueles homens para os quais dançaria.

"Alá, misericordioso, ampara-me. Eu me converto em arma para que a justiça se faça. É da lei que, sendo mulher, tenho direito a me defender com as mesmas armas; sei que não estou usando somente as armas dos homens, estou usando a arma que tu deste a todas nós, mulheres. É a nossa natureza, é para nossa defesa nesse meio, tanto quanto as garras e presas dos animais. Sou teu instrumento. Farei justiça a todos que amei e me foram usurpados."

Com um brilho intenso no olhar, e uma energia que pulsava em cada músculo de seu corpo, Layla saiu dançando. Encarou o sultão e o xeique; teve vontade de rir do espanto deles, e mesmo de Jamal. Nenhum escondeu a cobiça que sentia ao vê-la requebrar, mover os quadris, inclinar o corpo e lançar-lhes os braços num gesto convidativo.

Eles viam a dança extremamente sensual da escrava do Califa por entre as labaredas da fogueira que ela habilmente usava como cenário. Ao senti-los presos a seu encanto, Layla passou a dançar em torno da fogueira, movimentando-se em frente a eles, sem nenhum obstáculo, e a encarar fixamente o sultão, com seu olhar de serpente, insinuando que dançava para ele.

Kaleb não resistiu e acariciou as pernas da dançarina que movia o ventre à sua frente, numa entrega total aos encantos dela, esquecido de que o "senhor" da bela escrava sentava-se a seu lado.

– Linda – murmurava ele correndo as mãos pelas pernas de Layla. – Bem disse de ti a pouco, sem nunca ter posto meus olhos em ti: é melhor te ver desnuda.

– Quer levá-la essa noite, sultão Kaleb? Se lhe agrada, eu a oferto a você. Como disse, tenho várias e estou perto de casa.

Kaleb lançou um rápido olhar ao Califa e não titubeou em aceitar.

– És um homem generoso, Jamal Al Hussain. Esta jovem é uma propriedade preciosa. Não gostaria de tê-la por uma noite. Faça um preço e eu a compro.

O xeique Omar levou a mão ao rosto. A situação piorava a cada segundo e agora, fugia definitivamente ao controle. A questão era perigosa e, conhecedor do caráter do sultão, sabia ser inútil aconselhar-lhe o contrário. Só lhe restava a esperança de que ele agisse como o fazia em seu reino – depois de satisfeito, se a escrava se tornasse inoportuna ou rebelde, mandava matá-la sem pensar duas vezes. Era um homem violento, e não poupava suas mulheres.

A revolta rugia dentro de Layla. Ao invés de requebrar o ventre, sentia vontade de dar pontapés no sultão, mas canalizou as energias para tornar sua dança ainda mais vibrante e provocativa, levando o sultão a implorar que o Califa fizesse um preço pela mulher. Ante o silêncio do anfitrião, Kaleb fez uma oferta de valor exorbitante.

Não havia pensado na hipótese de vender Layla, tampouco não imaginara a gloriosa beleza da apresentação sensual da filha de Al Gassim, nem que se sentiria tão perturbado. Precisou sentir a força do olhar da dançarina sobre si, encará-la e captar um gesto imperceptível de aquiescência, para declarar que aceitava a proposta.

Não era necessário grande sensibilidade para entender que o sultão desejava ir embora. O banquete estava acabado. O negócio sacramentado. O secretário do Califa, acompanhado de alguns soldados, iria receber o pagamento e efetuar a entrega da escrava ao sultão, nas portas de Cádiz.

Escondido nas sombras da noite, Kiéram assistira ao banquete. Sentira punhaladas de verdadeiro ódio ao ver o sultão atrevidamente acariciar Layla. Acompanhou à distância a entrega da "escrava". Sofrendo, viu-a caminhar ao encontro dos inimigos africanos, sem olhar para trás.

Capítulo XVIII

A representante de Nêmesis

Ximena conduzia Ibn Rusch devagar, parando a cada degrau da escadaria. Respondia às perguntas do sábio médico, esforçando-se por conter as suas. Não era adequado a uma criada, ainda que com regalias, indagar de um cidadão.

– Não houve nenhuma crise mais séria com nossa querida Amirah ao saber da morte do marido?

– Não. Ela está calma, quase nada da rotina se alterou. Apenas o que é de costume nessas ocasiões, mas como minha ama recebe poucas pessoas...

– Entendo. Creio que Jamal se precipitou ao realizar o casamento dela com Munir.

– Bem, se o Califa errou, a vida corrigiu – defendeu Ximena, automaticamente.

– É uma forma interessante de ver a situação. Pobre Amirah! Viúva e nem sequer completou um ano de casada. Foram meses, não é?

– Cinco.

– Graças a Deus a saúde dela resistiu ao abalo de tantas mudanças. Mais difícil foi o primeiro mês; por Deus que cheguei a pensar que ela nos deixaria.

– Não diga isso, senhor Ibn, nem de brincadeira. O Califa sofreria muito se isso acontecesse.

– Bom, é melhor, então, que ele reveja seus sentimentos pela irmã, pois o certo é que morreremos e não sabemos o dia nem a forma. Veja o caso do falecido emir Al Jerrari. Não brigou tanto, não se renegou com a doença de Amirah, não queria ferir o Califa, não fez tantas bobagens, cego na sua arrogância, vítima de seus desejos mesquinhos? No que deu? Está morto. Ninguém escapa à morte e, por maior que seja o conhecimento das doenças e dos métodos de cura, somos falíveis e imperfeitos por natureza. A vontade de Alá é soberana. Pequena Ximena, o homem é criado para amar, por amor; apegar-se e iludir-se que temos o poder de impedir o sofrimento de cumprir seus propósitos, não é saudável, nem para o espírito nem para o corpo. Antes de vir para cá pensava nesse assunto: por que é tão difícil dar liberdade a quem amamos? Somos tão apegados e possessivos que cremos ter mais sabedoria e poder que o próprio Criador, o amor supremo. Chegamos aos píncaros do absurdo de não aceitarmos a maior das verdades da vida – a morte – para aqueles que amamos, como se vivêssemos à parte das leis de Deus. Não é espantoso que se pense assim?

Ximena ouvia o sábio encantada. Ibn vivia, sem dúvida, muito mais a vida mental e interior – a vida da alma, alheia às normas e tradições terrenas de comportamento. Obedecendo às leis desse reino interior, não fazia distinções, nem discriminações de qualquer espécie. Tinha a certeza plena da capacidade intelectual de sua ouvinte, mesmo sendo ela mulher, cristã, sem descendência semita, alguém sem direito algum, literalmente "uma coisa", objeto de troca mercantil pura ou disfarçada sob o nome de casamento.

– Há tanta coisa espantosa no mundo – comentou Ximena. – Não nascem todas na mente dos homens?

– É verdade. Todas essas "coisas espantosas" existem primeiro na cabeça dos homens. E o verdadeiramente espantoso é que eles não percebem; e agem, falam, escrevem, governam a própria vida e alguns ainda se responsabilizam pela vida dos outros. É preciso cultivar o conhecimento, desenvolver as capacidades intelectuais do homem, fazer pensar. Como incomoda quando fazemos perguntas, não é mesmo?

– Não sei, senhor. Não posso perguntar para muitas pessoas. Chegamos. Vou anunciar sua visita. Por favor, aguarde.

Deixando Ibn Rusch aguardando na pequena saleta íntima que antecedia o aposento principal de Amirah, a criada bateu suavemente na porta e foi ao encontro da ama.

Amirah estava sentada ao lado da janela, como era hábito, atrás da cortina. Tinha o rosto mais pálido que de costume e os olhos levemente vermelhos e inchados. Saudou Ibn com genuína afeição e o fez acomodar-se a seu lado.

– Você está bem? – perguntou ele, tomando-lhe a mão e correndo o dedo para o pulso, o que a fez rir e afastar-se do contato.

– Quem está comigo: meu amigo Ibn ou o médico que veio me examinar?

Encarando-a, ele respondeu com sinceridade.

– Se não posso ser os dois, não posso ser inteiro. Não me queira partido a seu lado. É muito triste viver divisões.

– Hum... Sempre me ganha pela sabedoria de suas palavras. Está comigo o meu mestre – retrucou Amirah sorrindo. – Sim, estou bem. Acabou um período de prisão em minha vida. Não precisava ter sido de forma tão drástica, mas... a cada dia, eu penso, construímos a nossa morte. Munir construiu a dele em pouco tempo.

– Morreu em um acidente no acampamento? Foi o que me disseram.

– Foi o que também me disse Jamal. Entretanto, como viúva, eu assisti ao preparo do cadáver para o funeral. Munir morreu com uma flecha na garganta. O ferimento não mente. Pergunto-me: como pode alguém se acidentar dessa forma?

– Suspeita que ele foi assassinado? Por que o Califa encobriria o crime?

– Talvez fosse merecido. Meu irmão há de ter fortes razões para agir assim, tenho certeza. Quando nos encontrarmos ele me explicará. Não tenho pressa. Lamento por ele, mas não o que seria esperado de uma jovem viúva. Meu casamento era a pior prisão que já experimentei. Espero não ser mais constrangida a desposar ninguém. Prefiro juntar-me a alguma comunidade sufi, que aceite mulheres, em algum lugar do Oriente e cuidar das sepulturas dos santos.

– Não consigo imaginá-la numa vida ascética. Você não foi criada para os vôos da religiosidade, e sim, para os da razão, minha boa amiga. Não posso imaginá-la longe de Córdoba – retrucou Ibn. – O que farei quando não houver doentes a tratar e livros a escrever? Com quem vou conversar?

– Não esqueça de colocar na sua lista de atividades o cuidado com o estado moral das pessoas, que você faz com zelo exemplar. Sim, devo crer que em toda Córdoba, a maior e mais populosa cidade da Europa, não haja mais ninguém com quem você possa conversar. Não exagere, Ibn.

– Não estou exagerando. Você é que está. Exagera no pouco apreço a si mesma. É uma mulher de inteligência e cultura extraordinárias, não preciso mentir para "cuidar do seu estado moral". Agora não estou fazendo isso, embora seja uma necessidade de todo aquele que cuida de corpos doentes, também tocar a alma, os sentimentos. Se não fizer isso, conseguirá recompor tecidos: vai cuidar de uma ferida aqui – e apontou um ponto aleatório do próprio ventre – ela vai fechar, para reabrir mais adiante. Hoje, logo cedo, precisei irritar um doente. Imagine que ele estava penalizado de si, prostrado no leito, sentindo-se a última das criaturas. As esposas – em conselho – alegaram já terem dito e feito de tudo para consolá-lo, sem nenhum resultado. Ficaram escandalizadas com meu procedimento.

Ibn ria, lembrando a encenação que fizera com o paciente, despertando a curiosidade de Amirah.

– O que você fez? Ameaçou o coitado com o fogo do inferno?

– Não, ele não teria nenhum temor. Já aprendi que para quem tem pena de si o fogo do inferno é um motivo a mais para lamuriar-se. Não, não fiz isso. Eu fui estúpido, grosseiro em palavras, atitudes e até ao examiná-lo. Provoquei até que ele se enfurecesse comigo. Disse-lhe que não agüentava mais a doença dele, chamei-o de covarde, sem valor, que gostava de ser mimado por mulheres e viver sem trabalhar jogado numa cama a gemer... e mais algumas outras coisas que não vou repetir. Encerrei declarando que da forma como ele estava piorando eu acreditava que ele ainda ia incomodar vários anos naquele estado, porque tudo era lento, até a evolução da doença, que não regredia nem melhorava.

– Que horror! – espantou-se Amirah. – Não se surpreenda que ele dispense seu trabalho.

– Pode ser. Mas eu o curei, ou, pelo menos, eu o fiz encontrar energia para buscar o caminho da cura. Ele me detestou, odiou tudo que lhe disse. Ao sair do seu quarto, pude ouvir as ofensas que ele lançou quando a porta se fechou. Eu vi seu rosto ficar vermelho e senti sua pulsação acelerar. Por experiência, eu aposto que amanhã o encontrarei fora da cama e, em poucos dias, ele me dirá que as novas prescrições – as mesmas que ele tinha, apenas mudei nomes – enfim solucionaram seu problema e fizeram efeito. E quando estiver melhor vai me dizer alguns desaforos velados. Ao pagar-me, eu lhe direi que está curado. Autopiedade não leva a lugar algum.

– Eu que o diga. Fosse cultivar esse sentimento, viveria de que forma? Talvez já estivesse morta. Quando falei em cuidar do estado moral de seus doentes nunca havia imaginado essa forma de "tratamento". Tinha pensado em elogios, carinho, atenção.

– Para cada doente um tratamento, Amirah. Elogios, incentivo, atenção, afeto são muito terapêuticos, mas não posso usá-los indiscriminadamente. Há situações em que usar ou despertar sentimentos mais violentos e, até grosseiros, é necessário. Eu vejo no fundo da autopiedade uma alma tomada pelo medo. O doente antecipa a própria morte, que teme com horror; lamenta-se como se estivesse em seu funeral, chora pela dor dos familiares e não enfrenta o tratamento, as mudanças necessárias, as dores que deve suportar. Povoa o pensamento com fantasmas de um futuro temível. Isso lhe tira toda a força. Faz com que viva distante do momento e das questões do presente. É como se eu tratasse um corpo sem alma. Em uma pessoa nesse estado, muito chamego só torna suas angústias piores e suas lágrimas mais abundantes. Por raiva e por orgulho ela melhorará. O ser humano é muito complexo; e, mais complicado que a anatomia do corpo e das doenças é o mundo invisível que carrega no íntimo. Esse é devastador.

– Um mundo invisível dentro de mim – filosofou Amirah, contornando o desenho dos arabescos do tecido da cortina com o dedo indicador. – Há também um mundo encoberto pela pele. É muito parecido com o olhar a rua pela minha janela. Eu vejo um mundo invisível de relações.

– Expressões do que cada um carrega nesse invisível interior. Isso do que eu falo não é tão invisível assim; diria que é tão invisível como o organismo oculto sob a pele. Eu posso ouvir, apalpar todos os seus órgãos. Se eu cortar sua pele e sua carne vou vê-los. O interior invisível pode ser examinado e conhecido por quem tem um olhar atento. Só não posso apalpá-lo, eu acho; a forma mais comum de examiná-lo é vendo e, principalmente, ouvindo as pessoas.

– Também não adiantará cortar pele e carne.

– Não, não vai adiantar. Uso meus ouvidos e meu pensamento. É uma medicina muito... pouco refinada. Sem medicamentos, sem instrumentos, cada um tem uma anatomia muito diferente. Existem apenas alguns sentimentos que identifico em qualquer pessoa. Afinal, como disse antes, eles acabam sendo a doença e o medicamento, ao mesmo tempo. Funcionam como antídotos.

– É mesmo. Existem sentimentos que passeiam no rosto de todo mundo. Outros não. Há alguns até bem raros. A cólera é dos que passeiam freqüentemente. Estranho que possa curar, ter uma utilização positiva. Sempre a associei com morte, destruição.

– Destruição é um tema muito amplo, Amirah. Nós estamos destruindo a todo instante. Para beber o chá de hortelã que você mandará que nos sirvam, pois estou com sede – sugeriu Ibn sorridente – foi preciso que alguém "colhesse" a planta, e assim destruísse sua vida, afinal ela é um ser vivo. Meu paciente estava se destruindo por não tomar contato com a ira, veja que disparate. Outras pessoas matam um semelhante, quase sempre uma mulher, e alegam que agiram por amor. Bem, então amor mata. Sabe, quando penso nesse "interior invisível", às vezes, eu faço comparações com o corpo visível, tangível. Temos vários órgãos, cada um serve para uma função específica, e todos têm que estar harmônicos para que nos sintamos bem. Eu não posso simplesmente tirar um órgão vital e dizer que ele não faz falta, que é dispensável ou que é ruim; o mesmo se dá com os sentimentos. Há alguns que são vitais, "passeiam" em todos nós, não são bons ou ruins por excelência. São necessários ou o Misericordioso criador da vida não nos teria dado a capacidade de experimentá-los. Nós, seres humanos, é que somos, melhor dizendo, estamos – apenas estamos, pois creio que todos são capazes de mudar – bons ou ruins.

– Vou pedir o chá – informou Amirah e bateu palmas chamando Ximena; fez o pedido à criada e voltou a atenção ao visitante: – Adoro conversar com você. Hoje está disposto a encher minha cabeça de idéias, a fazer-me questionar meus valores. Você não acha que a bondade não é transitória? Não é precipitado dizer: estamos bons?

– Não. Possuir um caráter marcado pela bondade é coisa rara. Tão rara, que nossos olhos não identificam facilmente e não compreendemos, a meu ver, o que seja bondade. Parece-nos que bom é aquela pessoa que concorda conosco, que cumpre seus deveres, que é afável, doce, gentil. E tenho visto que nem sempre é assim. Voltando ao meu exemplo: quando eu tratei com afabilidade meu doente, ele não melhorou, portanto eu não fui bom, nem competente. Quantas vezes concordamos com os pedidos alheios para não nos incomodar, pouco nos importando com o resultado. Em outras situações, somos cordatos, gentis, delicados, doces e hipócritas, mentirosos e desonestos, porque agimos em total discordância com o que estamos sentindo. Aproveitamos que é invisível, e fingimos. Aparentamos tudo o que comumente se diz de uma boa pessoa, sem que, de fato, sejamos. Aliás, cada um de nós se acha o centro do universo e filho único de Deus. A briga das religiões é reflexo disso: todas querem ser criadas e dirigidas pelos ensinamentos do mais amado filho de Deus, desfazendo dos outros. Nesse aspecto, o profeta Yeshua é imbatível. Diz ele que bondade se encontra somente em nosso Pai Celestial. Nós, quando muito, estamos bons. É como acontece com nossas orações, precisamos repeti-las ritualisticamente a fim de desenvolvermos o hábito de conversar com Deus. Assim também precisamos praticar atos de bondade até que se tornem um hábito e depois sejam naturais em nosso proceder. E precisamos refletir muito sobre o que é ser bom.

– Intercalamos, somos mistos de bondade e maldade; de honestidade e de mentira,...

– Eu penso que sim. Você, pense e conclua por si – declarou Ibn, e como Ximena ingressasse na sala com a bandeja do chá, calou-se. Depois, buscando redirecionar a conversa, indagou:

– Mas diga-me: afora a morte de Munir, alguma outra notícia sobre a nova invasão?

Gritos vindos de fora interromperam o diálogo. Amirah voltou o olhar à ruela calçada. O barulho era por causa da entrada de um grupo de cavaleiros maltrapilhos e feridos. O chefe vinha empertigado sobre o cavalo, sujo, com a testa sangrando, a escorrer um filete vermelho pelo lado de sua face. Espantada, a princesa levou a mão à boca.

– Por Deus, é o filho de Nasser Al Gassim – reconheceu Ibn. – Ele vem para cá. A vida respondeu à minha pergunta com muita pressa. Se me permite, vou deixá-la para atendê-los. Precisam de ajuda.

– Eu também vou – declarou Amirah, recompondo-se. – Ximena, mande chamar as esposas de nosso hóspede. Não ouse me impedir, meu irmão não está em Córdoba.

.

Apesar da exaustão causada pela tensão e pela caminhada entre o acampamento e as portas da propriedade invadida, Kiéram tinha a mente excitada e nenhuma vontade de dormir. Naquela noite, literalmente, ele esquecera que todos os mortais dormem. Viu nascer o dia sentado sobre as dunas, próximo da praia.

A maresia era uma lembrança do cheiro de Layla, não a filha do emir, mas a mulher corajosa e frágil que tivera nos braços. A criatura que fora capaz de matar seu agressor e, ao ato de vingança, atrelar uma dupla piedade – executara-o sem crueldade e na defesa de um amigo. Tentar julgar o caráter da rebelde muçulmana era uma tarefa por demais exigente para um juiz humano, quiçá para ele, que se sentia tão comprometido.

Negava-se a pensar no que ela poderia estar vivendo entre os muros da propriedade onde um dia fora princesa e à qual voltara, naquela noite, como escrava de harém, adquirida a peso de ouro para satisfação da grosseira cobiça de um sultão inimigo.

Ela perdera todo e qualquer *status* diante da sociedade da qual fazia parte. Uma construção absurda de leis e costumes humanos era sua algoz, e ela convertia-se numa anônima heroína daquela mesma sociedade e cultura, arriscando-se a pagar com a própria vida o preço da libertação e expulsão dos muçulmanos vindos da África e de suas idéias religiosas radicais. Fazia isso movida pelo desejo de vingar seus amores mortos na invasão da cidade, mas, se tivesse êxito, seus atos de bravura, ainda que vingativos, teriam efeitos benéficos a toda a população de Al Andaluz. Como julgá-la?

Não, Kiéram não se atrevia a tanto. "Quem sou eu", pensava ele. "Provavelmente fizesse o mesmo ou pior". Admitia que talvez não tivesse coragem para nada, nem para errar catastroficamente, nem para acertar. Tinha consciência de que coragem era um bem necessário a todo aquele que se arrisca a viver, crescer e sujeita-se a enfrentar adversidades naturais ao processo. Sabia que esse "agir e viver com o coração" não era nada fácil. Conhecia poucas pessoas corajosas; conhecia muitas imprudentes, temerárias, algumas até de conduta insana ante o perigo e sabia que nenhuma delas era corajosa.

A coragem implica um comportamento integrado entre razão e sentimento, uma confiança em si e nas forças maiores da vida que regem nossos destinos; é andar sempre de mãos dadas com a esperança; uma outra forma de interpretar o "não separareis o que Deus uniu". O Criador nos concedeu a razão e os sentimentos, juntos. Nós é que teimamos em separá-los, pagando o preço dessa desunião/divisão interior refletida em nossa conduta. Coragem não é expor-se de forma voluntária ao perigo; ao contrário, é conjurá-lo quando possível, e enfrentá-lo racionalmente e com ousadia quando inevitável. É reconhecer os próprios limites e aceitá-los em busca da superação.

"As mulheres são corajosas. Têm uma coragem diferente da dos homens. Elas não se desesperam. Quando nós, homens, não sabemos mais o que fazer, elas confiam e esperam. Não esmorecem na luta, abrem-se a alguma intuição que não sei de onde vem, mas chega e, quase sempre, resolve. Deve ser por isso que é a elas que chamamos para cuidar dos pacientes que estão para morrer e das mulheres que vão dar à luz. Elas vivem extremos com tranqüilidade. Acho que aceitam, por um lado, o inevitável – e onde os homens já não vêem o que fazer elas enxergam a mão pedindo apoio para a hora da travessia; de outro, resignam-se diante da impossibilidade de evitar a dor para outro ser humano e de presenciá-la e confortá-la; em ambos os casos reconhecem a força maior da natureza e cooperam. Devem saber lidar melhor com o sentimento de impotência que essas experiências trazem", refletia Kiéram, com o olhar perdido no mar que se iluminava a sua frente sob o sol do amanhecer.

Lembrou-se das lições de sua infância quando a avó e a mãe o ensinavam a conhecer a história que as imagens dos vitrais e as cenas pintadas nos quadros da igreja retratavam. Muitas vezes percorrera a via-crúcis com elas.

A avó fazia questão de parar ante a cena do mestre Jesus crucificado e chamar-lhe a atenção, não para os horrores da cruz, mas para o fato de que apenas três mulheres tiveram coragem suficiente de testemunhar com Cristo até o fim, de não renegar sua mensagem e fugir com medo de serem perseguidas e condenadas à morte. A velha descendente de galeses tinha como ponto de honra nominar as três mulheres mais próximas que, segundo o evangelho de Matheus, foram fiéis até o fim. Ele ainda lembrava-lhes os nomes e a voz dela, depois de tantos anos, recitando-os e apontando as figuras desenhadas: Maria Madalena, Maria, mãe de Tiago e de José, e a mulher de Zebedeu.

Nenhum dos apóstolos homens tivera a necessária coragem de "viver e agir com o coração". Eram fragmentados, separados, ou só razão ou só coração. A coragem real exige razão e sentimento para manifestar-se. Layla os possuía, ele não duvidava, ainda que eivados de motivações contraditórias ou pouco nobres, porém humanas.

"Será que Layla está mesmo preparada para o que possa vir a acontecer?", voltava ele à pergunta inicial que não lhe dava descanso. E toda a teoria que, com justiça, tecera em torno dos valores e virtudes femininas ia por terra, não lhe dando o conforto que ansiava e a paz que – ainda não tinha consciência – perdera naquela praia. Voltar ali era emblemático.

Compreendera a necessidade de um comportamento coeso entre razão e sensibilidade, mas não percebia que, em si, acabava de se processar a divisão. A racionalização das experiências sobre o entendimento do comportamento feminino não fora suficiente para dar sossego à paixão e ao apego – que ainda não admitia conscientemente sentir – despertados na relação com Layla. Não via que há muito ultrapassara as barreiras da admiração e da amizade.

É interessante notar como o ser humano consegue ser cego a seu próprio respeito, como não se enxerga. Se vivesse em uma casa de espelhos, possivelmente não reconheceria a própria imagem.

Entre os muros da propriedade de Nasser Al Gassim, a escrava recém adquirida pelo sultão fingia total docilidade. Aguardava, cabeça baixa, postura submissa, encolhida, como se desconhecesse o ambiente onde estava, as ordens de seu amo. Entretanto, quando o sultão e o xeique lhe davam as costas, seu olhar varria, esquadrinhava minuciosamente o local. Havia poucas alterações; resumiam-se a marcas da batalha, alguns móveis danificados, manchas, tecidos rasgados. De fato, eram poucas coisas, todas materiais. As mudanças significativas estavam na atmosfera da propriedade. Antes era alegre, suave, livre; agora era escura, pesada, circunspecta e dominada, com exclusividade, pelos homens. Não vira nenhuma outra mulher. E a julgar pela reação dos soldados à sua passagem, era a única que eles enxergavam há um bom tempo.

Se o leitor observou, Layla não tinha o hábito de olhar para trás; isso é um reflexo de sua postura mental, de sua personalidade não afeita a viver de lembranças, de fixar-se no passado. Ela costumava olhar para frente, numa postura altiva e decidida. Não fosse assim e aquele regresso em tão duras e ameaçadoras condições não seria possível. As lembranças a teriam esmagado. A força das paixões que ela nutria não teria sido domada pela razão e denunciariam a farsa.

Percebeu que o xeique Omar era desconfiado e não estava contente com sua presença. Parecia ser um homem metódico ao extremo, do tipo que não lida bem com alterações em seus projetos. Não precisava ser uma criatura genial para perceber o que sua presença significava: – um motivo de desatenção, de distração e de um possível desvio do sultão em relação à empreitada militar. Isso não agradava ao xeique.

Apesar de sua inexperiência com os homens, tivera muitas "aulas teóricas", como poderia chamar as conversas com Adara e Leah a respeito do comportamento masculino quando dominados pelo desejo sexual por uma mulher. Rira, em várias dessas conversas, das descrições que elas faziam e das histórias que contavam. Agora, reconhecia no sultão um homem dominado pela sensualidade, beirando ao descontrole. E em seu súdito um homem desconfiado e descontente.

"Preciso tomar cuidado com esse xeique", concluía Layla. Atenta à movimentação dos homens, interessava-lhe observar como faziam a segurança da propriedade. Obviamente, não haviam tido tempo suficiente para explorá-la em detalhes; eis a vantagem que tinha sobre eles. Conhecia cada porta secreta, cada muro e portão que cercavam as paragens de sua infância. Não podia era demorar a desvendar o esquema de defesa dos invasores.

Irritou-se ao sentir a mão do xeique fechar-se em torno de seu braço como uma garra, mas manteve a postura submissa e deixou que ele, praticamente, a arrastasse pelos corredores, fingindo fazer grande e inútil esforço em tentar acompanhá-lo.

– Ande mais rápido, mulher! – ralhou ele, com voz grossa e ameaçadora, lançando olhares de visível desdém e menosprezo. – Aqui não é lugar para mulher, mas o sultão a quer, então entenda desde já: não seja estorvo ou empecilho, pois de tais coisas eu me livro facilmente. Para mim não é nada, para você é vida ou morte. Entendeu?

– Si... sim senhor – respondeu Layla, fingindo inclusive gaguejar de medo. Intimamente a leoa rugia e regozijou–se quando ele sorriu prazeroso, crendo no temor que incutia.

– É, talvez, acabe sendo boa a sua vida entre nós. Talvez até eu acabe tendo prazer em sua companhia quando o sultão Kaleb não a quiser mais – disse o xeique, apertando o braço de Layla com mais vigor e olhando-a de forma sugestiva. – Seja dócil e nos entenderemos. Não quero vê-la andando entre os soldados. Está proibida de sair dos aposentos do sultão.

Layla meneou a cabeça sinalizando ter entendido a mensagem e, ao final do corredor, onde antes eram os aposentos de seu pai, ele abriu a pesada porta e empurrou-a, sem cerimônia, para o interior do cômodo. Saiu e bateu a porta com estrondo. Era a hora da verdade entre ela, o sultão e seus planos.

– Aproxime-se – ordenou o sultão alegre. – Venha descansar a meu lado. Deixe-me ver a bela pérola que adquiri.

E olhando-a de cima a baixo, de forma que a fez sentir-se nua, ele completou:

– Linda! Alá me abençoou nessa viagem. Louvado seja!

Layla sentiu o sangue subir-lhe a face; duras verdades transmudadas em palavras borbulharam em sua boca, e, a custo, controlou-se. Respirou fundo várias vezes até dominar a revolta e a repugnância que sentiu pelo homem, largado preguiçosamente entre as almofadas do leito que fora de seu pai.

"Repugnâncias e pudores não me levarão a nada", pensou a filha de Al Gassim, aproveitando a postura submissa para esconder os olhos que brilhavam como ônix. "Ele tocará meu corpo, jamais minha alma. Eu sou instrumento de justiça, converti meu corpo em arma. Pensarei como arqueira. Atenção, concentração, silêncio interior, mente e sangue frios para alcançar meu objetivo. Sim, Alá abençoou esse porco imundo com a justiça que se fará por meu intermédio. Ele terá todas as "bênçãos" que merece, ou não farei jus à memória e ensinos dos meus ancestrais. Também é filho de Deus aquele que encaminha vermes como esse ao fogo do inferno. É essa a minha missão e, por Deus, ele irá."

Mas, por uma milésima fração de segundos, Layla vacilou. Seus pés pareceram não querer sair do lugar para ir ao encontro de Kaleb e enfrentar o que se impusera realizar. O estomago revirou, náuseas lhe subiram à garganta. E ela implorou ajuda aos céu.

"Esther, rainha dos judeus, ajuda-me. Dá-me a tua força. Guia-me. Também tenho um povo a defender."

Safia acompanhava sua protegida. Enterneceu-se ao ouvir-lhe a rogativa. Não duvidava da bondade que havia em Layla, das sementes de espiritualidade que jaziam em seu coração e haviam sido cultivadas zelosamente até aquele amargo ingresso na idade adulta. Conseguia reconhecê-las e via que, ao lado da vingança, coexistia a preocupação com seu povo.

A rogativa era sincera. A prova era rigorosa, áspera, tinha o sabor do fel. Vencer a cólera, domar os instintos e sentimentos mais grosseiros, transformando-os na essência da própria coragem e determinação, sem macular-se com o rancor e o ódio, exigiam situações de teste extremo. Era o que começava a presenciar e pedia a Deus em pensamento que desse a Layla a necessária força de vencer a si mesma.

Até então, ela não esbarrara na crueldade; tornara-se assassina, assumindo as conseqüências dessa falta. Mas a misericórdia que sempre presidira seus atos de extermínio não estivera ausente.

Aproximou-se dela e tocando-lhe a fronte com a mão sussurrou-lhe ao ouvido:

"Esther jamais esqueceu o amor. Busque em si a coragem, a determinação, a racionalidade, mas não sufoque o amor. Evite guardar o rancor, o ódio. Entenda que mesmo brutos e ignorantes sofrem transformações. Acima de tudo lembre-se de que ninguém pode dar o que não possui, e isso vale para as coisas da matéria e do espírito. Esse homem à sua frente, talvez não possua os dons da compreensão, da espiritualidade e dos sentimentos; por isso não os vemos em seu comportamento. Há muitas formas, querida, de a justiça realizar-se. Se Esther foi justa e fez justiça em sua vida é porque entendia o amor de forma plena. Coragem, querida!"

O influxo da energia benfeitora de Safia acalmou a repercussão orgânica e mental das emoções violentas que experimentou à visão de Kaleb. Layla encontrou em si o espírito de arqueira, a disciplina mental e emocional que o exercício fizera desenvolver desde a infância. Com absoluto controle, andou em direção ao sultão, acomodando-se ao seu lado, executando cada passo que traçara mentalmente no plano de expulsar e destruir os invasores de seu lar.

Safia suspirou resignada. Em seu olhar luzia uma cálida chama de paciência, de aceitar o que se tornara inevitável. Em pensamento, abençoou sua protegida e afastou-se dali.

Na manhã seguinte o sultão exalava satisfação e alegria. Esquecera-se das razões que o levaram àquele pequeno porto na Europa. Das questões religiosas, não lembrava sequer de um argumento. Observava a falta de suntuosidade da propriedade com desagrado. Queria jóias, luxo e toda sensualidade de sua corte no Egito. Era em meio ao fascínio do Oriente que queria gozar da companhia de sua nova escrava. Exibi-la seria um deleite à sua vaidade masculina.

Omar o ouvia escondendo a revolta. Procurou chamá-lo à responsabilidade do momento. Em vão.

– Confio em você. É um líder guerreiro ímpar. Delego-lhe as decisões e o comando de nossas ações. Ficarei com as funções de estado e negociações com o Califa Al Hussain. Ele é jovem, mas é um homem sábio, de bom gosto...

– É um infiel. Deturpa a mensagem sagrada. É dissoluto nos costumes e tradições...

– Ah!... Xeique Omar, se as mulheres andaluzas são todas assim... quem sou eu para condená-lo? Matemos os homens e tomemos sob nossa proteção as mulheres. Elas são incomparáveis. Encontrei uma rainha sob a pele de uma escrava.

Desistindo de argumentar com o sultão, Omar ficou matutando sob a última frase ouvida. Desconfiava da jovem.

"Fidelidade feminina é raro, mas existe, e quando existe é inviolável, incorruptível. Será essa escrava fiel? E se for, a quem? Por certo que não é a nós que a compramos ontem. Espero que essa paixão que cegou Kaleb se apague logo, como é seu feitio. Vou manter vigilância ferrenha sobre ela", decidiu Omar num solilóquio íntimo.

* * *

Nas ruínas habitadas por irmão Leon imperava o trabalho, a alegria e a doença. À primeira vista esta afirmação pode parecer descabida; como é possível a convivência da alegria e da doença? Temos a alegria como incompatível com a doença.

Aliás, é só observar o semblante das pessoas quando ingressam nos aposentos de um enfermo. Em geral, antes sorriam e conversavam descontraidamente; à medida que se aproximam da porta a conduta vai mudando. Mescla-se o medo e, socialmente, considera-se adequado manifestar tristeza. Deveria ser o contrário. A tristeza pode gerar doenças sérias; a alegria é energia de bem estar; por que não dizer de cura ao lado do amor? Sentimentos contagiam e desencadeiam reações orgânicas. Cercar enfermos de lamentos e tristezas é piorar sua condição.

A saudável alegria – que não é balbúrdia, nem euforia desmedida – torna mais suave a convivência com a enfermidade, conduz paz e esperança.

Alegria é virtude; tristeza é necessidade existencial. A Igreja Católica tomou a si a condição de representante do cristianismo quando ele deixou de ser um movimento de pessoas em busca de crescimento espiritual para converter-se na religião oficial do império romano, que de perseguidor arvorou-se em herdeiro único da mensagem de Jesus. Entre as muitas inversões que ao longo dos séculos fez imiscuir nas idéias e ideais de Jesus e seus primeiros seguidores, está a glorificação da tristeza e a sufocação e repressão da alegria.

Porém, mesmo no auge desse domínio e das inversões de valores – à época conhecida como a Idade das Trevas – os valores reais da mensagem do Rabi da Galiléia reencarnam-se no cantor de Assis. O humilde Francisco, valoroso médium, ensina à humanidade novamente a alegria de render graças e glorificar a criação. Ele é simplicidade, fé e poesia, na manifestação de seu amor incondicional à mensagem de Jesus, à vida e aos seus semelhantes, desde o menor ser irracional vivo até o ser moral – o espírito humano.

Irmão Leon fora um dedicado aprendiz dessas lições. Reconhecia que ao lado de Francisco de Assis reencontrara seu equilíbrio, a paz, uma razão para prosseguir vivendo e amando; não saberia viver de outra maneira, naturalmente, sem imposição de votos exteriores – a ordem dos irmãos menores ainda não era reconhecida pela Igreja. Dedicaria o resto de seus dias a essa forma de viver e a ensinaria a quantos por ela se interessassem, sem fazer desse seu objetivo de ação. O principal era sua experiência, sua vivência.

Após a partida de Karim, na manhã seguinte, quando a aurora despontava, debruçado sobre o parapeito da desgastada janela ele olhava os enfermos e indagava ao céu:

– Que farei com eles? A maioria, não fala a minha língua. Que faço, Senhor?

Manteve os olhos fixos no firmamento alguns segundos; depois, começou lentamente a menear a cabeça, em silenciosa concordância, como se compreendesse uma mensagem inaudita. Murmurou:

– Caminhar. Andar. Ir até eles. Sim, lógico. Entendo. Ficar olhando não solucionará nada. Claro, claro, como fui imbecil. Óbvio que permanecer aqui distante deles olhando o céu é fazer nada para encontrar a solução. És magnânimo, Senhor, divina inteligência. Obrigado! Quisera ser inteligente como Tu. Um dia... um dia... quem sabe, não é?

– O quê? – indagava ele baixinho e aguardava – Estou perdendo tempo? Que é coisa preciosa? Se entendi, tenho que fazer? Ouvi direito, Senhor? Estás me repreendendo. Eu aceito, como dizem meus hóspedes: sou submisso.

De imediato afastou-se da janela seguindo em direção à saída. Sob o batente estacou, atento, inclinando o ouvido direito mais para o alto.

– O quê... Ah! Lembrar de agir como eu gostaria que fosse se estivesse no lugar deles. Está bem, entendido.

Ganhava o meio do pátio quando a voz da consciência novamente o fez parar e pensar.

– Como, Senhor? Estás a me dizer que não é fazer o que eu gostaria e da forma como entendo agora, mas, sim, perguntar a eles o que desejam e o que precisam? Sim, é lógico, tens razão. Colocar-me no lugar do outro é isso, porque é bem assim que eu gostaria. É verdade. Eu teria horror se alguém chegasse e fosse mexendo em mim, fazendo mil coisas, sem se importar com o que eu estivesse sentindo. Claro, claro, entendi a lição. Perguntarei a cada um deles o que posso fazer para ajudá-los.

Deu mais alguns passos e parou de novo, lançou um olhar ao céu que se tornava azul e disse:

– Há mais alguma coisa, Senhor, que desejes me dizer ou alertar? Ahã, sei. Lembrarei que eles são muçulmanos e respeitarei integralmente sua forma de pensar e crer. Sim, bem lembrado, é um direito deles e um dever meu. Sim, sim, lembrarei. Lógico. Senhor, por favor! Sou parvo, mas nem tanto, nem pensei em impor-lhes minha fé só porque lhes dou abrigo. Ora, isso eu já aprendi. Mais nada? Então estamos conversados. Agora é entre mim e eles. Certo. Se precisar, eu o chamo. Vá com Deus! O quê? Ah! Estão sempre juntos. Que bom, glória a Deus, então.

Andou e trabalhou em meio aos muçulmanos feridos, distribuindo sua mensagem humana de fraternidade acima de rótulos religiosos. Falava do que tinham em comum; exaltava-os na fé em Deus e tinha o cuidado de referir-se a Ele como o Misericordioso, o Clemente, em nada ofendendo-lhes a forma de crer.

Notando que aqueles que estavam em melhor condição de saúde esfregavam a terra nos braços e no rosto para purificar-se para as orações, prontamente acercou-se do que lhe era mais simpático e, comunicando-se como podia, misturando sinais, gestos e palavras, ofereceu:

– Amigo, há um poço no pátio. Seria excelente se os feridos quisessem se banhar, fazer suas abluções, purificar-se para as orações. Infelizmente, não disponho de uma casa de banho, com o conforto que devia haver na da mesquita que vocês freqüentavam. Mas água será melhor do que areia. Podem usar à vontade, o poço nunca secou. É limpa e pura. Tenho tinas de madeira que podem servir como banheiras...

– É muita compreensão sua. Não esqueceremos sua bondade. Tem em nosso povo amigos, irmão Leon – respondeu o muçulmano que o entendia, saudando-o agradecido.

– Por favor, use o que eu ofereço. Conduza seu povo. Eles irão melhorar mais rápido sentindo-se em contato com Deus.

O homem sorriu, pediu ajuda para pôr-se de pé e solicitou ver o poço. No local, constatou que havia água em abundância, limpa, cristalina. Logo reuniu os que estavam melhores e improvisaram uma casa de banho ao ar livre. Todos os feridos foram lavados, e o novo amigo do religioso improvisou uma pequena assembléia religiosa, sendo escolhido o imã. Caía a tarde, quando irmão Leon e seus dois auxiliares e amigos foram convidados a acompanhar a reunião dos hóspedes para, em prece, agradecer a Alá o dom da vida, que lhes fora preservado, e orar por seus mortos.

A alimentação era pouco variada, mas suficiente a todos. Alimentados, limpos e medicados no corpo e na alma, eles logo encontraram o caminho do restabelecimento e da dolorosa, porém, imprescindível, aceitação de todas as perdas.

Capítulo XIX

Nêmesis em ação

Cinco dias se passaram após o regresso de Layla a Cádiz. Uma certa melancolia se apossava devagarzinho de sua alma, como uma sombra que espreita a madrugada, fugindo à luz do sol. A tristeza se insinuava em seu olhar, mas desaparecia no confronto com outros sentimentos.

Ironicamente, ela trajava as próprias roupas não destruídas com a tomada da propriedade. Fingira surpreender-se ao ver o baú cheio de roupas femininas que lhe serviam como se houvessem sido feitas sob medida. Emitira gritinhos pretensamente de espanto, mas que eram também manifestação de dor. Sentira-se como se visse seu próprio corpo morto; uma lembrança dos dias passados, das alegrias, dos afetos, de toda uma forma de vida da qual fora arrancada com violência.

– Eram da filha do emir. Não é muita sorte, minha linda, que lhe sirvam tão bem? – indagou Kaleb, cada dia mais encantado pela formosa escrava.

Observou-a correr os dedos pela veste de seda, bordada; notou a expressão profunda em seu rosto e interpretou tudo errado. Pensou que ela estivesse acariciando o próprio corpo, proporcionando-se prazer, como forma de seduzi-lo. Acercara-se dela, beijando-lhe os ombros, o pescoço e as faces. Ao sentir um sabor salgado nos lábios, regozijou-se: ela chorava de prazer ao seu toque.

– Você é como as areias do deserto, linda. Fascinante, às vezes escaldante, outras, fria; em um momento banhada de luz e, logo, a mais profunda escuridão. Você amará o deserto. Vocês são naturezas semelhantes – murmurara Kaleb entre beijos e carícias.

A alma da jovem ardia de dor construindo a compreensão vivencial de que tudo nesta vida é transitório. É sábio desapegar-se, reconhecer a possessividade e transformá-la em generosidade, alterando seu núcleo central. Descobria o preço amargo da satisfação da vingança.

O sultão queimava, cego e surdo, nas chamas da paixão sexual. Aquele era o abraço dos extremos, representativo de que proximidade física nem sempre é sinônimo de comunhão espiritual.

Layla sorvia a taça amarga do veneno, antes de ofertá-la ao agressor. Muitas partes de si morriam; suas perdas prosseguiam. O caminho da vingança é tão mal traçado quanto um abraço de serpentes, quando não se sabe onde começa uma e acaba a outra. Quem era a vítima e quem era agressor? Afinal, os papéis se invertiam. Layla era a vítima de ontem; Kaleb a vítima de amanhã. Um agrediu; a outra irá agredir. Apenas uma tênue linha permitia diferenciá-los: a linha da necessidade.

Kaleb agredira sem necessidade; a filha de Al Gassim agredia por necessidade. Embora essa tênue divisão não a isentasse de dor, sofrimento e responsabilidade, era, por assim dizer, uma atenuante a favor de Layla.

O escândalo é necessário – ensinou Jesus – mas ai daquele por quem venha.

O escândalo pode converter-se em benefício ao agredido, mas, ainda assim, não retira a responsabilidade do agressor. O fato de que do mal nascerá um bem, não serve como justificativa, pois do bem também nasce o bem. Ele é autofecundante. O mal é por ele fecundado. Toda centelha de luz que lançamos em nosso interior fecunda um mal – uma ignorância – que carregamos e faz nascer o bem. Layla vivia processos rápidos de amadurecimento e transformação.

Se as cercanias em torno de Cádiz viviam dias de tensão, mas não de conflito, o fato se devia a que todas as batalhas tinham por arena o íntimo da que fora princesa e era agora escrava.

Engolindo e sufocando a dor, Layla gemeu. O que soou aos ouvidos de Kaleb como a melhor das músicas, fê-lo sentir-se poderoso, fonte de um prazer inesgotável.

– Quando meu amo pretende voltar a sua terra? Nunca falou antes...

– Breve, linda. Você se apaixonará pela minha terra. Ela é adorável, como seu corpo.

– Se é o sultão quem diz... Diga-me como é viver em seu reino? Claro, eu irei morar no harém junto com as outras. Você tem muitas escravas? É um homem poderoso, deve ter também muitas esposas. Quantas? Elas são bonitas? Dançam para você?

– Hum, quantas perguntas!

– Perdão – pediu Layla. – É curiosidade, nunca havia falado sobre seu reino, seu povo. Eu não sei nada. Não que precise saber, mas... bem, é bom que saiba, sou curiosa e adoro aprender sobre países e culturas que não conheço.

– A viagem é longa. Eu lhe ensinarei tudo que desejar quando estivermos a caminho. Agora não temos tempo. É preciso resolver logo essa questão, fixarmos o domínio sobre o porto. Tão logo isso esteja consolidado, um navio retornará ao Egito, com ordens de trazer os reforços necessários para começarmos a invasão territorial até a tomada de Córdoba – revelou Kaleb, inebriado pelos carinhos que as mãos de Layla lhe faziam. Nem ao menos percebeu que revelava seus planos de guerra contra o Califa Al Hussain.

– Ah! Eu pensei que me levaria para conhecer o deserto em breve – resmungou Layla, fingindo-se dengosa. – Sonhei em vão com o luxuoso palácio que me descreveu e com as jóias que me presentearia. Ainda bem que as roupas das mulheres dessa casa escaparam à devastação.

– É natural que existam roupas femininas na casa de um muçulmano influente. Mas não tenho tanta certeza de que elas sejam algo bom. Talvez eu mande queimá-las para que você permaneça nua, presa nos meus aposentos.

Layla riu, de forma rouca e baixinho. Escapando ao abraço, começou a dançar para o deleite do sultão, empurrando-o e jogando-o sobre um leito coberto de almofadas.

– Não faça isso, eu imploro – pediu Layla, enquanto fazia os seios estremecerem ao ritmo de uma música que só ela ouvia. – A viagem ainda demorará muito. Você não sairá de Al Andaluz antes da tomada de Córdoba.

– Não sei – respondeu Kaleb, acompanhando com o olhar faminto o ventre da dançarina ondular à sua frente, acariciando-a sem pudor. – Não me arrisco desnecessariamente – e puxou-a sobre si, encerrando a conversa.

Na manhã seguinte, Layla espreitava o longo corredor vazio. Abaixou-se e descalçou as botinas. Não queria o menor risco de ruído e caminhou, apressada, até a outra ala daquele andar onde conhecia os caminhos que a colocariam dentro e fora dos muros da propriedade, sem ser vista pelos homens de Kaleb.

Escondido, em uma reentrância do grosso muro de pedra, Kiéram a aguardava aflito. Ao vê-la com o rosto corado, os longos cabelos soltos, vestida com as belas roupas de seu passado, trazendo bem seguros em uma das mãos o par de botinas e o véu, esqueceu-se da missão de chefe de exército mercenário e abraçou-a forte, desejoso de ter a certeza de que ela estava bem.

Para Layla, os braços do mercenário cristão tinham o sabor e o aconchego do lar; sentia-se parte dele, querida e desejada apenas por ser quem era e como era. Foi um refrigério para o que se obrigava a viver ao lado do sultão. Mas era ciosa do dever e dos cuidados precisos. Assim, beijando-lhe a face e acariciando-lhe os braços, afastou-se e falou baixo, escondida entre as pedras. O lugar era escuro, quase uma gruta. Repassou todas as informações que conseguira sobre os planos do sultão, os reforços militares e informações iniciais de como estava estruturada a segurança interna da propriedade. Percorrera apenas algumas alas, exatamente como previra, daí a importância de preservarem aquele local de encontro. Pediu-lhe cuidado para não o revelar, nem dar margem à desconfiança.

– Não há perigo, Layla. O que achou da minha roupa? Fico bem em trajes orientais?

– Estranhei, acho que prefiro vê-lo com suas roupas de guerreiro cristão.

Num impulso, ela se aproximou de Kiéram, abraçou-o, beijou-lhe os lábios e, antes que ele pudesse se recuperar da surpresa, afastou-se, desaparecendo nas sombras de volta ao interior da propriedade.

* * *

Karim velava pelo pai. Era madrugada. Os servos que o auxiliavam perambulavam pelo aposento na tentativa de espantar o sono que a hora quase impunha. Só o dever é capaz de manter um ser humano acordado, vigilante, ao pé de alguém, nas horas mortas e silenciosas da madrugada. E este é um sentimento que nasce na consciência, não na obrigação servil.

As horas da madrugada são um convite ao cumprimento da lei de repouso das atividades do corpo, da correria incessante atrás da sobrevivência material. Algumas vezes é nessas horas silenciosas que nos permitimos meditar – a forma de descanso dos espíritos – esvaziando o pensamento, abrindo os canais de contato com o mundo superior. É aí que podemos ouvir em nosso íntimo a voz dos espíritos protetores, é quando deixamos aflorar os fluxos de criatividade e interação.

Naquele momento, o jovem utilizava os benefícios do silêncio. E contemplava a face paterna, pálida e encovada. Nasser Al Gassim tornara-se um velho em pouco tempo; seus cabelos haviam branqueado e caído significativamente, existindo rodas de calvície em várias partes da cabeça. Emagrecera, decorrência de um estado nervoso que não oportunizava condições de bem alimentar-se. Falava pouco, respirava com dificuldade e dormia a maior parte das horas sob efeito de narcóticos prescritos e administrados por Ibn Rusch.

"Meu Deus, o que é a vida?", meditava ele durante a análise do doente. "Meu pai, há poucos dias era um homem viril, forte, saudável, ativo. Agora... transforma-se, dia a dia, num trapo, num farrapo humano. Sombra do que foi. Aliás, sombra distorcida. De que terão valido tantos anos de esforço e trabalho? De que valerão esses dias e noites de sofrimento? A morte virá, não resta dúvida, colherá os frutos da vida, pois é o seu trabalho. E o que fará deles? Eis a grande questão. A mágoa, a dor, a culpa o roem intimamente e com enorme e voraz apetite. Já é possível visualizar o estrago. A perda de Layla o destruiu. Culpa-se por não a ter protegido. Mas não devia. De que adianta remoer uma mágoa, uma dor, cuja solução não está em nossas mãos? Bem, é preciso reconhecer nossa falibilidade, o que não é nada fácil. É preciso reconhecer que não sabemos nem podemos tudo. Admitir limitações de todas as espécies: física, territorial, material, emocional, intelectual é um grande passo no rumo da evolução do ser espiritual, que todos somos em essência."

Ao lado de Karim, sentada no braço da poltrona, Safia captava o pensamento do amigo e imiscuía-se em seus pensamentos sugerindo-lhe com suavidade idéias e conceitos, buscando desviar a rota dos sentimentos da revolta e da ira, de tal forma que ele nem sequer percebia que recebia naquele instante um auxílio precioso.

"Todas as religiões falam de uma vida após a morte. Como será? Falam de felicidade e de dor, como situações estanques e lugares determinados. Onde uma não mais se misturará com a outra. Será que é assim? E, se for? Bem, então, é questão de escolha. Não preciso morrer para ter o céu. Posso viver aqui e agora momentos de intensa felicidade ou horas de profunda agonia, de dor insuportável; tudo vai depender da minha forma de pensar, sentir e agir. Eu posso construir o céu ou o inferno dentro de mim, a partir do meu modo de compreender e aceitar as coisas. Isso me faz lembrar as histórias de Nasrudim, que ele contava para mim e Layla, sob a sombra das árvores. Ríamos muito, mas ele sempre dava um jeito de nos fazer pensar. É, a vida e a morte, podem ser como as gotinhas de chuva de Nasrudim[1], sagradas. Tudo está em como as vemos. Entendendo a morte como um destino melhor, aceitamos o fim. Por medo desse desconhecido, orientamos nossas ações para não pisar nas coisas sagradas durante a vida, assim ganharemos o céu prometido. Será essa a safra da morte? Recolher as coisas pisadas ou intactas que deixamos ao longo da vida? Mas, o que será sagrado? Já não sei mais. Sempre pensei que todas as palavras do Alcorão fossem sagradas e justas, mas agora... depois de tudo... não sei mais. Não sei o que é fé, nem sei se a tenho ou se a tive algum dia. Quisera saber tantas coisas! Layla e todos nós estamos na condição do homem santo que foi advertido de que fugindo da chuva, rejeitava algo divino; por medo de perder sua condição social, ele adoeceu. Também não tinha fé. A noção de divino, sagrado e fé, nele, era uma casca, escondia outros sentimentos e objetivos. Nós estamos caminhando sob a chuva, quando queríamos correr. Isso me irrita. Nasser está nesse estado pelo mesmo motivo. Obriga-se a obedecer. É horrível! Eu perco, sinto que perco tudo: fé, calma, saúde, afeto, meu mundo perde sentido."

[1] *Chovia fortemente, e o homem mais santo da aldeia corria em busca de abrigo. Nasrudim, ao vê-lo, vociferou: – Como ousa fugir da graça de Deus, do líquido dos céus? Como devoto, você deveria saber que a chuva é uma bênção para toda a criação. O homem santo, ansioso em preservar a reputação, murmurou: – Não havia pensado dessa forma. E passou a andar lentamente. Chegou ao seu destino encharcado e apanhou um resfriado. Dias depois, a situação inverteu-se. O homem santo, sentado no beiral da janela, bem agasalhado, viu Nasrudim correr sob a chuva e indagou-lhe: – Por que estás fugindo das bênçãos divinas? Como ousas rejeitar a bênção que a chuva contém? Sem dar-se por achado, Nasrudim, de pronto, retrucou: – Ah! É você que não vê que estou tentando não pisar nas gotas sagradas.*

Por alguns minutos Karim deixou seu olhar vagar pelo aposento; sentiu uma brisa fria que entrava por um pequeno vão da janela. Aproximou-se. O ar frio tem o poder de clarear a mente. Safia, parada a seu lado, sugeriu, mentalmente, que ele observasse as estrelas. E inspirou-o a pensar:

"Não. Existe o sagrado. Posso não compreendê-lo, mas ele existe. A natureza é tão bela, cada hora tem uma beleza incomparável. Ela obedece a leis que não mudam, que se cumprem sempre percorrendo um ciclo, por isso as flores não nascem no inverno. E é preciso que transcorram os nove meses para que uma mulher grávida dê a luz. Isso é a mão de Deus escrevendo na natureza a sua existência. Eu não o vejo; mas eu não vejo tantas coisas e, mesmo assim, sei que elas existem e sinto seus efeitos. Eu não vejo o veneno na ponta de uma Sefa, mas conheço seus efeitos. Deus é igual, não posso vê-lo, mas sei que ele existe. A vida me fala dele sem palavras, mas com imagens e sons. E as leis desse mundo natural são harmoniosas, não há punição, nem castigo. Não será o homem que em sua necessidade de tudo saber, de tudo dominar, em sua possessividade, que encheu o vazio que tinha com uma quantidade de visões falíveis, tal como ele é? Será que podemos pensar em uma mão humana escrevendo a verdade absoluta? Será que não podemos entender esse anseio por estar seguro? Essa não aceitação das limitações e dos vazios – que a razão devia, passo a passo, preencher e fazer desabrochar a confiança em Deus – não nos terá levado a criar histórias, a seguir líderes e a obedecer a eles e daí toda uma estrutura social? Nós somos diferentes dos animais não só por que pensamos e vivemos em sociedade, mas, acima de tudo, nos motivos por que agimos assim. É a consciência que nos diferencia, ela nos leva a buscar nossa origem. Precisamos saber e conhecer quem nos deu a vida. Sentimos Deus, eis um fato. E o sentimos como uma inquietação, uma busca pelo melhor, um anseio de saber; isso é pensar em Deus, sem ter consciência de que o fazemos. Não será por essa razão que algumas pessoas fazem da religião um caminho de organização e dominação social, enquanto deveria ser de libertação pessoal? Pensar dessa forma pode parecer heresia, rebeldia pura, mas nos pacifica."

Ruídos do enfermo chamaram a atenção de Karim que, prontamente, dirigiu-se ao leito.

O emir abriu os olhos opacos, fitou o teto com uma expressão de vazio, como se o ato de erguer as pálpebras houvesse sido mero reflexo e ainda estivesse inconsciente. Karim assustou-se e, tocando de leve o ombro do pai, suspirou aliviado quando ele moveu os olhos em sua direção.

– Que susto! Dessa vez o senhor dormiu com vontade. Como está se sentindo? – perguntou Karim.

– Tenho sede...

O jovem apanhou a jarra sobre o criado mudo e serviu uma taça com água fresca, levando-a aos lábios do enfermo cuja cabeça soerguia com a outra mão.

– Karim... sua irmã... ela... precisa... de você. – falou o emir, com dificuldade, a respiração entrecortada. – Ajude-a... sempre. Prometa-me...

– Eu prometo. Jamais abandonarei Layla.

A seriedade no tom de voz de Karim revelava que ele compreendia estar vivendo um momento solene.

– A lei... meu filho... nem sempre... foi... escrita ou... ou... interpretada com... as palavras do coração. São ho... homens duros... que... maltratam e desprezam... suas mulheres... e fi... filhas. Eu amo Layla. Cuide dela... sempre, não...importa o que... aconteceu. Ela não teve culpa. Deixe que ela se ca... se com... Zafir...

O gasto de energia nesse último diálogo foi o último suspiro da vitalidade do emir. Não conseguiu dizer mais nenhuma palavra, caindo num estado de prostração que perdurou até a chegada da manhã, quando, em meio às crises da morte, deixou o corpo físico.

Seus pensamentos finais revelaram a causa de todo seu padecimento e aflição. O golpe desfechado sobre a filha e a desgraça em que fora lançada venceram Al Gassim.

É fácil dizer que não somos responsáveis pelos atos alheios simplesmente porque não partiram de nossa mente a idéia e a ordem de executá-los, mas sob a ótica da vida imortal, aquilo que fazemos sentir também é gerador de responsabilidade. Munir, desencadeando em torno de si sentimentos fortes, era o legítimo responsável por todos os danos que eles viessem a causar, nos quais, incluía-se a morte de Al Gassim, numa forma requintada de homicídio.

Munir não usara drogas para provocar um enfarto cardíaco letal, mas destilara a raiva no seu semelhante. E esse poderoso sentimento passou a desencadear todos os sintomas e efeitos que o caracterizam, podendo, inclusive, matar, sem deixar nenhum rastro do criminoso. Apenas usando, instintivamente, o conhecimento e funcionamento da lei natural.

Karim gritou chamando os servos. Em desespero, mandou um deles em busca do médico. Tudo em vão, era tarde demais. Abraçado ao corpo do pai ele chorou até que a lucidez veio alertá-lo, lembrando-o dos procedimentos necessários. Com cuidado, depositou o corpo de volta no leito; cerrou-lhe os olhos e ocupou-se em dar-lhe melhor aspecto. Depois rasgou a manga da túnica que vestia, num sinal característico de luto segundo sua crença.

Adara e Farah, abraçadas, compartilhavam a dor da perda. Karim, envolto em seu sofrimento, não as vira entrar no quarto. Ao afastar-se do leito mortuário, viu-as e com lágrimas nos olhos e as abraçou.

– Agora, restamos apenas nós – murmurou Adara.

– Nós e Layla – retrucou Karim.

A menção da filha desaparecida fez com que Farah chorasse desesperada.

– Ela está viva, eu sei, eu sinto.

Adara acariciou as costas de Karim, num gesto de conforto e entendimento, ao dizer-lhe, ao ouvido, com voz dorida, porém calma:

– Vá, Karim. Faça o que precisa ser feito. Eu e sua mãe faremos a nossa parte. Somos poucos, mas há outras pessoas do nosso povo que devem ser informadas do falecimento de Nasser. Ele era nosso líder. Há muitas providências a tomar, não perca tempo.

Farah, tomada pelo desespero de suas dores e perdas, chorava convulsivamente. Deixara os braços do filho e, prostrada ao pé do leito, rasgava as vestes e estapeava o rosto, repetidas vezes, recitando preces em meio a soluços. O filho a olhava preocupado.

– Vá, Karim. Eu cuidarei dela. Não tema. Depois de todos esses anos aprendi a gostar de sua mãe como se ela fosse minha irmã. Ser mulher no Islã ensina coisas muito estranhas à alma, meu querido, e uma delas é amar sem apego e exclusividade. Judeus e cristãos não entendem nossas famílias polígamas porque não atentam no que cada uma das partes envolvidas aprende. Eu aprendi a não ser possessiva. Eu amo seu pai e sei que ele me amou, mas sei também que ele amou as outras, cada uma a sua maneira, sem que uma forma fosse superior ou inferior à outra, apenas diferentes. Eis tudo. Não me olhe tão surpreso, Karim. É isso mesmo. Em breve você terá esposas e se lembrará do que estou lhe dizendo. Sua mãe não é uma rival, é minha irmã de coração. Eu cuidarei bem dela.

Karim balançou a cabeça em anuência. Aquela estava sendo uma madrugada difícil. Não havia lugar para discussões. Além do mais, confiava em Adara, como se fosse sua mãe. Pensando assim, sentiu-se um ser privilegiado: tinha duas mulheres admiráveis como mãe. Não estava só.

Adara afastou-se procurando os criados para dar as ordens necessárias. Observando-a, altiva e resignada, embora a dor fosse visível em seus olhos, Karim encontrou forças de cumprir com os deveres que competiam a ele.

Nenhum deles viu ou registrou a presença de Safia, que acompanhava, à curta distância, a movimentação da equipe espiritual responsável pelo serviço de desencarne do emir:

– Levaremos para um local de repouso – informou o coordenador da equipe espiritual. – Infelizmente, os abalos das fortes e consecutivas emoções foram desgastantes para Nasser, encurtando-lhe a expectativa de vida.

Safia aproximou-se. Vendo o recém desencarnado inconsciente, apenas meneou a cabeça e pediu:

– Por favor, avise-me quando ele estiver lúcido e ciente de onde se encontra.

– É uma incógnita, como você bem sabe. Mas prometo que tão logo ele tenha condições de recebê-la mandarei avisar.

– Obrigada – respondeu Safia, apertando suavemente a mão do coordenador. – Vão. Levem-no, é o melhor. Eu procurarei ajudar os familiares. É uma hora dura. Começa a revisão de uma relação que chegou ao fim, transitório, mas, ainda assim, um fim. É preciso enfrentar o que há de trágico na vida, não é mesmo? Tentarei fazê-los ver que na dor e na tragédia, também há espaço e, grande, para o sagrado.

– É claro que há. E diria que um espaço considerável, pois a vida e a morte são como um eixo sobre qual se move a lei de progresso.

– Bendita lei de opostos e extremos na qual todos caminhamos. Nascer e morrer são etapas de crescimento. No fundo são como portas que nos retiram de um espaço para dar acesso a outro. Karim abalou-se mais do que demonstrou pela experiência vivida nesse quarto agora há pouco. Contudo, ele é dócil e capta com facilidade meu pensamento. Não será tão difícil fazê-lo entender...

O coordenador da equipe espiritual sorriu e, acenando aos seus auxiliares, sinalizou que iriam partir de imediato. Despediu-se de Safia com um gesto breve e contido, cheio de simpatia e confiança, e partiu acompanhado deles e conduzindo, pessoalmente, o espírito adormecido daquele que fora Nasser Al Gassim.

Nos dias seguintes, o universo emocional de Karim era semelhante a um dia nublado, que prenunciava chuva; ora um vento forte varria furiosamente, ora um clima abafado, sufocante. Dava desespero. Eram dias de muitas perdas, de significativas perdas e todas inesperadas e drásticas.

Não era sem razão que seu mundo ruía, que a lógica dos fatos e a crueza de seus sentimentos punham por terra todas as convicções religiosas que abrigara, e ele, agora, duvidava de tudo ou quase; em um recesso profundo da alma ainda confiava em Deus. Mas não era mais o deus ensinado nas mesquitas, era um outro Ser que ele descobria envolto em muitos véus e que se desvendava em meior às dores e conflitos.

Esse Ser, que a sabedoria de Safia o auxiliava a encontrar e a refletir, acalmava-o, embora soubesse que devia silenciar sobre as idéias que lhe acorriam à mente. A sociedade em que vivia, regra geral, ainda não podia acolher aqueles pensamentos. Apenas um ou outro elemento, em qualquer das crenças conhecidas, tinha abertura mental para questionar e conversar sobre Deus livremente, para ler a vida e dialogar sobre as próprias descobertas sem a intenção de impô-las como verdades aos outros.

Amirah foi a companhia paciente, que lhe ofereceu abrigo, que acolheu suas queixas, que em muitas ocasiões, mesmo sabendo o que ia na alma de Karim, fez silêncio e lhe ofertou o espaço da própria descoberta. Uma amizade sincera nasceu em meio ao caos.

Ele esqueceu sua curiosidade sobre o estranho modo de vida da jovem viúva. Ocupado com as próprias dores, nem ao menos lhe ocorreu perguntar por que ela vivia reclusa a seus aposentos e com uma vida restrita àquele palácio ao qual bem poucos tinham acesso. Aceitou como natural. A amistosa relação com Ximena era, de fato, aos olhos de Karim, perfeitamente compreensível, pois em seu lar também judeus e cristãos eram tratados com amizade e consideração.

Passados os dias de luto pela morte de Nasser Al Gassim, era necessário partir. Regressar às ruínas da igreja onde deixara muitos feridos.

Ibn Rusch partira na manhã do falecimento do emir, pretextando que tinha compromissos com a vida e não com a morte. Portanto, sua missão era ao lado dos que lutavam pela vida.

Quando o servo abria a porta principal para que Karim partisse, ouviu passos ligeiros e a voz de Amirah o interceptou.

– Não posso crer que você ia partir sem se despedir – admoestou ela alegremente.

– Ia. Não gosto de despedidas; nunca gostei, agora menos ainda.

– Lamento, então, ter vindo. Vá – disse ela, dando-lhe as costas. Mas quando dava os primeiros passos, sentiu a mão de Karim segurar-lhe o braço e o ouviu pedir:

– Perdão, não quis ofendê-la ou ser rude. Estou me sentindo perdido, você sabe. Faço tudo por obrigação, por dever, ou por ser preciso. Não sei quais são minhas vontades verdadeiras.

– Entendo – murmurou Amirah, voltando-se de frente para encará-lo. – Nós, mulheres, fazemos tantas coisas por obrigação que, para muitas, é difícil saber quando estão fazendo algo por vontade própria. Sei o quanto é ruim viver desse modo. Mas, se lhe serve de consolo, pense que o que está fazendo é necessário e útil para sua família, seu povo, para quem for receber a sua ação. Isso dará um sentido aos seus atos e a compreensão de que não sofre por nada, em vão. Depois que a dor aliviar – e ela alivia sempre, pois a distância que o tempo impõe aos fatos acaba por nos dar o esquecimento que ameniza as dores – você poderá pensar e encontrar as suas vontades. Eu sei que elas não desaparecerão. Não existe um ser humano sem vontade própria; há, sim, muitos seres humanos cujas vontades são submetidas, anuladas, nunca destruídas.

– Será que demorará muito para eu reencontrar minhas vontades? Você pode me responder isso? – questionou Karim sem esconder a agonia que sentia.

– Não, eu não posso Karim – respondeu Amirah suavemente. – Depende só de você, e cada um tem o seu tempo de descobrir...

– Eu voltarei, Amirah. Trarei os feridos para Córdoba. Já devem estar bem recuperados. Depois eu devo partir para encontrar o seu irmão, talvez saber notícias sobre o destino de Layla. Talvez até lá eu já tenha me reencontrado com minhas vontades, talvez eu já seja então senhor delas... Será pedir muito que espere por mim?

– Karim, minha vida é esperar pelo dia de amanhã. Nunca houve um futuro a aguardar. Assim como você me disse o que sente, eu também preciso lhe dizer de forma dúbia que esperarei por você a cada amanhecer e quando o sol se puser eu rezarei para ver o amanhecer. Não sei quanto tempo isso levará, não importa – respondeu Amirah, serena e séria. Depois, aproximou-se devagar e o abraçou.

Era um abraço terno, suave; não apertava, apenas envolvia, rodeava de carinho. Foi ele que, num rompante, tomou-a nos braços e apertou-a junto a si com força; enterrou o rosto na curva de seu pescoço, depois a largou, inopinadamente, e, sem dizer nenhuma palavra de adeus, partiu sem voltar a lhe endereçar sequer um olhar.

* * *

Jamal discutia com seus conselheiros, emires de diversos exércitos, o plano para retomar Cádiz, especialmente a propriedade de Nasser Al Gassim. Diante do esboço de mapa detalhado do prédio e das defesas do sultão Kaleb que lhes era dado observar, uma pergunta surgia nos olhos e lábios dos interlocutores. Foi o emir Badrudim quem lhe deu voz:

– Por Alá, explique-me como temos, em tão pouco tempo, um mapa assim tão detalhado. Como se deu esse milagre? É confiável? Como vou saber que seguindo essa idéia não estou jogando meus homens em uma luta inglória?

À manifestação de Badrudim seguiu-se um murmúrio de apoio. Nitidamente os emires duvidavam da veracidade e origem do mapa e das informações.

Jamal trocou um olhar com Kiéram, que permanecia calado. O líder mercenário não conseguia deixar de pensar no alto preço que Layla pagava para transmitir-lhes aqueles dados. Mesmo sabendo e entendendo as razões dela, via que a jovem caminhava sob o fio cortante da espada do sultão e seus homens. Aquele trabalho poderia bem ser uma sentença de morte, se houvesse sido descoberto.

Como ela fizera para elaborar o material às escondidas era uma incógnita. Seu olhar passeou pelos bem trajados e alimentados emires, com suas vestes luxuosas e fez grande esforço para conter a raiva que ameaçou dominá-lo. "Eles não sabem de nada, não posso condená-los por duvidarem do plano. Como eu gostaria de dizer-lhes que devem isso à coragem de uma mulher muçulmana, que para eles é agora um estorvo, uma desonrada. Bom Deus, quanta barbaridade faz o homem em nome desse sentimento que desconhece tanto, que nem ao menos o reconhece nas ações de seus semelhante. Layla age por vingança, eu sei, mas não somente por isso. As conseqüências de seu ato serão de proveito para um povo, uma nação inteira, para pessoas de diferentes raças e diferentes credos que, graças à honra e coragem dela, no futuro herdarão o direito de conhecer, de pensar e discutir com liberdade temas importantes. E mais, dará a cada um de nós, no presente, a liberdade de viver onde e como gostamos. Ela destrói e destruirá, ainda mais, causará escândalos, mas tudo é necessário. Creio que nem mesmo ela consegue vislumbrar em que se meteu; seus sentimentos devem ser muito misturados, mas ela enxerga com maior clareza do que todos esses homens juntos. Eles não valem o chão que ela pisa".

Estranhando o aleamento de Kiéram no debate, Jamal o interrogou:

– Sr. Simsons, o que tem a dizer?

Kiéram encarou o Califa, detidamente. Tinha ânsia de dizer a verdade a todos aqueles homens bem vestidos e aquinhoados, mas respirou fundo, repetidas vezes, e respondeu:

– Com ou sem sua permissão, Califa Hussain, eu esclareço a dúvida dos emires e faço público o que era um segredo entre nós. O informante responsável pela elaboração destes planos é um dos mais fiéis guerreiros que conheço e que se encontra sob meu comando. Está espionando o sultão com risco da própria vida e fui eu quem recebeu e trouxe esses documentos sobre os quais se traçam os planos. Assim, senhores, espero que confiem, incondicionalmente, nestas informações, como eu mesmo o faço.

Jamal tornara-se pálido ao ouvir as primeiras palavras de Kiéram; ao escutar as últimas, suspirou aliviado. "Esse cristão é astuto como uma raposa. Tem uma força de caráter que faz com que os outros o sigam naturalmente", pensou, notando com um meio sorriso que a atitude dos emires mudara. Kiéram revertera o jogo com sua declaração que dizia a verdade, pelo menos em parte.

Pelas manifestações dos presentes, era fácil ver que acatavam e admiravam o que julgavam ser um plano de Jamal Al Hussaim executado pelo exército mercenário chefiado por Kiéram. Logo o entendimento se fez e concluíram as negociações. Aguardariam o sinal do "espião" para atacar, como constava dos planos.

Capítulo XX

A roda das transformações

Irmão Leon bebia, calmamente, uma caneca de água fresca à sombra da árvore. Aproveitava a hora de quietude da sesta para pensar. Desde a chegada dos feridos que sua rotina sofrera severa alteração; tinha poucos momentos de solidão e descanso. Naquele momento parecia que a situação encontrava o rumo do equilíbrio. Dois feridos tinham morrido. Outros três encontravam-se em estado de saúde que exigia cuidado; os demais recuperavam-se ou já estavam restabelecidos.

Trabalhara muito, mas a consciência estava em paz e o coração feliz; o corpo se refaria depois da refrega inesperada.

Fizera amigos. Era muito bom interagir com outras pessoas, ser útil, sentir-se necessário. Agradecia ao Senhor ter ouvido suas palavras de advertência no relacionamento com os enfermos muçulmanos. Quanta paz poderia o homem usufruir se apenas aprendesse a aceitar e respeitar as diferenças em seus semelhantes! Livrando-se da visão de achar-se o melhor, o sempre correto, de ser senão o dono da verdade ao menos seu melhor intérprete, andaria em direção à humildade. Abriria para si a visão da realidade relativa de tudo que compõe nossa existência e ficaria bem mais fácil aceitar-se e aceitar o outro.

Há ante os olhos humanos um espelho que distorce a auto-imagem; nós nos enxergamos como criaturas ideais, temos anseios de perfeição, de correção, tanto da dimensão física como da moral/espiritual. Enquanto miramos esse reflexo distorcido, estamos longe de dominarmos a verdade possível sobre nós mesmos e com relação aos outros.

Nesse mundo-escola não cabe o ideal, cabe o possível. Buscar aqui a perfeição ideal é quimera que faz sofrer e causar sofrimento, por ser impossível, pois não aceitamos, em profundidade, a nós mesmos e rechaçamos a realidade alheia, já que, em geral, nós a vemos ainda mais imperfeita. São raros os seres que admiram, sinceramente, as qualidades alheias, sabendo separar e compreender que ao lado do vício também há virtude e vice-versa. Regra geral, porque idealizamos tudo e todos; queremos oito ou oitenta.

Ou a criatura é perfeita ou é imoral; se for perfeita, a mais leve escorregadela basta para lançá-la na conta de imoral, esquecidos de que, sobre a Terra, encarnamos e reencarnamos tantas vezes quantas forem necessárias, para construir em nós a perfeição relativa ao grau de desenvolvimento espiritual que ela comporta, e no qual o ideal pleno, a perfeição absoluta, não é possível. Por aqui andamos buscando nos descobrir, saber quem somos; conhecer-nos, saber como funcionamos e, com esse conhecimento, desenvolver em nossas personalidades o equilíbrio e os caminhos para uma futura unidade interior. Precisamos abandonar condutas e visões extremadas.

Pensando em algumas dessas idéias, o religioso meditava em passagens do Sermão da Montanha que lhe vinham à memória.

"É. Jesus foi um homem interessante. Parecia enxergar o fundo de cada ser humano e andar com tranquilidade em nosso íntimo, justo onde nos enredamos e parecemos cegos, tateando caminhos. Toda a sua linguagem fala de pontos extremos, de coisas duais. Promete a bem-aventurança, ou seja, a felicidade aos infelizes e sofredores. Diz que aqueles que choram irão rir; que a consolação será dada aos aflitos, enfim, é dor versus prazer; alegria versus tristeza, pacíficos versus coléricos. Quer dizer... é assim que somos. Não conheço ninguém, eu mesmo nunca consegui manter uma conduta única; nós oscilamos entre esses extremos, somos capazes de ambos e o fazemos, às vezes, juntos: rimos e choramos na mesma hora; sentimos prazer na dor e dor no prazer; vivemos em paz desde que nada nos agaste, ninguém nos incomode, pois aí a cólera mostra que tem casa dentro de nós. É, esse sermão é um estudo da alma humana, ele nos conforta por sermos desse jeito, não nos condena. Ensina-nos que é preciso fazer um caminho de autotransformação, pois é depois de nos mostrar que carregamos essas dualidades que o Mestre passa a lecionar sua doutrina, a revogar velhos comportamentos, elevados à condição de lei, e nos propor novas atitudes frente à vida e, especialmente, ante os nossos semelhantes. Só depois disso, Ele pede que sejamos perfeitos como o é nosso Pai Celestial. Que mensagem linda e forte! Conhecermo-nos, reconhecer nossos comportamentos extremados e modificá-los, estabelecer uma outra lei entre os homens, mais tolerante, mais compreensiva, mais integradora. Ser perfeito como Deus. Será possível? Jesus usava com freqüência uma linguagem forte para chamar a atenção. Se eu for perfeito como Deus, acabarei sendo igual a ele... não, não creio que seja possível. Talvez ele quisesse apenas dizer que devemos ser criaturas cheias de amor, afinal, Deus é amor em plenitude e abundância. O amor liberta, quando bem entendido e vivido. É o sentimento capaz de nos conduzir da dualidade à unidade, de dosar e transformar nossos extremos em caminhos do meio. Foi isso, Senhor, que quiseste dizer? Estou no caminho certo? É correto pensar que o amor é o sentimento que irá clarear e iluminar meu íntimo, que me dará equilíbrio? Mas que as suas sementes, ainda que estejam em meu coração, não germinarão nem darão frutos sem que eu me esforce? Por isso nos deixaste esse sermão tão lindo, como um caminho, um mapa, que nos levará à felicidade. Esse anseio de todo ser humano, que a cada um compete conquistar, que não vem de fora para dentro, mas ao contrário, que nasce em nosso coração e se esparrama por nossos sentidos, pensamentos, ações, atitudes... Os homens deviam pensar um pouco mais em ti e nas tuas lições. Mas não como alguém distante, cego e surdo aos nossos chamados, e, sim, como te apresentavas: um mestre para nós, próximo, atento e paciente. Estou longe dos meus irmãos em religião e nossa ordem ainda não é aceita pelo Papa. Antes de conhecer o pensamento de Francisco, eu me sentia distante de ti, agora converso contigo e com Deus; aprendi a reconhecer, em todo ser que vive, um irmão. Não fosse assim e não teria acolhido os muçulmanos; não teria visto que antes de serem muçulmanos eles são humanos, como eu, mesmo que não pensem nem creiam de forma igual à minha. E incrível! Para eles, tu, Jesus, és um grande profeta, o profeta do interior humano. Tua principal caraterística eles reconhecem; isso devia nos aproximar e não afastar".

Os pensamentos do franciscano foram interrompidos; o som de passos firmes e seguros chamaram-lhe a atenção e, olhando ao redor, reconheceu Ibn Rusch. Saudou-o com alegria; apreciava a companhia do sábio médico muçulmano. Admirava nele, sobretudo, a simplicidade.

– O amigo estava tão absorto que tive medo de aproximar-me. Espero não estar atrapalhando – comentou ele, ao sentar-se em uma das raízes da árvore que servia como banco.

– Não, senhor Ibn, de maneira alguma me perturba. Estava pensando. Dar asas à mente, deixar nossa alma se expressar é, para mim, uma boa maneira de descansar o corpo.

– Concordo. É um exercício que acalma. É um hábito, e como tal, torna-se necessidade. Posso saber sobre o que meditava?

Irmão Leon sorriu e resumiu em algumas palavras suas reflexões. Ibn apreciou ouvi-las; via-se a sinceridade de seus sentimentos na atenção que dispensava ao diálogo.

– Acredito que há razão em se admitir que Jesus, com muita sabedoria, empregou duas formas de ensinar sua doutrina. Uma para os seus apóstolos e pessoas mais próximas e aptas a entendê-la; outra, destinada ao povo em geral. Procedendo assim, era lógico que a linguagem tivesse uma conotação mais imperativa e, ao mesmo tempo, sua filosofia fosse mais geral, pois as pessoas, o grande público, não tinham condições de compreendê-lo em sua profundidade e não há bem ou bondade em violar consciências impondo-lhes conhecimento que ainda não estão aptas a entender. A melhor das intenções não justifica esse ato, além do que nunca dá bom resultado, pois, penso eu, ou conduz ao fanatismo deslumbrado, ou não produz frutos, não é assimilada. É uma manifestação de respeito por quem nos ouve, ou, de qualquer outra forma nos dá sua atenção, sermos inteligíveis. Exibicionismo não cabe quando a intenção é ensinar.

– Lindo! – exclamou irmão Leon, encantado com o pensamento do amigo muçulmano. – Sua frase mereceria ser escrita em granito para que toda gente, por muitos séculos, a conhecesse e nela pudesse pensar. Eu vivi em Córdoba, antes de partir para Assis, onde morei por muitos anos. Minha juventude foi nessa cidade cheia de cultura e beleza. Conheci pensadores judeus e muçulmanos – muitos admiráveis, porém alguns lamentáveis. Não nego que sabiam muito em comparação a mim, mas a forma como pretendiam transmitir esse saber, comigo, ao menos, foi um fracasso absoluto. Eu não entendia nada; ficava boquiaberto com as expressões difíceis que empregavam, com as frases complexas, com conhecimentos tão distantes do que eu vivia, que nunca tive a coragem de fazer-lhes uma única pergunta, sequer de dizer honestamente que eu não havia entendido várias lições. Hoje eu lamento a minha atitude; penso que se houvesse agido de outra forma, dizendo o que pensava, sentia e que não entendia o que estavam dizendo, teria sido de muito mais proveito para mim e, quiçá, para eles também. Talvez não fizessem por mal, mas o resultado era a perda de tempo, deles e do meu. Não havia crescimento ou proveito. Era um brinquedo de faz de conta. Essa foi uma das causas do meu distanciamento da filosofia e da religião na juventude.

Ibn sorria compreensivo ao acompanhar o desabafo do religioso cristão. Compartilhava uma forma de pensar, por isso, sentindo-se íntimo e aceito, questionou:

– Entendo o que diz. Vê-se muito esse comportamento, não são tão poucos como o amigo quis fazer parecer. É até bem comum. Não consigo deixar de vislumbrar exibicionismo nessas ações, e uma boa dose de insegurança. Afastam-se do contato com seus aprendizes, colocam-se em um pedestal de tola vaidade e passam a temer a queda. Mas diga-me: como foi que acabou nessa vida de isolamento e religiosidade?

– Vagando pelo mundo – respondeu irmão Leon, contemplando o infinito. – Vagando pelo mundo. Muito. Vaguei sem rumo. Como folha ao vento, sequei, perdi pedaços... Acabei aprendendo o pouco que sei a respeito da vida à custa de muita dor, irresignação. Creio que meu corpo rodou por vários territórios e minha alma desceu às profundezas de si mesma. Fiz um caminho duplo, entende?

Percebendo na resposta e na expressão do olhar do religioso cristão, que ele não deseja falar sobre si em detalhes, Ibn calou-se e deixou que também o seu olhar contemplasse o infinito. De certa maneira, era uma metáfora que bem encerrava aquela conversa: ambos buscavam na contemplação da vida entender os segredos do infinito que rolavam sobre a superfície da terra.

Estavam em amistoso silêncio e meditação quando uma nuvem de pó erguendo-se sobre o céu azul chamou-lhes a atenção. Era o sinal há tantos dias aguardado.

– Permita Alá, o clemente, que seja o jovem Karim. Há doentes que precisam voltar para casa para recuperar a esperança e as forças.

– Para casa eles não voltarão, caro Ibn. Suas casas não existem mais ou estão sob domínio alheio – advertiu irmão Leon, com cru realismo.

– Sim, sim – retrucou o sábio muçulmano desconcertado pela lembrança da crueldade praticada em Cádiz. – Refiro-me a voltar para junto de seu povo, para a proteção de nossos líderes.

– Entendi, mas isso não lhes devolverá a esperança perdida. Se é que pode-se falar em esperança perdida, talvez o melhor seja falar em uma confiança frágil que precisa ser recuperada. Mas já descansei demais. Vou trabalhar. As vacas precisam de mim; estão com os úberes cheios de leite; é urgente aliviá-las.

Ibn sorriu e acenou para irmão Leon.

"Uma personalidade encantadora, um ser de privilegiada inteligência e sensibilidade. Quem diria que vive tal criatura em meio a ruínas e na companhia de homens parvos, doentios!", pensou o muçulmano e, decidido a seguir-lhe o exemplo, ergueu-se e foi à procura de seus pacientes.

Confirmou-se a expectativa deles: a nuvem de poeira anunciava o retorno de Karim.

À noite, a alegria estampava-se na face machucada e sofrida dos sobreviventes de Cádiz. Karim caminhava entre eles, confortando a uns, incentivando outros, dando informações das ações tomadas pelo Califa de Córdoba e do cerco que faziam à cidade invadida. Sua presença era uma injeção de ânimo na veia de seu povo. Confiavam nele; sua presença restabelecia a esperança. Não ouviram falsas promessas; estavam cientes de que seguiriam para Córdoba, onde ficariam sob a proteção de Jamal al Hussaim, até que a situação de suas terras e propriedades fosse resolvida.

Irmão Leon observava e refletia acerca dessa força interior que a confiança movimenta. Em meio a suas conjecturas mentais concluiu que ela era sinônimo de fé e que, na verdade, o homem precisa confiar em si para depois confiar em Deus.

O pensamento da maioria dos seres humanos não compreende o puramente abstrato; necessita de uma referência material. É preciso começar no material e conhecido, na confiança em si, para depois confiar em Deus, essência da vida invisível e desconhecido aos nossos sentidos. Karim era a presença física, visível, conhecida e material na qual eles se agarravam para mobilizar as força internas.

Ibn, a seu lado, observava o mesmo fenômeno, como se seus pensamentos se comunicassem, sem a necessidade de palavras.

– Esse jovem traz o olhar perdido – comentou num dado momento irmão Leon. – Noto o fato estranho de que ele procura transmitir confiança ao seu povo e, ao mesmo tempo, alimenta-se da confiança que faz nascer, como se não a possuísse dentro de si.

– Conheço pouco o jovem Karim – declarou Ibn. – Sei que era muito apegado à irmã e à família. Nas poucas vezes em que nos encontramos, percebi que carregava muita raiva, e não o condeno. Ele estava, com justiça, em desacordo com as leis e práticas do nosso povo aplicadas ao caso da irmã. Eu também ficaria. Conversei mais com o primo dele, um homem nobre e digno, dono de uma cultura e inteligência invejável. Uma lástima que tenha morrido.

– E eu menos ainda. Mas note como quando ele fala seus olhos são sérios, sua voz é firme, mas sem entusiasmo; somente quando recebe a reação do povo é que há brilho no olhar e calor na fala.

– O amigo conhece as artes do discurso e da observação das manifestações da alma humana. Eu não tinha reparado nesses detalhes. Vou observar, afinal seguirei com eles ao amanhecer; terei tempo de constatar a procedência ou não de seus argumentos.

O religioso ergueu os ombros, como quem diz: "pouco me importo se acredita ou não no que digo." E voltou a ser o silencioso observador daquela tragédia. Quando Karim veio sentar-se junto a eles, resolveu confirmar o que a afirmação de Ibn o fizera supor.

– Meu caro senhor, esteve comigo, por alguns dias, na mesma situação dessas pobres criaturas feridas, uma jovem muçulmana. Relatou-me que foi raptada e se rebelou contra seu agressor, fugindo. Acabou aqui. A história tem muita semelhança com a de sua irmã, inclusive quanto ao período em que se deu. Pode, por gentileza, me dizer o nome de sua irmã e o que é feito dela?

– Chama-se Layla, somos irmãos gêmeos. Desconheço seu paradeiro, tudo que sei é que ela fugiu, próximo dessa região, de seu raptor. O Califa mandou um grupo de cavaleiros à sua procura, mas a invasão de nossa cidade tumultuou tudo e o fato é que não sei onde ela está – respondeu Karim, demonstrando preocupação, mágoa e raiva com o destino incerto da irmã.

– Bem, então, posso lhe ser útil. A jovem que ficou em nossa companhia chamava-se Layla e partiu daqui na companhia de um grupo de cavaleiros enviados pelo Califa de Córdoba. Um cavaleiro cristão chefiava o grupo.

– Alá seja louvado! Layla está viva, eu sabia – comemorou Karim, abraçando o religioso. – O cavaleiro chamava-se Kiéram Simsons? Então Layla está com ele.

– Sim, partiram antes de vocês chegarem. Já devem estar em Córdoba. Não a encontrou lá? – E vendo que jogara um balde de água fria na alegria do jovem, limitou-se a dizer: – Estranho.

– Conheço Kiéram Simsons – interveio Ibn. – É uma pessoa íntegra, merece plena confiança. Se sua irmã está com ele, está protegida. Deve haver uma explicação para não terem se encontrado em Córdoba. O que acompanhei desse caso me permite afirmar que o Califa queria que a jovem fosse entregue em suas mãos. Assim, talvez, Kiéram tenha mudado o rumo e seguido ao encontro do Califa em Cádiz.

– Mais uma razão para nos apressarmos em retornar a Córdoba – afirmou Karim pensativo.

Ao raiar do dia partiram levando todos os sobreviventes. A velha igreja voltou à calmaria bucólica que a caracterizava.

***

Os passos de Omar ecoavam no longo corredor. Eram pesados; batia com força os calçados sobre o piso de mármore; trazia o rosto vermelho, congestionado; os olhos saltados, e as narinas mais abertas do que o normal. Assemelhava-se a um touro enfurecido. Estava irritado; nada estava saindo como o planejado; os soldados começavam a inquietar-se, e isso lhe trazia problemas de disciplina. Em pensamento maldizia a maldita mulher que dominava o sultão. Odiava-a, tinha ímpetos de matá-la e ver-se livre de sua presença. Os planos sofriam atrasos por culpa da luxúria que ela despertava em Kaleb.

– Mensageira do mal e da perdição. Não presta – resmungava ele entre dentes. Parou ante a porta dos aposentos de Layla. Ao tentar abri-la, descobriu que algo a calçava na parte de dentro, dificultando o acesso.

– Maldita! – gritou irado. – Vadia! Ordinária! Quem pensa que é? Vai se arrepender do que fez. Não sabe com quem está lidando. Enxergue-se, você é uma reles escrava, está aqui para servir o sultão. Deve obediência; não tem direito de negar seja ao que for.

Encostada contra a parede em frente à porta, Layla encolheu-se ao ouvir as palavras de Omar. Já tivera mostras da violência masculina naqueles dias.

Do outro lado, ele distanciou-se alguns passos da porta e arremeteu o pé com força, empurrando o pesado móvel que detinha sua passagem. Ingressou bufando no aposento.

– Prostituta do inferno! Vai aprender a obedecer – ameaçou ele aproximando-se. Agarrando-a pelos cabelos, jogou-a ao chão e aplicou-lhe violentos pontapés, sem nenhum cuidado, agredindo-a com palavras, de forma ininterrupta.

Layla foi espancada sem poder se defender, pega de surpresa e desarmada. Furiosa, prometeu que vingaria cada palavra, cada ato de violência que recebia dos "vermes", como ela os chamava.

– Lembre-se de que o sultão é mais poderoso do que você – cuspiu Layla, reagindo após alguns minutos de inércia àqueles abusos. – É a mim que ele quer, não a você. Pense bem! Eu sou escrava sim, mas quem lhe disse que escravas não têm nenhum poder é um imbecil ignorante como você. Sou escrava dele.

Antes que ele percebesse, enfiou a cabeça embaixo de sua túnica e cravou-lhe os dentes, enterrando-os com força na panturrilha até sentir o sangue dele escorrer-lhe na boca e ouvir seus urros.

– Fera! – bravejou ele, sacudindo a perna na tentativa de livrar-se dela.

– Somos iguais, então – retrucou ela com os olhos negros brilhando enfurecidos, dominando sua face. – Nunca mais se atreva a me bater, sequer a tocar em mim.

– Quem você pensa que é, ordinária, para me fazer ameaças? Faço com você o que bem entendo – e ergueu a mão para esbofeteá-la. Ela, porém, rolou, puxando-lhe a perna ferida, desequilibrando-o, jogando-o ao chão.

Ágil, ergueu-se e lançou sobre a cabeça de Omar uma pesada jarra de metal cheia de água. O barulho chamou a atenção dos três guardas que vigiavam a ala onde ficava o sultão, que se apressaram a ver a razão dos sons e, surpresos, depararam com seu comandante desmaiado, prostrado ao chão, e sinais de luta no quarto.

Olhando incrédulos para o rosto e a boca de Layla manchados com o sangue de Omar, os cabelos revoltos e os olhos negros como abismos contemplando sua vítima, decidiram, em silêncio, que os três seriam necessários para dominar a jovem e levá-la à presença de Kaleb, a quem precisavam relatar o fato.

Arrastaram-na, debatendo-se e gritando, até os aposentos do sultão.

– Que é isso? O que está acontecendo? – perguntou o secretário na antesala.

– Esta mulher, senhor, agrediu o xeique Omar. Ele está ferido, precisa de médico. Se puder providenciar socorro, agradeço. Tenho que relatar o fato ao sultão.

– Omar está ferido? E foi essa mulher franzina que o machucou? É inacreditável!

– Não é, não. Vá que o xeique está desmaiado e sangrando. Tem um ferimento na cabeça. Não pudemos socorrê-lo.

– Pelos profetas! Onde já se ouviu contar coisa assim? – retrucava o secretário dominado pela surpresa. – Ela será executada. É louca!

Exclamando sua incredulidade, saiu apressado para socorrer o xeique e também para constatar se não era alvo de uma mentira. O fato causara-lhe tamanha estranheza que nem havia reparado no estado descomposto de Layla. Vendo o xeique caído, a imagem dela lhe veio à mente.

– Que horror! Ela é uma besta! O demônio a possuiu, só isso explica.

Tentou erguer Omar e levá-lo ao leito próximo, mas não teve força. Rasgou um pedaço do lençol que cobria o leito, improvisando uma atadura no corte que a jarra de metal fizera no couro cabeludo do xeique, próximo à testa. Não havia água no quarto, pois o líquido se derramara; não tinha como tentar despertá-lo do desmaio.

– Preciso alguém para ajudar e da presença de Sef, o médico das tropas. Por Deus, ele não irá acreditar.

Deixou o ferido e correu por corredores e escadas ao encontro dos homens que trabalhavam no andar térreo, gritando por socorro.

Layla, sob vigilância dos soldados, ainda no mesmo lugar, ruminava sua raiva e o desprezo que sentia por aqueles homens.

"Tratam-me como se fosse uma coisa, um móvel, um objeto, um animal. São tão estúpidos que parecem pensar que não tenho inteligência, vontade, sentimentos. Estúpidos! Não sabem com quem estão lidando. A mulher dá a vida e acompanha a morte. Esses estúpidos não sabem disso. São eles, que se julgando muito acima da humanidade, tornam-se cegos. Nem eles mesmos comportam-se com humanidade. Por Deus, que triste vida hão de ter muitas mulheres. Não é fácil tolerar ser tratada como coisa. Talvez, se desde muito cedo, ainda criança, eu tivesse aceito esse verdadeiro jugo, hoje eu acabasse acreditando que sou mesmo uma "coisa qualquer" e fosse submissa. Eles são dominados pelos instintos, iguais às bestas; lutam para demarcar seu território e domínio e crêem que, por isso, são inteligentes e racionais. Mas o mesmo fazem os animais. Não, eles não pensam como humanos, eles não transcendem à matéria bruta. Ah! Que bênção foi viver com Zafir e com meu pai. Alá os abençoe e os guarde em sua glória e clemência e lhes dê a paz. É merecida; foram homens notáveis, conscientes de que possuíam alma e afetos, e reconheciam aos outros o mesmo direito."

Sentindo que os guardas a olhavam entre temerosos, surpresos e fascinados, não se conteve e soltou uma sonora gargalhada.

– É louca! – murmuraram entre si os homens que a continham.

Observando a cena daquela bela mulher irada, com a boca e o rosto manchados de sangue e os cabelos descobertos e revoltos, um pensamento de pavor cruzou a mente deles. Gargalhando ela parecia, de fato, endemoniada. Não fosse essa explicação, do que ela estaria rindo?

– É o demônio. Parece uma vampira.

Os cochichos chegaram aos ouvidos dela, despertando-a de sua divagação. Uma idéia perpassou sua mente e num relance a colocou em prática.

Gargalhou alto, contorceu-se, remexeu os quadris, e pôs a sacudir os braços e jogar com a cabeça, com força. Tinha um conhecimento rudimentar do hebraico, aprendido com Leah, e, em meio ao riso "descontrolado", proferiu palavras desconexas.

Com a mesma rapidez eles a largaram, apavorados. Divertindo-se, Layla jogou os cabelos para frente e para trás, gargalhando debochadamente, conforme imaginava deveriam ser as cenas dos contos de espíritos malévolos, que dominam a crendice de povos árabes desde a antigüidade e corriam de boca em boca. Mais alguns segundos de representação e eles dispararam do quarto, encerrando-a na ante sala dos aposentos do sultão.

Cansada, Layla sentou-se sobre o rico tapete no centro do cômodo. Sorria satisfeita como uma criança peralta. Os sinais da raiva haviam se desvanecido. Lutava com a respiração, mas em razão do esforço físico.

– São estúpidos. Mas acabo de descobrir uma boa forma de mantê-los longe de mim. Enlouquecerei com uma facilidade espantosa. Ser possuída pelos demônios é bem melhor e mais seguro do que ser possuída por esses homens violentos e bestiais – dizia ela para si mesma.

Tinha uma estranha necessidade de ouvir a própria voz, fruto incontestável da solidão que carregava na alma. O que lhe restava de familiar era apenas o som da própria voz. A casa, a propriedade, os campos, os jardins, as roupas, nada mais parecia pertencer à sua história. A casa de sua adorada família era sua prisão voluntária onde pagava caro o preço de sua vingança.

Kaleb ouvira os gritos, gargalhadas e as conversas dos servidores. Entendera o que se passara e, por detrás da porta entreaberta, acompanhara a cena, pálido.

A imagem de Layla sempre o aturdia; exercia sobre ele o efeito de poderoso narcótico. Era um desequilibrado nas questões atinentes a relações sexuais, um pervertido. As situações mais bizarras o incendiavam, da mesma forma que as mais belas.

Era um amante violento. A idéia de manter relações sexuais com uma mulher enlouquecida e dominá-la até satisfazer todos seus desejos lhe pareceu extremamente tentadora. Mas ela sorria calma, satisfeita; nem ao menos suspeitava que ele a observava; tampouco ele ouviu as palavras murmuradas pela jovem.

– Que mulher fascinante! – dizia ele baixinho. – Ter uma vampira. Que boca linda! Esses soldados... são uns covardes.

..*

A caravana capitaneada por Karim aproximava-se de Córdoba. À distância se avistavam as construções da cidade, e os campos cultivados acusavam que poucas horas os afastavam de casa. Ibn, cavalgando ao lado do jovem Al Gassim, percebia o quanto ele estava distante e dividido. As ações denunciavam seus pensamentos; movia-se nervoso, sua cabeça voltava-se ora na direção de Córdoba, ora fitava a continuação da estrada à sua frente, que o levaria ao litoral, rumo às cercanias de Cádiz.

– Pensa em voltar a Córdoba ou seguirá viagem? – questionou Ibn.

– Confesso que parte de mim entende ser meu dever levar essas pessoas até Córdoba; outra parte, anseia por partir e galopar o mais rápido possível ao encontro do Califa.

– Estamos próximos de Córdoba. Faltam algumas poucas horas. Chegaremos antes do cair da tarde. Pode-se considerar que cumpriu seu dever. Não acha?

– Está sugerindo que eu siga viagem?

– Estou me prontificando a conduzir todos até Córdoba. Assumiria sua responsabilidade por pouco tempo e, segundo relatou, os preparativos para receber os sobreviventes na cidade já foram tomados. Aliás, muitos já estão lá – recordou Ibn, sorrindo. – Vá. Dê paz ao seu coração. Seu real dever é lá, sua obrigação com o povo foi cumprida.

– Dever, obrigação... Minha vida parece ter se resumido a essas duas palavras.

– Não lamente. Há tempo para tudo na vida. Estamos em um momento monótono, dominado por... deveres... e obrigações. Passarão.

– É, passarão, mas deixarão marcas. Quase não me reconheço em alguns momentos. Infelizmente o tempo escasso, os deveres, as obrigações, as necessidades não me impedem de sentir imensa falta daqueles que amei. Ter a certeza de que minha irmã vive me renova. Nós a amamos e ela sempre foi muito diferente das outras meninas, das moças. Eu preciso fazer alguma coisa, não posso perdê-la. Essas experiências que tenho vivido transformaram-me. Questiono leis, crenças e tradições nas quais antes eu nem refletia e tinha por corretas...

– A vida é mais, muito mais do que leis, costumes, tradições, crenças, culturas. Não vejo nada de estranho nas transformações que alega sofrer; são caminhos de amadurecimento. Creia, das mais diversas formas a vida nos faz experimentá-los. É preciso questionar, revoltar-se, negar, rever, mudar, muitas coisas. Tenho medo da situação social estática; não creio que a religião não possa conviver com a filosofia. Veja, a vida e a natureza nos fazem pensar, refletir, exigem que mudemos; a religião não pode nos impor que abdiquemos do que é não só possibilidade, mas é imposição da natureza, justamente o ato de pensar, de trabalhar a inteligência. Pretender que os dias e os anos nos sirvam apenas para reproduzir o que os outros já fizeram e como já viveram é sem sentido. É ilógico. Além disso, amigo, qualquer um que detenha autoridade pode lhe dizer que faça ou deixe de fazer, qual é a atitude esperada, o que manda a lei. No entanto, nenhum deles poderá dizer-lhe sinta-se desta ou daquela maneira; ame este e despreze aquele; ignore o que vai no seu íntimo porque assim manda a tradição. É muito simples quando não se está na condição daquele a quem se ordena, por isso é também fácil fazer-lhe críticas e aplicar-lhe penas. Por isso, preste atenção: não devemos ouvi-los quando assim manda nossa consciência. Existem diferentes sentimentos e idéias impulsionando quem age e quem recebe a ação, não podemos ignorar. A vida lhe pertence, e ser feliz ou não, não é condição da lei, da religião das tradições: é da sua maneira de ver a vida e viver – comentou Ibn, diminuindo o passo do cavalo e forçando o companheiro a fazer o mesmo.

O jovem Al Gassim envolveu-se em silêncio. Meditava sobre os conceitos expressos por Ibn. Eram coerentes, embora soassem como um canto à rebeldia. Lembrou-se da admiração que Zafir confessava sentir pelas idéias dele. Aprendera, naqueles dias, a confiar em Ibn Rusch: ele era simples, amigo, atencioso, nunca impunha opiniões ou sugestão, mas também não as aceitava. Tinha personalidade definida e limites bem traçados, visíveis em sua conduta.

Não cobrou de Karim uma decisão; acatou seu silêncio. Quando chegaram à encruzilhada com a estrada que levava às portas de Córdoba, já perceptíveis, gritos alegres mostraram que até os mais feridos se reanimaram, regozijaram-se com a ventura de sobreviver.

– Estão bem e chegarão a Córdoba – comentou Karim, referindo-se à algazarra na caravana. – Seguirei para o litoral. Aceito sua oferta. Obrigado, amigo. Saiba que pode contar comigo. Meu primo admirava suas obras; eu admiro o autor. Serei grato.

– Vá. Seja feliz. Que Alá permita que todas as esperanças se tornem realidade. Confie em Kiéram, é um homem digno.

Acenando, em concordância, Karim, logo depois, ergueu a mão, e determinou que a caravana cedesse o passo. Em rápidas palavras anunciou que seguiria ao encontro do Califa e os motivos de conhecimento geral para sua atitude. O silêncio se seguiu ao breve comunicado, mas após se ouvir um tímido gesto de aplauso, irromperam as manifestações de apoio. O jovem partiu, sentindo-se mais leve e confiante. As palavras de Ibn o haviam confortado e libertado. Recobrara o entusiasmo, a esperança e a confiança na vida.

A viagem, que se poderia julgar longa, o jovem enfrentou, em ritmo acelerado, sem descanso, além do necessário aos animais, o que era perceptível nas vestes e na expressão fatigada de alguns dos soldados que o acompanhavam. Na maioria, o rosto resplandecia; o olhar iluminado pelo desejo de reaver a cidade que lhes havia sido usurpada à força. Chegavam entusiasmados ao acampamento do Califa, ansiosos por enfrentar os invasores africanos. Queriam luta, ação. Pensar, ponderar, esperar, foram por eles muito mal entendidos. A forte noção de obediência os deteve de um ataque não planejado insano e suicida à cidade.

Karim, ao chegar, dirigira-se de imediato à tenda do Califa, onde foi recebido com amizade e alegria.

– Califa Al Hussain – começou Karim, após as saudações de estilo –, antes de qualquer troca de informações sobre a situação de Córdoba ou de Cádiz, preciso que me esclareça quanto ao destino de minha irmã. Soube que ela vive e que Kiéram Simsons a resgatou e recebeu ordem para trazê-la à sua presença. Diga-me, por piedade, se ela, de fato, vive.

Jamal sorriu. Admirava a sensibilidade de Karim, sua coragem em admitir os próprios sentimentos e o fato de colocar a vida e o afeto que nutria pela irmã acima de qualquer convenção social, legal ou religiosa. Estendeu a mão e tocou-lhe o ombro com intimidade. Encarando-o com o olhar iluminado, declarou:

– Fico feliz em ser a pessoa que lhe diz que sua irmã está viva. É uma mulher admirável. Tive o prazer de conhecê-la. Agora entendo o sofrimento de sua família ante as ações de meu finado cunhado e me penitencio.

Lágrimas fartas corriam pelas faces de Karim ao ouvir a confirmação de que Layla vivia. Prostrou-se ao solo; encostou a testa no tapete; queria orar a Deus, agradecer a bênção que recebia em meio àquele caos, mas nenhuma sura do Alcorão lhe veio à mente. Tudo em seu mundo interior estava dominado pela felicidade e por gratidão. Chorava, inutilmente buscando as recitações; a memória se negava.

A seu lado, Safia sorria, emocionada. O gesto espontâneo de Karim mostrava-lhe que a revolta dele fora bem dirigida. O moço, como ser inteligente, reconhecia o que julgava estar errado – as leis, as tradições humanas – nunca a existência, a sabedoria e a bondade do Criador. Sua indignação era natural, fruto de um pensamento adulto e crítico. Falhava, ainda, em sua forma de expressão. Fato natural, haja vista que nada nem ninguém nasce perfeito, pronto e acabado. As mentalidades são criadas e transformadas no processo de evolução.

Abaixou-se e murmurou, bem próxima a ele, enquanto lhe acariciava a face molhada:

– Diga: Obrigado, meu Deus! Eu te rendo graças e te glorifico! Louvado seja em tua bondade, sabedoria e misericórdia. Obrigado, obrigado, obrigado, ó clemente.

Pensando serem suas, mesmo porque eram a expressão do que sentia, porém em meio ao tumulto das emoções não conseguia identificar e verbalizar as próprias emoções, necessitando do auxílio da bondosa entidade espiritual que o assistiu à moda das mães que dão voz aos conflitos emocionais de seus filhos pequenos clareando-lhes o entendimento, Karim repetiu, literalmente, e tomado de funda emoção, cada palavra que Safia lhe sugeria. E à medida que as pronunciava, que compreendia seus sentimentos, a tempestade interna ia cedendo, até que, por fim, respirava sereno, ainda com a testa colada ao tapete.

Ao erguer-se, ele trazia a alma pacificada. A experiência fora reveladora. Agora sabia, em meio a tantas dúvidas e questionamentos que abrigara, separar, com mais justiça e bondade, os atos e leis humanos daquilo na existência humana que provinha de uma fonte superior, divina.

Ainda era muçulmano, submisso a Deus, e tão somente a Ele. Seu pensamento era claro, não lhe importava o que rezavam as leis, as tradições, os usos e costumes de seu povo quanto a uma mulher desonrada. Protegeria Layla, porque a amava e assim lhe exigia a consciência. Safia exultava, radiante.

Jamal observava enternecido a demonstração de fé e amor que Karim lhe concedia presenciar. "Eis um homem corajoso", pensou ele. Voltando a encará-lo, não esperava que o jovem se desculpasse pelos arroubos emocionais; sabia que ele não o faria. Leu em seus olhos a firme determinação de afrontar qualquer lei em defesa da vida da irmã e seu direito de tê-la de volta em sua família. Sua admiração pelos filhos de Nasser Al Gassim cresceu. Lamentou não ter privado mais da companhia do emir, pois considerava que deveria ter sido um homem à frente de seu tempo pela educação moral que transmitira aos descendentes.

– Onde ela está? Posso vê-la? – indagou Karim em tom de súplica.

– Infelizmente, também sou eu a pessoa que deve lhe dizer que, no momento, seu pedido é impossível de ser atendido...

– Por quê? – atalhou Karim, afligindo-se. – O que houve com ela? Onde está Layla? Está ferida? Adoeceu, está transtornada... o que houve?

– Acalme-se. Esperamos que ela esteja bem...

– Como? O que quer dizer com "esperamos que ela esteja bem"? Ela não está aqui?

– Exatamente. Ouça... – e narrou-lhe, em detalhes, todas as ocorrências envolvendo Layla; nada omitiu, nem tampouco diminuiu sua importância em todos os planos e estratégias que desenvolviam para retomar a cidade; mostrou-lhe os documentos e mapas enviados por ela e concluiu:

– Sua irmã conquistou minha sincera admiração. Não guarde pelo futuro dela nenhum receio. Por tudo que ela está fazendo por nosso povo eu saberei recompensá-la, mas é importante que você guarde absoluto sigilo do que conversamos. Como acabei de lhe contar, apenas eu e Kiéram Simsons sabemos a verdade.

– É inacreditável! Apenas Layla seria capaz de fazer isso. Estou aflito, mas reconheço que é um plano muito inteligente. Ela arrisca a própria vida, expõe-se a sofrimentos que nem posso ou quero imaginar. Escrava do sultão! Que o Clemente tenha misericórdia das dores que ela está suportando.

Jamal balançou a cabeça, também evitava pensar no assunto. Porém cada vez que lembrava, mais se intensificava a admiração pela mulher que se sacrificava entre os muros da propriedade na qual um dia fora nobre.

– Quero ajudar – voltou a falar Karim. – Eu posso ser muito útil no comando das tropas. Tanto quanto Layla, conheço cada centímetro desse local; sei onde fica cada uma dessas entradas; as horas em que serão mais difíceis a eles perceberem nossa aproximação... enfim, eu sei cada caminho que ela traçou. Era por onde brincávamos quando crianças; onde vivemos nossas vidas. É o meu lar. Imploro, Jamal Al Hussain, que me permita fazer isso.

– Concedo. Não poderia pedir melhor líder. Alá dirige nossos atos e o trouxe aqui, nesse momento. Eu leio nesses fatos a escrita dele, e a justiça soberana se cumprindo.

A roda da vida completava mais um giro, e transformações se anunciavam.

Capítulo XXI

A soberana

"Nublado. A lua está escondida, não se vê mais que um halo de luz encoberto por nuvens pesadas", observou Kiéram contemplando o céu, deitado sobre a areia da praia, ajeitando a cabeça sobre o braço. Não tinha sono. Seu rosto mostrava sinais de olheiras sob a pele bronzeada. Há várias noites não dormia bem; custava a conciliar o sono; tinha a mente ocupada em excesso.

Fazia mais de um mês que estavam acampados e a espera o atormentava. Sabia que Layla agia como uma pedra colocada em uma engrenagem; trancara o andamento de todos os planos dos emires africanos. Mas, bom Deus, a que preço! Ele esforçava-se para aceitar a situação e conter os ímpetos de sua natureza guerreira e apaixonada. Seu real desejo era arrancá-la de Cádiz, destruir o que fosse preciso, arriscar tudo, mas acabar com aquela agonia. Porém, a voz da consciência esfriava suas paixões, impunha-lhe a racionalidade e o fazia abrir os olhos e ver. A situação não era simples e não se resolveria dessa forma. Havia outras vidas que não desapareceriam sob as patas de seu cavalo, ou na poeira de uma fuga romântica. Suas paixões o levavam a sonhar, ele sabia; teria que acordar, talvez por essa razão já não dormisse.

"Eu também vivo uma noite nublada", riu-se da imagem, mas concluindo ser exata, prosseguiu: "Sim, noite. Já ouvi muitas pessoas falarem que estão vivendo um dia iluminado, um dia cinzento, um dia de chuva, e por aí afora. Eu vivo uma noite nublada. Uma experiência encoberta pela escuridão que ninguém vê, onde as palavras são sussurradas, pois à noite impera o silêncio, não se fala. Uma noite nublada na qual a lua brilhou majestosa e nua, iluminando como só ela o faz, sem ferir, sem agredir. Arrancou-me de um mundo sombrio, só, vazio, que ela, friamente, enfeitou e enfeitiçou, com sua aparição, para depois, na noite da minha vida, soprar um vento forte, carregando densas nuvens que a afastaram de mim, da minha visão e me deixaram só, outra vez. E foram tão cruéis as desgraçadas nuvens que não encobriram de todo sua formosa nudez e me deixam entrevê-la para que maior seja minha desdita. A toda hora, a todo instante me lembram dela, como se eu, justamente eu, pudesse esquecê-la... ou não soubesse quem é ela... Toda noite tem um fim, e as pessoas esperam um belo amanhecer, mas será que posso ter essa esperança após uma noite nublada? Dizem que para Deus nada é impossível. Não sei se posso crer nessa idéia. Vago por essa terra o tempo suficiente para ter visto muitos amanheceres, milhares deles. Sei que da natureza devo esperar, e sempre esperar apenas o lógico, nunca o inesperado. Ela muda, eu sei, mas não de forma imprevisível; há sempre sinais... ventos mais fortes dissipando, carregando para longe. E depois de uma noite nublada, salvo se houver uma tempestade, a tendência é um dia cinzento, nada radioso ou exuberante. Depois dessa noite, tudo leva a crer que viverei um dia cinzento, muitos deles... A lua é única. Não encontrarei outra mulher vestida de quarto crescente. Outra não carregará, nua, o sinal de que é uma alma guerreira. O quarto crescente lembra um arco... Antigamente, me ensinou minha mãe, as mulheres pensavam que a lua era uma deusa que as protegia. Protege-a, deusa encoberta. Protege tua filha. Eu não duvido que igual a ti ela perca suas partes, transforme-se e volte a ser plena. Mas, e eu?... "

Em meio às reflexões, a madrugada o encontrou, cansado, confuso, sem saber se dormia ou estava acordado. Após uma soneca, grossos pingos de chuva e um vento frio o despertaram. Sentado na areia presenciou raios cortando o céu e iluminando o mar no qual, para aumentar seu desespero, divisou alguns navios, não muito distantes da costa andaluza.

– Jesus! Mais africanos.

E correu à tenda de Jamal.

Trovoadas ensurdecedoras, raios e chuva torrencial desabavam sobre o acampamento. Kiéram, encharcado, pingava água sobre os tapetes do Califa enquanto este ouvia a nova notícia.

Jamal suspirou. Ergueu os olhos como se quisesse ver além das lonas e, de preferência, encarar a Deus face a face para perguntar-lhe o que fazer.

– Mudamos os planos?– questionou Kiéram. – Precisamos encontrar uma forma de avisar... – e lançando um olhar ao secretário de Jamal completou – meu espião. Ele precisa saber, estar preparado...

– Preciso pensar – declarou Jamal, com a cabeça fervilhando com as próprias indagações.

– Não temos tempo. A tempestade deve atrasá-los um pouco, mas o mais tardar, em um dia estarão no porto de Cádiz. É domínio do sultão. É o que temíamos: que eles conquistassem uma entrada fácil para o continente. Eles vêm por Marrocos; a viagem marítima é curta, rápida. Uma travessia, apenas – lembrou Kiéram. – Se deixarmos que desembarquem, sem fazer nada, logo virão muitos exércitos e não teremos como combatê-los.

– Eu sei. Eu sei – resmungou Jamal, andando nervoso de um lado a outro e batendo com o dedo ora sobre a boca, ora sobre a testa, num gesto repetitivo que costumava fazer quando se sentia acossado e precisava decidir com presteza.

– Chame Karim. Precisamos discutir uma idéia – ordenou ele ao secretário que acompanhava silencioso a conversa.

– Agora? – perguntou o secretário incrédulo, ouvindo o rugido da tempestade lá fora.

– Já – respondeu Jamal reticente, com o olhar tão determinado que o servidor nada mais disse e lançou-se ao aguaceiro conformado com o destino. Minutos depois, voltava acompanhado do irmão de Layla.

Sem maiores delongas o informaram da novidade e ele concordou que era preciso impedir o desembarque.

– Vamos sabotar o porto. Temos como chegar antes deles. Podemos aproveitar a chuva que deixa o porto quase deserto e tomar providências para que eles não cheguem em terra...

– É uma idéia – cortou Kiéram. – Mas não se esqueça de que eles têm como desembarcar tropas na praia.

– É mais demorado – alegou Karim. – E foi você quem disse que eles seguiam rumo ao porto. Conheço o porto. Sei como tirá-lo de operação. Dez homens bem equipados e fortes fazem o estrago necessário.

Jamal apreciou a insistência e a segurança de Karim na defesa da idéia. Era viável, tinha que ser tentada.

– Faremos – decidiu o Califa. – E quanto a avisar nosso... "espião", há alguma sugestão?

– Seria preciso entrar na cidade e em nossa propriedade. Morreram muitas pessoas na invasão, mas devem ter sobrevivido alguns conhecido. Talvez... é só uma hipótese. O certo é que para entrar lá precisaremos de apoio de alguém que more em Cádiz.

– E se nos disfarçarmos – sugeriu Kiéram – como mercadores, por exemplo?

– Entrarmos na cidade para vender... – considerou Karim. – Isso não nos garantiria acesso ao lugar onde está nosso espião. Mas... se nos oferecermos como trabalhadores necessitados de alimento e abrigo, viajantes, também não nos poderão negar hospitalidade.

– Reunirei meus homens para atacar o porto. Elabore o plano – comandou Kiéram. – Eu mesmo quero entrar sob disfarce.

Jamal olhou desconfiado para o líder mercenário. Havia alguma razão estranha e oculta na conduta de Kiéram. Ele parecia agir em uma causa pessoal, tomado de passionalidade.

– Mantenha-me informado. Não se demorem.

Horas depois Kiéram e Karim discutiam imprevistos nos planos. O navio estava atracado na entrada do porto; a previsão do mercenário fora errada. Não haveria tempo para sabotar as instalações.

Ele lançou um olhar à sua volta, voltou a fixá-lo em Karim e sussurrou-lhe ao ouvido a mudança nos rumos da estratégia. Um leve gesto afirmativo foi a resposta. Logo o jovem Al Gassim guiava um grupo de homens em direção aos galpões desertos, cujos vigilantes dormiam abrigados do aguaceiro que caía do céu.

Rápidos e eficientes, os homens se lançaram ao mar em pequenas embarcações roubadas carregando barris de pólvora. Amarraram-nas estrategicamente aos cabos que pendiam do navio. Trabalharam em silêncio com o barulho da tempestade como aliado.

Kiéram recebeu o sinal de que tudo estava pronto. Seus homens distantes do alvo, trocou um olhar com Karim e ambos apontaram seus arcos com flechas incendiárias e dispararam, rezando que alcançassem seus destinos acesas.

Segundos depois labaredas erguiam-se em meio à tempestade. O fogo afrontando a chuva. A pólvora explodia e ouviam os marinheiros gritando.

Ágeis, os homens de Kiéram esconderam-se nas docas do porto. O resultado fora melhor do que o esperado.

Não demorou muito e um número razoável de marinheiros feridos chegava à terra. O navio se consumia nas chamas. Eles cambaleavam, apoiando-se uns nos outros. A tempestade amainara; apenas uma chuva leve persistia.

– É agora – ordenou Karim. – Vamos.

Esgueirando-se pelas paredes, na escuridão da noite, os autores do plano misturaram-se aos marinheiros que marchavam para as portas da cidade em busca de socorro. Ao cruzarem os portões entreolharam-se rapidamente. Da mesma forma como haviam ingressado no grupo, saíram. O atordoamento dos marinheiros era tanto, estavam tão assustados, que nem prestaram atenção à ação dos dois estranhos.

Pelas ruas, Karim guiou o companheiro com facilidade até a propriedade paterna usada pelo sultão e mantida sob severa vigilância.

– Vamos observar – orientou Kiéram, segurando o braço de Karim que a custo continha a vontade de invadir a propriedade. – Estamos indo muito bem. Não vale a pena nos precipitarmos e estragar tudo. Espreitaremos uma boa oportunidade para entrar sem sermos vistos. O mínimo de ação será o máximo de aproveitamento. Lembre-se: estamos aqui apenas para avisar Layla, nada mais. Não tente ser herói, não é hora, entendido?

Karim mordeu o lábio inferior; o cristão tinha razão.

– Para você, que não tem nenhum envolvimento emocional, não é alguém que você ama que está nas mãos desses crápulas, é bem mais fácil falar. Não imagina o que estou sentindo. Rever esse lugar... a minha casa... lar da minha família usurpado por criaturas desse tipo, e o pior de tudo, saber que a minha irmã é escrava desse homem...

– Sua irmã não é, nem jamais será escrava de homem algum. Você desconhece a força e a liberdade que ela carrega na alma para dizer o que disse – cortou Kiéram, sem sofrear a revolta pelas frases de Karim. Como ele ousava dizer que ele não sofria. Por quem o tomava?

– Parece que conheceu minha irmã muito bem; mas mesmo assim ela suporta, com toda certeza, os deveres de uma escrava e a tratam como tal.

– É exatamente o que faz dela um criatura admirável. Sei que ela deseja vingar-se do sultão, mas esse desejo não diminui seu sacrifício por seu povo. Não ouvi dela um murmúrio, uma única reclamação. Ela mantém-se firme em seu propósito; tem uma clareza de pensamento e ação de dar inveja a muitos homens, guerreiros e líderes de povos. Creia-me, ela tem consciência de tudo o que aconteceu e busca ver o lado bom: ser livre para fazer o que tinha vontade.

– Esse trabalho o deixou muito próximo de Layla, não é? Você até parece Zafir, meu pai ou algum dos treinadores falando sobre ela – lembrou Karim, com um brilho de emoção no olhar. Ternas lembranças acorriam-lhe ao pensamento.

– Conheci sua irmã na fatídica visita de Munir Al Jerrari. Acredite-me, fiz o que estava ao meu alcance para evitar aquele desatino. Infelizmente, foi em vão. Proponho que sigamos o exemplo de sua irmã: atenção total em nosso objetivo. Veja – e apontou algumas carroças que se aproximavam na luz pálida daquele amanhecer chuvoso.

– Deve ser feno. Vão nos levar diretamente às cocheiras – esclareceu Karim.

– Um excelente lugar. Vamos.

A conversa entre o condutor da carroça e outro serviçal informou-os da chegada às cocheiras. Ouviram quando o primeiro, com um salto, abandonou o veículo. Depois as vozes foram tornando-se fracas, e eles concluíram que estavam sozinhos na estrebaria. Desembrenharam-se do feno, colando-se à parede mais próxima para investigar a área. Mais alguns minutos e começaram sua jornada em direção ao coração da propriedade.

* * *

Layla, sentada em posição de lótus sobre delicado e colorido tapete, próximo à parede construída com tijolos vazados, usada para ventilar a peça, olhava através dela a rua. Sem ser vista, pensava, solitária.

O último mês, desde o ataque ao xeique Omar, transcorria lento e doloroso. Estava confinada a um cômodo quase vazio. Nenhum objeto ou móvel que pudesse se converter em arma fora deixado. O irado xeique, após se recuperar da agressão, tratara pessoalmente de prover um local para a escrava do sultão. Tapetes, almofadas, tecidos, tecidos e mais tecidos, guarneciam o dormitório-cela. Madeira ou metal somente em portas. Até mesmo os utensílios usados para servir-lhe alimentos não tinham nenhum potencial agressivo. Fizera-se de louca e assim a tratavam.

Padecia as visitas do sultão com agressões físicas e sexuais, e também do xeique Omar. A porta era vigiada. E para seu desespero, o sultão parecia a cada dia mais dominado pela luxúria e desejo por seu corpo.

Não estava conseguindo escapar daquele aposento. Não enviara notícias ao Califa; não conseguira encontrar Kiéram, embora, algumas vezes, altas horas da noite tivesse divisado um cavaleiro perambulando além dos muros da cidade. Sabia que era ele; seu coração lhe dizia, ainda que sua visão não percebesse mais que um vulto masculino.

Seu plano enfrentava dificuldades. Mas a paciência era uma de suas virtudes. A confiança era outra, e as duas lhe davam uma força interior muito grande.

Ante as adversidades da vida, infeliz aquele que desconhece o poder dessas virtudes – a paciência e a confiança. Para ele abrem-se as infernais portas do desespero e do desequilíbrio. Crê-se apanhado em um dia interminável; não consegue discernir que além de seu caos interior as leis da vida não mudaram e, segundo elas, a regra é a transformação, a dinâmica, e não a estática.

Aquele que confia e espera sabe que a vida é governada por uma inteligência superior, sábia, soberana, que não necessita de demonstrações de poder. Sua força se manifesta na inteligência e na vigência das leis naturais.

A célebre história do profeta hebreu que fez parar o movimento da Terra, num dia sem fim, é metafórica, não verdadeira. Não há dia que não chegue ao fim. Também não há situação, por mais complexa, que não se resolva. Porém, a atitude do ser humano frente às suas montanhas de problemas e conflitos – interiores e exteriores – é determinante.

Nos olhos de quem padece está o poder de pôr fim a seus tormentos ou de aumentá-los, depende do que vê, como compreende e aprende com a experiência. Não são os fatos em si que geram dor moral, mas sim, a forma como os encaramos.

Não é o evento material que marca, mas a carga emocional e os conceitos intelectuais que a ele associamos. Se fixar-se ao aspecto ruim, será um dia sem fim e crerá, firmemente, que a Terra não segue seus movimentos naturais. A vida perderá o sentido. Estará paralisado, endurecido, tornar-se-á uma estátua humana. Se, ao contrário, aceitar a experiência dolorosa, mesmo frustrante, sem perder a confiança na vida, em si e em Deus, terá a força necessária – que nasce da paciência – para esperar o momento oportuno para agir da forma correta.

Naquelas longas semanas, mais de uma dúzia de vezes ao dia, lembrava-se de Leah e de um provérbio do povo judeu que ela com freqüência recitava: "Aquele que sabe nadar retira pérolas do fundo do mar, e aquele que não sabe nadar se afoga."

Ensinara-lhe a velha amiga que a vida também é assim. É preciso saber viver, entender que existe o eterno e o transitório; o necessário e o supérfluo; a dor e o prazer; o amor e a indiferença; a ternura e a ira; a seca e a enxurrada; a fome e a saciedade; o material e o imaterial. Enfim, que a natureza de todas as coisas é marcada pelo caráter da dualidade. E nós, como que ligados a um pêndulo que oscila entre extremos, vivenciamos essa dualidade no cotidiano de nossas vidas, até encontrarmos o equilíbrio e a unidade interior.

Sábio é aquele que sabe nadar.

Os judeus associavam desde eras remotas a água com a sabedoria. Assim, saber nadar é saber viver com sabedoria. Quem sabe nadar retirará pérolas do mar, enquanto aquele que não aprendeu, que não se empenhou na busca de conhecimentos e virtudes, diante das mesmas condições encontrará a morte, o sofrimento. O mar não muda; o ser humano aprende a nadar e a extrair pérolas.

Layla nadava com maestria. Ainda que vivenciando sentimentos densos, com alta carga destrutiva, ao dosá-los com suas virtudes, ia encontrando o caminho de transformá-los, de dar-lhes as feições da coragem e da determinação. Usava a agressividade – sentimento que faz parte do arcabouço natural de todo ser humano – de forma positiva, construtiva, em uma palavra adequada. O fogo da ira queimava em seu ser, mas não o seu ser; usava-o como combustível para alimentar a espera.

"A cada dia que vivo sob o jugo deles, mais me convenço que são ignorantes, infelizes. Criaturas incapazes de compreender noções mais elevadas, incapazes mesmo de compreender coisas elementares. Vivem em função dos instintos e dos vícios. Pobres criaturas! Vidas vazias. Lamentáveis. Assemelham-se a rascunhos de projetos. Talvez não seja de todo errado pensar que Alá não nos criou perfeitos e acabados, embora os estudiosos de nossa religião digam o contrário. Não posso crer que todo ser humano pertença ao topo da escala da evolução da vida. Somos tão diferentes! Não é possível que um só degrau nos comporte a todos. Talvez nossos organismos sejam o ponto culminante da vida na Terra, mas o que dizer do restante? Somos diferentemente inteligentes, habilidosos, virtuosos, até mesmo nossos sentimentos não são iguais. Estamos todos fadados a sentir, não temos escolha, mas aí acaba nossa igualdade, pois faço o que bem entendo com o que sinto, posso ir ao céu ou ao inferno. E os sentimentos têm graus, diria, diversos: cada um sente, mas a intensidade é variável. Só a sensação de dor física é igual; a moral, não. Sou eu quem escolho o que fazer com o que sinto, vejo, penso. Tudo isso não pertence ao corpo, eu penso, mas à alma. Não, nossas almas não cabem todas no mesmo degrau. Seria injusto e Alá é a justiça e a misericórdia. Não me atrevo, sequer, a pensar nele e não reconhecer que é justo. Talvez também elas, nossas almas, assemelhem-se com nossos corpos em estrutura, mas algo as diferencia. Não sei exatamente o que faz isso: pode ser educação, instrução, a maneira como fomos amados ou não por nossa família, por alguém, não sei. Mas vejo que somos almas diferentes. Não posso odiá-los, seria o mesmo que odiar uma mula. Odiá-los não me levará a nada. Apenas eu ficarei mal. Somos diferentes, eu entendo, não posso esperar deles o que eu faria, tampouco posso querer que entendam o que fizeram comigo. Não há nenhuma possibilidade de essa compreensão se fazer na mente deles. Não foram acostumados, como eu, ao estudo, ao conhecimento, à disciplina e ao amor. Não têm capacidade de entender o que destruíram e o que pretendem destruir ao atentar contra os muçulmanos da Andaluzia. São rudes. Apesar do luxo e da religião, foram acostumados à ignorância e a serem intolerantes com o pensamento alheio. Não sabem o que é respeito e, com certeza, os próprios conceitos religiosos neles são distorcidos. As pessoas gostam daquilo com que estão acostumadas ou acabam gostando daquilo com que se acostumam. É um fato, somos criaturas adaptáveis. Eles têm dificuldade de entender e de aceitar a mim e ao povo que atacam. Assim como os camponeses cristãos, que raramente lavam a cabeça e o corpo, têm dificuldade de entender nossos hábitos de banhos e purificações; eles têm aversão aos nossos rituais e os desprezam. Ainda que sejam ditas todas as vantagens e prazeres, eles não as trocam, preferindo seguir com os hábitos aos quais estão acostumados. Kaleb e seus comandados são iguais aos camponeses; não é possível mudar as crenças às quais estão habituados e com as quais cresceram, a menos que eles desejassem, devido ao amor e ao apego que nutrem por elas e à aversão que sentem pelo que é diferente. Todos somos diferentes, mas eles não reconhecem. Não é lógico que eu os odeie; muito menos saudável, nem mesmo lúcido. Pois eu entendo, e eles não. Mas isso não significa acatar, passivamente, as ações deles. Seria o mesmo que entregar a Terra ao domínio de espécies inferiores, que as cobras ocupassem os tronos, os bois conduzissem as carroças e os cavalos montassem os homens. Tudo invertido, fora de lugar. Não. As atitudes deles estão equivocadas e é preciso que eles saibam. A vida é atividade, e quem vive não pode ser passivo diante do abuso e do atraso. Fico feliz comigo mesma por reconhecer que não guardo ódio contra essas criaturas inferiores, mas as ações delas me deixam indignada. Não posso aceitar e me render até acostumar com o padecimento. Preciso agir, buscar a minha libertação, dar limite às ações deles. Todos têm um lugar no mundo; eu encontrarei o meu."

Foram dias de padecimento, orações e reflexões. A jovem que fora lançada no cárcere privado não seria a mesma ao sair dele. Layla adquiria uma maturidade muito precoce para sua idade. Era como se de uma só vez o espírito vencesse todos os entraves da matéria mostrando-se tal como era. Obviamente não de uma só vez, era apenas quebrar a amarra que faltava.

A adolescência se encerrava. Os valores aprendidos na infância entravam no balanço com suas anteriores experiências e valores que informavam sua personalidade espiritual para que ela superasse as tendências de seu passado reencarnatório e deixasse de se consumir em mágoas e rancores, manifestando a agressividade como violência.

Ela trazia uma bagagem de conhecimentos, experiências e aprendizados que a diferenciava, sem dúvida alguma, das demais mulheres. Seu principal objetivo na existência que narramos era aprender a lidar com os sentimentos destrutivos e transformá-los, como se faz com uma árvore jovem que se poda e direciona o crescimento. Layla se encontrava na matéria para tornar-se senhora das forças que possuía e dar-lhes boa condução. Aliás, missão comum a todos.

Assumira uma encarnação arriscada, onde confrontos violentos seriam freqüentes, e, como sempre, eles teriam como vítimas grande número de mulheres que enfrentam toda sorte de violência que o planeta oferece – moral, verbal, psicológica, sexual e física, que vai desde agressões leves até o homicídio. Reencarnara uma vez mais vinculada às crenças do oriente, embora nascida em terras da Andaluzia, e entre esses povos a mulher era e, ainda é, coisa, objeto, propriedade do homem que exercia sobre ela poder de império absoluto, com direitos de vida e morte.

Realidade de dominação, verdadeira subjugação cultural, com o aval e vivo incentivo das religiões monoteístas, todas com raiz judaica (Não esquecer o mandamento da lei mosaica: "Não cobiçar a mulher do próximo". Obviamente ele não trata da fidelidade conjugal. É de questionar: por que a mulher? No entendimento da sociedade da época essa lei era o equivalente a não cobiçar a casa, os escravos, os móveis, enfim, os bens, as propriedades de outrem) e base teórica no filósofo Aristóteles, que considerava a mulher criatura inferior, incapaz de compreender, sem inteligência, mero receptáculo da semente masculina.

Cultura e religião são marcas visíveis no mundo atual não apenas na opressão da mulher, mas na supressão do princípio feminino em todos os indivíduos. Num contexto assim, o preconceito espalha-se e floresce, tanto que seu odor desagradável recende em muitas mentes que carregam essas vivências e esses "conhecimentos" sem questionar de onde, quando, como vêm e, muito menos, a validade deles.

Vemos homens e mulheres propagando, em pleno século XXI, idéias equivocadas da antigüidade reeditadas na era medieval e mantidas pelas estruturas religiosas da sociedade terrena. É tempo de redescobrir o feminino.

Layla, em diversas jornadas na matéria, vivenciara a experiência de encarnar-se como mulher, justamente para descobrir e desenvolver o princípio feminino em seu ser imortal, buscando o equilíbrio com as vivências do masculino já conhecido. E vinha fazendo essa trajetória entre povos do oriente. Como filha de Nasser Al Gassim ela retornara à vida física com o propósito de dominar-se, de controlar a ira e usar a agressividade de forma construtiva, como indignação sadia, como determinação e coragem para ser fator de mudança nas questões em que não esteja conforme.

Abraçara a difícil tarefa de ser a causadora do escândalo necessário. Freqüentemente se lê esse ensinamento de Jesus e se pensa, ainda, que o "mal" receberá uma punição no além. Mas ao dizer que o escândalo é necessário, podemos também entender que afrontar padrões, conceitos, idéias, valores, leis humanas é uma atitude necessária; caso contrário, a tendência é a perpetuidade, não a renovação, não o progresso.

Quebrar o comodismo e a preguiça mental é promover um escândalo necessário; o próprio Jesus o fez. Afrontou leis, costumes, valores, interpretações religiosas, desacomodou pessoas física e espiritualmente dos lugares onde se compraziam e ensinou que mudar é preciso. Não titubeou em aceitar a companhia das mulheres e tratou-as em igualdade de condições – capazes intelectualmente de compreenderem sua mensagem – dignas de usufruir da sua companhia. Protegeu-as contra os abusos e violências que contra elas eram perpetrados à sua época. Escandalizou ao defender uma mulher adúltera e, mais ainda, ao aceitar e declarar que precisava do carinho e do afeto de uma mulher incompreendida, em sua época, por viver longe da proteção de uma figura masculina. Foi, exatamente, a essa mulher que o Mestre revelou-se em espírito, dando-lhe a prova de que a morte não é senão uma passagem para uma outra dimensão e que em todos nós, além do corpo, existe um espírito imortal.

Na célebre passagem do "Não me toques", não só a imortalidade da alma se patenteia, mas também o fenômeno da comunicabilidade entre os ditos vivos e os mortos, aliás, freqüente no velho testamento. E, em diversos livros da antiguidade e de todos os tempos, esse fato se repete, porém, em nenhum com a significação de romper idades.

Não foi o nascimento de Cristo que, de fato, dividiu a história humana ocidental, mas a sua manifestação às faculdades transcendentes de Maria Madalena. Esse momento da história da humanidade, em especial, é importante. Ele funda, por assim dizer, o alicerce, a base do que hoje se conhece por cristianismo. Todos que o seguiram e o seguem o fazem seduzidos pela certeza da sobrevivência da alma após a morte, de sua possibilidade de manifestar-se e da lei de amor, justiça e caridade, exemplificada e ensinada.

Sem que o Mestre retornasse em espírito e se manifestasse às faculdades de Maria Madalena, nós não o conheceríamos. Sua história estaria apagada. Foi essa mulher que ousou continuar o escândalo de propagar os ensinamentos de Jesus, afrontar uma sociedade que já colocara um preço a ser pago por aqueles que davam origem ao escândalo – a própria morte. Foi ela quem reuniu os apóstolos fugitivos temerosos de represálias; foi ela quem também afrontou-os, trazendo a boa nova de que o Mestre vivia após a crucificação. O preço da ousadia foi alto; um banimento absoluto, que perdura até os dias atuais; uma crucificação moral; uma invisibilidade histórica, representativa de quem, como mulher, fez-se porta voz de um escândalo necessário.

Bem se vê que o preço por afrontar, por ousar, é pago no ato. Não é a justiça divina quem cobra a conta; ela é quem o promove quando necessário, a fim de que a lei do progresso se cumpra.

Os antigos gregos cultuavam Themis como a deusa da justiça, e Nêmesis era a divindade que promovia a realização dos atos de justiça entre os homens. Ela se servia do expediente de promover o escândalo, e mesmo guerras, para que os homens progredissem. Layla estava mergulhada em uma encarnação como mensageira de Nêmesis; ela vinha dar causa ao escândalo necessário e aprender a arte de tornar-se senhora de si, de equilibrar feminino e masculino em uma conduta humana.

Desavença e discórdia são dados jogados pela lei do progresso; sem eles o crescimento seria ainda mais lento. Além do que, eles são naturais, uma vez que nem todos compreendemos a vida da mesma forma. Nessa refrega o carvão vira diamante.

Uma lufada de ar frio seguida do som de passos apressados a fez voltar-se em direção à porta e, com extremo esforço, conteve um grito de alegria ao avistar Karim, invadindo seu aposento-cela, ansioso e abraçando-a sofregamente.

Lágrimas corriam pelas faces dos irmãos. Karim murmurava palavras carinhosas e de felicidade nos ouvidos da irmã.

– Psiu! Fique quieta. Não podem saber que estamos aqui. Alá seja louvado que a encontrei com vida! Que bênção! Depois de tudo... Eu amo você, minha irmã. Não sabe o que sofri desde o seu desaparecimento, quanta agonia...

– Eu sei, eu sei – sussurrou Layla, afastando-se e acariciando o rosto de Karim enternecida, feliz. – Também pensei que estivesse morto. Disseram-me que ninguém havia sobrevivido... Alá seja louvado por tê-lo poupado, meu querido.

Lançando um olhar sobre o ombro de Karim reconheceu Kiéram em vestes de camponês, encostado à porta fechada, observando atento o reencontro dos gêmeos.

Layla tornou a abraçar Karim. Aquele momento era recompensa de todos os seus sofrimentos. Morreria satisfeita sabendo que seu irmão estava salvo. Foi justo esse pensamento que a fez despertar para o perigo a que se expunham. Tornou a afastar-se do irmão e, com fingida calma, aproximou-se de Kiéram. Estendeu-lhe as mãos, num cumprimento comedido, embora seus olhos brilhassem, revelando desejos muito diferentes e sentimentos mais fortes.

Entendendo que ela pretendia preservá-lo nada revelando ao irmão do envolvimento que havia entre eles, pois, segundo a lei, ambos seriam condenados à morte, pelo simples fato de pertencerem a religiões diferentes, Kiéram, igualmente, conteve o ímpeto de abraçá-la, de beijar-lhe os lábios e a ânsia de levá-la daquele lugar para bem longe. Nas muitas noites insones do último mês ganhara consciência de que a amava e também que esse amor era marcado por muitas muralhas. Em devaneios imaginava-se fugindo com ela para a Cecília, onde tinha contatos, ou para algum outro lugar ainda mais distante. Porém, sabia que não era tão simples.

– Como você está? – perguntou ele com a voz traindo as emoções que o dominavam. – Não sabe como estou aflito com essa aventura.

– Eu estou bem. Tranquilize seu coração – respondeu Layla, encarando-o.

– Não posso, ainda mais vendo essas marcas em seu rosto.

Layla escondeu com uma das mãos a face ferida pelas agressões e murmurou serenamente:

– Não veja. Não olhe. Contemple meus olhos; minha alma se mostra através deles e não tem essas marcas.

Kiéram sacudiu a cabeça, forçando-se a demonstrar uma conformidade que não sentia e uma vez mais admirando a força interior da mulher à sua frente.

– Será que nada a abate?

– Não o que você imagina.

Lembrando a presença do irmão que testemunhava a cena, pouco entendendo do que diziam, mas atento, voltou-se, descobrindo a face e estendendo-lhe a outra mão.

– Digam-me como entraram aqui? Como me descobriram? Por que estão aqui?

– Temos que ser breves – advertiu Kiéram ao sinalizar para que Karim respondesse aos questionamentos de Layla.

– Ouça. Despistamos os guardas, por isso não temos muito tempo... – e resumiu o que haviam enfrentado e como a localizaram com relativa facilidade, pois a paixão do sultão pela escrava andaluza era assunto que corria de boca em boca entre os soldados que guarneciam a cidade invadida. Cada lance da história parecia ser vivida por todo o exército, embora se notassem muitos revoltados com o atraso nos planos.

Kiéram abriu a porta assim que Karim falou dos propósitos do Califa e recebeu de Layla a confirmação de que precisava, mas que não entendia de todo. Partes do plano somente ela e Jamal Al Hussain conheciam.

– Vamos – disse Kiéram, dirigindo-se a Karim. – Vá na frente, você conhece o prédio.

Karim abraçou Layla e olhando-a no fundo dos olhos perguntou:

– Tem certeza de que deseja ficar?

– Tenho. Preciso ficar, depois você entenderá. Vá.

Karim saiu avançando apressado até o fim do corredor. Kiéram lançou um olhar torturado a Layla, aflito, inconformado. Ela o puxou para dentro, encostou a porta, abraçou-o e murmurou:

– Vá. Eu preciso ficar e lembre-se do nosso pacto.

Kiéram beijou a face machucada e os olhos da jovem e partiu, sem nada dizer; não era preciso.

***

– Mas o que aconteceu? – questionou o sultão após ser informado do incidente da madrugada envolvendo o navio com reforços militares recém-chegado ao porto. – Como podem me dizer, com essa calma, que houve um ataque ao navio no desembarque? Como ninguém viu nada? Onde estavam os homens responsáveis pela segurança do porto? Não poderei perdoar tamanha imprudência e negligência.

– Concordo – começou o xeique Omar. – Mas, também temos uma parcela de culpa no episódio. É preciso reconhecer que nossos planos foram relegados. Esse navio era de reforço para assegurar a conquista de território. Entretanto, ficamos confinados a essa cidade, não fomos um palmo além.

O comentário abalou o sultão, que procurou disfarçar e aparentar um controle que não sentia.

– Não estamos tão confinados assim. Basta que recorde a notícia que veio me trazer. Se há homens brigando, discutindo por questões religiosas, então é verdadeiro, e, além do que, é fácil reconhecer...

– Perdão, mas o que diz é confuso, meu senhor. Precisamos admitir que estamos agindo errado. Não desejo atribuir-lhe culpas, não é a minha intenção. A responsável é a escrava andaluza. Ela é culpada pelos atrasos, acabou sendo um empecilho – acusou o xeique. – Sugiro que nos livremos dela o mais breve possível. As tropas comentam... uma medida desse porte saneará o ambiente restaurando a confiança dos homens em seu líder.

– Mulheres! Maldição! – retrucou o sultão cedendo com facilidade aos argumentos do xeique. Era fácil e simples lançar as perdas como responsabilidade de Layla, matá-la e justificar-se perante os liderados.

– Mulheres são criaturas acessíveis ao assédio do mal. Precisamos exercer sobre elas grande vigilância; são débeis, de pouca capacidade, não raciocinam; são dirigidas pelos instintos e emoções, por isso nosso dever moral de zelar por elas. Alá nos confiou essas almas inferiores para que bem as dirigíssemos, para nos servir; não podemos nos deixar cegar por sua beleza e sensualidade. Esses atributos o Altíssimo concedeu a elas para tornar prazerosa nossa missão, não para que se tornassem nossa perdição. O uso é da vontade divina, o abuso é caminho traiçoeiro; convém que retiremos de nossas vistas os objetos de desejo que possam nos levar ao abuso.

– Omar, você, como sempre, tem razão. Admiro seu entendimento. Minha escrava é linda. Admito que meu interesse por ela roubou-me um tempo precioso e me fez esquecer nossas prioridades. Mas doravante agirei de forma diversa – e fazendo uma pausa, andou pela sala onde despachava com o xeique.

– Ela será mantida trancafiada. Até que nossos planos tenham sido executados não tornarei a vê-la. Coloque dois soldados vigiando-a. Aliás, como ela amanheceu?

– Não sei – respondeu o xeique contrariado. – Louvo sua benevolência com a escrava, mas permito-me discordar e, por dever, insistir que nos livremos dessa mulher. Considero-a perigosa demais aos nossos propósitos.

– Já ouvi sua opinião. Mantenho minha decisão. Não desejo matar um espécime feminino tão fascinante e belo. Ela me instiga, excita, acende uma chama de vida em mim como nenhuma outra mulher que possuo.

Preocupado, o xeique resolveu calar-se. Estava insatisfeito com a decisão. A morte de Layla lhe devolveria a segurança, ao menos assim ele pensava. A ordem seguinte do sultão, direta, curta e objetiva para que se retirasse da sala veio a aumentar sua inconformidade, entretanto, obedeceu. Caminhando pelos corredores em direção ao balcão de onde falaria aos soldados, resmungava entre dentes, para si mesmo:

– Mulheres, arc! Raça infeliz que só traz infelicidade ao homem. Malditas! Todas são malditas, não entendo que tipo de fascínio exercem que nos algemam a seus tornozelos como as jóias com que se enfeitam. Desgraçadas! Nem mortas nos libertam. Perambulam em nossas noites atormentando, afligindo, tirando o sono. Não me deixa esquecer seu rosto, seu sorriso e o maldito som de seu riso. Desgraça! Tudo que sabia eu já fiz e nada, nada mesmo me liberta. Matei, pois julguei que morta não me afligiria. Quanto me enganei! Nenhuma diferença faz, apenas me tortura de forma mais pungente. Como um ferro incandescente enterrando-se em minhas entranhas, fura, rasga e queima. Acordo banhado em suor pensando que é sangue e tomo a consciência de que nunca mais a verei, que essa ausência, por minhas mãos construída, é perene; que o anseio de voltar a vê-la jamais será satisfeito, e o ferro em brasa se revolve em meu íntimo, mas não mata. Malditas mulheres! São todas iguais, bruxas, feiticeiras, e essa não tem somente olhos de serpente; é também venenosa. Não é doce, como era a min... Chega! Basta! Basta de pensar, basta de atormentar-me. É preciso agir. Se Kaleb não é capaz de colocar suas responsabilidades acima dos desejos de enroscar-se com a serpente, que morra com ela. Talvez seja hora de nosso povo ter um novo líder, mais fiel e racional.

Em frente à abertura, no final do corredor que dava acesso ao balcão, ele parou, fechou os olhos, respirou profundamente, por alguns minutos, até que sua face recuperou a costumeira máscara de força, frieza e rigidez. Congelara, novamente as emoções, a custa de uma ferrenha vontade e domínio do pensamento.

Ajeitou o casaco, depois o turbante; voltou a respirar fundo e, com um gesto resolvido, abriu a porta. Com passos determinados avançou até a borda do balcão onde ergueu a mão em saudação a seus liderados. Pronunciou um breve e inflamado discurso, recheado com citações do Alcorão cuja interpretação ele fazia servir a seus propósitos. Falou da sabotagem ao navio com reforços garantindo que as mortes seriam vingadas e as responsabilidades apuradas. Insinuou, com muita sutileza, a idéia de substituição do sultão, ao encerrar seu discurso, enumerando as qualidades necessárias a um líder, a responsabilidade com a causa divina e outras, usando qualidades que sabia que os povos liderados atribuíam a sua pessoa. Acendia-se um estopim, o pior de todos, aquele que faz as mais cruentas guerras e desgraças – o interesse pessoal pelo uso do poder sobre os outros.

Um pequeno sorriso, ou melhor, um meio sorriso, quase um esgar de satisfação, estampava-se na face de Omar, mas não levava brilho a seus olhos escuros. Os sussurros que observara entre os líderes dos povos africanos empenhados na luta do sultão, após seu discurso, era a confirmação de que as sementes lançadas haviam encontrado solo fértil.

..*

Layla desconhecia as disputas internas que se deflagravam entre os invasores, bastante propícias a seus intentos. Como também não sabia da decisão do sultão de não voltar a vê-la, essa, sim, preocupante.

Dois dias se passaram quando ela começou a inquietar-se com a ausência de Kaleb em seus aposentos. Não era o que desejava. Pensou, reviu suas atitudes e não encontrou explicações. Notou que a guarda na porta do aposento-cela fora dobrada.

– Está acontecendo alguma coisa – deduziu ela sentada sobre o tapete, após as orações matinais, no terceiro dia de absoluto isolamento.

– Preciso descobrir, mas como? Sem contato com o sultão como poderei executar meu plano? Não terei nenhuma utilidade para Kiéram, Karim e o Califa. Preciso pensar. O que fariam as grandes mulheres do mundo se estivessem em meu lugar? Não aceitariam passivamente, isso é certo. Também não romperiam a barreira de invisibilidade. Não, ele não pode pensar que estou no comando; deve acreditar que virá a mim por deliberação própria. Pense, Layla. Pense.

Quando lhe vieram servir a refeição matinal, agradeceu cordata e apática. O soldado que a servia, ao receber seu sorriso triste, sentiu-se tocado. Estava habituado à sua altivez e força. Já a vira machucada, ostentando hematomas no rosto bonito como se fossem adereços. Nunca a encontrara curvada ou abatida, nem mesmo com sinais de lágrimas. Ela possuía sempre o olhar firme, seguro e os encarava de maneira desconcertante. Sentia-se um animal perto dela, desajeitado, inseguro, irritado. Aquela súbita mudança o desconcertou ainda mais. Lembrou-se dos leões domados e colocados em jaulas para servir de diversão aos nobres e ricos em sua terra natal e entendeu. Aquela mulher era uma rainha selvagem, uma leoa; ela lutara bravamente com seus domadores, mas o brilho irado de seus lindos olhos desaparecera; agora estampava-se uma expressão vaga, perdida, triste. Perdera a postura altiva de rainha; mostrava-se abatida.

Saiu em silêncio, julgando melhor não ficar admirando-a. Tratava-se de uma escrava do sultão, e embora não gostasse de fazer as vezes de eunuco, naqueles dias em que forçosamente tornara-se testemunha da vida da jovem, aprendera a apreciá-la; sem dar-se conta, afeiçoara-se a ela, simpatizava com sua luta e, inconscientemente, esperava que vencesse.

As emoções do carcereiro foram lidas com extrema facilidade por Layla, que sorriu misteriosamente, lançando um olhar à bandeja com frutas, pão, mel e chá frio. Eram apetitosos, como sempre, mas olhou-os com um brilho que externava sua força de vontade e os desdenhou.

Uma hora depois, o soldado adentrou o quarto para retirar a bandeja e surpreendeu-se ao vê-la intacta. Prostrada sobre o tapete Layla recitava suras do Alcorão. Abalado pela mudança de atitude da escrava, o pobre homem olhava incrédulo para a bandeja intocada. " Será que ela está doente? Não é de se admirar, com a vida que lhe tem sido dada", pensava ele, saindo do local, mas, ao fechar a porta, ouviu nitidamente a sura que ela recitava, e um estranho arrepio nervoso lhe correu ao longo da coluna, eriçando-lhe os pêlos da nuca.

"Deus é o protetor dos fiéis; é quem os retira das trevas e os transporta para a luz; ao contrário, os incrédulos, cujos protetores são os sedutores, que os arrastam da luz: levando-os para as trevas, serão condenados ao inferno onde permanecerão eternamente"[1], recitava Layla, com entonação dramática na voz.

– Por Alá! O xeique diz que essa mulher é uma feiticeira, uma louca, mas... é tão linda, tão... diferente. Eu a vejo cumprir todas as obrigações religiosas. Ela é fiel, eu não. Eu cumpro as obrigações se estou na companhia de outros; sozinho até me esqueço. Ela não. Por que será que dizia essa sura? Ela invoca a punição Divina sobre os infiéis... Tenha piedade... eu sou infiel, como a maioria de nós. Não cumprimos as obrigações religiosas... Será que Deus dará ouvidos a ela, uma escrava do sultão?

Por força do sentimento de culpa, pareceu-lhe ouvir a voz de Layla sussurrando em seu ouvido a resposta:

– Deus é o protetor dos fiéis... os incrédulos serão condenados ao inferno onde permanecerão eternamente.

A condenação aos infiéis torturou-lhe a manhã inteira. Lutou com o medo, e perdeu. Ao retornar ao aposento para depositar a próxima refeição, o andar, pé ante pé, levemente erguidos, denunciava o sentimento. Layla repetiu a mesma conduta da primeira hora da manhã. No meio da tarde o carcereiro, supersticioso que era, tremia antecipando a hora do jantar. A cena reproduziu-se. E, assim, por dois dias consecutivos. A escrava apenas tomava alguns copos de água, nada mais.

Kaleb mantivera a palavra não se aproximando dos aposentos de Layla, entretanto recebia um relatório sobre o seu estado e comportamento. Ao final do terceiro dia, resolveu ir ter com ela.

***

– O tempo se escoa – argumentou Jamal às oposições de Kiéram. – Preocupa-me a ausência de notícias. Não posso ficar de braços cruzados.

– Creia que compartilho de suas preocupações, mas insisto: precisamos confiar e esperar a mensagem.

– Surgiram acontecimentos inesperados. Esperar pode significar a chegada de outro navio de reforços. Nossos homens têm observado uma movimentação maior das tropas de Kaleb. Mesmo à distância, percebe-se que se tornaram mais

[1] *Sura 257 do Alcorão.*

cruéis com a população depois da sabotagem. Enfrentá-los no auge da ira e da crueldade não é boa política. Sabemos que são ferozes, imagine se acossados por repetidos ataques. Tenho um mau pressentimento quanto ao que possa estar acontecendo em Cádiz.

– A pessoa enviada empenha a própria vida. Estivemos com ela, o que vale dizer que é sabedora da chegada de reforços. Relatei as condições em que a encontramos e a decisão dela de permanecer e executar o plano. Eu confio – e ao dizer essas palavras, o rosto de Layla, iluminado pela luz do quarto crescente na praia, parecia bailar ante seus olhos. Emoção intensa o acometeu, obrigando-o a interromper a defesa que fazia ante o Califa e seus conselheiros reunidos na tenda central.

Jamal o encarava curioso; seu olhar especulava as emoções que haviam fugido das rédeas de Kiéram. Era inusitado ver o mercenário cristão ceder a sentimentos quando se tratava de questões de guerra. Não resistiu à tentação de provocá-lo para ver um pouco mais da alma do cristão.

– Confia? Interessante. Sei que o senhor é muito ligado a seus homens e eles o veneram como a um herói. Não tinha conhecimento que também o senhor venerava seus soldados.

– Eu venero, Califa, o heroísmo em qualquer pessoa. Felicito-me quando reconheço esse sentimento entre meus liderados. Quem está entre as muralhas de Cádiz é, e será para sempre, um herói anônimo; talvez seu sacrifício nunca venha a ser reconhecido, e é muito provável que receba como paga a ingratidão. Aliás, posso entender que o senhor dá início a esse pagamento numa dívida moral da monta que sabe possuir com essa pessoa. Lamento-lhe, meu senhor. Lamento que também não venere o heroísmo entre seus liderados. Afinal, um herói verdadeiro é marcado por uma consciência louvável de altruísmo e desinteresse pessoal. – E voltando-se aos demais emires, completou: – Aguardarei, senhores, a decisão que tomarem. A minha é esperar a mensagem. Nenhum de meus homens dará sequer um passo antes disso. É a minha decisão.

– Despreza o pagamento milionário que receberia nessa campanha? – questionou um dos emires mais idosos. – Sabe que não receberá nada, uma jóia sequer, nenhuma grama de ouro ou prata, se seu exército não lutar ao nosso lado.

– É obvio, emir. Não me passaria pela cabeça exigir pagamento por um serviço que não prestei – retrucou Kiéram.

– Parece empenhado nessa luta por razões pessoais, não financeiras, Sr. Simsons – comentou intrigado um outro emir, seu velho conhecido – É fato novo em sua conduta. Assim como nosso Califa, estranho seu comportamento.

– Com o devido respeito, senhor – retrucou Kiéram, voltando-se para contemplar, frente a frente, o emir que o interpelava –, seria um estúpido se agisse de outra forma. Em meu exército há judeus e cristãos, como todos sabem. Por que pensam que eles se mantêm unidos nessa luta e aguardam pacientemente esse longo cerco a Cádiz? Todos têm interesse além do financeiro nessa questão. Se os africanos dominarem a Al Andaluz, nossas famílias sofrerão; nosso destino será incerto. Os emires africanos são conhecidos por sua intolerância religiosa, por seu pouco apreço às ciências, à filosofia e às artes e por serem violentos e cruéis. Não lhe parece que isso seja suficiente para justificar não só o meu envolvimento pessoal, mas o de todo e qualquer membro do povo desse território?

Pesado silêncio seguiu as palavras de Kiéram que, aproveitando a reação da assembléia, completou:

– Por isso, eu confio e esperarei a mensagem. Sei que meus homens lutarão comigo nessa causa com ou sem pagamento. Saibam que, segundo as leis, somos cidadãos de segunda classe, mas antes disso somos seres humanos, que amamos o lugar onde construímos nossas casas, onde moram nossos pais, onde muitos têm sua esposa e filhos e, nessa condição, e na defesa desses interesses, lutaremos até de graça.

Após essa declaração, ergueu-se e saiu da tenda, como era seu costume quando irritado, sem pedir licença.

– Insolente! – acusou um membro da assembléia.

– Corajoso – corrigiu o Califa. – O Sr. Simsons merece nossa estima e admiração. É autêntico, verdadeiro, confiável. Quem ousa dizer, cara a cara, o que pensa não trai seus amigos: aprendam essa lição.

O debate se estendeu por mais algumas horas, porém Jamal mudara sua opinião. Kiéram o convencera a aguardar a ordem de Layla. Chamara-lhe aos brios, acusando-o, com justiça, de ser ingrato. Com a habilidade diplomática que o caracterizava conduziu os emires a entender sua mudança de pensamento, fazendo parecer que a decisão nascia do consenso e da análise amadurecida dos últimos episódios feita entre eles.

Kiéram recebeu o comunicado do resultado final da reunião em silêncio; o rosto impassível, apenas o olhar se voltou ao céu onde despontavam as primeiras estrelas.

* * *

Três dias depois, altas horas da noite...

Um cavalo trotava à beira mar, conduzido com segurança pela amazona que ria ao ver as ondas apagando seus rastros. Era o fim de seu cárcere. Layla tinha os olhos brilhantes de alegria e excitação ao sentir a brisa noturna. À distância, avistou o acampamento e os exércitos reunidos sob o comando de Jamal prontos para partir.

– Venci! – exultava ela, embriagando-se com o sentimento de realização da missão a que se havia proposto. – Alá seja louvado, deu-me forças para ir até o fim. Venci! Venci!

Em sua euforia e regozijo esquecia-se de cobrir o rosto e a cabeça, preservando o disfarce. Enquanto cavalgava, apressada, sentiu um leve desconforto, como se registrasse alguma advertência vinda de longe, cujas palavras não conseguia ouvir com nitidez, mas entendia a vibração de advertência. Foi o bastante para fazê-la mais calma.

– Cubra o rosto – sugeria Safia que a acompanhava e sorria da alegria da protegida. – Lembre-se, querida, de que você é invisível. Cubra o rosto. Acalme as emoções, retorne à razão.

Layla intuiu o porquê do desconforto. Levou uma das mãos ao rosto tocando a pele nua. Era isso! Imediatamente, a sensação desapareceu. Diminuiu a velocidade do cavalo até fazê-lo parar e desceu. Refez o arranjo do turbante escondendo completamente os cabelos e deixando, à moda dos beduínos, uma tira que enrolou em torno do rosto, ficando apenas os olhos e parte da testa à mostra. A larga túnica que trajava escondia seu corpo.

Consciente de que voltava a necessitar do disfarce masculino, Layla domou a própria volúpia com a concretização de sua parte nos planos. Conseguira! Realizara em três dias tudo que havia planejado. O clima hostil entre o xeique Omar e o sultão fora uma bênção dos céus, facilitara sua ação.

Ao aproximar-se do acampamento, contornou-o pela beira mar até onde se erguiam as tendas do exército de Kiéram. Disfarçando a voz e falando monossílabos, fez com que o soldado que montava guarda a levasse a presença do líder.

– Senhor – chamou o soldado, cutucando Kiéram. Vendo-o despertar, apressou-se em explicar: – Chegou um homem franzino dizendo ter urgência em lhe falar. Pelo hora, julguei que seja importante.

– Fez bem – declarou Kiéram, erguendo-se do leito e apanhando as armas que jaziam ao lado. – Onde está o recém chegado?

– Deixei-o esperando do lado de fora, com o guarda.

– Ótimo. Faça-o entrar. Providencie, comida e água.

– Sim, senhor. Vou buscá-lo.

O soldado a acompanhou até o centro da tenda, espaço que era uma espécie de sala de trabalho e onde, algumas vezes, Kiéram fazia as refeições, quando desejava ficar sozinho.

Ao vê-la, Kiéram julgou que seu peito fosse explodir de contentamento e orgulho. A presença dela era suficiente para saber que cumprira o plano. Quando teve certeza de que estavam a sós, tomou-a nos braços, abraçando-a apertado, até ela alegar falta de ar.

– Sei que não é justo, mas gostaria de fazê-la sofrer por toda angústia que essa aventura me causou. É por isso que a aperto assim.

Ela ria, satisfeita. Feliz.

– Entendo. Homens são criaturas pouco racionais – brincou ironizando.

– Ei, não é isso o que dizem das mulheres? Será que não se enganou?

– Absolutamente. Foi a conclusão lógica depois do que você disse.

– Está bem, está bem, a senhora é a grande vencedora. Eu me rendo, deponho armas, meu exército é seu prisioneiro – declarou Kiéram, beijando-lhe o alto da cabeça.

– Abrace-me – pediu Layla. – Preciso sentir a sua força.

– Eu não deixei de abraçá-la – retrucou Kiéram, fazendo-se de desentendido. – Quer que eu a aperte, é isso?

– Homem insuportável! É isso mesmo.

– Bem, senhora, então seja racional e peça o que deseja.

– Está bem. Eu me rendo, mulheres também são pouco racionais, às vezes.

Abraçaram-se efusivamente, por breves segundos.

– Cumpri o combinado. A cidade está pronta para ser retomada. É preciso agir – disse Layla com o rosto recostado no peito de Kiéram.

– Sempre soube que você não voltaria ao acampamento se não cumprisse sua parte. Foi muito difícil aguardar. Tive ganas de invadir a cidade e tirá-la de lá. Não imagina o esforço que fiz para "ser racional" quando a encontramos lá.

– Eu vi. Mas agora vá, é a parte de vocês.

A contragosto Kiéram a soltou, tomou seu rosto entre as mãos e a beijou.

– Cumpriremos nossa parte. Em poucos dias Karim retomará o comando da cidade.

– Vá, não quero falar do futuro. Temos, primeiro, que sobreviver ao presente.

Kiéram acenou com a cabeça, concordando com a visão de Layla, típica de uma guerreira. Sabia muito bem o que era aquela disciplina mental e os benefícios que trazia, embora naquele exato instante seu desejo fosse dar asas à imaginação e sonhar com o amanhã. Beijou-lhe a testa e saiu da tenda apressado, em busca do Califa, disparando ordens aos seus homens para colocá-los em prontidão para o ataque.

Jamal, insone, revisava os planos. Estava aflito com a demora de Layla. A situação em Cádiz, com os líderes africanos, perturbava-o. Queria o menor derramamento de sangue possível. Guerrear contra irmãos de fé não era sua disposição, entretanto, a intolerância de Kaleb e Omar obrigava.

Quando Jamal reconheceu Kiéram a sua frente, com um brilho luminoso no olhar, abriu um largo sorriso e perguntou:

– Ela conseguiu?

– Eu não tive dúvidas de que ela conseguiria. Chegou faz pouco. Disse estar tudo preparado conforme combinado – respondeu Kiéram, encarando o Califa.

– Alá seja louvado! – exclamou Jamal e, olhando para si mesmo, bateu palmas chamando seu secretário e ordenando assim que ele se apresentou: – Mande preparar minha roupa e armas para a batalha de retomada. Dê orientação aos membros do Conselho para que reúnam seus homens prontos para a luta armada, que lhes falarei na hora da partida. Lembre-os de que é urgente, porque devemos chegar à cidade invadida antes do nascer do sol.

– Vou verificar como estão meus homens – informou Kiéram. – Nós nos veremos ao rufar dos tambores.

O alvoroço espalhou-se pelo acampamento como fogo em um rastilho de pólvora. Jamal observava, satisfeito com o que via; antecipava o sabor da vitória. Sabia que o sucesso da campanha seria devido, em grande parte, ao trabalho de Layla. Sorriu ao lembrar-se da jovem e admitiu para si mesmo:

"Uma mulher incomum. Admirável! Uma soberana, sem dúvida. Sem títulos humanos, aliás, vive uma situação social complicadíssima. Mas quem disse que os verdadeiros títulos são dados pelos homens? Eles vêm da alma, sempre soube disso, essa menina é apenas a personificação das minhas idéias. Ela é, não precisa que ninguém diga ou atribua-lhe qualidades ou nobreza, tampouco o preconceito ou o desprezo social a fazem mudar; ela é, em essência, uma guerreira, uma rainha, uma vencedora. E essa essência da alma se impõe naturalmente aos outros. Fico perguntando-me como nossa sociedade produziu tal mulher?"

Lançou um último olhar aos exércitos que se perfilavam em linha. Avistou Kiéram à frente de seus homens. A seu lado, um franzino arqueiro, cujo rosto estava envolto numa tira do turbante, carregava com graciosa altivez as armas.

"É ela", reconheceu Jamal. "Simsons perdeu a razão. Como pôde permitir? Mas agora não posso fazer nada, tenho que aceitar." A atitude do mercenário e da filha de Al Gassim o irritaram. Não estava em seus planos ver Layla na retomada de Cádiz, muito menos que fosse conhecida sua participação no caso.

Era amargo o sabor de silenciar a própria vontade a contragosto, de acatar uma decisão que não a sua. Mas lá estava aquela mulher ao lado do mercenário cristão, disfarçada de soldado e armada, pronta para marchar em direção à cidade que ela própria preparara para cair na luta.

"Ela não conhece o medo", concluiu Jamal, olhando novamente em direção do casal e observando que Kiéram parecia muito tranqüilo. O comportamento do chefe cristão em nada se modificara; comandava seus homens com sua reconhecida competência.

– Estão todos prontos, meu Califa – informou um dos xeiques do conselho que supervisionava a reunião dos exércitos aliados.

Um leve movimento de cabeça foi a resposta de Jamal. A hora chegara. Toda concentração era necessária. Ele fixou o olhar em seus homens, ao conclamá-los à luta, dizendo:

– Não há muito a falar. Todos sabem as razões pelas quais estamos aqui e por que esperamos todos esses dias. A hora chegou. Os homens liderados por Karim Al Gassim, filho do emir de Cádiz, foram na frente a fim de preparar o caminho. Uma pessoa muito importante executou um trabalho excepcional nessa luta e sua principal atividade foi nos dar informações sobre o inimigo e preparar nossa retomada da cidade. Por obra dela, encontraremos a cidade em condição favorável a nós. Ela tornou mais fácil nosso sucesso, deu-nos condições. Agora é conosco. Lutemos para defender nosso território, nossos lares, nossas crenças, nosso modo de viver e conviver! Esta não se trata apenas de uma batalha entre muçulmanos sunitas e xiitas, é a batalha do povo de Al Andaluz na defesa de seu direito de viver e conviver como desejar, de construir sua sociedade em bases de tolerância, compreensão e conhecimento, onde todos possam crer naquilo que suas almas compreendem. As bênçãos do Deus único recaiam sobre nós e coroem de êxito nossos esforços. A vida vale pela dignidade com que vivemos. Avante!

Voltou o cavalo na direção da cidade ocupada, esporeando-o para que partisse a galope rápido.

O trotar dos animais era amortecido pela areia da praia; o sereno da noite diminuía a nuvem de pó. Tudo fora pormenorizadamente planejado para que a aproximação somente fosse notada pelos guardiães da cidade tarde demais.

Capítulo XXII

Núpcias

A aurora dava seus primeiros sinais, quando um dos soldados que fazia a guarda do aposento-cela da jovem escrava do sultão, comentou com o colega:

– Parece um sonho, hoje não ouço a ladainha da escrava. Tirava-me o juízo a recitação da mulher. Por Alá, que era como uma bruxa, uma feiticeira, entoando um canto mágico.

– Também a mim agrada o silêncio de hoje. Vai ver é a companhia do sultão até essa hora. Cansou-a durante a noite, e a bruxa agora está quieta – respondeu maliciosamente o outro.

– É mesmo. O sultão ainda está aí dentro. Eu não o vi sair. Cochilei muito pouco, e você?

– Eu? – surpreendeu-se o guarda, enrubescendo sob a pele escura. – Eu... também cochilei. Mas só uns minutinhos. Estava tudo tão calmo, só ouvia aqueles sons aí de dentro...

– É, não tem mal nenhum. O sultão divertia-se com a bruxa, que vamos e venhamos, é mulher bonita. Por que não podíamos descansar um pouquinho? Ela não ia fazer nada mesmo com o sultão lá dentro.

Os dois caíram na risada com a frase dúbia. Pacificaram suas consciências que eram afligidas pela culpa e pelo temor – eternos companheiros – ante a recitação dos versos do Alcorão e a negligência em suas atividades. Sentiam-se entediados e desprestigiados exercendo a função de carcereiros da escrava sexual do sultão, que entendiam como sendo de eunucos, jamais de viris soldados. Assim, dormir em horário de trabalho era algo habitual.

Quando trouxeram a bandeja com a primeira refeição, os guardas se entreolharam ofendidos; aquilo passava dos limites. Não haviam deixado o Egito para prestarem-se a serviço daquela natureza – alimentar o sultão e uma mulher após uma noite de orgias. O mais velho, irritado, adiantou-se e ordenou:

– Vá você!

Incomodado, o mais jovem tomou a bandeja das mãos de um dos servidores da cozinha, que o encarava com um sorriso irônico e debochado. Bateu na porta com força e, sem esperar permissão, entrou.

– Alá! Que é isso? – gritou ele, segundos depois, chamando a atenção dos homens que aguardavam no corredor.

– Chame o xeique Omar, é urgente.

Perseguidos pela curiosidade os outros dois invadiram o recinto e, espantados, levaram a mão à boca para abafar os gritos. O soldado mais velho, recobrando-se, determinou ao servidor que trouxera a refeição que buscasse o xeique e o orientasse a trazer consigo o médico.

– E a bruxa? – perguntou dirigindo-se ao mais jovem, ainda em estado de choque.

– Não vi. Não estava aqui.

– Mas também não saiu pela porta. Lembre-se de afirmar isso, entendido?

Voltando a si da surpresa, lembrou da conversa de pouco antes e da admissão de que haviam adormecido durante a ronda.

– Si... sim é... claro que sim. Será que foi ela?

O guarda mais velho lançou um olhar ao leito coberto de sangue e ao corpo do sultão recostado nas almofadas, semi-nu, olhos esbugalhados com uma expressão indecifrável entre o deleite e o espanto, com uma faca cravada no pescoço.

O xeique Omar adentrou correndo nos aposentos e estacou em frente ao leito, estarrecido com o que via. O médico que o seguia também quedou-se surpreso por alguns segundos, mas logo reagiu, encarando o ferimento e o ferido. O sultão estava morto, nem precisava aproximar-se para constatar, mas o dever exigia que o fizesse. Procedeu o exame de rotina, não era necessário mais do que isso, e declarou:

– Está morto há algumas horas. O corpo já está frio e começa a enrijecer. Podem preparar o sepultamento e dar ciência aos demais.

– Encarregue-se disso – determinou Omar, assumindo a postura de sucessor do sultão. E, voltando-se aos guardas, questionou. – Onde está a escrava?

– Não sabemos, senhor.

– Como não sabem? – gritou o xeique esbofeteando-os. – Para que servem afinal de contas? Inúteis! Vamos, contem tudo que se passou aqui essa noite. Andem, estou esperando. Quero respostas e rápidas.

– Juro, xeique Omar, nada aconteceu. Não vimos nem ouvimos nada, além...

– Além do que? – insistiu o xeique ante o retraimento do soldado.

– Além do que sempre se ouvia quando o sultão vinha a este quarto – respondeu o mais jovem de forma enfática. – Gemidos, gritos, sussurros, às vezes parecia que ouvia algum tipo de música estranha... e a recitação das preces da escrava. Era tudo que se ouvia, senhor.

– E não viram nada? Devo acreditar que a mulher simplesmente desapareceu? Sumiu com o vento? – berrou o xeique, irritado.

– Não vimos, senhor. Juro – voltou a falar o trêmulo guarda mais velho.

– Do outro lado dessa porta, no corredor, nada aconteceu. Por ali ela não fugiu e quando entrei aqui – eu fui o primeiro a ver isso – ela não estava mais.

– Para o calabouço os dois – determinou o xeique. – Que tipo de idiota julgam que sou? O conselho decidirá o destino de vocês. Vamos, andem, eu acompanharei vocês até lá. Enquanto não encontrarmos aquela louca endemoniada, vocês ficarão presos e em jejum.

A busca minuciosa no prédio e arredores foi infrutífera. A única constatação foi que um cavalo desaparecera, mas fazia um dia e ninguém sabia onde encontrá-lo. O tratador dos animais disse que era um caso isolado e que era comum animais fugirem da estrebaria; que o cavalo, o mais veloz e arredio que haviam encontrado entre os pertencentes a Al Gassim, não poderia ser dominado por uma mulher. Fez com que o xeique comungasse de sua impressão de que o animal fugira para uma pastagem próxima e logo seria encontrado.

* * *

Sef, o médico egípcio, realizava uma autópsia no corpo do sultão na tentativa de localizar indícios, pistas que pudessem esclarecer o assassinato. Omar bradava pelos corredores da residência que era um absurdo, um desprestígio, uma falta imperdoável dos seguranças, que uma mulher, uma escrava de harém, houvesse tido a ousadia de matar um homem, e um homem da envergadura e da autoridade de Kaleb.

Ninguém tinha dúvidas de que os guardas seriam enforcados durante o funeral. Porém, Sef não tinha a mesma certeza quanto à autoria do crime ou, ao menos, quanto à forma como fora executado. O exame do cadáver o enchia de dúvidas e perguntas.

A faca encontrada no pescoço era uma faca do tipo utilizado nas matanças de animais, e fora afiada com primor militar. Era uma peça nova, usada pela primeira vez. Quem a atirara era exímio, pois fora preciso e letal. Sem qualquer chance de sobrevivência, o criminoso dera a sua vítima uma morte rápida. Se é que ela havia sido de fato causada pela facada, pois havia um ferimento estranho, um golpe à altura da nuca, outro no alto da cabeça. Ferimentos suficientes sérios para causarem a morte, sem a necessidade da faca.

Envolvendo a faca num lenço alvo e dando por encerrado o exame do corpo, Sef murmurou:

– Estranho. Muito estranho. Parece loucura afirmar que o sultão foi morto duas vezes. Entretanto, é o que apontam as evidências. Não posso fugir delas. Quem terá feito isso? eis a questão. A escrava? Pode ser. Mas como teria obtido uma faca nova e afiada desse jeito? Aqui – e olhou ao redor do quarto – não há pedra de amolar nem outros objetos de forja. Ela estava presa há dias, um mês ou mais, como teria conseguido? E os outros ferimentos? Como foram produzidos? São recentes, não tenho dúvida, ouso afirmar que muito próximos, pois houve sangramento na facada e hematoma na nuca. A rigidez indica que a morte é recente, coisa de horas, talvez umas três, quatro horas, um pouco mais. Os bestiais seguranças afirmam que não havia ninguém com o sultão além da escrava... mas... é tudo tão estranho. O golpe na cabeça e a outra lesão... Se ela fosse uma mulher forte para envolver-se numa luta corporal, e aí teria que conhecer as artes da guerra, pela natureza dos ferimentos – o que é impossível... não, não. Algo me diz que aqui temos um mistério. O sumisso da escrava é mais do que oportuno. Poderia ser premeditado, fazer parte de um plano conspiratório. Como se pode afirmar que ela fugiu? Talvez quem tenha assassinado o sultão, a fim de incriminá-la, deu-lhe um fim. Mas quem? Eis a questão: quem matou o sultão? Quem tem interesse nessa morte?

Cobriu o corpo. E movido pelo interesse em desvendar o crime passou a examinar – tão detalhadamente como fizera com o corpo – o quarto. Perambulou, mediu, tomou notas, descrevendo em minúcias os seus procedimentos e o local. Por fim recolheu restos de bebida e alimentos encontrados próximo ao leito; iria testá-los com alguns animais. Estranhando, constatou não haver sinais de luta física. O leito estava revirado, não podia ser diferente. Mas tudo conduzia Sef a pensar que o sultão não tivera sequer chance de defender a própria vida. Ele fora atacado de surpresa e duas vezes, o que era inusitado, em se tratando de um homem como ele.

– Como direi aos outros essa conclusão aparentemente tão absurda? Eis outra questão. E se de fato houver conspiradores, não seria a primeira vez que isso acontece na história; revelar minhas análises traz o perigo para o meu lado. Nessas horas quem sabe qualquer coisa é mau visto e pode perder a pele com facilidade. Preciso pensar... e muito bem... sobre o que, como e quando vou dizer algo a respeito do que examinei hoje – falou Sef consigo mesmo.

Recolhia seus pertences e instrumentos, aprontando-se para sair, quando às suas costas soou a voz imperiosa do xeique Omar.

– Então, o que tem a nos dizer. Sef? Foi tudo muito óbvio, não é mesmo?

– Óbvio? – repetiu Sef, incrédulo. Quando ia rebater a observação do xeique as palavras morreram na ponta de sua língua ao lembrar-se dos pensamentos de segundos antes. O temor o calou.

– Sim, sim. É óbvio que o nosso estimado sultão, que a paz do Misericordioso recaia sobre ele, foi assassinado, há algumas horas. Não posso dizer mais do que isso, xeique.

– Quanto comedimento! A situação me parece clara. Infelizmente, nosso estimado sultão foi vítima de sua incúria, de sua paixão desenfreada por uma mulher ensandecida e agressiva. Lembra-se de que ela me feriu dias atrás. É perigosa.

– É, deve ser. O senhor conhece desses assuntos bem mais do que eu. Minha experiência é em cuidar feridos, nunca investiguei nada. Se me der licença, vou para meus aposentos.

Omar compreendeu que o médico não queria falar sobre o trabalho realizado, adiantar alguma conclusão. "Bobagem", pensou ele. "Não há nada além de um crime feito com faca. Foi aquela bruxa louca. Fugiu, mas ela há de pagar por seus atos junto com aqueles imbecis soldados."

– Vou tomar as providência para o funeral. Mandarei que façam a pira, assim levaremos as cinzas do sultão para nossa pátria no retorno.

Sef nada comentou. Saudou o xeique e retirou-se pensativo. Em sua mente apenas uma insistente questão: o que devia fazer?

No corredor, quase ao lado da porta, alguns restos de bebida em uma jarra chamaram a atenção de Sef, que a apanhou, cheirou, olhou atentamente a coloração turva. Parecia um inofensivo refresco, mas um pó armazenado no fundo do recipiente era suspeito.

– Estou duvidando de tudo. Mas não faz sentido que tanta coisa possa ter acontecido nesse quarto e nenhum dos guardas tenha visto ou ouvido nada. Porém, se... bom, aí...

Segurando a jarra entre os objetos e anotações coletados no local do crime, tomou o máximo cuidado para não desperdiçar nenhuma gota do líquido restante.

* * *

Alguns homens sob o comando de Karim haviam partido antes dos exércitos do Califa e, seguindo as orientações de Layla, encontraram livre acesso nas entradas secretas da muralha que defendia a propriedade de Al Gassim e a cidadela de Cádiz.

Encontraram ocultos, no local combinado, antigo esconderijo da infância dos gêmeos, trajes dos guerreiros africanos, que ela roubara e guardara antes de ser trancafiada. Junto com as roupas estavam pequenos frascos com pós e poções, anotado em cada um deles para que serviam.

Karim distribuiu as túnicas e turbantes. Colocou nos bolsos internos os frascos. Em voz baixa lembrou aos homens a tarefa que deveriam executar e dividiu-os em duplas, esclarecendo como deveria cada uma chegar a seu ponto da ação. A idéia era postar uma dupla em cada acesso da propriedade. Nas zonas mais difíceis, trabalhariam duplas próximas, como era o caso do portão principal, que não seria invadido, mas sabotado.

– Não se esqueçam de que os demais exércitos chegarão antes do amanhecer. É preciso trabalhar rápido. Tenham cuidado. Não podemos falhar. É preciso agir com o máximo silêncio. Sabemos que no interior da residência deve reinar a confusão e o desatino; lembrem-se de manter a expressão concentrada e fingir consternação e um pouco de ira. Essa não precisamos representar, não é mesmo, basta esconder as razões. Vão, eu passarei em cada ponto, aguardem. Meu alvo é o chefe da guarda.

Com um aceno afirmativo, as duplas partiram nas direções indicadas por Karim e que eles, de antemão, conheciam. O estudo da arquitetura do local fora exaustivo e preciso.

Karim, sozinho, rendeu pelas costas o responsável pela vistoria da guarda. Com um golpe forte desnucou-o, impondo-lhe uma morte silenciosa; tomou as insígnias de identificação e escondeu o corpo. Passando a andar rápido entre os homens do sultão, agindo como se fosse um deles, certificou-se de que seus homens haviam cumprido a parte do plano e garantido acesso tranqüilo e sem ruído aos demais.

O corre-corre era grande em razão da notícia que vinha do interior da residência ocupada pelo sultão. Ninguém prestava atenção a nada, e a ação do grupo de Karim não encontrou obstáculos. Ao final da ronda ele tinha um olhar satisfeito e colocou-se junto com as duplas do portão principal. Com cuidado, eles espalharam onde conseguiam – alimentos e bebidas – com o pó e as poções. O efeito se fez sentir logo: homens sonolentos e outros atacados por fortes enjôos, sendo estes uma causa a mais de confusão, pois reuniam-se para trocar queixas a respeito do mal estar e buscarem juntos explicação do que haviam ingerido.

Aos enjôos somaram-se fortes dores abdominais e vários foram ao pseudo chefe pedir afastamento da função, no que eram de pronto atendidos. Pela agitação e desconforto que reinava, ninguém reparou que o "chefe" mantinha o rosto baixo, escondido pelo turbante, que não falava e fazia apenas um gesto de dispensa com a mão, muito comum.

Ainda sob o manto negro da noite, os exércitos comandados pelo Califa sorrateiramente retomaram a cidade. As luzes do amanhecer desvendaram um cenário de intensa luta e uma desigual vantagem a favor dos guerreiros de Al Andaluz. Por ordem do Califa, que cumpria com fidelidade o plano de Layla, não deveria haver crueldade. A intenção era retomar a cidade, expulsar os invasores africanos e restabelecer a normalidade da vida do povo. Mais do que a força bruta, a inteligência e o planejamento faziam a diferença.

No interior da residência do antigo emir de Cádiz, a confusão imperava. Os principais emires africanos que apoiavam a ação do sultão Kaleb estavam ainda sob o impacto da notícia do assassinato, quando homens esbaforidos, sem pedir permissão, ingressaram na sala onde se reuniam, comunicando o ataque fulminante que estavam sofrendo nas ruas da cidade.

– Como? – gritaram vários emires, no que parecia um coro ensaiado.

– Estamos sendo atacados pelo Califa de Córdoba. A cidade está tomada e a luta é desfavorável. Ninguém sabe como aconteceu. A noite foi calma e... simplesmente, ao amanhecer eles estavam dentro da cidade atacando. Não estávamos preparados. A situação é desfavorável, as defesas que tínhamos ruíram, como se fossem castelos de areia – declarou Hasani, o guerreiro que gozava da maior confiança do xeique Omar. – Tão fácil como tomamos a cidade a estamos perdendo. Uma ironia.

– E os guardas? Como eles entraram sem que ninguém visse? – questionou Omar. – Não são invisíveis. Incompetentes!

Voltando-se para os líderes africanos reunidos, comentou:

– Eu alertei, por mais de uma dezena de vezes, que a demora não era nossa aliada. Sempre suspeitei daquela bruxa como uma enviada do Califa. Jamal é traiçoeiro, inteligente, fez-se de morto, de cordato, de diplomático e agora nos obriga a uma ação desorganizada e apressada. Praticamente sem chance alguma de êxito.

– Perdão, xeique – interveio Hasani –, mas insisto, a situação é grave. Corremos o risco de grande perda em nosso exército. Jamal Al Hussain está parado em frente ao portão principal, parece aguardar ou a queda da cidade ou uma proposta de rendição.

– Típico! Negociar o quê? Estamos completamente desmantelados, nem ao menos temos um comando, o sultão está morto. Não pensávamos em luta, muito menos aqui. A idéia era invadir Córdoba e estar na posição de Jamal. Desgraça! Desgraça! Mil vezes, desgraça! – respondeu Omar irritado. – Tudo por causa da luxúria! Não é para menos que a mulher é instrumento de perdição usada pelo Sedutor, aquele que deseja nos conduzir ao seu reino de sombras.

– Precisamos agir. Algo tem que ser feito. Uma decisão precisa ser tomada e rápido – insistiu Hasani.

Os murmúrios dos presentes enchiam a sala. Estavam atordoados.

– Preciso pensar – declarou Omar, ignorando a opinião de qualquer outro líder. Fato não contestado, pois em hora de crise, se alguém chama a si a responsabilidade da ação, é tendência que os demais, por acomodação, acatem, para, somente depois, reclamarem do arbítrio visto como indevido.

Fugindo ao burburinho, ele foi para a sala ao lado e trancou-se. Encostado na alta e pesada porta, levou as mãos à cabeça erguendo o olhar ao alto, como se fitasse o céu além do teto que lhe impedia a visão.

"Que fazer?", pensava o xeique. "Qual a melhor atitude? Não há como reunir os homens, a luta está instalada e é cada um por si. Infiltraram-se magistralmente os miseráveis. Isso foi uma armadilha. Tudo foi preparado desde o maldito banquete com o Califa. E caímos como moscas no mel... Kaleb deveria ter encontrado a morte antes; agora o prejuízo é inevitável. Desgraça! Nada disso resolve... remoer é perda de tempo. O mal do arrependimento é ser sempre tardio. Por isso, ele não resolve problema algum. É passado. Que fazer? Que fazer? É nisso que preciso pensar."

Omar sabia que o tempo corre rápido quando é nosso inimigo. Batidas insistentes na porta seguidas de chamados o alertavam que os minutos transcorriam, literalmente, transpassados no fio da espada e na ponta das flechas. O rumor da luta se avizinhava da antiga residência do emir. Homens guerreavam e perdiam. O desespero e a desunião eram péssimas estratégias, maus condutores de ações humanas em qualquer empreitada. Aliás, a rigor não se poderia falar deles como estratégias, mas, sim, como ausência delas.

Falta de estrutura, de previdência e de providência para com a vida conduzem qualquer ser humano aos caminhos do desespero, que, regra geral, anda de mãos dadas com a desunião. A legião dos desesperados é composta por solitários que vivem em grandes populações, sem se enxergarem e se reconhecerem, cada qual mais envolto em si do que o outro; nenhum com disposição de despir-se um pouco em favor do outro, nem que seja de um sorriso, de um segundo de atenção. Assim, a corte dos desesperados cresce e caminha.

Omar tinha consciência desse proceder humano. Que esse tronco provém da raiz do egoísmo era fato notório para ele, daí a razão de usar sempre a fé e o nome de Alá – outra raiz primordial no pensamento e sentimento humanos – como forma de uni-los e dar-lhes motivação para lutar. Nunca foi causa de preocupação a crueldade que seus exércitos manifestavam, pois seu olhar apenas se mantinha fixo nesse alvo: combater as manifestações diretas do egoísmo no campo de batalha. Muitos líderes julgavam que elas eram o abandono de mortos e feridos; não enxergavam o real, aquilo que conduzia à vitória ou à derrota: o sentimento interior de cada um, cultivando o egoísmo; estavam sozinhos, desunidos. A frieza era apenas a fruta madura na extremidade do galho. Interessava-lhe cuidar a raiz que garantiria o fruto.

Naqueles preciosos segundos era o egoísmo e o desespero que imperavam entre as tropas africanas. Ele sabia. A luta era injusta e desigual.

Outras batidas na porta o enervaram.

– Infelizes! Incapazes! Por que não fazem alguma coisa ao invés de ficarem me importunando. Que saiam também à rua e morram!

Ao perceber-se desequilibrado pela ação dos emires e de alguma forma contaminado pelos sentimentos deles, a inteligência manifestou-se. Infelizmente, essa grande capacidade do ser humano, enquanto não integrada e harmonizada a uma consciência maior da vida e a sentimentos mais desenvolvidos, serve ao lado inferiorizado, respondendo pela barbárie da fria crueldade.

– É isso! Claro! Achei o caminho – bradou Omar e saiu da sala a passos determinados. Em curtas frases, expôs sua idéia aos demais. Dado o estado de urgência, não houve questionamento, apenas o acatamento do plano.

Evitando as zonas de maior confronto, Omar e alguns outros emires, acompanhados de soldados, ganharam o acesso à muralha da cidade. Correram ao portão principal, em frente ao qual estava estacionado o grupo liderado por Jamal Al Hussaim.

"Ele veio. Demorou, mas veio. Vejamos o que fará. Era visível a ambição pelo posto de Kaleb, até não o condeno, o homem era patético. Um bárbaro com armas na mão, mas fora isso... Não merecia ocupar o lugar que ocupava. O que me faz pensar que talvez os outros não sejam muito diferentes", pensou Jamal ao ver a imponente figura do xeique Omar recortada contra o amanhecer de Cádiz. "Parece destemido".

– Jamal Al Hussaim – chamou o xeique que ignorava ter seus mínimos gestos sob o olhar atento de Karim e dos homens infiltrados na guarda do portão principal. – Você propôs ao sultão Kaleb, cuja alma repousa nos braços do Misericordioso, há algumas semanas, um encontro diplomático. Agora sou eu quem lhe faço essa proposta. Venha, apenas com a sua guarda pessoal, ao nosso palácio. Enquanto conversamos, que cesse a batalha.

– Não – respondeu Jamal. – Dei a vocês todas as chances de se retirarem de Al Andaluz, sem derramamento de sangue, além daquele que vocês fizeram correr das veias de nosso povo. Agora é tarde. A única coisa que aceito, e mesmo lhe ofereço, são as condições para acatar a rendição e retirada de seus homens da cidade.

– Não seja intolerante, Jamal. Venha conversar conosco. Agora estamos deliberando em conselho. Você apenas ouviu a opinião do sultão...

– Era a mesma de vocês. Tenho certeza. Não perca tempo, xeique Omar, seus homens morrem. Sei que estamos vencendo a luta e veja – fez um gesto apontado os soldados prontos para a luta – basta um simples sinal e meus arqueiros atacarão. Sei que no Egito existem povos sob o comando dos senhores, e é em nome dessas pessoas e desse dever maior que eu os exorto a que deponham armas e partam de Cádiz. Eu não irei a nenhum encontro com vocês.

"Esperto. Força-me a agir agora, porém... Não adianta relutar", pensava Omar, encarando com raiva o calmo Jamal parado em frente ao portão principal. O xeique trocou um olhar com seus pares e sua mão escorregou até a faixa que trazia presa à cintura de onde pendia um afiado punhal de prata. Karim, atento, acompanhou cada movimento do xeique, numa sincronia perfeita e, quando ele ergueu a mão para atirar o punhal em Jamal, teve sua mão atravessada por uma flecha. A luta generalizou-se, caiu o portão principal. Jamal ingressou na cidade e horas depois contemplava a fuga dos xeiques africanos em direção a seus navios atracados no porto.

– Facilitem a fuga – foi a ordem de Jamal. – Deixem-nos ir. Não os queremos em nossa terra.

A cidade retornava ao domínio dos andaluzes; restabelecia-se a ordem e a paz, mas as marcas da luta e das mortes eram visíveis em cada metro de chão, em cada olhar humano ou animal, no fundo iluminado pelo temor.

Do alto da muralha Layla observava, serenamente, a partida dos invasores. Muitos guerreiros comemoravam eufóricos a vitória; outros traziam no rosto a expressão do mais puro cansaço, arrastavam-se como se cumprissem um dos castigos de Hércules; parecia que o mundo lhes pesava sobre as costas. Ela, no entanto, olhava a cidade e a marcha dos invasores em retirada. Nenhum dos dois era mais o mesmo. Nada voltaria a ser como havia sido no passado. "O tempo era implacável, modificava, transformava, construía e destruía. Possivelmente fosse uma das poucas forças da natureza que não conhecesse a inércia. O tempo deveria ser uma das coisas escondidas na caixa de Pandora que uma vez libertado ninguém jamais conseguiu recolher de volta. Talvez ele tenha sido o primeiro a fugir. Não, não, a criação do tempo é anterior ao mito de Pandora", pensava e constatava a jovem, em meio ao reboliço do final da batalha.

A seu lado Kiéram analisava-lhe as reações com interesse. Pela natural exuberância do caráter de Layla, não esperara como comemoração apenas aquela serena contemplação da vitória. Quando fora encontrá-lo no acampamento, seus olhos brilhavam, irradiavam alegria, eram olhos vitoriosos, brilhantes como estrelas. Teria ela se arrependido? Ou sofria pela derrota imposta aos invasores? Era um fato comum a empatia com o perdedor, pois desperta piedade. Mas ela não parecia sofrer. Estava, de fato, serena, calma, altiva, como uma nobre dama vistoriando os preparativos de uma festa bem organizada, onde não faltava sequer um mínimo detalhe.

– Bem, e então, era o que desejava?

– Era o que precisava ser feito – respondeu Layla, sucinta.

– Sim, eu sei. Mas foi você quem planejou cada etapa. Embora poucos saibam, isso não altera o fato de que para os que sabem, essa vitória lhe pertence. Como se sente?

– Em paz.

– Paz?

– Sim.

– Pensei que desejasse comemorar, que ficasse exultante, satisfeita.

– Eu também. E teria ficado em outros tempos. Eu olhava a marcha dos invasores e a cidade e pensava que nenhum dos dois era mais o mesmo. Eu também não sou mais a mesma jovem que foi criada com extremo afeto e tolerante proteção masculina. Eu fiz o que fiz, porque era necessário não só para mim, também para os outros. Alguém tinha que realizar esse trabalho. Quis Alá que fosse eu o instrumento de sua ação. Está feito.

– Mas...

– Sem mas, Kiéram. Descobri a tempo que o ódio não é bom hóspede. Não o quero morando em mim. Felizmente ele esvaiu-se com meu suor, transpirou de meu íntimo e se desfez. Vê aqueles homens em fuga, lá embaixo? Pois bem, eles o levam consigo. Convivi todos esses dias com eles. Foi tempo suficiente para reconhecê-los de uma formação moral inferior. Odiá-los seria como odiar um ataque de insetos, ou uma praga de qualquer outro tipo. Absoluta perda de tempo. Inútil. Um rebaixamento e acréscimo de tortura. Basta a ausência daqueles que amo para suportar. Basta-me a incerteza de meu próprio destino; não preciso acrescentar a ele o fardo pesado e incômodo do ódio.

– E a alegria de horas atrás?

– Era por mim mesma. Por ter sido capaz de realizar o que era necessário e o que me propus a fazer. Todos os dias eu me lembrava das pessoas que dependiam de minhas ações. Creia, o dever foi o meu lenitivo contra a loucura.

A nota de solidão na voz dela era quase palpável. Kiéram continha o anseio de abraçá-la, confortá-la, fazer-lhe promessas e juras de amor e felicidade. Ouvindo-a falar, tão serena, tão fria e racional, sentiu-se um jovem tolo apaixonado. Sabia que nada do que gostaria de dizer poderia se realizar facilmente, e a atitude dela era prudente.

Lutar contra os homens era mais rápido e menos doloroso do que lutar com as idéias dos homens, essas monstruosas carcereiras de almas. Homens são seres circunscritos, materiais; idéias são o oposto. Um inimigo material ferido está fora de batalha; uma idéia atacada leva muito tempo até ser de fato erradicada e sofrer transformação. É um monstro invasor que se reproduz. Quando o julgamos morto, eis que ressuscita: apenas dormia em cantos escuros de almas ainda ignorantes, e a batalha recomeça. Enfrentá-lo exige reconhecer que há vitória na derrota, que é preciso saber perder para ganhar.

As futuras gerações recolhem o fruto da luta do homem do presente com as idéias humanas vigentes, com sua cultura, e nem sempre sabem reconhecer que eles foram regados com sangue e lágrimas daqueles que ousaram ser livres e fazerem de suas vidas anônimas alavancas do progresso. A tarefa de viver e fazer o necessário no campo do avanço das idéias, muitas vezes é promover o escândalo.

Ninguém melhor do que Kiéram para saber que, como em todo ser humano, Layla também tinha seus momentos de fraqueza, suas carências, que ela escondia sob a máscara da ira. A mal falada e incompreendida agressividade era sua fonte de coragem para lutar e não se entregar à autopiedade ou à tristeza desmesurada, crendo-se vítima impotente de uma cultura por demais discriminatória da condição feminina. Fonte que muitos de nós, por abrigarmos equivocadas noções ensinadas pelas religiões sobre esse sentimento, sufocamos, desprezamos, sentimos culpa e adoecemos; mas que é parte de nossa natureza feita amorosa e sabiamente por Deus. Usar bem é sinônimo de conhecer e disciplinar.

Entendeu que ela, de fato, superara o ódio contra seus agressores e admirou-a, mas compreendeu que aquele era o momento de silenciar. Acompanhando o olhar da jovem perdido no infinito, a razão o advertiu para que se colocasse no lugar dela. Ele comemorava a vitória porque tinha um amanhã previsível, e a batalha fora apenas uma etapa, havia para o que voltar. Com Layla, o olhar cravado no infinito distante era significativo: seu amanhã era uma absoluta incerteza. A batalha fora tudo, não uma parte.

– Layla, escute-me, sei que seu irmão a ama e tem uma visão diferente sobre...

– Meu irmão tem uma cidade destroçada para reerguer, feridos a quem acudir, enfim, ele tem muito a fazer.

– Sim, mas...

– A verdade, Kiéram, é que vivi em uma redoma de cristal por muitos anos e uma pedra a quebrou. Não vivo mais sozinha, isolada e protegida. A ilusão se desfez. Conheço as leis, sei que Karim precisará dar o exemplo para conquistar a confiança e a lealdade desse povo ferido. Como disse, um ou dois contra o mundo... é um doce sonho, apenas isso. O plano de casar-me com meu querido primo naufragou; ele está morto. Pobre amigo! Jamais imaginei que ele me amasse até o sacrifício, mas amava. Por favor, não falemos do que se passou entre nós.

– Por quê? Eu a...

– Pare – pediu Layla, calma, e sua voz era um sussurro –, há palavras que não devem ser ditas. É melhor para nós que elas fiquem guardadas. Sabemos que especialmente para nós a lei é cruel.

– Os muçulmanos aceitam a conversão – lembrou Kiéram, baixinho.

Aquele era um assunto que não poderia ser ouvido.

– Sim, é verdade. Mas ela seria de coração, pelas razões que deve ser ou seria por mim? Eu não sou razão para que mude suas crenças, assim como você não é razão para que eu faça o mesmo. A hipocrisia é um terreno movediço demais para que sobre ele se construa algo. Não, não faça isso. Eu não aceitaria. Ao contrário do que pensa, esse proceder não iria nos unir, mas, sim, separar. Pense em sua família, na minha família. Além do mais, falta-nos, ou melhor, falta-me tempo. A conversão não se faz da noite para o dia.

– Mas você seria minha noiva.

Layla piscou várias vezes, elevou o olhar ao céu, para afastar teimosas lágrimas que enchiam-lhe os olhos.

– Por favor, Kiéram, não insista. Se pensa que eu não sofro, saiba que esse é o momento de mais intensa dor que experimento desde que essa loucura toda se abateu sobre a minha vida. Acho que faz parte da natureza feminina aliar a suprema dor e o supremo prazer no mesmo instante... fugaz instante. Não peça minhas lágrimas como prova. A vida deu-me o direito de nada provar. Um estranho direito, mas é meu. Ela o deu a vultos importantes. É uma honra, sabe? Sócrates, Jesus e, provavelmente, uma legião anônima de mulheres por toda a Terra hão de ter usufruído desse privilégio de nada provar a seu favor.

– Você está sendo dura. Muito dura.

– Como um diamante, eu espero. É assim que sobreviverei, caso contrário serei esmagada por mim mesma. Ilusão, piedade e sonhos de ventura fácil são vãos. Agarrar-me a eles seria dependurar-se em uma teia de aranha. Prefiro as cordas que ferem as mãos e fazem calos, são reais.

– Prometa-me, então, apenas uma coisa: que irá me procurar sempre que necessitar, não importa o que seja, nem quando. Esse é um pedido que lhe faço por toda vida que nos resta. Promete?

Um sorriso triste iluminou o belo rosto da altiva filha de Al Gassim. Um sim murmurado, mas pleno de carinho, soou como música aos ouvidos de Kiéram. Saber que ela aceitava sua ajuda era um lenitivo, com sabor amargo, mas ainda assim dava-lhe algum conforto.

– Outra coisa. Você, para todos os efeitos, é um guerreiro do meu exército. Assim deverá retornar comigo a Córdoba. Quero que permaneça como tal pelo tempo que desejar para decidir o rumo de sua vida. Vou hospedá-la em minha casa, ninguém ficará sabendo. Como guerreiro, também receberá a parte da recompensa que fez por merecer. Por favor, não decida nada às pressas. Não é bom.

– Eu s...

– Kiéram – chamou um soldado mercenário que se aproximava, interrompendo o diálogo –, o Califa mandou chamá-lo.

Layla virou o rosto, ajeitando a faixa de tecido, ocultando a face do olhar curioso do soldado. Boatos corriam entre a tropa dos mercenários de que o novo guerreiro era um renegado muçulmano que, por ter uma deformidade ou doença na boca, usava o turbante à moda dos beduínos. Mas admiravam-no pela coragem e ousadia de haver se infiltrado entre os africanos. O sumiço e o reaparecimento antes da batalha dizia a todos que fora o "homem" enviado.

O episódio da escrava do Califa vendida ao sultão não era sequer comentado. A mulher devia ter morrido nas mãos dos invasores e ponto final na sua história.

– Voltarei, aguarde – falou Kiéram dirigindo-se a Layla.

Um meneio afirmativo foi o que recebeu como resposta.

Encontrou Jamal e Karim reunidos, em íntima e alegre conversação.

– Vim participar da comemoração – anunciou Kiéram, após os cumprimentos de praxe.

– Merecida comemoração – retrucou Karim, indicando-lhe que se acomodasse junto a eles. – E minha irmã? Está com seu exército, não está? Infelizmente, nesse momento, não podemos, sob pena de estragar seu disfarce, trazê-la para participar conosco.

– O que é uma injustiça – lembrou Kiéram. – Sabemos que devemos à inteligência e à coragem de Layla essa vitória e a paz para os andaluzes, por mais algum tempo. Não acredito que os africanos desistam.

– A paz para os andaluzes é um bem raro – argumentou Jamal. – Mas, tem razão Kiéram, Layla merece ser compensada por seu sacrifício por nós. E será, não tenha dúvida. Acabo de ter meu pedido de casamento aceito por Karim Al Gassim. Ela será minha esposa, em poucos dias.

Kiéram sentiu como se levasse um soco na altura do estômago. Uma dor profunda nas entranhas o feriu ao ouvir a notícia. Empalideceu, sentiu que suava frio, e a voz emudeceu. Tinha que dizer qualquer palavra, mas nenhuma lhe vinha aos lábios. Um vazio total se abatera sobre sua mente.

– Está se sentindo mal, Kiéram? Foi ferido na luta? – indagou Karim, preocupado com o choque estampado no rosto do cristão.

Jamal não se surpreendeu. A reação violenta apenas vinha comprovar sua desconfiança de que o mercenário cristão nutria uma paixão secreta por Layla. Calmamente, ofereceu um copo com água a Karim a fim de que auxiliasse na recuperação de Kiéram.

Capítulo XXIII

A pior luta

O aroma perfumado dos óleos de massagem enchia o ar morno da casa de banho anexa ao palácio do Califa em Córdoba. Layla entregava-se aos cuidados da habilidosa Salma, a mulher designada para servi-la.

– É uma pena que tenha tantos hematomas pelo corpo – dizia a serva. – Teremos que vesti-la com uma túnica bem fechada e não poderemos usar tecidos transparentes. Deve ter sido um acidente horrível o que sofreu. Bendito seja o Clemente por preservar-lhe a vida. Caiu de uma escada, não foi? Era muito alta? Devia ser em pedra.

Salma estava curiosa com as feridas do corpo de sua nova senhora. Encantara-se com a beleza de Layla, com a maciez de sua pele e cabelos, com o corpo de formas definidas, com a expressão profunda e misteriosa de seus olhos negros. Mas chocara-se ao vê-la nua, a pele coberta de manchas arroxeadas, algumas esverdeadas, muitas escoriações, arranhões; nem mesmo o lindo rosto escapava. Olhando com atenção ainda eram perceptíveis algumas manchas. O Califa explicara-lhe que sua jovem noiva havia sofrido uma queda da escada na casa de familiares distantes, mas convivendo com os ferimentos de Layla e tratando deles, a criada tinha mais do que certeza que eles haviam se produzido em diferentes dias. Era o que revelavam as mudanças de cor das manchas.

– De que é mesmo o óleo que está usando, Salma?

– Amêndoas, senhora. O mesmo que usei ontem. É muito bom...

– Sim, claro. Gostei muito. Deixou minha pele aveludada. Você tem mãos de fada, Salma. Minha antiga criada era judia, já lhe falei dela?

– Muito pouco, senhora. Disse-me apenas o nome, que era uma mulher muito experiente na vida, que foi a parteira que ajudou a senhora sua mãe a trazê-la e a seu irmão à luz.

– Leah era uma grande amiga. Como eu espero que venhamos a nos tornar com o tempo. Sinto falta dela. Era uma mulher muito forte, tinha vários conhecimentos. Todas nós, em casa, gostávamos dela.

– Viver em Córdoba será um pouco diferente, senhora – alertou Salma. – Observei, quando servi à senhora Farah e à senhora Adara, que não havia entre elas disputas; surpreendi-me com o quanto são unidas e amigas. Acredito que sua família deva ter sido, digo, ser muito especial.

– Especial? – repetiu Layla atenta e pensativa, pois não passara despercebida a sutil sugestão de cuidado na fala de Salma. – Sim, éramos todos especiais uns para os outros. Muito especiais, talvez seja isso que muitos chamam de amor.

– Em Córdoba não é assim. Talvez porque a cidade seja maior e, naturalmente, exista maior diversidade e competitividade. Há um isolamento entre as pessoas; estão juntas, mas não próximas; muito menos compartilham a vida. A senhora me entende?

– Creio que sim. Mas... é a cidade ou são os habitantes do palácio do Califa, mais precisamente suas esposas, que agem de tal maneira.

– A senhora entendeu perfeitamente. Sim, é isso mesmo. E também alguns outros que ficam à volta. O pior, deste estamos livres, era o cunhado. Uma peste traiçoeira.

– Por que está me dizendo todas essas coisas, Salma?

– Gostei da senhora. Gostei de sua família. Alguém precisava alertá-la. Só por essa razão. A vida nesse palácio pode ser maravilhosa ou infernal dependendo de onde, como e quando põe seus pés em algum lugar e que lugar é esse. Nosso Califa, o clemente o abençoe, é um homem muito bom, muito justo, mas, entenda bem, é um homem.

– Quer dizer que não devo esperar santidade do meu marido, nem acolhida amigável de suas esposas. Bons augúrios. A compensação é o luxo, o conforto, a condição social de esposa do homem mais importante de Al Andaluz – resumiu Layla com ironia.

– É. Minha mãe não tinha lá muitos conhecimentos, como era o caso de sua amiga Leah, mas viveu muitos anos e ganhou sabedoria. Ela dizia: Quem não recebe bem a visita da decepção, nunca entenderá devidamente a felicidade, a vida e o equilíbrio.

– Somente sofre decepção aquele que nunca contempla a realidade crua e dura da natureza humana e da natureza em si. Quem vive num mundo de imaginação, enxergando miragens de oásis e perfeições morais revestidas de corpo físico nos seres humanos, esse não se decepciona, mas também não cresce. Seu mundo é o da ilusão. Não enxerga que o pântano pode ser bonito; que há inteligência e justificativa nas ações mais duras do mundo animal. Não consigo entender por que o ser humano é cruel. É esse sentimento que faz sofrer desnecessariamente, e o usamos de formas tão variadas!

– Nunca lhe ocorreu que os iludidos, como disse, por não entenderem e enfrentarem as desilusões e decepções naturais da vida, por terem essa visão tão longe do possível, quando confrontados com ela passam dos limites, desgovernam seus sentimentos, exageram e têm atitudes cruéis, até violentamente cruéis?

Agradavelmente surpreendida com a sagacidade da criada, Layla a encarou com um brilho de satisfação no olhar e afirmou:

– Já somos amigas.

– É uma honra, senhora. Mas permita dizer que simpatizamos uma com a outra. Amizade é um sentimento puro e profundo que, como tudo nas nossas vidas, não nasce pronto e criado, ao contrário, nasce frágil e dependente, precisando de muitos cuidados, à semelhança de um bebê.

– Ver e viver o reino do possível e do natural. Gostei de você, Salma. Uma boa surpresa. E como tocamos no assunto dos habitantes do palácio, o que você pode informar da irmã do Califa? Vive na residência do outro lado da praça, não é?

– É, sim. A princesa Amirah é um encanto. Sensível, inteligente, bondosa... é uma lástima que enfrente doença tão terrível.

– Doença? Não sabia. Conte-me o que sabe sobre ela.

Salma, massageando-lhe as omoplatas e os ombros, pensou por alguns instantes e depois narrou o que sabia sobre a irmã do Califa.

– Por isso não a vejo no Palácio. Pobre criatura! Que vida triste! – lamentou Layla, penalizada.

– É verdade. Sofre desde menina, é um milagre que ainda viva. O Califa a adora, são muito unidos; ele padece muito quando ela tem crises. Passa dias e noites sem dormir. Não fossem tantos cuidados com ela, já teria morrido, com certeza.

– Obrigada por contar-me também esse fato. Seria muito mais difícil se eu não soubesse de nada.

– É preciso conhecer para saber julgar com justiça, senhora. Informei-a, com essa intenção. Esse palácio não é a porta do paraíso, e nada pode contra o impossível; mesmo aqui ele põe suas garras de fora.

– Ninguém pode – acentuou Layla, séria, pensativa. Depois de alguns instantes, questionou diretamente:

– O que mais devo saber, Salma?

– Senhora! Quem sou eu... – protestou a serva.

– A vida fez de mim uma mulher muita clara e direta, Salma – anunciou

Layla. – Viveremos juntas não sei por quanto tempo, mas supõe-se que seja bastante. Disse que gostei de você e é verdade. Você alertou-me para diversas circunstâncias que vou enfrentar em breve, como a quarta esposa do Califa. Sinto que existe algo mais que deseja me revelar, mas você faz rodeios. O que é?

– Não sei se devo... não sei se será benéfico à senhora. Talvez seja melhor...

– Diga e deixe que eu julgue – ordenou Layla.

– Está bem. É assunto íntimo. Fico constrangida. Não sei de seus sentimentos...

– Por quem ou pelo quê?

– Pelo Califa e pelo casamento – respondeu Salma, apressada. Com medo da determinação que sentia na jovem sob seus cuidados, observou todos os músculos dela se retesarem sob suas mãos, num indício claro de fortes sentimentos.

– Não é segredo. Admiro o Califa, mas como toda mulher, ou ao menos a maioria, caso-me para cumprir uma decisão alheia. Respondi a sua pergunta?

– Sim. Eu temia que houvesse uma paixão de sua parte. Afinal, esse casamento foi tão repentino, inesperado. É uma grande novidade aqui, não se falava de uma nova esposa para o Califa e, ainda mais, tão diferente das outras.

– Eu imagino o quanto e o que não comentam em toda cidade!

– Crêem que, enfim, nosso Califa tenha encontrado o amor. As outras uniões foram políticas, com filhas de homens importantes... Ah! Desculpe, não quis...

– Compreendo. Fique calma, você não diz mais que a verdade. Meu pai não era um homem que se envolvia em questões políticas, e estamos longe de ser uma família influente. Bem, mas... prosseguindo com o que contava...

– Bem, senhora, é que criados não são cegos, nem são feitos de matéria diferente da dos senhores. Entendemos e enxergamos as coisas humanas que se dão, entende?

– É lógico, mas fale logo. Não precisa de rodeios.

– Bem... é que... o Califa tinha uma predileção especial pela criada cristã da princesa Amirah. É isso.

Um suspiro brotou do peito de Layla. Imaginara problema maior. Para surpresa de Salma, riu da notícia.

– E por que não a tomou como escrava? Poderia. Seria até um fato estranho, pois ela, não tenho dúvidas, exerce influência sobre Jamal.

– Não se sabe a razão, mas ela negou-se e não foi obrigada. O Califa é um homem bondoso. Ela casou-se com um homem da sua fé, mas é uma união estranha, parecem mais amigos do que casados. Ela vive, dia e noite, ao lado da princesa; mora no palácio, não em sua casa. É recebida aqui à hora e momento que desejar, por cuidar da princesa, é claro.

– Qual é o nome dela?

– Ximena.

– Não esquecerei.

– Por favor, senhora, veja bem, tudo que contei agora é passado. O Califa não a tomaria por esposa sem que o fizesse por razões do coração. Ele não se obrigaria, apenas por causa das atitudes do finado cunhado.

– Eu sei, Salma. Prefiro não falar sobre isso. Chega de massagem por hoje. Nada aliviará o que preciso enfrentar. Agradeço-lhe, mas basta. Traga meus trajes. Prepare a noiva. A festa não deve demorar a iniciar. Conhecerei as pessoas de quem falamos, todas de uma só vez.

Salma estendeu à jovem um roupão de seda e delicadas sandálias de couro.

– Admiro sua coragem. Desejo que seja feliz – murmurou a criada, retirando-se apressada em direção aos cômodos conjugados que foram destinados ao uso e residência da quarta esposa.

– Existe coragem em aceitar os limites do possível? Em cumprir aquilo para o que se nasceu? – questionou Layla, baixinho para si mesma, fitando o horizonte tingido com as cores do entardecer, visível pela parede vazada do salão de banho.

..*

Numa taberna, nos arredores da cidade, Ramiro acompanhava, consternado, o estado alterado de seu comandante. Desconhecia a razão, mas suspeitava que fosse por causa de alguma mulher. Kiéram Simsons não era homem de entregar-se à bebida; era moderado, comedido. Mas, naquela tarde, perdia a medida.

– Por favor, Kiéram, já chega. Amanhã você irá se arrepender desse ato. Acredite, uma bebedeira de vinho, é horrível – pediu Ramiro, pela décima vez. – Olha, por que não me fala a causa dessa tristeza, dessa mágoa?

Kiéram, com os olhos avermelhados, empunhando uma caneca de vinho, encarou-o, com inacreditável lucidez ao responder.

– A causa... a causa, meu amigo... como posso dizer... – e fitou o teto rústico da taberna que o dono iluminava com velas e archotes. – Você já desejou a lua?

– Mas que idéia?! Você bebeu bem mais do que eu vi.

– Diga-me, você já desejou a lua?

– É linda, todo mundo sabe. Mas a lua é impossível, é inatingível. Está no céu, Kiéram, e nós na terra. É querer o impossível.

– Pois é isso que quero: o impossível – declarou Kiéram voltando a encarar o amigo.

– Homem, isso não é racional. Não é do seu feitio. Está dizendo bobagens, parece enfeitiçado, além de bêbado.

– É.

– Vamos subir e nos deitar, basta de vinho. Já tomou um barril dos grandes, chega.

– Não exagere, Ramiro – e ignorando as advertências e pedidos do amigo, fez sinal ao jovem que atendia o balcão pedindo outra jarra de vinho.

– Ah, não! Amanhã sua cabeça pesará como ferro, vai doer mais que uma lança atravessada na perna e você vomitará as tripas e verá as coisas girando de pernas para o alto. E depois...

– Tudo isso é pouco. Já vejo o mundo de pernas para cima e girando ao contrário, se quer saber. Que me importa que doa a cabeça? Desde que adormeça a dor maior, o resto... é nada.

– Ih! Então é coisa séria. É mulher, não é?

– Não sei, tenho dúvidas de que ela seja humana.

– Ah, não! Não se apaixonou por uma bruxa, por alguma alma penada...

– Eu bebo e você diz bobagem – debochou Kiéram dos medos supersticiosos de Ramiro. – Por que não poderia ser uma fada, uma deusa, um anjo?

– É blasfêmia, Kiéram. Você bebeu demais, não sabe o que está dizendo. Vamos subir, deitar. Olha, você leva essa jarra e termina de beber lá em cima. Eu tenho certeza de que daqui a pouco você vai dormir, desmaiar, qualquer coisa assim, e você é grande e muito pesado, para que eu o arraste escada acima. Vamos agora – e Ramiro levantou-se encarando Kiéram com autoridade.

– Você já deve estar vendo dois ou três de mim – completou Ramiro, constatando que Kiéram não conseguia manter os olhos fixos em sua pessoa.

Com esforço colocou Kiéram de pé. Sentindo o peso, praticamente inerte do corpo, chamou:

– Taberneiro, ajude-me.

O homem forte e calvo, aparentando meia idade, sorriu da dificuldade de Ramiro e aproximou-se, amparando o outro lado, e mantendo Kiéram de pé.

– Ele abusou – declarou o homem. – Que houve com você, homem? Precisava esquecer a vida?

– É, é... Deus! Sentado estava melhor.

– Vamos levá-lo para cima – decidiu Ramiro – antes que tenhamos que pedir mais ajudantes. Por enquanto ele ainda troca os pés.

– Eu sei que... es... tou sendo co... covar... de ho... je – resmungou Kiéram ao ser colocado no leito, segundos antes de perder a consciência, como uma vela apagada pelo vento.

– Paixão por mulher? – indagou o taberneiro acenando na direção da cama.

– Acho que sim. Ele não falou muito. Disse que queria algo impossível – explicou Ramiro.

– Deve ser. E, como nunca o vi nesse estado antes, deve ser uma paixão daquelas roxas. Mas passa, tudo passa. Daqui algum tempo arranjará outra.

– É.

– Que será que houve com ela? Não sabe nem quem é?

Ao ver o meneio negativo de Ramiro, completou: – Vai ver... morreu, por isso ele diz que quer o impossível.

Ramiro que guardava, no íntimo, uma suspeita da verdade, anuiu dubiamente.

– Há muitas formas de morrer, não é mesmo?

Foi a vez do taberneiro concordar e apontar para o corredor, sugerindo que deixassem Kiéram sozinho. Ramiro lançou um último olhar de pesar ao amigo que dormia sob efeito do álcool ingerido em excesso e saiu do aposento.

* * *

Karim, ao assinar o contrato de casamento de Layla, tinha uma sensação de irrealidade. Parecia que tudo estava errado e que também estava certo. Não era para ser assim – insistia em lembrar-lhe uma voz no fundo de si mesmo. E outra respondia: – É o único jeito agora.

Feita a assinatura, ergueu a cabeça e contemplou seu cunhado, o Califa de Córdoba. Nos grandes olhos do jovem, espelhava-se sua alma; transpareciam dúvidas, incertezas, desejos diferentes, lamentos, esperanças.

– Layla é uma jóia preciosa, Jamal. Cuide muito bem dela. Eu não suportarei saber que ela venha a ser infeliz nessa união.

– O que estiver ao meu alcance fazer pela felicidade de minha esposa, será feito – prometeu Jamal, estendendo a mão a Karim para o gesto que daria por encerrada a parte oficial do contrato nupcial.

Os movimentos de Karim também seguiam o ritmo de seu impasse interior. Devagar ele tocou a mão de Jamal, porém, não correspondeu ao sorriso.

Os homens que testemunhavam o contrato aplaudiram e parabenizaram o Califa e Karim e, na pressa para usufruir do banquete, empurraram os dois para fora da sala reservada onde se passara a formalidade.

No grande salão de festas do palácio, a música, os aromas e a alegria das danças e trajes dos convivas não deixavam dúvida de que, apesar de apressado, o casamento era comemorado com primor.

Zahara, ostentando o protuberante ventre próximo dos oito meses de gestação, estava sentada entre as outras esposas do Califa. Seu olhar, entretanto, a distinguia e ofuscava qualquer outra percepção. Era duro, irado, ciumento, magoado. Refletia todo o desprezo de que julgava estar sendo vítima. Aidah e Kamilah trocavam olhares compreensivos. Já haviam cruzado aquele portal de iniciação na vida de uma mulher muçulmana. Aliás, havia uma diferença – Zahara era apaixonada pelo Califa; elas não. Tinham desenvolvido um vínculo de forte amizade e afeição, mas não guardavam paixão. Foram educadas dentro da cultura de seu povo e a aceitavam como "normal e certa", sem questionamentos.

A terceira ousara questionar, desejava sentir, sonhar e viver um relacionamento de paixão. Encantara-se com o Califa e, de sua parte, ao menos, o casamento ultrapassara as barreiras da conveniência política e social. Envolvera-se e acreditara ser a última esposa do Califa. Por algum tempo, seduzido pela paixão e enlevo da jovem, ele a preferira às demais, embora cumprisse os deveres assumidos com cada uma. Mas nenhuma de suas esposas tocava-lhe com profundidade os sentimentos.

Em todas parecia encontrar apenas a sombra de si mesmo, o eco das próprias palavras, a repetição de seus pensamentos. Não havia, em seus relacionamentos, desafio, troca, construção conjunta, nem mesmo o tempero da divergência. Eram monótonos, vazios, em razão da submissão delas ao poder masculino. O anseio de agradar era tanto que o fazia sentir-se enjoado, como alguém alimentado por semanas apenas com mel e doces.

Layla era uma rajada de ar frio, o sabor do sal e da pimenta, de um alimento nutritivo e não enjoativo. Mas os sentimentos do Califa, também em relação a ela, eram confusos – admiração, respeito, satisfação do ego pela beleza e inteligência. Despertava seu desejo, mas por quanto tempo? Quando suas noites voltariam a ser assombradas com visões de uma mulher proibida? E a conhecida e velha solidão interior se abateria sobre ele uma vez mais.

Ela entrava no salão majestosa, altiva, distante como uma soberana. Suas atitudes pareciam dizer que não tinha nada a provar a ninguém e que era uma concessão sua a concordância com a união. Ela não estava sendo casada pela família; ela aceitara, e isso estava claro em cada passo que dava ao encontro do Califa, agora seu marido.

– Agora entendo esse casamento às pressas – murmurou um convidado em uma das fileiras que se abria para dar passagem ao cortejo da noiva. – É fascinante! Não é só bonita... há qualquer coisa de perigoso no olhar dessa mulher.

– Já ouvira falar da beleza da jovem, mas é soberba! – endossou um dos homens próximos que ouvira o comentário.

– Jamal pode casar-se com a mulher que desejar, segundo nossas leis – comentou um velho, e, piscando o olho malicioso para os demais, indagou: – Quem não desejaria essa jovem? Nem as virgens do paraíso a ofuscam.

– Jamal não é bobo, por que esperar as virgens do paraíso se pode ter esta aqui na terra, daqui a pouco? Se eu fosse ele, faria o mesmo.

– Algo me diz que essa mulher é perigosa – insistiu o primeiro convidado que se manifestara, agora observando Layla estender a mão para o marido. – É fria, mas tem qualquer coisa que arde nela.

– Você está querendo fazer profecias sobre a noiva do Califa – advertiu o velho. – Perde seu tempo. Nenhum de nós poderá mais do que olhar e cobiçar, em segredo, a nova esposa do Califa.

– Espere e verá – teimou o convidado encantado com a noiva. – Córdoba é grande, mas, graças a Alá, há poucos mudos. Os pés carregam as línguas. Creia, ouviremos falar dessa mulher.

– És louco! Quem se atreveria? É a esposa do Califa – grunhiu o velho.

– A soberana de Córdoba, provavelmente – retrucou o convidado, sem se dar por achado na discussão. – Ela tem poder e sabe disso, qualquer mulher com essa consciência é perigosa e fascinante. Se unir a isso a beleza física e a inteligência... bom, então, é uma rainha da vida. Reina sobre a vida e a morte.

– Você parece falar dos antigos cultos das deusas das tribos do deserto – comentou o homem que assistia calado à discussão.

– Ela encarna perfeitamente o conceito, não concorda?

Silencioso, o homem contemplou Layla sentar-se, serena, olhar firme, ao lado do Califa e concordou com o insistente e encantado convidado. A mulher que adentrava a corte de Córdoba, em tão alta posição, não viera até ali para ser a sombra de quem quer que fosse. Ela tinha luz própria e não escondia o brilho, embora não se pudesse falar que desfilasse alegria, contentamento ou felicidade. Ao contrário, estampava tamanha aceitação e conformidade com a cultura e as leis vigentes que ficava claro que concedia a sua presença, mas não a participação interior. Era uma noiva que desfilava coragem, tão somente, palavra que nenhum deles ousou atribuir a uma mulher.

Zahara, desconfortável e despeitada, evitava olhar a jovem, pois odiava o que se passava.

Adara e Farah, conhecedoras da personalidade de Layla, não se iludiam; limitavam-se a sorrir e conversar educadamente com os convivas, sem nada revelar. Mas Adara corria o olhar entre as esposas de Jamal e o que se dava com Zahara foi claro como o dia à sua percepção apurada.

"Problemas no caminho de nossa menina", pensou ela. "Não posso partir sem conversar com Layla."

A oportunidade concretizou-se três dias após as núpcias. Conversavam amenidades, à sombra de um fresco jardim interno do palácio. Um recanto aprazível com o som dos pássaros e sua alegre agitação, acompanhados pelo doce ruído de uma fonte que alimentava um espelho d'água repleto de plantas aquáticas.

– Córdoba é uma bela cidade. Não a imaginava tão grande, nem tão cheia de atrativos – comentou Adara, segurando a mão de Layla e observando seu rosto sério, calmo. O olhar, desde que chegara à cidade, era aquele abismo negro indevassável e fascinante.

– Que bom que gostou! Posso ter a esperança de recebê-la várias vezes. Isso me alegra.

– Virei sempre que possível, Layla. Ou sempre que você precisar. Sabe que basta me chamar, não é?

– Sei e agradeço. Mas, sendo assim, talvez fosse melhor você não partir – sugeriu Layla, apertando a mão da amiga. – Se basta pedir, considere esse o primeiro. Fique. Mamãe pode acompanhar Karim e tratar de tudo em Cádiz.

Adara abriu a boca surpresa com o pedido, para tornar a fechá-la.

– Por quê? Você está casada há tão poucos dias.

– Por isso mesmo.

– E Farah? Não seria mais apropriado que ela ficasse? Será que não ficará magoada?

– Agora não preciso de minha mãe. Respeito-a muito e a amo, mas nesse momento ela não é a mãe adequada para estar comigo. Prefiro minha segunda mãe.

Adara sorriu enternecida com o carinho da jovem. Acariciando suas mãos, insistiu em tom suave:

– Por que, minha menina? O que houve que eu não sei, conte-me.

– São muitas coisas, mãezinha. Muitas, talvez demais até para seus fortes ouvidos. Não sei se é a hora de contar algum deles e se é necessário. Prefiro omitir fatos. Deixe-me falar do que eu sinto. Resume-se em uma palavra: solidão.

Novamente Adara abriu a boca surpreendida com a confissão. Repetiu o gesto por mais de uma vez. As palavras pareciam não sair, recusavam-se a se propagar no ar.

– Mas... mas... você casou... ontem. Concordou, aceitou, tudo. Não disse uma única palavra contra a idéia, nem questionou. Eu pensei: bem, o Califa é um jovem atraente, inteligente, poderoso, pensei... pensei que pudesse haver uma chance de você... gostar dele, por isso casava-se. Mas, não é assim, ou é, filha? E você está com medo da animosidade das outras esposas. Esse é um fato muito comum em nossa sociedade, sabe disso. Não se deixe abater. Com o tempo e a maturidade, essas picuinhas se resolvem e aprendemos a amar sem selos de propriedade. A vida é tão fugaz para que nos detenhamos em atitudes pequenas, possessivas. Seja feliz, faça seu marido feliz quando ele estiver com você; deixe-o livre e ele sempre voltará.

Layla sorriu triste, deixando que seu rosto estampasse pela primeira vez a dor que suportava em seu coração.

– Lamento, mãezinha. Sei o quanto sonhou que eu teria uma vida como a sua junto ao meu pai, mas não é verdade. É muito diferente. Jamal é um homem interessante, concordo com sua visão, e digo mais: ele é muito sensível, sua companhia é agradável, no entanto não o amo. Digamos que temos uma relação conveniente. E, sim, a sua outra questão: a animosidade das outras esposas é palpável, quase uma entidade corporificada, eu diria. Não me iludo com a aparência de normalidade. Sei que devo observá-las com atenção. Não tenho medo, mas gostaria de contar com a sua presença. Por favor, fique. Eu arranjarei uma desculpa para mamãe. Ela sabe o quanto gosto de você, e, afinal, vocês compartilharam um marido e, de certa forma, eu e Karim também. Ela entenderá.

Adara estendeu o braço sobre os ombros da jovem e apertou-a, delicadamente, com ternura. Beijou-lhe a testa e respondeu:

– Não precisa contar-me nada. Eu creio que posso imaginar um pouco do que você viveu e, de fato, basta. Você cresceu, amadureceu rápido demais. Sempre foi muito inteligente e ousada, mas agora eu a sinto como uma mulher experiente, muito experiente. Posso dizer que você vivenciou experiências práticas que colocaram em xeque o que pensava sobre a vida?

– Pode, mãezinha – respondeu Layla, recostando a cabeça no peito de Adara, numa demonstração clara de carência afetiva. Lágrimas inundaram os olhos de Adara ao perceber a fragilidade da jovem que um dia fora uma menina alegre e feliz a qual ensinara a dançar e encantar as pessoas com sua leveza e graça. Respirou fundo, para conter a emoção e acariciou os longos cabelos da moça.

– A vida é dura, mas é linda. Não deixe nunca de perceber a beleza de cada dia, minha filha. Pode ser estranho dizer, mas é real. Mesmo a dor mais profunda pode ser um momento de rara beleza em nossas vidas, se tivermos a consciência de que fizemos o melhor ao nosso alcance e que diante de Alá estamos em paz. O resto é o resto, simplesmente. Coma o melhor da vida e não se preocupe com as sobras. A essência de cada um, de cada ato, de cada sentimento, de cada coisa que vive, é o que importa. O resto é o resto. Dê a sua essência a quem a merecer e aos outros deixe o resto. A vida da mulher, em nosso meio, e também nos outros povos, não creia que seja muito diferente. Alteraram alguns costumes conforme a necessidade de cada época, mas, em essência, filha, somos todas iguais, não importa a raça, a crença, a cor, a posição social. O Criador, o Misericordioso, nos fez assim. Eu sempre lhe disse, Layla, e espero que não tenha esquecido: temos um grande poder. Não é à toa, nem é por nada, que a Terra e a Lua se assemelham à natureza feminina. A vida pulsa diferente aos olhos da mulher. Nós a sentimos, é por nossos corpos que ela passa. Enxergamos o que os homens não vêem, e muitos sábios dizem grandes besteiras quando se referem a nós.

– Eu sei. Como você disse: eu vivenciei minhas idéias. Foi duro, mas fiz o necessário, acredite. Se alguém soubesse tudo que vivi, eu não viveria mais, entende?

Um profundo suspiro de resignação e embalar a jovem que abraçava foi a resposta de Adara. Era como se desejasse acolher no próprio corpo a dor que vislumbrava na alma de Layla e que seu afeto ansiava por acalentar.

– Hoje eu sei como se sente um copo, uma barril, uma jarra. Eu me coloquei nessa situação e não estou reclamando, apenas desabafando o que sinto e o que aprendi.

– Eu sei, querida. Eu sei. Você agora é uma mulher adulta. Algo me diz que você comeu o resto da vida. É ruim, mas como disse, é necessário que alguém o faça. Entendo o que diz quanto a saber o que sente um copo. É uma experiência que muitas vivenciam, mas lembre-se e não se esqueça jamais: você não é um copo. Você é uma mulher, um ser humano, digno, criado pelo Eterno e com quem ele compartilha as grandes leis da vida. Infeliz é aquele que a tomou como um copo. É um cego, um resto, jamais merecerá tocar a sua essência. Não se veja pelos olhos de tal homem. Nunca.

– Mas é ruim, muito ruim – murmurou Layla. – Quantas mulheres, e talvez eu venha a ser mais uma, atravessam a vida inteira sob tal olhar? Um mero receptáculo, um objeto de uso qualquer, um bem para deleite ou simples satisfação de necessidades. É cruel!

– É, concordo. Mas muitas dessas mulheres acabam por se ver pelos olhos masculinos; perdem sua própria percepção feminina. Acreditam-se copos e vivem até satisfeitas. São medíocres, anulam o que tem de mais belo na obra da criação – a capacidade de pensar e sentir individualmente. São copos mesmo, existem aos milhares de dúzias, quase iguais, e qualquer uma faz o mesmo trabalho e serve ao mesmo fim, nunca se sobressaem. São o que pensam e como se vêem. Talvez não entendam a essência da vida, nem de si mesmas. Copos não raciocinam, afinal de contas.

– Adara! – protestou Layla. – Que horror o que disse.

– A vida lhe mostrará se estou certa ou errada. O fato de nossa cultura exigir total submissão da mulher e encher-nos de regras, fazendo-nos carregar sobre as costas toda a moral e honra de uma sociedade, não é menos horrível. Horrível é ver que muitas não se dão conta do fato e que mais seguem as leis da sociedade do que são submissas ao Altíssimo. As leis maiores da vida elas trapaceiam.

– Trapaceiam Alá?

– Sim, querida. Abortam, fazem jogos emocionais mesquinhos, intrigas, aparentam o que não são, preocupam-se mais com o material, mortal, transitório, do que com a vida que é imortal. Você falou em sentir-se como um copo, mas pode também sentir-se como a Terra que recebe e alimenta nas próprias entranhas a semente da existência, da vida, que dá da sua essência para que outro ser venha à luz. Nós somos as entranhas da Terra, querida; o solo em que o Altíssimo cultiva sua mais bela lavoura – a espécie humana. E não pense que isso é apenas o ato de gerar um filho. Não, a mulher cultiva a lavoura da consciência – esse é, a meu ver, o grande diferencial de nossa espécie. As vacas também parem seus filhos e também são receptáculos; nós não somos vacas. Porque cultivamos na consciência, temos um poder grande, imenso. Nossas mãos, palavras e gestos podem erguer um outro ser ou afundá-lo no mais negro abismo, seja ele uma criança indefesa ou o mais importante dos homens. No íntimo de cada um – homem ou mulher – existe uma representação feminina, materna – e mexer com esse ser invisível é uma capacidade da mulher e, por esse caminho, ela comanda e nunca é comandada. Tal qual a Terra, o homem jura que faz dela o que deseja, mas, no fundo, não é bem assim: há vida própria.

– A Terra recebe e germina qualquer semente que se lance no solo. Você acha que nós também devamos proceder dessa forma? Que não devemos negar a germinação?

Outro suspiro profundo irrompeu do peito de Adara. "Que conversa difícil", pensava ela e indagava-se: "Que terá vivido essa menina?"

– Quando arrancamos uma planta deixamos uma ferida na terra revolvida. Um buraco, um espaço vago. Somente o tempo o apagará, mas na consciência, sempre que passarmos em frente ao tal canteiro, lembraremos da planta arrancada. Quem sabe um dia, no futuro, as mulheres possam de fato escolher ser mães, dar a vida, ser Terra germinada física ou espiritualmente, e não venham mais a ser uma imposição da natureza, um acontecer ser mãe. No futuro, quem sabe, quando as mulheres tiverem de si mesmas um olhar feminino e maior domínio da natureza!

– Você ficará? Ainda não respondeu – indagou Layla, erguendo-se do colo de Adara e a encarando.

– É claro. Ficarei por quanto tempo julgar que precisa de mim.

– Obrigada! – agradeceu Layla, sorrindo e abraçando Adara.

À pequena distância, Nagib e Safia as observavam.

– A pior luta se aproxima – falou Nagib, fitando no espelho d´água o reflexo das plantas e da copa da árvore.

– Uma grande batalha, sem dúvida. Mas, bem sabemos que o crescimento não se faz de graça ou sem se vencer grandes obstáculos – comentou Safia, calmamente, fitando a jovem protegida.

– Que lhe parece: podemos esperar uma vitória?

– Assim desejo. Ela está em dúvida, e isso é compreensível. Vamos deixá-la com suas forças e analisar. Ela tem condições de raciocinar sozinha e chegar a suas próprias conclusões. Além do mais, uma das fortes características de Layla é o conhecimento e domínio que tem sobre suas emoções. Na luta que se aproxima o uso dessas forças é fundamental. Ela precisa estar segura dos próprios sentimentos, embora a dúvida que permeará essa decisão é, inegavelmente, importante. Veremos se o entendimento e o perdão são sólidos ou não.

– Ela está fragilizada – asseverou Nagib.

– Eu sei.

– Não seria prudente um contato maior, talvez um diálogo...

– Somente se for necessário. A fragilidade de agora é a vontade férrea de amanhã, meu amigo. Você nunca observou como os ferreiros moldam as espadas de aço?

– Já vi, sim. Amolecer, fragilizar sob fogo intenso a lâmina bruta; depois, ainda frágil, moldá-la, martelá-la sem piedade, imprimindo os contornos definitivos; por fim um mergulho em água fria e não há metal mais resistente – narrou ele. – Entendo seu plano. É duro, mas eficiente.

– Fico feliz. E não diria eficiente, mas, sim, coerente. Minha função não é evitar a dor, o sofrimento; eles são mestres necessários. Seria como impedir o professor de ensinar a criança alegando ter piedade das horas que ela fica privada de brincar e sujeita à autoridade e à exigência. Não, Nagib, tal proceder seria exemplo de maldade e vista curta. Apenas a pequenez de algumas mentes humanas enxerga nossa função ao lado dos irmãos na matéria desse jeito. Proteção excessiva é asfixia, morte de valores, desenvolvimento de vícios na alma alheia. É preciso não confundir fragilidade com fraqueza. O estado do que é frágil é delicado, sensível, requer tato, cuidado no manuseio; a fraqueza é a falta de força, a debilidade. Coisas muito diferentes. Se eu impedisse o estado de fragilidade que Layla vivencia, eu a estaria colocando no caminho de fazer dela uma fraca. Meu propósito não é este; é o oposto: quero que ela desenvolva as próprias forças; sei que pode e sei que ela as possui, como qualquer ser humano. Observe a lição dos pássaros com seus filhotes; eles são zelosos. Enquanto os filhotes são pequenos, os pais procuram o alimento e o ruminam para dar-lhes no bico; conforme eles crescem, a conduta muda para auxiliar a natureza. Eles sabem que os filhotes precisam usar o próprio bico para que este se enrijeça e lhes sirva por toda vida. E quando os vêem prontos para voar, lançam-nos dos ninhos propiciando o nascimento da necessidade de abrir e bater as asas. É lógico que são desengonçados, mas, sem passar por esse estágio de sofrimento, não serão capazes de viver, não terão aprendido a usar as próprias capacidades de que os dotou a natureza. Zelo não se confunde com proteção excessiva, porque permite a experimentação da própria fragilidade.

– Mesmo assim, não será uma decisão fácil.

– Ninguém jamais ousou dizer que viver e bem aproveitar as experiências seja algo fácil. Exige esforço, superação, ampliação dos próprios limites. Somente aqueles que vivem voltados à satisfação da vida animal instintiva é que, talvez, proclamem tal sandice. Layla venceu essa fase há muito tempo. É um espírito bastante lúcido e consciente. Confio que podemos deixá-la agir por conta própria. Ela está pensando, procurando caminhos, tateando em si mesma. Irá perceber, eu creio, que na terra germinam diversas sementes, produzindo em suas entranhas organismos distintos; exatamente o que se dá com o corpo feminino. A mãe é um organismo; o feto é outro. São naturezas diferentes, seres distintos. O que serve a um, pode não servir ao outro. E os nossos direitos acabam onde começam os dos nossos semelhantes. E, veja bem, esse limite não é material, não pode ser medido, demarcado. É moral, imaterial, o que torna possível que o direito alheio exista dentro das próprias entranhas, e deve ser respeitado. O que, em última instância, é o surgimento do dever.

– Layla é consciente o bastante para ouvir a voz do dever – sentenciou Nagib, olhando as duas mulheres sentadas no recanto do jardim.

– Vê as razões de minha confiança, então?

Nagib balançou a cabeça aquiescendo.

..*

Três semanas após...

Salma corria aos aposentos onde Layla, prostrada sobre o tapete, entregava-se às orações vespertinas, profundamente concentrada na recitação das suras. A prática da oração lhe trazia grande calma, era um verdadeiro refrigério às chamas e dores que varriam sua alma. As palavras que recitava agora lhe despertavam idéias e reflexões que antes não lhe ocorriam. Algumas, que não poderiam ser compartilhadas, mas que lhe preenchiam vazios, agiam como compressas, e alimentavam-lhe as forças de aceitação, resignação e tolerância, consigo e com os demais.

– Senhora! Senhora! – chamava a serva adentrando o aposento e, vendo-a em prece, calou-se e aguardou. Quando observou pequenos movimentos de Layla voltou a falar.

– Desculpe-me, mas é urgente. A senhora Zahara passa mal. Todas as mulheres estão a seu lado, só falta a senhora. Mandaram vir chamá-la.

– Por quê? – questionou Layla, tranqüila. – Zahara não faz segredo que não suporta minha presença. Não vejo razão para afligi-la ainda mais. Se já está passando mal, só irei piorar seu estado.

– Na verdade, são as outras que estão cansadas e pedem ajuda.

– Não tenho prática com partos. Tudo o que sei é de conversar e por ter assistido a alguns nascimentos. E vi muito mais animais do que humanos nascerem.

– Quem sabe alguma dessas experiências seja útil. Por favor, vá vê-la, temem que ela morra. É sempre melhor termos paz em nossa consciência nessas horas – pediu Salma, com a intimidade amistosa que se desenvolvera entre elas. Admirava a nova ama, mas nem sempre a entendia.

– E o médico? E Jamal, onde está?

– O Califa não está ao lado dela, senhora.

– Como não?

– Não sei lhe dizer, mas ele não está no palácio, parece que precisou resolver um problema fora. E, bem, nenhuma das mulheres se anima a chamar o médico. Estão tão desesperadas que não pensam mais.

– Adara está lá?

– Não.

– Chame-a. Iremos juntas.

O caos imperava na ala do palácio designada para residência de Zahara. Corre-corre, irritação, desespero e sensação de impotência.

– Que ambiente! – exclamou Adara olhando a azáfama. – Nem parece que esse é um fato natural. Por que tamanho descontrole?

– Estão nisso há um bom tempo, nem sei quanto.

– Ensinou-nos a boa Leah que cada parto é um. Lembra-se de que ela dizia que acontecia de mulheres que haviam dado à luz com facilidade a um filho, enfrentarem dificuldades em outro nascimento? Em suma, que a regra da probabilidade não era absoluta.

As mulheres, todas exaustas, revezavam-se ao lado do leito, onde Zahara revolvia-se e debatia-se em crise.

– Por Alá! – surpreendeu-se Adara ao observar a cena. – Aqui se dá algo de muito estranho e fora do comum. Ela está muito mal.

Layla aproximou-se, despachou as mulheres que ficavam segurando Zahara. Mão e braços contorcidos, rosto vermelho como se o sangue não retornasse às extremidades do corpo, olhos revirados, corpo sacudido por tremores e movimentos bruscos.

– Zahara – chamou Layla. – Zahara, fale comigo.

– Não adianta, ela não responde – alertou Kamilah. – Nunca vi nada igual. Tenho filhos, assisti a inúmeros partos. Mas como esse, nenhum.

Layla ergueu o olhar para a primeira esposa de Jamal; naquele momento não havia animosidade nas feições maduras de Kamilah.

– E Jamal, onde está? Não deveria ser chamado?

– Ele partiu ontem pela manhã. Zahara sentiu as primeiras dores após o almoço. Era um assunto urgente e sigiloso. Voltará amanhã. E quem me informou foi o secretário.

Resignada com as informações embaralhadas, Layla notou que os tremores tornavam-se amenos, e os membros contorcidos relaxavam. Parecia que Zahara caía em uma sonolência incomum.

Layla afastou-se apressada do leito. Quase correndo, ganhou os corredores que levavam à ala administrativa e lá chegando, ordenou a um dos vizires:

– Mande chamar o médico de confiança do Califa. É urgente. Grave. Não perca um segundo. Se não houver nenhum homem que possa ir buscá-lo, vá você mesmo.

– Mas o que é isso? Quanta ousadia! Com o devido...

– Cale-se. Não quero ouvir nenhuma palavra. É um caso de vida ou morte. E se você não fizer o que estou mandando, acredite, quando meu marido voltar, em poucos minutos haverá outra pessoa exercendo as suas funções. Fui clara?

Dominado pela energia que emanava de Layla e pela autoridade que ela exercia, o homem correu porta afora. Pouco depois, Ibn Rusch ingressava afogueado no palácio. Layla o aguardava na mesma sala, impassível.

– O que aconteceu? – questionou Ibn. – Somente me disseram que era grave, mas não fizeram o favor de dizer com quem, muito menos qualquer outra informação.

– Incompetentes. Sabiam muito bem o que se passa – resmungou Layla irada com a atitude do subalterno de Jamal. – É Zahara. Está mal. Não me parece uma situação comum num trabalho de parto. Venha comigo.

No caminho narrou ao médico o que havia observado e viu surgirem rugas de preocupação na testa alta de Ibn. Após um rápido exame, assistido por Layla, Kamilah, Adara e por Salma, que dava assistência ao médico, ele voltou-se e disse:

– É grave, gravíssimo, eu diria. Gostaria de ouvir a opinião de Benjamim ben Baruch. Providencie para que ele seja trazido com a mesma pressa que eu fui.

– Onde o encontramos? – indagou Layla.

– Na sinagoga. Ele é rabino e médico excelente, de grande experiência e sabedoria – informou Ibn Rusch.

Sem dar-se ao trabalho de responder, Layla novamente andou apressada pelos corredores. Outra vez deparou-se com o mesmo vizir e, sem delongas, transmitiu a ordem em tom que não admitia senão a obediência.

Benjamim ben Baruch foi um caso de afinidade à primeira vista com a nova esposa do Califa.

Era um jovem rabino, de feições comuns e simpáticas, olhar alegre e inteligente que, ao entrar na ante-sala dos aposentos de Zahara, de imediato, dirigiu-se a Layla.

– Senhora, sou Benjamim ben Baruch. A senhora é a quarta esposa do Califa, estou certo?

Layla sorriu, examinando o homem à sua frente. Instantaneamente, confiou nele. Parecia que emanava uma aura de paz, conhecimento e bem estar, que a atingiu de maneira prazerosa.

– Sim. Obrigada por atender tão rápido ao meu chamado. Por favor, não temos tempo a perder. Foi Ibn Rusch quem solicitou sua presença. Zahara, a terceira esposa do Califa, está grávida, quase no final da gestação, tanto que pensei que estivesse em trabalho de parto, mas não. Ela passa mal, muito mal.

Benjamim ouviu a explicação em silêncio e seguiu Layla ao aposento onde estava a enferma acompanhada por Ibn Rusch, Adara e Kamilah. As demais, por ordem de Layla, haviam sido afastadas do local, e o ambiente tornara-se mais calmo.

– Benjamin. Que bom que veio tão rápido! – comentou Ibn aproximando-se do amigo.

– Em que posso ajudá-lo? – indagou Benjamim, após responder à saudação com um leve aceno de cabeça.

Ibn transmitiu a ele suas observações e suspeitas. Depois deixou que ele examinasse Zahara.

– Então? – perguntou Ibn com rugas de preocupação vincando-lhe a fronte, tensa.

Layla e as demais mulheres acompanhavam o exame distantes do leito. Zahara, envolta nas brumas da inconsciência, a nada respondia; a pele tornava-se levemente amarelada; o rosto ainda congestionado, destoava numa vermelhidão contrastante.

– É o primeiro filho dela? – indagou Benjamim.

– Sim.

O médico judeu afastou-se do leito, aproximou-se de Ibn e, conduzindo-o pelo cotovelo, levou-o a um canto dos aposentos.

– Eclampsia, você estava certo. Convulsão, pernas inchadas além do esperado, primeiro filho, fim de gestação, tudo como Hipócrates já ensinava. Quadro grave; está inconsciente depois da última crise. É preciso tirar a criança – falou ele sem rodeio ao amigo muçulmano.

– Acha que podemos esperar para depois?

– Vida ou morte, meu bom amigo. É só o que podemos ter certeza de esperar nessa Terra. Se me pergunta as condições de uma ou de outra, sou sincero: não sei. Mas é preciso tentar ou se dará o óbvio, a morte da mãe e do filho. Enquanto não tirarmos a placenta, ela estará doente; depois, poderá haver seqüelas ou não. Agora, não há como prever.

Novos tremores voltaram a sacudir o corpo de Zahara. Kamilah, que correra ao leito, viu um filamento de sangue escorrer por entre as pernas da paciente, espalhando-se, e gritou:

– Sangue! Ibn, venha. Ela está sangrando.

Os dois médicos trocaram um olhar; nenhum se mexeu por alguns instantes, para agonia de Kamilah que insistia em chamá-los. Ambos examinaram as expressões das mulheres que presenciavam a cena. Em todas a expressão era de temor, beirando o pânico. Só não fugiam dali porque a emoção as dominava, exceto a Layla, que olhava, com frieza, a situação de Zahara.

"A natureza é uma força crua, não cruel. É ela que se manifesta", pensava Layla. Em seu olhar também não havia laivos de piedade; apenas a aceitação do momento e a disposição de fazer o necessário.

– Vamos falar com ela – decidiu Benjamim e andou resoluto na direção de Layla, acompanhado por Ibn Rusch.

– Senhora – começou o médico judeu – a situação é de extrema gravidade. Podemos falar em particular?

– Ela está sangrando – gritou Kamilah apavorada. – Não vão fazer nada?

– Mande-a embora – ordenou Benjamim. – O que teremos que fazer ela não suportará ver e precisamos da decisão da família.

Layla apenas abaixou os olhos e saiu do aposento seguida pelos médicos. Do lado de fora, ordenou a Aidah:

– Entre lá e leve Kamilah para outro lugar. De preferência fiquem todas lá.

A voz de comando foi tão incisiva que a outra nem pensou; habituada, apenas obedeceu.

Benjamim olhava encantado para a segurança da jovem e para sua capacidade de decisão e voz de comando que não vacilavam.

– Muito bem – disse ela aos médicos. – O que desejam me dizer?

– Layla, você viu com muita clareza a condição de Zahara. Ela não está em trabalho de parto. Ela está em convulsão, uma doença que acomete algumas mulheres grávidas, especialmente na primeira gestação. A única coisa a fazer é retirar a criança e a placenta, para tentar salvá-la. Temos que agir rápido, não há tempo de chamar mais ninguém para nos autorizar a fazer o que é preciso. A decisão é sua; as outras não estão lúcidas, seriam estorvo. Entenda-nos, por favor.

Layla ouvia em silêncio. Nunca ouvira falar daquilo.

– Tirar a criança como? – perguntou.

– Morta – respondeu Benjamim sem floreios. – Retiramos em pedaços.

Um arrepio de horror percorreu a espinha vertebral de Layla e a sacudiu de leve.

– É horrível, eu sei. Mas é a única chance de tentarmos salvar a vida da mulher. Se não fizermos isso ela morrerá junto com a criança. Portanto, veja, essa criança é inviável de qualquer forma – continuou ele.

– Que fazemos, Layla? Qual é a sua decisão? – inquiriu Ibn Rusch.

– Vocês estão seguros desse diagnóstico? É uma decisão difícil. Eu sou uma estranha aqui...

– É a única lúcida esta noite. Eu explicarei a Jamal tudo que for necessário, não tema que não a abandonarei – esclareceu Ibn Rusch. – E, quanto à sua pergunta, a resposta é sim, não temos dúvida. Aliás, não tive, apenas pedi que Benjamim viesse porque queria outra opinião e sei que o Califa reconhece a competência dele. Em outros casos já trabalhamos juntos para o seu marido.

– Entendo. Eu os autorizo a fazer o que for necessário para tentar salvar a vida de Zahara. O que será preciso?

– Fico satisfeito com sua compreensão, senhora – disse Benjamim. – Entendeu que nesse procedimento, como em nenhum outro, pode-se garantir a vida de um ser humano. Faremos o que estiver ao nosso alcance.

– O reino do possível, senhores. Sim, eu sei que vivemos inseridos e subjugados a ele. Façam. Ao menos tentaremos o que está ao nosso alcance.

Benjamim trocou um olhar de mudo entendimento com Ibn e ante a aquiescência deste, manifestada com um leve meneio da cabeça, voltou-se para Layla e solicitou tudo que se fazia necessário.

A cena que se seguiu foi o espetáculo mais dantesco de luta entre a vida e a morte que Layla já havia presenciado. A violência do ato era inenarrável, embora não houvesse um único sentimento destrutivo associado a ela. As mãos de Benjamim, dentro do corpo da enferma, empunhando um pequeno punhal de lâmina extremamente afiada, operavam aos olhos de Layla e de alguns assistentes a retirada, aos pedaços, da criança que se havia gerado no ventre da mulher inconsciente sobre o leito. Salma, que segurava uma bacia, ao lado do médico, virava o rosto, para não ver o que era depositado nela.

Era claro que ele não pensava em matar, mas em salvar a vida. O sacrifício era necessário, não cruel, embora bárbaro. O brilho no olhar dele era em tudo semelhante ao abismo negro dos olhos de Layla, a mais pura determinação. Era a ira transformada. O mesmo sentimento capaz de matar, dando chance à vida.

Assim, como em outras ocasiões, é esse mesmo sentimento sublimado, transformado no espírito humano numa escala de progresso ascensional, que fará o seu portador exercer sobre inúmeros expectadores o poder do carisma da oratória, de encantar e elevar com palavras. Na escada de Jacó, da evolução emocional dos seres humanos, tudo, assim como no eixo das ordenadas da ciência matemática, na linha vertical onde os números inferiores são negativos, o zero é o ponto de neutralidade, e a ascensão se faz rumo aos números positivos.

A luta estendeu-se após a retirada de todo o material que havia no ventre grávido, e varou a madrugada na tentativa de conter a hemorragia. Foi com os primeiros raios do sol que Benjamim declarou que o necessário estava feito. Dali para frente era esperar a reação do organismo de Zahara.

– Salma, chame os encarregados da limpeza. Mande-os aqui, com urgência. Chame, também, a criada pessoal de Zahara, para que vele por sua senhora. Depois, vá direto a minha ala e mande preparar uma refeição e banhos para mim, Adara e os médicos – ordenou Layla, cansada mas atenta. Voltando-se para Ibn e Benjamim completou: – Mandarei que preparem aposentos para vocês descansarem. Acredito que será preciso que fiquem próximos de Zahara. Ela ainda não acordou.

– Em parte pelos elixires que lhe demos – explicou Ibn. – Mas tem razão; ao menos pelas próximas horas ficaremos aqui, não é, Benjamim?

Ele, enxugando as mãos numa toalha, murmurou um "sim". Seu rosto tinha uma expressão de exaustão, e Layla quase riu ao observar o alívio que viu no rosto do judeu quando mencionara banho e descanso. Ela também precisava deles como do ar que respirava. A noite fora desgastante física e emocionalmente. Ela tinha certeza de que bastaria fechar os olhos para que as horríveis cenas presenciadas desfilassem em sua imaginação.

Após a refeição, enquanto Adara e os médicos encaminhavam-se para seus quartos, ela caminhava resoluta na direção dos estábulos. Ignorando todo aparato de segurança que cercava as esposas do Califa, escolheu uma montaria e galopou para fora da cidade. Precisava ver os campos, os animais, a vida silvestre. Acima de tudo, a solidão.

Do alto da janela do segundo andar do palácio de Al Jerrari, a irmã do Califa e Ximena observavam a determinada amazona e o desnorteio dos homens por ela ostensivamente ignorados.

Capítulo XXIV

Perseguições

– Eu descansarei menos – disse Ibn, fitando Benjamim confortavelmente instalado no leito ao lado do seu. – Você trabalhou mais, é justo que durma. Prefiro não deixar a paciente muito tempo aos cuidados das outras esposas do Califa e suas criadas. Estão desequilibradas.

– Passionais demais – murmurou Benjamim com o braço sob travesseiro, erguendo a cabeça voltada ao companheiro. – Impressionei-me com a mais jovem. Tem uma força incomum.

– Layla. É você usou a palavra certa, ela é absolutamente incomum. Conheci sua história antes de conhecê-la e julguei que era exagero dos que falavam. Mas a cada dia, vejo que o errado era eu. Você viu muito bem.

– É. Sem dúvida é uma mulher sobre quem há o que se falar. São raras. Verdadeiras jóias. Mas vamos descansar. Nossa missão aqui é outra, não fazer estudos sobre a personalidade da nova esposa do Califa.

Ibn riu das palavras do amigo e de seu movimento decidido de afofar o travesseiro e enterrar a cabeça nele. Silenciou, deixando o outro descansar. No entanto, não conciliou o sono, e sua memória vagou pelos encontros com Zafir, Karim e o desespero de Nasser Al Gassim com o desaparecimento da filha, a renúncia à reparação devida de casá-la com Munir Al Jerrari. Rememorou tudo quanto ouvira de Layla e concluiu que tudo que sabia ainda não desvendava o abismo negro dos olhos da jovem. Recordou a frieza com que tomara as decisões, o modo como participara e fora útil naquela noite dantesca e, principalmente, como mesmo em sua pouca experiência com partos, soube identificar o que as outras não tinham conseguido: a doença grave e não dores de parto.

– Não sei se é bom ter uma mulher assim por perto. É um desafio, uma glória, uma escravidão ao seu fascínio, mas é inegável que indiferença e monotonia não existem ao lado de alguém como Layla – murmurou Ibn para si mesmo, pois Benjamim ressonava sereno, exausto.

Um breve cochilo foi tudo que Ibn conseguiu dar de descanso ao corpo, mas acordou revigorado e pronto a retornar para junto de Zahara.

Aproximava-se o crepúsculo quando Layla retornou ao palácio. Do modo como havia saído, ignorando guardas e servidores, retornou. Adentrou a ala onde residia encontrando Salma com olhar aflito.

– Por favor, não me dê mais nenhuma notícia de desgraça – comentou Layla. – Ou melhor, se aconteceu o pior diga-me, mas depois do meu banho e das minhas orações. Quero conservar minha paz.

– Fique tranqüila, senhora. Nada mudou – respondeu Salma. – Vou providenciar o que pediu.

– Ótimo. Assustei-me com seu olhar aflito.

– Era por sua causa. Desapareceu. Deixou todos aflitos. Foi a senhora Adara quem orientou que não fizessem nada. Disse que era seu costume agir desse jeito. Fiquei assustada.

– Acostume-se. A liberdade é meu remédio.

Salma calou-se. O que ouvia a chocava, e o comportamento de sua senhora a escandalizara. Instantes depois a observava deliciar-se na água morna da piscina do quarto de banho, onde ensaboava-se olhando apreciativamente as manchas arroxeadas que iam desaparecendo de sua pele e as marcas de algumas cicatrizes.

– E Zahara, como passou o dia? – indagou Layla.

– O médico do Califa ficou ao lado dela o dia todo. Estava febril, mas não teve outras crises.

– E Jamal? Nenhuma notícia?

– Não, senhora.

– Muito bem. Traga minhas roupas. Envie uma mensagem a minha cunhada informando que irei visitá-la antes do jantar.

– Irá ver a princesa Amirah?!

– Irei. É tempo de nos conhecermos.

Salma correu a cumprir as ordens de Layla. A cada dia, a cada hora, entendia menos a jovem senhora, mas estava plenamente convencida de que ela era jovem apenas de rosto e de corpo.

Amirah sorriu ao receber o comunicado de sua nova cunhada.

– Ela virá sozinha – comentou com Ximena que lhe escovava os cabelos. – Não fará como as outras que aguardaram a companhia e permissão de meu irmão.

– Já sabíamos que a senhora Layla é diferente – retrucou Ximena com fingida indiferença.

– Estou curiosa por ver essa mulher, você não está, Ximena?

– Quem sou eu?! Conheço meu lugar. Não abuso da confiança do Califa, muito menos da sua.

– Deixe disso – ralhou Amirah, com os olhos brilhantes de expectativa. – Não é nenhum abuso confessar que tem curiosidade sobre a nova esposa do Califa. Toda Córdoba está infestada desse interesse. Por que somente você seria imune? Eu, confesso: estou morta de curiosidade. Foi ótimo que ela tenha tomado essa decisão. Jamal levaria mais um mês para trazê-la. Acha que devo mudar minhas roupas?

– Para quê? Está tão bem. Há pouco as trocou, após o banho.

– Ora, Ximena. Você está muito sem graça. O que há? Está incomodada de repente. É a visita de minha nova cunhada que a afligiu?

– Claro que não. Já disse que sei o meu lugar. Apenas não vejo razão para mudar suas roupas, mas... se é o que deseja... basta dizer qual devo trazer.

Um amplo sorriso iluminou o delicado semblante de Amirah, levando um brilho de vida e infantil travessura a seus olhos. Ximena observou a agitação dela com uma ruga de preocupação na testa morena e um olhar que não escondia a zanga íntima.

– Pois eu quero. Traga-me a túnica de seda azul, aquela com os bordados prateados. Ah! Não se esqueça de trazer minhas jóias favoritas.

– Trarei. Fique tranqüila e não se excite demais. Hum! Até parece que vai dar uma festa. Vai se arrumar para receber outra mulher, perdoe-me, mas não entendo.

– É simples, Ximena. Ponha-se no meu lugar. Eu conheço poucas pessoas, são raras as que desejam me visitar espontaneamente. Mulheres, ainda menos; minhas cunhadas nunca me deram atenção, fato que agradeço; são insípidas demais. Já tomo chás com mel em excesso, realmente não preciso delas. Entretanto, Layla é diferente. Ela vem sozinha. Já falaram tanto dela que parece que a conheço e, principalmente, Ximena, ela viveu e vive de uma forma tão livre, tão ousada. Acredite, amiga, eu amo você, meu irmão, Ibn e todos os que cuidam de mim, mas eu daria, de bom grado, tudo o que tenho, até meu futuro, em troca de viver alguns dias como ela. Livre, rebelde, linda e muito amada pelos que a conhecem.

Ximena sentiu-se mesquinha ao compreender as razões da ama. Acostumara-se tanto à rotina de cuidar dela, que raras vezes pensava em como ela devia se sentir. Sua situação era diferente; não sendo necessários seus serviços, podia transitar livre, quer pelo palácio, quer pela cidade.

– Eu a vi sair galopando hoje cedo – continuou Amirah com olhos brilhantes, sorridente. – Ela nem deu importância que o véu caiu, deixando seus cabelos descobertos. Era fácil imaginar que tinha os olhos fixos na linha do horizonte e cavalgava rumo ao desconhecido. Como era veloz! Movia-se em perfeita harmonia com o cavalo. Um alazão negro, lindo. Ela o controlava, acredita?

Ximena limitou-se a balançar a cabeça. Sem nada dizer, foi em busca das roupas e jóias. Entendeu que Amirah não desejava a piedade de uma mulher que, sem conhecer, admirava. Afinal, também ela, se pudesse, trocaria as roupas de criada, arranjaria o cabelo e ostentaria as melhores jóias que tivesse, mas não tinha nenhuma, para apresentar-se diante de Layla, embora por outras razões, muito diferentes.

Na hora aprazada, a irmã do Califa aguardava sua visitante na sala principal de sua residência. Insistira em sair do quarto, contra todas as rogativas de Ximena e alegações de que o clima não era favorável. Vestida e penteada com esmero, Amirah era a personificação da alegria e da excitação, para desgosto e preocupação de sua criada pessoal.

"Loucura! Meu Deus, tanta agitação não vai fazer bem a Amirah. Mas que posso fazer? Nem o Califa está na cidade. Quando ele voltar relatarei essa insensatez. Risco desnecessário. Ah! Por que ele tinha que casar-se mais uma vez? E ainda por cima com... com uma mulher assim. Por que não outra, do mesmo tipo que Aidah, Kamilah e Zahara? Seria tão mais fácil de aceitar. Nada mudaria. Agora, não sei." Ximena ruminava esses pensamentos, sentada à pequena distância de Amirah. Tinha o olhar em sua senhora, mas não prestava a mínima atenção.

Somente quando as portas duplas se abriram e o criado anunciou a visitante, foi que saiu do estado de concentração íntima, para, discretamente, olhar e avaliar a nova esposa de Jamal. Ferroadas de inquietação, sentimentos de insegurança e inadequação a assaltaram. Reconhecia a beleza de Layla e, conforme o encontro, seguiam as cordialidades costumeiras. Admitiu que ela irradiava muita força, liberdade, simplicidade.

– Você soube que Zahara está doente? – indagou Layla encarando a cunhada.

– Sim, eu soube. Lamentei o ocorrido. Ibn Rusch, além de ser o médico da confiança de meu irmão, é também meu amigo pessoal; veio visitar-me e contou. Elogiou muito a sua firmeza de decisão.

Layla baixou o rosto, seu dedo brincava com o bordado da túnica. A lembrança daquela madrugada a incomodava, o que não passou despercebido à sensibilidade da anfitriã.

– Você fez o que devia ser feito. Fique tranqüila, tenho certeza de que Jamal não teria agido de forma diferente. Os dois médicos que a examinaram são da inteira confiança dele – comentou Amirah. – Ibn disse que não tinham ainda como avaliar se ela ficará com alguma seqüela, mas que é uma possibilidade. Como está Zahara? Tem informações recentes?

– Na mesma. Benjamim e Ibn lutam com uma febre que surgiu nas primeiras horas da manhã. Seu estado é uma incógnita, segundo entendi. Você não imagina como desejei que seu irmão estivesse aqui naquela hora. Como você mesma disse, eu fiz o que precisava ser feito. Acredito que era necessário, mas ainda assim acabei decidindo a vida de uma pessoa com a qual não tenho nenhuma intimidade. É uma decisão muito difícil.

– Compreendo. Mas, se nada tivesse sido feito...

– Ela, provavelmente, morreria junto com o filho. Jamal é o marido e o pai da criança.

– Mas ele não estava presente – falou categórica Amirah. – Não fique enchendo sua mente de suposições, hipóteses. Os fatos se dão e precisam ser decididos em um nível de vida concreto, onde todos os dados estão postos num determinado momento. E é de acordo com eles e no contexto da situação que se pode e se deve decidir. Eu creio que você fez o melhor. Eu teria feito o mesmo. E gostaria muito de ter a sua coragem. Admiro-a, Layla, desde que seu irmão e seu primo falavam de você e eu não sabia como era seu rosto.

– Então conheceu Zafir? – indagou Layla, voltando a fitar a cunhada. Em seus olhos brilhava a ternura que sentia pelo primo e lia-se que sua ausência doía.

– Tive a honra e o prazer de conhecê-lo. Um homem notável, diria até que com uma mentalidade muito à frente de nossa época, no tocante à condição da mulher em nossa sociedade. Admirei o gesto dele de tornar público o amor que sentia por você, mesmo nas circunstâncias que conhecemos.

Layla respirou fundo, dirigiu o olhar para uma porta dupla que estava aberta e dava vista para um jardim com gramado e árvores, sem nenhuma flor. Chamou-lhe a atenção e questionou se era recomendação médica ou gosto pessoal. Talvez nunca viesse saber a resposta.

"Como será viver assim? Tudo é supervisionado. O que comer, beber, vestir, lençóis, óleos para a pele, quem entra e quem sai de sua casa, onde tudo é tão limpo que chega a causar desconforto, pois nos sentimos sujos. Onde talvez nem flores possam ser plantadas ou colocadas em vasos, onde nenhum animal entra. Pobre criatura! Que tipo de vida é essa? Amirah é bonita, parece saudável, mas não é. Gostei dela, lamento essas limitações", pensou Layla, fugindo às lembranças que o nome de Zafir evocara. Estava muito frágil para remexer nesse baú de lembranças, por isso despistou a conversa.

Recordando a advertência de que visitas a Amirah não deviam ser demoradas para não cansá-la, instantes depois despediu-se com sincero carinho.

– Fico feliz que tenha vindo, Layla. Volte sempre que desejar, será muito bem vinda em minha casa. Sempre o foi, mesmo naquela situação absurda provocada por meu falecido marido.

– Obrigada, Amirah. Mas, apesar de tudo, acho que prefiro do jeito que está. Perdoe o que vou dizer, mas eu jamais aceitaria me tornar mulher de Munir Al Jerrari, não suportaria sequer sentir... Desculpe, estou sendo desagradável. Nossa conversa foi ótima e, tenha certeza, eu voltarei. Gostei de você. Cuide-se.

– É só o que faço e o que fazem comigo – brincou Amirah, tentando esconder uma nota de tristeza na voz.

– Se exageram, eu os entendo, é por amarem você.

– Eu sei, mas isso não me impede de pensar que tudo na vida precisa de uma dose certa para ser saudável. Concorda?

Layla balançou a cabeça concordando. Tomou as mão de Amirah, apertou-as, sorriu, depois largou-as e saiu da sala a passos rápidos e com a cabeça erguida.

Amirah voltou-se para Ximena e comentou:

– Meu irmão enfim tem uma esposa. Encontrou uma mulher. Espero que seja feliz ao lado dela. Ele merece.

Ximena ficou calada. A observação de Amirah causava-lhe um certo pesar, um desgosto, ao longo da visita que testemunhara em silêncio. Ficara procurando defeitos na nova esposa do Califa, mas ao final, sentira-se estranhamente ligada a ela. Não sabia explicar a si mesma se era pela não realização de um amor. Ficara evidente aos olhos da criada o momento de fragilidade emocional que Layla escondia e que era um ponto de afinidade. Podia entender a dor vislumbrada na outra.

* * *

Kamilah torcia as mãos, nervosa; não tinha sossego; andava em voltas pela ampla sala que fazia parte de suas dependências no palácio do Califado de Córdoba. A mente em brasa, ruminava idéias, palavras, acusações.

– Inveja! Só pode ser inveja que a levou a agir daquela forma. Não consegue admitir a escassez da nobreza de seu nascimento em comparação às demais esposas de Jamal. Sim, só um sentimento mesquinho explica o que ela permitiu que fizessem. Ah! Que arrependimento, meu Deus! Por que não posso ver sangue? Fico em pânico, perco a razão. Ah! Se, ao menos, tivesse conseguido me controlar, quem sabe, não poderia ter impedido essa desgraça. Pobre Zahara! Tão jovem e condenada a um duro destino. Roubada de tudo, ou quase, por essa estranha que anda com ares de rainha. Quem ela pensa que é? Vai aprender, ah, se vai – murmurava ela entre dentes para si.

Kamilah soubera pelos criados que não presenciaram a fatídica madrugada de luta entre a vida e a morte. Horrorizaram-se ao ver os restos do bebê esquartejado, que foi sumariamente sepultado. Daí à criação de mil e uma histórias, foi questão de segundos.

A fertilidade da imaginação humana é uma bênção ou uma maldição, tudo depende de como é usada. Pode produzir maravilhas a serviço da inteligência equilibrada, mas pode, também, produzir da loucura às mais sórdidas intrigas. E uma das mais tristes peças que ela prega em seu desavisado possuidor é a crença naquilo que imaginou. Para ele, o fruto de sua imaginação é realidade, transferida com grande facilidade para o domínio das suas certezas. Triste domínio que fecha as portas do crescimento, da discussão, do questionamento, do intercâmbio e mesmo da necessária divergência. Quando o sujeito se acha imbuído de certezas, sua visão mental é limitada, seu aprendizado é quase nulo. Por isso, é fundamental que saibamos conhecer e dominar a ação de nossa mente, reconhecendo o poder da imaginação de tornar real ao seu detentor o que é uma miragem. Essa distorção da visão dos acontecimentos, dos fatos, e até dos conhecimentos que a imaginação opera, é a maior razão para que se busque conhecer esse poder da imaginação de que somos dotados, fazendo todos os esforços no sentido de dominá-la e dar-lhe boa direção, para que não venhamos a crer em nossas próprias miragens e mentiras.

Como todas as nossas forças e energias, a imaginação pode ser objeto de intercâmbio entre as pessoas – transmite-se e aumenta conforme a mente e as disposições intelectuais e emocionais de quem a transmite e de quem a recebe.

Embora não aparentasse, Kamilah sentira-se despeitada com a chegada de outra esposa, jovem, bonita e em plena capacidade reprodutiva. Sentia-se agredida, envelhecida, relegada, e acima de tudo, incapaz de dar ao Califa outros filhos. Precocemente, seus ciclos se encerraram, não engravidaria. Isso a empurrava ao encontro das mulheres mais idosas e de um modo de viver que ela não desejava aceitar, por isso mentia e proclamava os períodos em que estava "impura", como antes não fazia. Era a necessidade de que sua juventude e feminilidade fossem conhecidos. Chegava ao extremo de ferir-se para produzir marcas de sangue em si.

Layla exalava saúde, beleza, feminilidade. Não a feminilidade fraca e passiva que a marcava, mas, sim, exuberante e ativa, dominante. E isso atingia Kamilah como um punhal bem afiado, embora a outra não tivesse a menor noção do efeito que sua presença produzia na primeira esposa do Califa, que tudo escondia sob o manto da passividade, da submissão. Garras eram afiadas numa imaginação doentia.

O som da porta abrindo a fez voltar-se e encarar ansiosa o marido que tinha o semblante assustado.

– O que aconteceu, Kamilah? Por que mandou chamar-me com urgência?

Há no rosto de todos que vi uma expressão de espanto, um olhar assustado. O que se passa?

– Uma catástrofe. Uma desgraça terrível.

Jamal sentou-se num divã, apoiou os braços nos joelhos e escondeu o rosto entre as mãos. O cansaço era visível em cada linha do seu rosto. Sob a pele bronzeada notava-se a palidez e as olheiras.

– Kamilah, sem dramas e longas histórias. Por misericórdia, ao menos uma vez na vida, seja clara e objetiva e fale, sem rodeios, o que é preciso – implorou Jamal, pausadamente, deixando claro que a paciência tornara-se artigo de luxo em seu ser naquele momento.

A atitude do marido a desconcertou. Feriu-a, ainda mais. Interpretou como sendo um motivo pessoal, como se ele não tolerasse mais sua presença, como se fosse um tormento ouvi-la. Explodiu numa crise de choro; soluços pungentes sacudiam-lhe o corpo.

Jamal suspirou, irritado. Choro, lágrimas, crises emocionais era tudo que ele não queria. E não precisava disso, depois da exaustiva viagem de negócios que fora obrigado a interromper quando chegara a mensagem enviada por Kamilah, pedindo seu retorno com urgência ao palácio. Viajara, dia e noite, sem descanso. Estava-a aproximadamente 50 horas sem dormir, apenas breves cochilos sobre o cavalo.

– Acalme-se, Kamilah – ordenou Jamal, frio e com a voz elevada. – Fale logo o que houve aqui na minha ausência.

– Ela é uma bruxa, Jamal. Horrível, sanguinária. Matou um bebê indefeso. Precisa se ver livre dela, repudiá-la, ela não merece viver entre nós. Ela não o merece como marido – acusou Kamilah aos prantos, dando um exagero dramático a cada palavra.

– A quem você está se referindo? – perguntou Jamal furioso. Não toleraria uma crise de ciúme, uma disputa entre mulheres.

– Você sabe. Estou falando daquela... daquela mulher com que se casou. Não posso nem dizer o nome de mulher tão vil, uma assassina.

"Layla" – confirmou Jamal, sentindo um frio de apreensão gelar-lhe o estômago ao ouvir a acusação de assassinato. Sabia que ela era capaz de matar, mas confiara que o tivesse feito apenas por causas justificáveis, nunca por simples prazer.

"Não, ela não tem um caráter violento, ao menos, não gratuitamente. Aqui não haveria razões para que ela assassinasse alguém". Não fazia sentido. Foi então que compreendeu tudo. "Não me enganei, ela está grávida e abortou. Meu Deus!"

– Como está Layla? Por favor, não me diga que ela morreu nessa aventura louca de abortar a criança que estava esperando.

A notícia caiu sobre Kamilah com o impacto de uma rocha sobre sua cabeça, e a reação de Jamal a encheu de desespero. A preocupação genuína nos olhos dele pela saúde da nova esposa, seu desespero com a idéia de que ela houvesse abortado a aborreceu. A mente de Kamilah fervia de acusações infundadas.

– Não houve nada com ela – esclareceu Kamilah. – Quem não está bem é Zahara.

– Alá seja louvado! – suspirou Jamal aliviado. – Não suportaria que ela tivesse cometido um ato assim ou que estivesse doente. Alá é misericordioso!

– Ela o enfeitiçou. Você nem ao menos ouviu o que eu disse. Zahara não está bem. Foi o bebê que ela esperava que foi morto por aquela assassina e de uma forma tão bizarra, tão bárbara... – e deu vazão à história perturbada que sua imaginação criara, distorcendo os fatos ocorridos com Zahara.

Jamal ouviu, apenas, até entender o que se passara em sua ausência. Depois, levantou-se e saiu, batendo a porta com estrondo atrás de si, sem dar a menor importância à crise emocional em que deixava sua primeira esposa. Iria conhecer e julgar os fatos por si mesmo. Conhecia Kamilah bem o suficiente para identificar as distorções e os exageros. Ela havia mencionado a presença de Ibn Rusch e Benjamim e seriam eles que iriam lhe explicar o que acontecera.

***

Layla servia uma xícara de chá de hortelã a Benjamim. Entretidos em agradável conversa, não viram os passos pesados que se aproximavam com intimidade de dono dos aposentos da jovem e surpreenderam-se quando Jamal irrompeu na sala.

– Enfim o encontro – disse ele encarando o médico e rabino judeu. – Precisamos conversar.

– Boa tarde, Califa – cumprimentou Benjamim tranquilo, erguendo-se e saudando Jamal como determinava a cortesia e a boa educação. Depois, sorriu, descontraído e contemplou a fisionomia do recém chegado. – Vejo que você não tem tido dias de descanso. Em que posso auxiliá-lo?

Layla permaneceu onde estava, bebericando seu chá e fitando o marido. Quando ele a olhou, sorriu, com cortesia, desarmando-o com sua calma, seu olhar firme, sereno, profundo.

– Desculpem minha chegada tocada pelos demônios. Fui indelicado sem razão – e voltando–se para Benjamim que o aguardava de pé, fez um gesto com a mão indicando que tomasse acento. – Será, minha esposa, que posso tomar chá com vocês?

Layla limitou-se a tocar um pequeno sino chamando Salma; pediu-lhe que trouxesse mais uma xícara.

Jamal recostou-se em algumas almofadas, suspirando; fechou os olhos; deixou que o silêncio e o aroma refrescante do hortelã o acalmassem. Benjamim e Layla trocaram um olhar e sorriram apiedados do cansaço que tomava o Califa.

– Não durma – alertou Layla após alguns instantes. – A posição é incômoda e quando acordar estará ainda pior.

– Eu sei – concordou Jamal, sentando-se ereto e sorrindo para a jovem que lhe estendia a xícara com o aromático chá. – Meus dias e noites têm sido muito difíceis. Voltei às pressas, depois de ter recebido um chamado urgente de Kamilah.

– Da senhora Kamilah? – estranhou Benjamim. – Houve algum imprevisto?

– Com ela, não. Mandou chamar-me e somente há pouco soube que o motivo era Zahara. Não pretendia envolver Layla no assunto, mas já que está aqui... Gostaria que me dissesse, Benjamim, o que ocorreu há dois dias com minha terceira esposa?

Layla fez menção de abrir a boca, mas, com apenas um olhar, Benjamim a fez calar-se e deixar que ele respondesse à interpelação que lhe fora feita.

– A senhora Zahara teve o que chamamos de eclampsia, o que significa que teve crises convulsivas. A senhora Kamilah e a outra sua esposa, cujo nome não lembro no momento, equivocaram-se ao não reconhecerem que as dores e mal estares que ela alegou, segundo foi relatado a mim e a Ibn, eram doentios e não faziam parte do trabalho de parto. Deixaram-na padecer essas queixas por aproximadas 36 horas. Então o estado se agravou e pediram a presença de Layla para zelar por Zahara, pois estavam cansadas. Sua jovem esposa, assim que colocou os olhos em Zahara, percebeu que o quadro era anormal e mandou chamar Ibn, o seu médico de confiança. Ele diagnosticou a eclampsia, mas ciente do que precisaria ser feito e da gravidade, mandou que me chamassem; queria ouvir outra opinião. Infelizmente, não havia margem para dúvida. Foi uma situação delicadíssima, era preciso sacrificar a criança – que não tínhamos certeza se ainda vivia – para tentar salvar a vida da mãe. Uma escolha cruel, mas manda a razão que se dê preferência ao ser que já tem vida e história; assim fizemos. Layla não só autorizou a realização do que se fazia necessário, como, corajosamente, deu-nos toda assistência precisa, zelando por Zahara. Fui eu quem retirou a criança. Lamento dar-lhe essas notícias, mas não havia tempo para esperar que retornasse à cidade. As chances eram poucas, e o tempo estava contra nós.

Jamal ouviu a explicação em silêncio, fitando Benjamim. Conhecia e admirava sua inteligência e competência há alguns anos, desde que chegara a Córdoba vindo do Marrocos.

– Meu Deus! Que noite horrível devem ter vivido.

Layla limitou-se a menear a cabeça concordando. Preferia não comentar o episódio, para não lembrar as cenas.

– Seria melhor dizer que vivemos dias difíceis também por aqui. A saúde de Zahara é preocupante – comentou Benjamim, com a calma que o caracterizava. – O que se passou com ela é muito grave, Califa. Poderão acontecer seqüelas sérias.

– O que quer dizer?

– Não sabemos o que as convulsões afetaram. Em quadros semelhantes pode ocorrer desde a perda completa de movimentos, ou perda parcial, ou cegueira, mudez, surdez, enfim, a vida dela ainda está em perigo. Eis a razão de me encontrar no palácio. Estamos pedindo ao Senhor Misericordioso que nada disso ocorra, mas são possibilidades que devem ser encaradas.

– O que pode ser feito?

– Aguardar. Se danos houver, já aconteceram. Não podemos impedir; eles se dão na própria crise.

– Se nada houvesse sido feito?

– Já estaria morta e sepultada, junto com a criança. Essa é uma das maiores causas de morte de mulheres grávidas.

– Entendo – e, voltando-se para Layla, tomou-lhe a mão que descansava sobre uma almofada e beijou-a delicadamente. – Mais uma vez tenho com você uma dívida de gratidão. Obrigado.

Layla baixou os olhos e respondeu:

– Como disse Benjamim, fizemos o que era necessário. Fico feliz que tenha entendido minha decisão.

– É a de qualquer pessoa sensata. Eu teria feito o mesmo.

Benjamim terminou seu chá e levantou-se, anunciando que iria ver a paciente. Despediu-se do casal e andou a passos rápidos em direção à ala ocupada pela terceira esposa. Não se enganara com as perguntas de Jamal. Alguém antes distorcera os fatos, fazendo com que, mesmo exausto, ele o procurasse para esclarecer o ocorrido.

“Sórdidos sentimentos humanos”, murmurou Benjamim caminhando apressado. “Tão humanos que desconhecem barreiras culturais, religiosas, raciais, sexuais. Basta ser humano para ser capaz de senti-los e dar-lhes vida exterior, geralmente sob a forma de calúnias e injustificadas perseguições.”

Capítulo XXV

Uma nova vida

– Eu temi que você houvesse cometido um ato impensado – declarou Jamal com o olhar fixo em Layla.

– Em outras palavras, teve medo que eu houvesse feito uma bobagem – retrucou Layla, serena. – Fique tranqüilo, é provável que eu já tenha cometido todas as bobagens possíveis a uma mulher nessa vida.

Jamal sorriu do comentário, apesar do evidente tom de amargura na voz da jovem.

– Eu não tenho tanta certeza. A vida é uma incógnita que se revela e se desvenda a cada dia. Nenhum de nós imaginou estar casado com o outro, mas estamos; você não planejou tornar-se uma, soberana, no entanto, é. Os fatos sucedem-se, minha querida, e vão formando o traçado das nossas vidas. Há dias em que fico a observar o emaranhado de relações, atos, circunstâncias que vão se desenhando e nisso vejo a mão de Alá. São raros os fatos que permanecem isolados e que morrem em si mesmos. Em geral, são como pedras que rolam, vão abrindo caminhos, agregando outros elementos e, no final, reúnem-se em um único monte.

– Hum... idéia interessante. De pária à soberana no espaço de alguns dias, como fui da honra ao descrédito. Quando penso nisso, não posso deixar de ver o ridículo de certas convenções sociais e leis. Desonrada ou soberana, eu sou a mesma pessoa.

– Querida, a diferença quem faz sou eu, não você. Sozinha, após o rapto e a sua fuga, você estava fora dos padrões de nossa sociedade; casada comigo, você é uma das soberanas de Al Andaluz. É simples.

– Entendo o que diz, mas insisto, intimamente esse fato nada modifica. Aliás, por que se casou comigo?

– Já estava pensando que você não desejasse saber minhas razões. O que é comum nas mulheres.

Layla não respondeu. Em silêncio, encarou-o, esperando uma resposta. Jamal suspirou e voltou a fitá-la.

– Gostei de você. É uma mulher muito bonita, mas foi sua ousadia que me atraiu. Confesso que não tinha intenção de tomá-la como esposa, mesmo porque havia Zafir. Depois, sobreveio a batalha contra os africanos e sua postura me fascinou. Acho que decidi casar-me com você quando a vi dançar para Kaleb. E perdi todas as dúvidas que pudesse ter, quando a reconheci ao lado de Kiéram Simsons trajada como homem pronta para a luta. Naquele dia, pensei que a vida a seu lado nunca seria entediante, que quando eu desejasse conversar com uma mulher eu poderia procurá-la e não seria como ouvir o eco de minhas palavras, entende?

Layla sorriu. Uma luz de entendimento clareava o costumeiro abismo de seu olhar.

– Obrigada por sua honestidade. Fico feliz em saber como se sente a meu respeito e que aprecia meu jeito de ser.

– Não pretendo cortar suas asas, Layla. E você aceitou esse casamento por que razão? Teve medo de enfrentar a vida como pária?

– Seria uma mentirosa se negasse o óbvio. Senti medo, sim. A situação de alguém sem destino é cruelmente dúbia; experimentando-a, fui capaz de sentir a mais plena liberdade que uma mulher pode aspirar. Fui tratada como igual; minhas idéias foram ouvidas e aceitas; eu as executei. E, sejamos sinceros, todos sabíamos que eu não tinha nada a perder, inclusive acreditávamos que todos os meus familiares e amigos estivessem mortos. Se eu morresse, nenhum dano teria acontecido; se eu vivesse, somente eu não teria um destino após o fim da luta...

– Foi essa razão: falta de outra alternativa?

– Não colocaria com essas palavras. Afinal alternativa havia, era o destino incerto e...

Layla fez uma pausa, recordando seu último encontro com Kiéram; depois as memórias foram retrocedendo à convivência com os invasores africanos. Seus olhos refletiram, nesse silencioso retrospecto, as dores que tinha vivido, e Jamal, pela primeira vez, compreendeu na íntegra o tamanho do sacrifício dela. Imaginou as humilhações, abusos e agressões físicas e morais por que ela tinha passado, onde incluía o ato insano do falecido cunhado.

– E ele poderia ser muito pior do que tudo que havia experimentado, e...

Layla fazia pausas, como se escolhesse palavras para compor uma frase difícil de ser expressa.

– E? – incentivou Jamal.

– Bem. Eu não poderia garantir que seria a única pessoa a tornar-me pária. Ninguém pensou nessa possibilidade, mas no alto das muralhas de Cádiz, quando eles partiam, eu pensei no que seria meu futuro, pois até eles tinham um destino. Eu tinha o mundo e a miséria como escolha. Aquele caminho tem traçado conhecido: prostituição, miséria, doença e, ao fim de alguns meses ou anos, seria assassinada. Pois bem, naquele instante me ocorreu que, além de mulher só, eu também poderia estar grávida. Eis a razão.

– Agora sou eu quem agradece sua honestidade – declarou Jamal, aproximando-se e tomando-lhe ambas as mãos, beijando-as reverentemente. – Eu sei que você está grávida. Lembre-se de que tenho várias mulheres e já as vi grávidas. Conheço as transformações da natureza feminina. Diga-me, com sinceridade, existe alguma possibilidade desse filho ser meu?

– Eu não sei – murmurou Layla. – Isso me aterroriza. Cheguei a pensar em abortar, mas antes que eu decidisse presenciei o trabalho de Benjamim e Ibn. É violento, é cruel. Eu não teria coragem.

– Por quê? Eu sei que você é fria e corajosa, que já enfrentou a morte.

– Eu já matei, Jamal, reconheço. Mas nunca suportei a crueldade gratuita, e meus atos, ao menos diante da minha consciência, eram necessários, justificavam-se. Existia uma história, uma relação entre nós. Agora é diferente. Eu não tenho uma história com essa criança que se gera em meu ventre. Ela nunca me causou mal, não tenho motivos para matá-la. Espero que não me peça isso, pois se o fizer, não obedecerei.

– Mesmo sabendo que o pai pode ser Kaleb? Que foi gerado em meio a um plano de vingança?

– Kaleb está morto. A maior parte das pessoas quando pratica sexo não pensa em ter filho, então não vejo diferença. Uma coisa é a relação sexual, outra coisa é a gestação, embora seja conseqüência natural. Não sei se é difícil, mas consigo ver como duas realidades distintas.

– É difícil seu modo de ver, embora louvável e racional. E a paternidade da criança, não a incomoda?

– Eu fui honesta, não sei quem é o pai. Meus ciclos de sangramento nunca foram regulares, nem ao menos posso afirmar de quantos meses. Os outros sintomas é que confirmam. Respondendo à sua pergunta: eu não sei quem é o pai, mas não tenho dúvidas de que essa criança tem uma mãe e que sou eu, é o bastante.

Jamal beijou novamente as mãos de Layla, enterrando o rosto em seu colo. Depois abraçou-a e disse baixinho:

– Essa criança tem um pai, sou eu. Nunca mais repita o contrário. Não importa quando ela tenha sido concebida. Obrigado por sua honestidade comigo.

– Eu não poderia viver sem lhe contar. Não o fiz antes porque não sabia como, e porque ainda tinha dúvidas.

O casal ficou um longo tempo abraçado afetuosamente, como amigos e companheiros de vida, numa relação que se estabelecia sobre bases sólidas, conquanto distante do amor romântico, apaixonado, ou mesmo sensual.

***

A atitude de Kamilah reproduziu-se em inúmeras ocasiões. Não desprezou uma viva alma como sementeira de seu despeito. Do Califa ao menos valorizado servo de Córdoba, fosse cidadão de primeira ou segunda classe, homem ou mulher, sem distinção de nenhum tipo racial – e quando alguém deseja realizar uma campanha difamatória, estranhamente um vício supera o outro, e os preconceitos são por instantes esquecidos para aquele fim específico – bastava ter a forma humana e a capacidade de ouvir para que ela desse livre curso à sua campanha difamatória, a vingança dos medíocres e covardes. Usam as palavras como pedras em uma parede de lapidação, mas só as arremessam às costas de sua vítima e onde ela não possa rebatê-las.

Algumas são verdadeiras pedras de alicerce, brutas; outras são pequenos grãos de areia colocados no sapato de outrem para causar desconforto; são insinuações, veladas suspeitas, imperceptíveis manipulações emocionais que lançam o veneno da discórdia nas relações da vítima com os demais membros da comunidade em que se movimenta.

Fingem concordar com aqueles que apreciam sua vítima, para, sutilmente, em meio a um comentário qualquer, salientar o que julgam incorreto no proceder dela, e lançar nos olhos de seu ouvinte as cores com que vê a criatura alvo da difamação.

São mil, ou mais, os subterfúgios de que usa o ser humano dominado pelo mesquinho sentimento da inveja. A inventividade nas formas de destruir causa espanto quando se valoriza a construção; e todo invejoso é um destruidor. Seu maior anseio é exterminar o alvo de sua inveja e, quando não o consegue, a calúnia e a difamação são caminhos muito usados. Falamos, em páginas anteriores, da distorção da percepção da realidade afetada pela imaginação e que ela pode conduzir à loucura. Na paixão do sentimento de inveja, acaba o próprio algoz encarcerado em um mundo muito pequeno a se consumir, totalmente alheio à percepção adequada dos fatos, e, na maioria das vezes, esquecido de si e de seus interesses. Pode-se dizer que perde o eixo da própria existência, desgoverna-se.

O invejoso lança-se à destruição de alguém exterior, fora de si, desconhecendo que o que vê na outra criatura é apenas a projeção daquilo que lhe falta. A verdadeira causa de incômodo não é o outro, mas, sim, ele mesmo. A covardia não está apenas no ataque traiçoeiro à vítima, está, principalmente, na fuga de olhar a si próprio, reconhecer, aceitar e transformar as limitações que perturbam.

Todos somos seres circunscritos, temos limites, mas eles não são barreiras rígidas e intransponíveis, ao contrário, são maleáveis e extensíveis. São nossas forças morais, e em cada segundo das nossas vidas estamos exercitando a capacidade de ampliá-los. A exigência é de esforço, nada mais. A coragem está em tentar, em lutar, não necessariamente em vencer. Afinal, existem derrotas que são vitórias.

Entretanto, Kamilah estava presa em seu limitado e pequeno mundo repleto de inveja. Quanto menor o espaço, maior se torna aquele ou o que o domina. Layla, aos olhos da primeira esposa do Califa, era o centro de tudo e de todos; reinava, mandava e comandava, e, tendo tal percepção, mais ela se exasperava e recrudescia seus ataques à jovem.

Quando tomou consciência da informação, a preocupação de Jamal em razão da gravidez de Layla a levou a extremos de irritação. Era a representação de suas perdas.

Nem mesmo o grave estado de saúde de Zahara serviu-lhe como freio.

..*

Benjamim e Ibn observavam atentos os primeiros sinais de que a sua paciente recobrava a consciência. O grande momento chegava. Ela movimentava a cabeça de um lado para outro; os olhos fechados davam sinais de movimentação das órbitas.

– Parece que ela está despertando – comentou Benjamim

Ibn balançou a cabeça, concordando, e andou até o lado do leito; sentou-se em uma cadeira deixada pela criada que velava a enferma. Tocou delicadamente a testa de Zahara, chamando seu nome com suavidade. Como nenhuma mudança fosse notada, insistiu:

– Zahara, acorde – e repetiu por mais três vezes o chamado, em vão.

– Creio que seu estado de inconsciência ainda é profundo – comentou Ibn, erguendo as pálpebras dela, constatando que não reagiam à luz ou ao movimento.

– Já se passaram cinco dias, Ibn. A febre cedeu, a hemorragia também, mas, sejamos francos, esse estado de inconsciência torna-se preocupante. Ela está sem alimento, pouco hidratada...

– Sei aonde quer chegar – declarou Ibn. – Talvez devamos falar com Jamal.

– Concordo. É melhor que ele esteja ciente do que possa ocorrer de maior gravidade, e a natureza orgânica de Zahara nos surpreender, do que ficarmos sem uma definição nos negando a admitir a pior das possibilidades.

Ibn deu continuidade ao exame da enferma. Com olhar preocupado e expressão concentrada, fria, voltou-se para Benjamim, dizendo:

– Vamos agora. Jamal é, acima de tudo, um bom amigo e nos receberá mesmo sem aviso anterior.

Benjamim aquiesceu, encaminhando-se para a porta, seguido de perto por Ibn. Em silêncio, dirigiram-se ao centro administrativo do palácio.

Jamal interrompeu seus afazeres. Dispensou o secretário e alguns conselheiros para atender os médicos, tão logo fora informado da presença deles.

Observando as expressões sérias, as palavras contidas, os modos calmos, Jamal deduziu que a conversa lhe traria notícias desagradáveis, por isso, encarando-os, falou direta e secamente:

– Vejo que a visita é séria e presumo que o assunto é a saúde de Zahara. Peço que não façam rodeios.

Ibn olhou para Benjamim e em seu olhar estava claro que outorgava ao amigo o direito de dar os esclarecimentos devidos sobre a paciente de ambos. Ele não se fez de rogado, não era de seu feitio.

– Temos indícios suficientes para dizer que, provavelmente, o estado atual da senhora Zahara seja permanente. A hemorragia e a infecção estão controladas, mas ela não recobra a consciência. Logo...

– Por Alá! O que me dizem é horrível – interrompeu Jamal, lançando as mãos à cabeça. – Como pode acontecer isso com uma mulher jovem, saudável?

– São os riscos da vida – disse Benjamim. – A ciência ainda tem muito a avançar; é repleta de perguntas, Califa. E a mulher gestante é um estado especialíssimo da natureza. Desde que os seres humanos habitam o mundo, as mulheres dão à luz. Com a grande maioria delas a natureza é amorosa, e corre tudo como o esperado, entretanto, há uma minoria que enfrenta sérias complicações e, não raro, a própria morte. Em nosso trabalho somos chamados a viver lado a lado, instante a instante, com a vida e a morte. Creia, elas podem chegar juntas em um mesmo momento. Ou..., então, a morte, sorrateira, leva-nos aos poucos, com intervalos de severo sofrimento. Para algumas mulheres a experiência física da maternidade é fascinante; para outras, é porta aberta às perturbações mentais, à loucura, às doenças e, como já disse, até mesmo à morte. A sabedoria de Deus é infinita, e o conhecimento humano é pequeno e falho; não conseguimos compreendê-la em sua plenitude. Nossos julgamentos são imediatistas, erramos com mais freqüência do que seria desejado ao atribuir valores e formar conceitos das coisas de Deus. Tenho aprendido a aceitá-los e aceitar que todas as situações têm como limite aquilo que chamamos de possível. Por ora, todo o possível está sendo realizado, é o que nos cabe. Continuamos buscando respostas, mas cientes de que elas estão reservadas ao futuro.

– Jamal, veja bem, não estamos dizendo que ela nunca mais volte, que vá morrer nesse estado. Mas, é provável. Não seria o primeiro caso – reforçou Ibn, olhando preocupado a reação do Califa.

– Quantos casos conhecem em que as pessoas retornaram desse estado? – indagou Jamal, após alguns instantes de reflexão.

Ibn e Benjamim se entreolharam; a resposta a essa questão era tão vaga quanto as anteriores.

– Tudo é incerto, quando pisamos nesse terreno – respondeu Ibn. – Não há números, nem sequer aproximados, que possamos lhe oferecer como base.

– Um ou nenhum? – insistiu o Califa.

– Sou muito realista. Há mesmo quem diga que sou muito duro para alguém tão vinculado à religião, mas, sendo sincero, minha experiência é de nenhum caso – declarou Benjamim, enfrentando o olhar de Jamal. – Já vi seqüelas graves, como uma paralisia dos membros, perda da fala ou da visão – essas são as mais comuns quando a eclampsia é grave e acarreta danos; outras mulheres se recuperam da doença sem lesões. No entanto, quando ficam no estado da senhora Zahara, a morte é questão de tempo.

– Quanto tempo? – questionou Jamal.

– O necessário a que a natureza extinga suas forças vitais. Não temos como alimentá-la ou hidratá-la.

– Que horror! Você está me dizendo que ela morrerá de fome e sede dentro desse palácio onde nada falta?

– Entendeu-me muito bem. É isso mesmo. Estamos no limiar da porta em que falecem todos os recursos humanos e a vontade soberana das leis de Deus se faz cumprir. Diante do poder supremo, tudo é nada. Não importa que esse seja o palácio do Califado de Córdoba, onde a abundância é regra.

– Respeito sua crença, Benjamim, sei que é um homem culto e inteligente, mas, de fato, é muito duro ouvir o que disse – comentou o Califa, atordoado. – Nunca pensei em desgraça ao ver uma mulher grávida. Nunca pensei que a morte lhe espreitasse os passos.

– Nem deve pensar. Particularmente, considero linda toda mulher gestante. Lembra-me a primavera. É uma visão de alegria e exuberância. Porém, a vida e a morte são um dos muitos pares inseparáveis da existência. Temos de aceitá-los. É como um jogo de moeda: pode dar cara ou coroa. Riscos, experiências, aprendizados, a isso se resume o ato de viver. Aceite a situação como o Senhor a apresenta, e tudo ficará mais fácil.

Jamal balançou a cabeça em muda aquiescência às palavras de conforto que Benjamim lhe endereçava. Pensou alguns minutos em suas anteriores experiências com a gravidez de suas esposas. Intimamente agradeceu a Deus pela saúde, bem estar e alegria que havia vivido sem dar-se conta de que era um imenso presente e que nem todos o recebiam. Antes julgara-os um fato corriqueiro; somente em meio ao caos da grave enfermidade praticamente irreversível de Zahara, ele valorizava devidamente os momentos vividos até então.

Do passado ao futuro a mente humana não leva mais de um segundo. Nesse salto ele recordou o rosto de Layla, a confissão honesta que lhe fizera, a decisão de dar à luz e assumir a maternidade de um filho gerado em tão singular situação. Os fortes sentimentos de amizade e admiração que sentira naquele instante voltaram intensos e eivados de aflição. Voltou o olhar aos seus visitantes, sem esconder o que lhe ia na alma.

– Abençoadas palavras, Benjamim. Se você não fosse um conceituado rabino e estudioso respeitado da Torá em toda Al Andaluz, eu diria que você é o mais convicto muçulmano que conheço. Obrigado por sua honestidade. E a você também, Ibn.

Jamal fez uma pausa, deixando que um silêncio pesado se abatesse sobre eles. Depois retomou a palavra.

– Em meio a essa triste situação, recebi uma notícia que muito me alegrou e agora me aflige. Minha esposa Layla está grávida. Confesso a vocês, sem vergonha alguma, que não suportaria se o mesmo acontecesse com ela. Sei que não é usual acompanharem a gestação de uma mulher. Como disseram, a natureza faz seu trabalho. Mas eu ordeno, eu peço, eu imploro, se for preciso, que assistam Layla. Quero que a examinem todos os dias. Só assim terei a paz necessária para administrar o Califado.

Os médicos surpreenderam-se com a declaração de Jamal. Sabiam que ele era um homem sensível e humilde, mas, ao assumir suas fragilidades, ele os surpreendeu. Benjamim foi o primeiro a se recuperar.

– Considero uma honra atender a seu pedido e servir a senhora Layla. Permita-me dizer que sua esposa é uma jóia rara.

– Creia-me, eu sei o quanto ela vale. Cuide dela e será recompensado regiamente.

– Virei vê-la todas os dias.

– Quanto a Zahara... rezaremos por ela. Façam o que puderem para que seu sofrimento seja o menor possível – ordenou Jamal, desgastado pelas emoções produzidas no encontro.

– Treinamos duas criadas que estão aptas a atendê-la. Assim a visitaremos uma vez ao dia e, havendo alguma mudança, viremos extraordinariamente – propôs Ibn, observando a exaustão de Jamal com piedade. "Pobre homem, tem tudo que o poder humano pode alcançar, mesmo assim, sofre, pois há muito mais na vida do que aquilo que é comum à maioria de nós ambicionar. E, para esses bens dados por uma natureza saudável, nem mesmo o mais poderoso homem de Córdoba pode dar ordens. Já não bastava a irmã, agora também uma de suas esposas. Não é sem razão que ele teme por Layla."

***

Pairando pouco acima de seu corpo, a alma de Zahara observava e sentia o que se passava a seu redor. Guardava uma sensação de despertar, de tonteira, de semi-consciência. Após a mais severa convulsão, minutos depois da chegada de Layla, sofrera uma parada cardíaca momentânea, porém longa o bastante para deixar-lhe as seqüelas que vivia. Seu sistema neurológico fora afetado, e seu corpo mantinha uma vida vegetativa. Transformara-se em uma âncora para sua alma, que permanecia paralisada, presa a um corpo inerte, que não lhe ofertava nenhuma condição de expressão.

A idéia da própria situação era que vivia uma noite muito longa e cheia de pesadelos. Embora a sensação de embotamento e semi-consciência, vira com horror o procedimento dos médicos. A bacia cheia de pedaços do bebê a perturbava. Tinha ânsia de gritar, mas a voz não saía; queria mexer-se, fugir, correr para longe, mas seu corpo estava enrijecido, pesado; nenhum músculo obedecia à sua vontade. Depois, num efeito reflexo das drogas que Benjamim conseguira fazer passar por sua garganta, o torpor se aprofundara e, por horas, mergulhara na inconsciência.

Depois, vieram a febre e a infecção do organismo, e sentira-se queimar. A boca seca, a mente tumultuada, tristeza e desespero brigavam pelos pequenos espaços de consciência espiritual que o estado lhe permitia. Chamava por Ibn, por Jamal, mas eles não lhe respondiam. Em alguns momentos podia escutá-los, entendia o que conversavam. Alguém estava muito mal, à beira da morte, num estado de agonia, mas não atinava de quem falavam.

Quando via Kamilah, o mal estar se aprofundava. A visita dela lhe era penosa. Os sentimentos que a primeira esposa de Jamal abrigava naqueles dias e o falatório que promovia envolvendo a enferma repercutiam mal na alma de Zahara, presa ao corpo inerte em estado de perturbação.

Diferentemente, quando Layla vinha vê-la, em geral por breves instantes, apenas o suficiente para verificar se ela estava sendo bem assistida pelas criadas e para fazer uma prece a seu lado, ela sentia como que um sopro suave, refrigerante, um bálsamo. Acalmava-se; parecia divisar bonitas luzes no ambiente; percebia o pensamento de sua visitante como se lhe ouvisse as palavras. Não sabia explicar aquele misterioso estado. Não tinha vontade alguma de falar com Layla, tampouco nutria maus sentimentos; ao contrário, apreciava sua chegada, quando a percebia, pois era sinônimo de paz, suavidade, calma. Sentia-se adormecer tranqüila, num sono sem pesadelos, sem lembranças, sem agonia. Apenas dormia profundamente. Talvez gratidão fosse o sentimento que despontava em sua alma.

A visita de Jamal nos primeiros dias a atormentava, angustiava. No entanto, com o passar do tempo ele já não a visitava com tanta freqüência, o que contribuiu para que as lembranças fossem se distanciando e, cada vez mais, ela mergulhava num estado de inconsciência. Os intervalos em que percebia alguma coisa a sua volta foram se tornando mais espaçados, conforme seu corpo perdia gradualmente as forças vitais.

Uma violenta discussão entre Jamal e Kamilah, em razão da boataria descabida e das acusações sem propósitos feitas a Layla, repercutiu de maneira positiva sobre o estado da enferma, na medida em que impôs silêncio, fazendo com que todos evitassem até mesmo pensar no ocorrido com Zahara.

Por determinação do marido, Kamilah foi afastada não apenas dos aposentos da enferma e do palácio do Califado. Enviou-a para um mosteiro muçulmano, de orientação sufi, que aceitava mulheres para guarda do túmulo de santos e meditação, no Marrocos.

Ela partira tomada de fúria, mergulhada no mais verde ciúme e baixa estima, ruminando pensamentos vingativos. Layla continuava ocupando todo o pequeno mundo íntimo em que se encarcerara. A esperança de Jamal era de que, passando anos recolhida em meditação e em um meio religioso, ela pudesse crescer, amadurecer, libertar-se. Não a queria mais como esposa, mas era a mãe de dois de seus filhos. Tinha obrigações com ela e pretendia visitá-la e dar-lhe no mosteiro as melhores condições de vida.

Da janela de seu quarto, Amirah viu a partida da cunhada tendo a seu lado Ximena.

– Será que meu irmão está certo ao agir assim, Ximena?

– Não sei.

– Tenho orado tanto por ele...

– Eu também. O Califa está mudado.

– Você acha? Por quê? Eu o noto mais agitado, mas... tudo que aconteceu... depois a situação familiar...

– Não é só isso. Quer dizer – apressou-se em corrigir Ximena –, é lógico que foram fatos sérios, relevantes. O que quero dizer é que o Califa parece ter mudado por dentro. Mas não sei explicar.

Amirah voltou o olhar especulativo para o rosto da criada e amiga. Ximena tinha o rosto sério; fitava o horizonte distante. Não via a saída de Kamilah; seus olhos castanhos mal escondiam um ar de solidão, de tristeza.

– Sempre mudamos ao convivermos com outras pessoas. É provável que seja a companhia de Layla a causa da transformação.

– Córdoba e Al Andaluz passaram a ser dirigidas da ala residencial de sua nova cunhada. Jamal está sempre lá – comentou Ximena, tão envolvida em seus pensamentos que não percebeu ao expressá-los em voz alta, diga-se, em tom que demonstrava a dor provocada pela admissão do fato.

Amirah, com o propósito de não constrangê-la, calou-se. Ficou refletindo sobre os sentimentos humanos; na ilusão que via nos homens de seu povo de que leis humanas ou religiosas regulariam sentimentos. Admitia que elas forçavam atitudes de aparência, nada mais. As mulheres viviam encobertas por véus, num recado nítido de que deviam tornar-se invisíveis. Como nem sempre isso era possível, elas, ao menos, não deveriam ser identificadas. A submissão juntamente com a virgindade eram os maiores dotes de uma jovem, pré-requisitos para que se tornasse esposa e mãe, destino de sua existência.

Ela, por questões de saúde – ou deveria dizer de doença –, tinha um destino um pouco diverso, mas ainda mais invisível e confinado que as demais. Entretanto, justo esse fato a fizera exercer maior influência sobre o irmão. Tornara-se culta, inteligente, perspicaz.

Sabia da paixão latente entre Jamal e Ximena. Sabia, também, que era um sentimento insatisfeito. Milhares de vezes perguntara-se por que a jovem não aceitava ser concubina do irmão, e concluíra que as mulheres cristãs não sabiam explorar a feminilidade e o poder que elas carregam consigo.

Layla dava mostras de saber usar e manusear muito bem o poder feminino. Acomodava-se à situação que vivia e, com paciência, a transformava. Cativava Jamal, como nenhuma de suas esposas havia conseguido, e apagava a chama da paixão que ele nutrira por Ximena, fazendo de seu casamento não um contrato entre famílias, mas uma união entre pessoas livres, sem cobranças ou expectativas, recheada de afeto, verdade e confiança.

Extinguia, dia após dia, a solidão interior do homem mais poderoso daquela época. Layla se colocava lado a lado com ele, não um passo atrás. E o véu, nela, encobria apenas os cabelos, nada mais. Em poucos meses de casamento, todos sabiam quem era a esposa do Califa e que mulher vivia no belo palácio.

Os sentimentos são contagiosos ou transferíveis entre as pessoas; os de Jamal por sua nova esposa logo se transferiram a todos que o serviam e aos nobres e intelectuais que privavam da intimidade do casal, bem como ao povo nas ruas.

Em sua nova vida, a filha de Nasser Al Gassim, era tudo, menos envolta pelo manto da invisibilidade que cobria as mulheres de seu povo.

Capítulo XXVI

Vida e morte

Kiéram não suportara presenciar a vida de Layla como soberana de Al Andaluz. Logo após o enlace matrimonial, partiu para a Itália, servindo a um nobre muçulmano que lutava para manter o domínio da Cecília. Saíra de Córdoba durante as horas mortas da madrugada, cheias de silêncio e solidão. No alto do céu brilhava a lua no quadrante do quarto crescente.

– Lembrança de querer o impossível – murmurou ele fitando a lua, esplendorosa, dominadora, no alto do firmamento. – Espero que ela seja feliz no caminho que escolheu. Vou esquecê-la.

Poucas pessoas souberam de sua mudança. A mãe e a irmã o acompanharam. Confiou a administração de suas propriedades a um amigo. O necessário foi rapidamente arrumado. Sem questionamentos, ele deixou a cidade, seguido por seu exército.

Layla empregava a si mesma a feroz disciplina dos arqueiros – sangue frio, concentração absoluta nos objetivos e nas metas emediatas. E seu objetivo era sobreviver um dia após o outro, sem mágoas ou rancores a lhe atormentarem o íntimo. Esquecer as experiências doridas, o significado das cicatrizes em sua pele.

Em um daqueles dias, Adara comentara que, enfim, as manchas roxas e multicolores dos hematomas sumiam, e ela voltava a ostentar a cútis morena e rosada. Ao ouvi-la, havia observado a pele de seus braços. Erguendo a manga da túnica de seda branca que vestia, de fato, não viu as manchas, porém as finas linhas esbranquiçadas das cicatrizes estavam lá. Correu o dedo indicador da mão direita sobre um braço; sua expressão tornou-se sombria.

– Layla, quem não tem cicatrizes não viveu – confortou-a Adara. – Cada uma das marcas que trazemos no corpo contam partes da nossa história, dão testemunho das lutas e dificuldades que vencemos. Se não as tivéssemos para exibir significaria que estávamos mortos, derrotados. Dizem os sábios que nossas partes físicas mais fortes são as cicatrizes; eu penso que de nossas almas também.

– É, deve ser – concordou Layla. – Mas não concordo com essa relação de morte e derrota que você fez.

– Eu quis dizer que as cicatrizes provam que enfrentamos desafios, e o fato de exibi-las significa que não morremos, que a vida continua. Somos vencedores.

– Entendi sua idéia, mas continuo não aceitando essa ligação morte e derrota. Penso que a morte é um fenômeno natural, uma lei. Igual ao nascer e o pôr do sol, são faces de um mesmo dia. A vida e a morte são partes da natureza, de um movimento ou uma dança da existência. Não há vitória ou derrota nesse fato; há um ciclo. Morrem vencedores e vencidos. É preciso aceitar. Aliás, tenho aprendido a fazer o exercício da aceitação. A natureza, o destino ou Deus – como quiser chamar – a cada dia nos oferece um fato novo, uma experiência nova para nos exercitar na arte de receber, de bem aceitar aquilo que nos é ofertado. Eu lembro que quando criança tinha grande dificuldade em receber um presente do qual eu não gostasse. Meu Deus, perdi a conta das malcriações que fiz por não querer algo que me haviam dado. Hoje, eu vejo nos fatos do cotidiano, a oferta do presente – a experiência da hora que vivemos – e a oportunidade de exercitar a aceitação, de bem receber esse "presente" que pode não ser do meu agrado. Creio até que, em última instância, isso signifique submissão a Deus, a essência da fé que professamos.

Adara sorriu, lembrando a infância e a adolescência da rebelde menina criada em Cádiz. Seu pensamento voou no tempo, e as boas lembranças fizeram brilhar seus olhos para depois marejá-los de salgadas lágrimas. Apressada, passou a mão no rosto. Secando o pranto, respirou fundo e voltou a sorrir.

– A vida opera milagres, verdadeiras transformações. É como a flor que vira fruto, amadurece, alimenta, depois deita ao solo as sementes da árvore que a produziu. Um milagre da inteligência divina. Quem diria que eu ouviria a rebelde Layla falar de aceitação e submissão?! Devia haver quem pensasse que isso era impossível.

– Não vejo motivo. Sempre pensei em mim como uma muçulmana consciente de sua fé. Sou submissa à vontade de Deus, e somente a Ele. Não mudei. O que nunca tolerei foi subserviência, foi rebaixar-se à condição de uma besta sem vontade, sempre pronta a atender seu amo. E não mudei. Aceitação é algo bem diferente, mais profundo. Você falou em árvore, pois bem, eu compararia a aceitação com as raízes. É o que nos dá sustentação, equilíbrio. Aceitar não é o mesmo que concordar com tudo, obedecer a qualquer um. Não é acomodação ou inércia. Entendo que aceitação é a recepção íntima, a acolhida interna que dou ao presente, sem me revoltar, sem ignorar, sem ser omissa. É em tudo sorrir para Deus pensando que há o propósito de fazer-me melhor e caminhar, agir, trabalhar para mudar o que não gosto ou não me faz feliz. Assim tenho pensado Adara. Eu me sinto profundamente submissa à vontade de Deus, por isso aceito tudo que a vida oferta a todos nós, de modo geral – como o nascer e o morrer na vida corpórea – e aquilo que ela me oferece em particular. Esse presente eu acolho, analiso e, conforme minha decisão, modifico-o ou não. Algumas atitudes, talvez, pareçam de revolta, mas não são. Já senti o poder do ódio, o quanto cega a vingança, e sei a quem ela faz sofrer de verdade.

– Hum, também já aprendi. A dor maior é abrigar esses sentimentos. Queimam como um fogo que não se extingue, incansável. Esgotam, fazem-nos adoecer.

Layla sorriu, interessada, e fitou Adara, notando que ela parecia enxergar o passado como uma pintura à sua frente.

– É, é, exatamente, desse modo. Desde que compreendi isso, fiz um propósito pessoal de em nenhum dia mais da minha vida, não importa a circunstância, deixar-me levar por esses sentimentos.

– Parabéns! Você cresceu muitos anos em poucos dias. Como ensinava o profeta Yeshua, não devemos nos maravilhar pela maneira como foram condenados os condenados, mas antes como foram salvos os salvos! Eu não sei o que você viveu, minha filha, e, conhecendo-a, sei que nunca saberei, mas fico maravilhada com a mulher que tenho a meu lado. Já lhe disse isso antes, mas não custa repetir o que é bom. Afinal, as más palavras enchem tanto as bocas e ouvidos. Por falar em más palavras, não sabe de Kamilah? Pobre mulher, ignorava que sempre temos opções e com elas construímos nossos caminhos. Como se diz, ela perdeu os rumos.

– Ela não soube aceitar o presente da hora: eu – comentou Layla rindo. – É uma infeliz lidando a braços com a revolta e a pior rebeldia, aquela nascida do ódio, da raiva. Eu admito, sou rebelde, mas sei que em mim esse comportamento tem nascente na indignação, uma prima-irmã melhorzinha que a raiva. Não me rebelo contra uma pessoa ou situação em particular, e, sim, com leis e imposições que considero humanas, excessivamente humanas, para serem atribuídas a Deus. Não consigo imaginar o Misericordioso como uma criança a brincar com marionetes, preocupando-se em resguardar interesses pessoais e fazendo distinção tamanha entre os seres de sua criação. Onde a mão do homem não escreve leis, as coisas não se passam como em nosso meio. É visível o equilíbrio, a igualdade, a liberdade. Machos e fêmeas têm destinações diferentes no mundo animal, mas nem por isso elas são invisíveis, segregadas, menos importantes. Elas são autônomas, livres, lutam nas mesmas condições pela subsistência, pelo abrigo, por seu espaço.

– No mosteiro sufi, espero que ela tenha bastante tempo para instruir-se.

Quem sabe não venha a entender uma outra lição de Yeshua, aquela que fala dos três dias, lembra?

– "A vida terrestre consiste em três dias: um ontem sobre o qual não tendes controle, um amanhã que não sabeis se atingireis, e um hoje a que deveis dar bom uso" – recitou Layla, fitando o céu azul pelas paredes vazadas da sala onde estavam. – É o meu objetivo, meu exercício. Se Kamilah o entender, talvez volte para cá, não sei. Jamal irritou-se muito com as atitudes dela. Foram tão impróprias, mas tão humanas, cheias de medo em todos os matizes: ciúme, insegurança, inveja. Humanos, muito humanos. Mas é preciso compreender para mudar. O fato de serem humanos não significa que sejam bons ou saudáveis. Nossa ignorância também dá frutos de intolerância. É preciso ser paciente para viver por aqui, não acha?

Adara concordou. "Precisamos de paciência não só para viver no Califado de Córdoba, mas na Terra", pensou ela.

A luta para vencer a ignorância a respeito das reações elementares de sentimentos, como o medo e a raiva, exige que exercitemos a paciência. A marcha é lenta e crescente. O desconhecimento e a conseqüente falta de domínio sobre forças emocionais básicas conduzem a comportamentos intolerantes ou doentios.

É tão humano ser medroso ou raivoso, como o é ser corajoso e desapegado; a diferença é a escala de crescimento percorrida. Em qualquer dos extremos estamos falando de experiências no desenvolvimento do ser, que, por certo, precisam ser vividas desde sua fase mais grosseira até a mais sutil, conforme a invariável lei de evolução. Fundamental é conhecer, ou, ao menos, ter uma rápida idéia de como atuam essas forças em nossos seres. Diria que são tão vitais as noções a respeito de sentimentos e sua intricada ação, como o é saber o mínimo da anatomia de nossos corpos.

Desvendar nossa dinâmica emocional está para o autoconhecimento como o conhecimento do próprio corpo está para formação da auto-imagem e saudável desenvolvimento psicológico. É, simplesmente, fundamental. É um caminho, o mais comum, acessível a qualquer pessoa, para desvendar a realidade de que é um espírito imortal e de que as forças que estuda não são geradas pela química do corpo, são anteriores.

As reações químicas, fisiológicas do organismo material são conseqüências do sentir, são reflexos dessas forças que brotam dos recônditos da alma de cada um, e são tão únicos quanto à impressão digital, embora tenham contornos mais ou menos semelhantes.

* * *

Em Cádiz, as coisas estavam bastante diferentes. A cidade era um corpo ferido, dilacerado, cheio de cicatrizes, a lembrar, a todo instante, aos seus moradores, os horrores que sobre ela haviam se abatido.

Karim trabalhava, incansável. Era o último a deitar e o primeiro a estar de pé, dia após dia, na tarefa da reconstrução.

O jovem calmo, até tímido, desabrochava como líder nato. As dores vividas e admitidas integralmente em suas lições boas e ruins a seu próprio respeito, amadureceram-no. Deram entendimento. Enxergava com clareza cristalina as pessoas, sem máscaras, ilusões ou fantasias. Admitia-se como um ser falho, dorido; entendera que a culpa nada resolvia, o melhor era agir como Nasrudim e adaptar-se à realidade, extraindo ensinamentos, aproveitando as oportunidades. Entendeu que ninguém é somente falho ou portador de problemas; é também capaz, inteligente, amoroso, gentil, mas que precisa acreditar no que tem de bom em si para fazer esse aspecto florescer, vir à luz e brilhar.

Passara, de início, vários dias valorizando as dificuldades, as ausências, as carências, o que não tinha, o que não compreendia. Certo dia deu-se conta de que, agindo assim, afundava numa tristeza enorme, não tinha disposição, vontade, nem mesmo apetite. Foi então que, pela primeira vez, viu, com nitidez e acordado, a dona da voz suave que lhe falava à consciência.

Pensara que era um anjo, mas ela não possuía asas; era uma jovem e bonita mulher, de uma natureza sutil. Viu-a com perfeição, em detalhes, mas era como se fosse feita da matéria das nuvens.

Safia o fitara ternamente, mas havia um quê de severidade mesclado em seu olhar, e o pensamento de emanação calma também não escondia a firmeza, ao lhe dizer:

– Karim, abra os olhos e veja. Olhe à sua volta. Pense. Nada resolve ficar remoendo o que passou. Tire as lições. Olhe e veja o presente e o futuro que se descortina à sua frente. Não tenha dúvidas: eles são maiores do que o que você já viveu, e sempre serão. Assim é a vida e a sabedoria do Misericordioso. Você teima em deter seu pensamento nas faltas e perdas, quando deveria contabilizar o que tem e planejar o que fazer para crescer. Acredite, é sempre possível. Precisamos olhar as sombras, as perdas, admitir as derrotas, mas precisamos igualmente, e com mais confiança, contemplar a luz que há em nós, as imensas potencialidades que carregamos e as renovadas oportunidades que a vida nos dá. Tudo e todos são passíveis de transformação. Somente aqueles que ficam olhando para trás, contemplando o passado, endurecem, tornando-se amargos. Estátuas de sal. Yeshua, o sábio profeta, ensinou: “Brilhe a vossa luz”. Há luz em todos nós, mas como o mesmo sábio dizia, precisamos ter olhos de ver e ouvidos de ouvir, ou seja, precisamos refletir sobre as lições e extrair delas a compreensão. Não me escute, pois isso seria falar apenas ao seu intelecto. Ouça-me, pense, sinta minhas palavras e as compreenda. Quando meu pensamento calar, deixe que minhas idéias lancem sementes em você, pense. Olhos de ver é também a capacidade de abrir-se ao mundo, Karim. O sentido de ver não pertence aos olhos, creia-me. Ver além de si mesmo. Há dias você está enxergando para dentro e para o lado escuro. Basta. Se persistir, não verá mais nada, está treinando mal sua percepção. Não a confunda com o sentido físico. Os olhos se movem em todas em direções, menos para trás, meu querido. Significa dizer que você pode olhar para dentro, para fora, para os lados, vendo a si, aos outros e a todas as coisas que o Altíssimo colocou ao alcance de suas criaturas, com exceção do que já se foi. Você se tornará um cego do mundo e da vida se fechar-se nessa visão. Insisto, abra os olhos e veja; ouça com ouvidos de ouvir, e entenderá que a luz que carrega, somente você poderá colocar em lugar útil para iluminar a sua jornada e a daqueles que dela possam se servir. Trabalhe, não tema, confie em Deus e avance. Um dia depois do outro, no ritmo cadenciado da roda do progresso que faz girar nossas existências, aprenderá que temos muito mais a agradecer do que a pedir ao Senhor da Vida, e, principalmente, temos mais presenças do que ausências, ganhos do que perdas, fartura e abundância do que misérias; muito mais amor a descobrir do que ódios a remoer. Depende do modo como vemos e ouvimos a vida e a Deus. Pense, depois vá e trabalhe. A insegurança e o medo são transitórios; a coragem e o valor moral são permanentes.

As faculdades sensitivas, antes manifestando-se como intuição, caminhavam em sua escalada ascensional.

Os rudimentos das faculdades anímicas surgem como vagas sensações, percepções, intuições que evoluem, bastando que seu portador seja atento a eles para verificar o desenvolvimento.

O fenômeno não nasce pronto; ele segue as leis naturais e, como tudo, tem infinitas gradações, mas nasce sempre rudimentar para ampliar-se até se mostrar pleno. Para tanto se faz necessário também o desenvolvimento físico, intelectual, cultural e emocional do médium; desenvolve-se a faculdade de acordo com o progresso do ser humano.

Era o que se dava com Karim. O somatório das experiências apresentava um saldo positivo em seu crescimento e refletia-se, natural e obviamente, em sua percepção da realidade extrafísica. Era agora alguém amadurecido, tornado mais sensível.

No momento em que a visão de Safia se deu, ele não teve medo. Agiu com naturalidade, ouviu-a, calado, atento. Contemplou-a encantado, envolto nas boas vibrações dela, que o acalmavam e o enchiam de confiança.

Foi quando, num piscar de olhos, ela desapareceu. E ele se deu conta de que a porta estava fechada, que eram altas horas da noite, e que nunca vira aquela mulher antes, embora ela lhe falasse com intimidade e soubesse seu nome. Porém, sentia-se tocado, sem saber explicar como ou porquê. Não importava. "Ela o advertira com uma ousadia singular nas mulheres", pensou ele, para logo lembrar-se de que ela era um anjo, segundo suas crenças. Portanto, um ser fora das condições da humanidade comum.

Karim refletiu durante aquela madrugada; adormeceu exausto e acordou renovado. Fizera – sob o amparo de Safia – um inventário de suas perdas e ganhos em todos os aspectos de sua vida. Durante o sono físico o contato se estendera de forma mais consciente, conquanto ao acordar ele não registrasse nenhuma lembrança. Fato é que, após aquela noite, o novo emir de Cádiz assumira seus deveres, e despertara para os compromissos assumidos antes de reencarnar-se como Karim, filho de Nasser Al Gassim.

Meses de intenso trabalho sucederam ao evento. Neles, com freqüência, diante de inúmeras situações, tinha a sensação nítida de tê-las vivido antes. Em várias delas antecipou ocorrências e, em outras, conseguia com um simples golpe de vista perceber o que se passava, decidindo com segurança e autonomia.

Desenvolvia o que se chama de golpe de vista moral – a capacidade de compreensão rápida e boa avaliação dos fatos, possibilitando visualizar as realizações presentes, passadas e futuras. Desenvolveu confiança. Os temores transformavam-se em prudência comedida, numa saudável mudança com crescimento.

O medo se traveste em conservadorismo, apego ao conhecido em busca de segurança que esconde o pavor do "novo", do desafio, sendo também uma manifestação patológica. Conduz a comportamentos rígidos ao estilo dos xenofóbicos, homofóbicos, e outros que não toleram a compreensão do diferente que chamavam, inapropriadamente, de "novo", agarrando-se a comportamentos e conceitos ultrapassados, mas que eles dominam.

Passados cinco meses, Cádiz e seu povo, sob o comando do jovem emir, davam sinais de restabelecimento próximo. Foi então que a lembrança de Amirah começou a insinuar-se devagar em sua mente, reivindicando espaço em seus sonhos, surgindo quando as ocupações do trabalho davam trégua, e até se imiscuindo nelas, exigindo esforço de concentração.

Fizera da reflexão, proposta pelo "anjo mulher", uma prática diária. Olhou para dentro de si e entendeu o recado que vinha de partes profundas do eu – o afeto e a atração que sentira pela irmã do cunhado não se apagaram; queria-a junto de si. O período de luto por Munir ainda não se escoara; a viúva não podia ser pretendida por outro homem. Mas ele vivera, à exceção nos últimos meses, toda a sua vida ao lado de Layla. Desse passado extraía a lição de que as leis precisam ser desafiadas em nome do progresso. A perpetuação de usos e costumes é estagnante. Sentia saudade da irmã, não podia haver melhor desculpa para visitar Córdoba.

Alheia ao que ocorria em Cádiz, de onde lhe chegavam poucas notícias, Amirah prosseguia, resignada, sua existência de reclusão. Layla tornara-se uma visita freqüente; apreciavam-se com sinceridade. Juntas, as horas transcorriam serenas, em alegres e proveitosas conversas acerca de interesses comuns. Ensinara a cunhada a observar a vida atrás da cortina. A princípio, divertida, Layla ria das análises da cunhada, no entanto, conforme percebeu a veracidade das afirmações e comentários, tornou-se circunspecta.

– É como a vida das mulheres – murmurou Layla em dado instante, muito séria.

– O que é como a vida das mulheres? – inquiriu Amirah, curiosa com a comparação.

– A sua vida.

– É lógico. Eu nasci mulher.

– Não. Não é lógico. Ninguém nasce homem ou mulher; nós nos tornamos um ou outro. Ser mulher é mais do que nascer do sexo feminino, isso é apenas uma parte, entende? – sentenciou Layla concentrada. – Você tem a vida das mulheres. Pense comigo. Sabem que você existe, mas não a vêem. Você pensa, sente, aprende, observa, entende, fala, mas sua voz não é ouvida; é como se não tivesse som ou fosse muito baixinha, sem amplitude. Você se movimenta, mas seu espaço é limitado, tudo a sua volta é cheio de limites. Você é invisível, vê a vida por trás da cortina. As mulheres muçulmanas, judias ou cristãs, vivem sob um manto de invisibilidade. O véu que usam é um símbolo. Nas diversas crenças, mulheres são obrigadas a esconder a cabeça, não os cabelos; é uma mera desculpa. A cabeça, a zona do pensamento, das idéias, da razão é que querem ver encoberta nas mulheres; negar-nos a capacidade de influir no meio social, de ampliar nossa inteligência e demonstrar todas as capacidades que também possuímos, que não somos seres incompletos ou homens defeituosos. Essas leis são bizarras!

– Layla! Cuidado, você está se referindo ao Alcorão, à Tora e à Bíblia. Estarão todas erradas? Não há exagero em sua forma de ver?

Através da cortina, Layla contemplou a movimentação da rua. Homens passavam apressados; os muçulmanos com seus turbantes; os judeus com os chapéus ou o solidéu, e os sacerdotes cristãos igualmente com o solidéu; todos com as cabeças erguidas e falando alto. As poucas mulheres que circulavam tinham as cabeças cobertas por véus ou lenços; andavam silenciosas e cabisbaixas. Profundo pesar estampou-se nos olhos negros.

– Que bom seria se eu fosse exagerada, Amirah. Bom seria! Mas não sou. É olhar e ver, só não enxerga quem não quer. E esse, no meu modo de entender, é o caso. Muita gente não quer ver, inclusive uma boa fração das mulheres. Temos muitas virtudes, reconheço. Mas carregamos pesados defeitos. Todos com a mesma característica paralisante. Por isso, tal situação é secular, milenar, sei lá, perde-se no tempo, feito poeira.

– Como assim? Não estou acompanhando seu raciocínio.

Ximena que ouvia a conversa entendera o pensamento de Layla. Apesar do ciúme que roía suas entranhas, aprendera a admirar a inteligência e a coragem da esposa do Califa. Ainda não conseguia bendizê-la por tornar feliz o homem que amava, mas começava a apreciar seus pontos de vista.

Layla falava do medo que era muito valorizado pelas mulheres, chegando mesmo a condenarem atitudes corajosas em outra mulher, acusando-a de não ter conduta feminina.

Outro defeito a ser corrigido era a preguiça que levava ao comodismo. Reunidas, mulheres enchiam horas e dias em queixas de seus maridos, filhos, das repetições da rotina, mas nada faziam para mudar, nem ao menos falar a quem de direito merecia ouvir as reclamações. Diante destes, calavam-se, acomodavam-se, acovardavam-se e repetiam os ciclos.

Algumas eram tão insatisfeitas que teciam comentários pouco elogiosos ao próprio corpo feminino, ressaltando nele apenas as dores escondendo e negando os prazeres que a mesma natureza oferece. Em si mesma, nos diversos momentos já vividos, surpreendera esses comportamentos. Não foi surpresa ouvir Layla explicar-se.

– Infelizmente, Amirah, não vejo exagero no que digo. Lamento que as interpretações dadas aos textos dos livros sagrados das religiões, inclusive da muçulmana, incentivem esse aspecto da alma feminina, seu lado menos nobre. Bem, mas dito assim, tenho que acrescentar que elas enfatizam todos os aspectos sombrios do feminino. É inegável que têm dele uma visão distorcida, que acarreta muito sofrimento e atraso para a sociedade. Tudo poderia ser bem melhor, se ampliassem a compreensão sobre a natureza feminina. Além do mais, nosso pensamento tem de investigar além dos livros escritos por mãos humanas, ainda que ditados por seres invisíveis superiores, pelo próprio Deus, se assim quiser. Considere que é, no mínimo, um trabalho em dupla, com parceria: o homem e Deus. Somente naquilo que não toca a mão humana a vontade de Deus é pura e cristalina.

Layla fez uma pausa, respirou, lançou um breve olhar às ruas e voltou a encarar a cunhada, ao dizer:

– A preguiça e o medo fazem a pessoa ficar parada, sem sair do lugar, da situação; eles paralisam. Naturalmente, qualquer um dos dois ou ambos geram o conformismo. Aquele modo de pensar que se repete mil e uma vezes, para fazer os meus ouvidos doerem: o famoso "deixar as coisas como estão, porque as mudanças são desconhecidas e podem ser piores." Um horror! Suportam barbáries, absurdos, leis cruéis, falta de direitos, afronta à sua dignidade, todo tipo de violência que se imagina e outras ainda por criar. Dizem que são tolerantes. Não creio. São medrosas, isso sim. Se fossem tolerantes, não veriam a raiva agindo em seus organismos, brilhando, surda e muda, em seus olhos. Não ouviríamos palavras rancorosas e lamúrias de eternas vítimas. Tolerância não é isso, não pode ser. A preguiça e o medo, com seus derivados, acabrunham-nas fazendo com que elas esqueçam a capacidade de mudança que todo ser humano tem, que traz consigo, acredito eu, desde o berço ou até de antes, é da alma. Mas são educadas desde o berço para pensar e agir dessa maneira, por isso sofrem tanto. Ensinam as meninas a sempre olharem e valorizarem o que gerará sofrimento: o medo, a preguiça, o conformismo, a vaidade, o apego ao corpo e seu uso como instrumento de poder. É, no mínimo, falta de inteligência; o corpo decaí, é inevitável. Apoiar esse pensamento é condenar ao sofrimento da busca do impossível. Uma tortura.

O espanto tomou conta da expressão do delicado rosto de Amirah. Estava assombrada. Convivia com poucas mulheres, um mundo reduzido a Ximena, algumas criadas, as mulheres que passavam na rua. Todas eram de posição social inferior, não falavam abertamente de seus problemas familiares. Em raras ocasiões tratara de intimidades de seus auxiliares.

Sob o impacto da declaração da cunhada, rememorou esses breves encontros. O espanto aprofundou-se ao constatar que, nessas poucas ocasiões, o tema fora exatamente esse. Variavam as circunstâncias e sintomas, mas analisando, friamente, com objetividade e razão, detectava a presença do medo e da preguiça, pai e mãe do comodismo e do conformismo.

– Por Alá! Você tem razão – declarou Amirah. – É trágico.

– A tragédia é parte da existência e, como qualquer outra situação, precisa ser vivida, aceita e enfrentada, não lamentada. Lamentos são murmúrios da tristeza. Ainda não vi a tristeza operar nenhuma grande transformação. É apenas um sentimento adaptativo. Nas horas de dor e dificuldade ela surge, tornando-nos pacatos, reflexivos e temos que ficar alerta para que não se torne doentia. Vi muitos animais morrerem de tristeza: eles definham, arrastam-se; o mesmo pode acontecer conosco. Vou observar, mas talvez a tristeza ataque mais mulheres do que homens.

– Pela característica de fazer parar? Acha que também ela conduz ao conformismo.

– Foi uma idéia que me ocorreu agora. Vamos pensar, observar juntas, está bem?

Layla ergueu as mãos, correndo os dedos por entre os fios de cabelos; enrolou-os, fazendo um nó frouxo à altura da nuca, com as mexas.

– Esse assunto parece infinito. Já lhe ocorreu que nós somos educadas desde cedo para sermos boas esposas e boas mães? Pergunto: por que não educamos os meninos para serem bons maridos e pais? Salvo questões sexuais, será que os homens se preocupam em saber o que fazer, como agir para fazer feliz sua companheira? Desculpe, corrijo-me, nem nestas: a preocupação é com a própria satisfação.

Amirah riu. Gargalhou como se a cunhada estivesse contando uma história hilária. Em meio ao riso, disse:

– Você tem cada idéia. Por que faríamos isso? Não lembro de ouvir falar que Jamal ouvisse sermões de como tratar uma mulher. Você lembra se seu irmão tinha tal ensino?

– Não. Mas por compromisso, ora. Não é razão bastante? Quando nos prometem em casamento, há também um homem envolvido. Acho justo que eles sejam educados para pensar em fazer feliz suas companheiras. Já vi o quão desgastante se torna uma relação baseada no empenho da mulher. O preço é alto. Alto demais.

– Não é o preço de todas as uniões? Eu acho que sim, ao menos das que eu vi e vejo. Talvez agora meu irmão esteja agindo um pouco diferente com você.

– Eu ajo de forma diferente com ele – corrigiu Layla. – Ele me disse que as demais mulheres da vida dele eram como eco ou sombra, jamais discordavam de suas vontades, nunca exigiam nada, sempre se diziam satisfeitas com tudo, e isso o fazia sentir uma solidão enorme, imensa como o oceano. Jamal sabe que não é meu dono e nunca será. Não sou um tapete, um lençol, um bibelô qualquer, sou um ser humano. Não admito que firam nem meus sentimentos nem meu corpo. Eu apenas escondo os cabelos sob véu, nunca minha capacidade de pensar e ser alguém.

– Quer dizer, quando você não o coloca de forma a que o vento o leve – ralhou Amirah, ironizando as constantes perdas do véu da cunhada, que nunca se apercebia.

– É – concordou Layla. – Mas, seu irmão não se importa. Até hoje não me disse uma única palavra sobre minhas dificuldades com o véu.

– Nem dirá. Ele gosta muito de você, admira-a. Seus olhos brilham quando fala a seu respeito. Fico muito feliz que estejam se dando bem. A solidão que você falou eu enxergava na vida de Jamal e afligia-me. Agora, estou em paz. Suas esposas eram mulheres convenientes. Os casamentos necessários ao bem das questões políticas, e tudo feito para que se enquadrassem às situações dentro do esperado, daquilo que se devia fazer. Questiono onde Alá guarda a felicidade; não descobri o lugar, mas já descobri onde ela não está.

– Sei. Também nunca a encontrei nas coisas convenientes. Elas são mornas, insossas, enfadonhas. Servem para que ninguém nos diga nada e para que não sejamos percebidos.

– Pois é, Kamilah foi conveniente; Aidah também. Aliás, essa é a personificação da conveniência, quase completamente imperceptível; sobre ela o véu da invisibilidade é mais espesso – comentou Amirah. – Zahara também o foi, pobre mulher. Que fim triste! Já se passaram quase três meses que ela morreu. Não pensava que um ser humano sobrevivesse tanto tempo naquela condição, apenas com gotas de líquidos.

– Benjamim explicou-me que poderia ter demorado ainda mais. Foi a debilidade provocada pela infecção e a hemorragia que fizeram com que o corpo dela enfraquecesse mais rápido e morresse. Foi melhor. Se fosse comigo teria preferido dessa forma. Faz cinco meses que estou morando em Córdoba. Não posso reclamar que a vida aqui seja pacata – declarou Layla, séria, ao lembrar a tragédia que se abatera sobre a terceira esposa do Califa.

– Benjamim a examina todos os dias? – indagou Amirah, lançando um olhar carinhoso ao ventre da cunhada. Os quadris arredondados e uma suave protuberância da barriga denunciavam a gravidez. – Você parece feliz em mostrar os sinais da gestação. Não a vejo com as túnicas mais amplas que as mulheres usam quando estão grávidas.

– É verdade, estou gostando de ver meu corpo transformar-se para dar espaço a outro ser. Somos dois em um mesmo corpo. É fascinante! Sabia que a criança já se mexe, e de forma livre? É uma vontade autônoma da minha. Ainda não se vê seu corpo, mas ela ocupa espaço em mim e eu sei que é alguém diferente, com vontade própria – esclareceu Layla sorrindo e acariciando o ventre. – Se pudesse ficaria nua todo tempo só para ver a barriga crescer. Adara me disse que quando estiver maior se pode sentir algumas partes do corpinho do bebê. Mal posso esperar.

Ximena sentiu o estômago revirar. A inveja da alegria de Layla ao gerar um filho de Jamal a incomodava e fazia voltar a irritação, que somente aumentou ao ter mais uma vez confirmada a certeza dos muitos cuidados com que Jamal cercava a nova esposa. Ela era especial na vida do Califa – essa constatação a incomodava muito.

– Quanto às consultas... – tornou a falar Layla, respondendo a Amirah –, são exigências do seu irmão. Ficou com receio, é natural. Mas, não me importo. Benjamim tornou-se um bom amigo. É um homem culto e muito inteligente; aprecio sua conversa. Na verdade, as consultas são longos diálogos. Ele confia na sabedoria divina que dotou o corpo feminino do necessário à cooperação na tarefa de criação de novos seres; e eu também. Portanto, tudo vai bem. Deus não afastou seu olhar de nós. Eu e meu filho ou filha, não sei, estamos bem.

– Depois do que aconteceu com Zahara, é mesmo normal que ele tenha medo. Ibn contou-me que foi obrigado a dar uma verdadeira aula sobre o que sabia a respeito da doença. Tem mais um lado positivo: além de você estar cercada de cuidado, eu estou mais livre. Não imagina como tem sido bom.

– Jamal não a está vigiando mais? Não posso crer.

– Ele se interessa por meu bem-estar, mas não é como fazia antes. Era demais.

– Não sei como agüenta. Lembre-se de que quando eu der à luz, ele não terá mais que se ocupar da minha saúde e voltará a vigilância sobre você.

– Os últimos meses têm me ensinado a esperar, Layla, sem precipitar a ocorrência dos fatos. Aprendi que as coisas mudam de um instante para outro, podendo ser de forma drástica.

Layla ouviu o comentário e baixou a cabeça; não havia como não concordar com Amirah. Ela aprendera a ler uma das leis da vida.

***

Do outro lado do estreito de Gibraltar, o xeique Omar dirigia as tribos rebeldes através do deserto. O fracasso da missão militar transmudara em sucesso político. Em meio à longa jornada, ecoavam seus discursos inflamados contra os infiéis que dilapidavam o eterno patrimônio da revelação do Profeta Muhammad. Escarnecia dos muçulmanos de orientação sunita, especialmente o Califado de Córdoba e dos emires dos reinos a ele aliados. Lembrava a causa maior da derrota, atribuindo toda culpa à mulher lançada como isca sobre o falecido sultão, que lhe causara não só a morte física, mas a derrocada moral. Com esses discursos, insuflava o fanatismo naqueles que o seguiam, cujo número crescia a olhos vistos.

Aliás, encontrar um bode expiatório para nosso sentimento de culpa é uma prática milenar e ainda muito procurada na atualidade. É sempre mais fácil atribuir a outrem ou a uma causa externa as razões que nos levaram a cometer um erro. É o orgulho que, regra geral, caminha de mãos dadas com a irresponsabilidade, mostrando algumas de suas garras.

Admitir a humana capacidade de errar exige maturidade, libertação de conceitos ilusórios, das manias de perfeição, das tolas vaidades de crer-se superior ou infalível. Sim, admitir-se plenamente humano é admitir-se capaz de errar; admitir-se responsável por suas ações é demonstração de humildade; aprender com seus erros é caminhar com segurança nas sendas da evolução.

Negar o erro ou, ao menos, a capacidade de errar é demonstração de caráter orgulhoso e irresponsável, já o dissemos. O orgulho cega, impede a tomada de consciência das íntimas realidades e condições. É uma catarata da consciência. Uma vez negada a capacidade, os próprios atos equivocados e falhos não são reconhecidos como tal e, portanto, não são possíveis de melhora.

Ante a falência e o sentimento de derrota que a catarata da consciência não impede, ressuscita-se a prática do bode expiatório. Sacrifica-se não mais um animal no altar das sinagogas para aplacar a ira divina que recairia sobre o culpado, mas qualquer criatura ou idéia que se possa sacrificar no altar da opinião pública, fazendo com que sobre ela recaia o preço e colocando-se na cômoda posição de vítima, fugindo à responsabilidade das próprias atitudes.

Omar tornou-se mestre em tal arte. Tinha um mórbido prazer em espezinhar as mulheres, escondendo em seu íntimo a revolta pela não realização de suas pretensões amorosas, experimentando-as como uma rejeição de si.

Anos antes do encontro com Layla, apaixonara-se perdidamente por uma jovem, de nome Sharik, filha de um comerciante de uma tribo que vivia sob sua proteção. Não entendeu que a jovem tinha todo o direito de ter outros interesses, que ela não nascera no minuto em que seu olhar a avistou; havia uma história anterior.

A pequena Sharik era prometida desde a infância – como é hábito em muitas tribos árabes – a um primo em segundo grau. Independente do arranjo matrimonial, os jovens se amavam. Ele não soube aceitar a honesta resposta da família e da própria moça que não era uma rejeição, era simplesmente um educado esclarecimento sobre sua vida e sentimentos. Mas ele, orgulhoso, sentiu-se ferido, rejeitado, espezinhado. Por ela, fez uma guerra. Disseminou intrigas, causou mortes, sempre usando as velhas armas do fanatismo, da raiva e do rancor. Separou e dividiu. Depois, a violência foi o fruto natural das paixões destrutivas cujo fogo atiçara.

Tomou a jovem pela força, raptando-a. Violentou-a e fez dela sua escrava. Não contava com a ousadia de seu prometido em vir buscar a noiva desonrada, afrontando-o. Recebeu de retorno toda violência que lançara e, ao ver que os jovens apaixonados fugiam em meio à batalha, não hesitou em perpassá-los com suas flechas; matou-os, sem piedade. O crime dos jovens foi afrontar o orgulho do xeique. Desde esse episódio, tinha ojeriza às mulheres. Sempre que possível, unia as idéias a respeito do universo feminino ao demônio, à perdição dos homens de bem e às agruras do inferno.

Reencontramos esse personagem em outra existência terrena, séculos depois, sob a pele de um negro de Angola, escravizado e batizado em terras brasileiras como João de Deus, que doma sua natureza orgulhosa, irada e revoltada nos duros trabalhos das charqueadas do sul do Brasil, na época do Império. Foi então que aprendeu também a ter consciência de Deus e da importância da fé; a exercer uma liderança libertadora, a ser solidário e a honrar o afeto feminino, reajustando antigas relações com o casal enamorado[1], mostrando-nos que as cicatrizes da alma atravessam as barreiras do tempo, manifestando-se até que consigamos aprender as lições necessárias para não repetirmos o mesmo erro. Resumindo, manifestam-se até que admitamos nossa plena condição humana, e com ela assumamos as responsabilidades que a vida oferece ao nos dar liberdade de ação e escolha.

Porém, ainda como o xeique Omar, viveria dias de orgulho e poder, reinando e levando guerra e destruição a muitas pessoas que tinham o grave "defeito" de pensar de maneira diversa em matéria de religião – um ótimo pretexto para saqueá-las e descarregar sobre suas vítimas as labaredas de revolta que carregava no íntimo. Ele não mais retornou a Al Andaluz.

Ninguém ficou sabendo que fora ele a lançar a faca certeira que cortou a vida do sultão Kaleb, quando o encontrou nocauteado pela escrava, porém vivo e acordado, tendo ainda nos olhos a expressão de espanto pelo golpe recebido seguido da veloz fuga da moça por sobre os corpos caídos dos seguranças.

Sef, o médico, tentara promover maiores investigações, vencendo o próprio medo, mas fora silenciado por faca semelhante, e a discussão encerrada. Bode expiatório e queima de arquivos são práticas muito velhas, usadas em demasia. É hora de extinguirem-se.

É agora a oportunidade de apaziguarmos nossos sentimentos, abrirmos nossa razão para a discussão de nossos comportamentos, ampliarmos nossa consciência sobre nossa condição humana e deixar que floresça a pacificação interior, brotada da compreensão e aceitação da capacidade de errar, primeira filha da humildade em nossos seres.

Idéias pertencem ao reino do espírito imortal, não morrem, apenas se transformam, devendo evoluir. Assim, as pregações das idéias fanáticas, retrógradas, ultraconservadoras permaneceram entre os tribos africanos xiitas. Não seguiram o xeique Omar à sepultura, já idoso, muitos anos depois do que estamos narrando, sem que houvesse prestado conta alguma à justiça humana pelos crimes cometidos.

Porém, ante a justiça divina nada é esquecido. Mais do que fatos materiais, o que interessa às leis divinas são as intenções, os sentimentos com que praticamos cada ato de nossas vidas, sejam eles atos materiais ou praticados apenas por força

[1] *Referência ao romance "Escravo da Ilusão", de nossa autoria.*

de nosso pensamento. Se fosse diferente, não haveria razão para que os espíritos superiores nos alertassem, em "O Evangelho Segundo o Espiritismo", para a responsabilidade sobre nossos pensamentos e para o fato de que adulteramos com eles e podemos ser responsabilizados.

Entendo tal lição sob o prisma da evolução do ser espiritual, portanto não são as ações, necessariamente falhas, que realizamos, os motivos reais para arrependimento, mas, sim, os sentimentos, os pensamentos, os conceitos que nos orientam o viver. Esses sem precisam de transformações, caso contrário, os atos e comportamentos estão condenados a se repetirem, pois são mera conseqüência. A mudança das atitudes somente será efetiva quando refletir a transformação interior, passando pela gama de conceitos, sentimentos, capacidade intelectual e grau de consciência com que cada um de nós se orienta na vida tanto material quanto espiritual. Isso se chama mudança do estado de consciência e, com ela, modifica-se cultura, leis, sociedades, religiões, políticas, economias, tudo.

A aparente conduta, tida pelo meio social como correta, pode não receber a mesma qualificação sob as vistas da eternidade, é o que alertava o mestre de Lion ao ensinar: "Aquela, ao contrário, que não tomou boas resoluções, procura a ocasião para o ato mau, e se não o realiza, não é por efeito da sua vontade, mas porque lhe falta oportunidade; ela é, pois, tão culpada como se o cometesse".

"Em resumo, na pessoa que não concebe mesmo o pensamento do mal, o progresso está realizado; naquela a quem vem esse pensamento mas o repele, o progresso está em vias de se cumprir; naquela, enfim, que tem esse pensamento e nele se compraz, o mal está ainda com toda sua força; numa, o trabalho está feito, na outra está por fazer. Deus, que é justo, considera todas essas diferenças na responsabilidade dos atos e dos pensamentos do homem."[2]

Amigo leitor, preste atenção na associação das idéias de culpa, depois substituídas por responsabilidade pelos próprios atos. A justiça superior não é feita para punir ou culpar, mas, tão somente, para educar e desenvolver o ser espiritual. O Pai, ao nos outorgar a liberdade de agir, outorga-nos também a responsabilidade pelo uso que dela fazemos. Escolhemos, livremente, atos e pensamentos, por isso responsabilizamo-nos por ambos. Vale ressaltar que, em todas as esferas ou níveis em que podemos pensar nossa liberdade de ação, encontraremos limites, à exceção do pensamento.

* * *

Passaram-se 40 dias, sem que nada de novo alterasse a rotina da vida em Córdoba.

---

[2] *Kardec, Allan. "O Evangelho Segundo o Espiritismo", cap. VII, item 7.*

Benjamim estudava a Torá, solitário. Lia sobre a metáfora dos anjos. Quanto mais refletia sobre os ensinamentos dela, mais lamentava a pouca cultura dos seguidores das religiões que do judaísmo nasceram.

Por sua mente passavam rapidamente as muitas imagens de anjos que ele vira, com grandes asas brancas, pintadas ou esculpidas em muitas igrejas cristãs. Sua fé compartilhava a crença na existência dos anjos, mas não os concebia sob aquela forma, absolutamente antinatural, levando a mente de seus seguidores a enveredarem pelos caminhos tortuosos do fantástico, a vagarem sem rumo em meio a fantasias.

– É preciso conhecer o simbolismo dos ensinamentos da antiguidade, para que possamos compreendê-los – murmurou Benjamim, num hábito muito seu de falar sozinho. – É a falta desse entendimento que leva muitas pessoas a adorarem imagens e ídolos. Isso é perigoso, pois prende ao material, não liberta a alma das cadeias do mundo físico e, ainda, projeta-lhe no íntimo um medo terrível do futuro, da vida após a morte, pois apresenta o futuro repleto de seres míticos, com os quais ela nunca conviveu, nem conviverá, pois eles não existem dessa maneira. Pobre ser que cultua um anjo, esperando sentir que ele bata as asas sobre si, envolvendo-o e protegendo-o do mal. Ilusão nascida da ignorância. Fantasia que afasta do entendimento e da compreensão.

Benjamim continuou a ler e a murmurar suas reflexões. Sua mente estava repleta de pensamentos que visavam a libertar o homem das cadeias da incompreensão que o culto às imagens "sagradas" esconde. Bendizia os ensinos de sua fé que proscreviam toda forma de representação do Criador e do mundo além da matéria, incentivando a desvendar o universo físico ciente de que nele os seres humanos encontrariam boas idéias, caminhos seguros para refletirem sobre o imaterial, sobre o Ser Supremo e as causas primárias.

Por isso, estudiosos da Torá, como Benjamim, entendiam perfeitamente o ensino alegórico e poético expresso na imagem que os profetas descreviam dos anjos como seres humanos alados. Homem algum possui asas, mas eles reconheciam que no homem material residia uma inteligência que era sua própria essência imaterial ou espiritual.

Reconheciam que havia o que chamavam de inteligências separadas da matéria – que entendemos como seres espirituais – cuja forma era humana. Com o fim de diferenciá-las e sinalizarem à mente uma condição diversa do Todo Poderoso – Inteligência Suprema, incorpórea, única, causa primária de todas as coisas – e de categoria inferior, foram mescladas às suas formas algumas características dos animais irracionais, para que se compreenda que o Criador é mais perfeito do que eles, assim como o ser humano é mais perfeito que o animal irracional. Isso é diferente do que atribuir a esses seres a forma animal; atribuem-lhe apenas as asas, pois não se concebe o vôo sem asas, como não se imagina a possibilidade de caminhar sem os pés.

O movimento do vôo representa que eles possuem vida e além do mais, esse é o mais perfeito entre os movimentos espaciais dos animais irracionais e o mais glorioso; aquele que o homem encarnado considera o mais notável, a ponto de desejar, desde a mais remota antigüidade, voar para que lhe fosse mais fácil escapar dos perigos e retornar velozmente aos lugares onde encontra prazer.

Por esses fatores, Benjamim entendia que relacionar aos anjos – inteligências incorpóreas – o simbolismo das asas e a capacidade de voar, justifica-se pelo fato de as aves se aproximarem e se afastarem, tornando-se visíveis e invisíveis, num breve período de tempo.

Usamos essas concepções até hoje, no dia-a-dia, sem que tomemos consciência do que fazemos. É comum se dizer: "queria voar daqui, desaparecer", para algo ruim, que nos desagráda; dizemos: "vou voando", quando o convite é prazeroso. Da mesma maneira o movimento do vôo é usado para indicar aproximação ou distanciamento. Ver as aves pairando nas alturas nos fascina. A capacidade de voar é uma das imagens representativas da liberdade e repetimos que desejamos ser livres como os pássaros no céu. Mas, obviamente, seres espirituais com a forma humana e alados são inexistentes.

Concentrado em suas reflexões, Benjamim sobressaltou-se ao ouvir batidas repetidas na porta de sua residência e uma voz aflita chamando seu nome. Indo até a janela, descobriu um emissário do Califa.

– Por favor, senhor Benjamim, meu amo pede sua presença com urgência. Venha comigo agora.

– Mas o que houve?

– A esposa de meu amo tem dores.

– A senhora Layla está em trabalho de parto. É isso?

– Sim, senhor. Por favor, não me pergunte, não sei muita coisa. Só o que lhe disse. Venha comigo.

– Já estou indo, só um instante para pegar minhas coisas.

Minutos depois, Benjamim chegava ao palácio, mas seu trabalho foi desnecessário. Estava a poucos passos da porta de acesso aos aposentos onde Layla se encontrava quando ouviu os vagidos fortes de um recém nascido e sorriu contente, dizendo ao Califa:

– Meus cumprimentos e votos de saúde. O senhor é pai. O bebê acaba de nascer. E berra com bons pulmões.

– Alá, o eterno misericordioso, seja louvado! – agradeceu Jamal, unindo as mãos e lançando os olhos ao alto, murmurando uma prece de gratidão pela nova vida que chegava a suas mãos.

Deram mais um passo e ouviram o riso alegre e contagiante de Layla e as vozes felizes e alteradas das mulheres que a acompanhavam.

– Creio que não sou necessário. Sua esposa está bem. Deixe que as mulheres cuidem dela. Acredite, elas sabem o que fazer. Voltarei mais tarde...

– Não, peço que fique – pediu Jamal. – Layla tornou-se uma pessoa muito importante em minha vida. Insisto que a veja. Aguardaremos o trabalho das mulheres; sei que ela gostará de ser atendida por Adara e Salma.

– Jamal – chamou Amirah que vinha apressada, com o rosto afogueado e olhos brilhantes, mas assustou-se ao ver Benjamim e moderou a voz ao dizer: – Layla mandou me avisar que chegava a hora. Como ela está?

– Rindo, e o meu filho já chorou – disse Jamal sorridente. Esquecido das doenças da irmã, incentivou-a: – Entre. Se Layla a chamou, irá apreciar a visita.

Amirah, com um largo sorriso, correu até os aposentos da cunhada e entrou. Layla acalentava uma criança nua e suja sobre o peito e falava a seu ouvido, com voz terna e baixinho:

– Guadalupe, só Alá é Deus e Muhammad seu profeta. Bem vinda ao mundo, minha filha. Eu amei ter você dentro de mim e amarei tê-la ao meu lado.

Adara ria, contente, abraçada a Salma. As duas haviam feito o parto. Rapidíssimo, quase indolor. Guadalupe viera ao mundo em meio à alegria e à segurança. Era uma bela menina, perfeita, que já estava tranqüila, descansando sobre os fartos seios da mãe.

Amirah sentiu lágrimas queimarem-lhe os olhos ao ver a expressão de contentamento da cunhada. Era uma cena comovente, encantadora: a menina ainda suja, mas serena, no colo materno.

– É uma menina! – informou Adara, estendendo as mãos também sujas para a irmã do Califa, que a tocou quase com reverência.

"O sangue da vida. A essência daqueles que vivem", pensou Amirah, louvando a Deus em pensamento.

– É saudável, perfeita. Linda, linda! – continuou Adara tomada de euforia. – Vá vê-la. Quer me ajudar a banhá-la?

Amirah, sorriu grata; nunca tocara num recém nascido. Aquela era a experiência mais forte que vivia em anos, afora as lutas pela própria vida, durante as crises.

– Venha conhecer Guadalupe – convidou Layla, sorrindo para a cunhada.

– É linda! – exclamou Amirah, encantada com a sobrinha. – Você está bem? Assustei-me ao ver Jamal e Benjamim na outra sala.

– Estou muito bem. Foi tudo tão rápido! Seu irmão está preocupado?

– Eu diria que sim. Ele nem tentou impedir minha entrada. Acho que esqueceu as proibições que me faz. Pobre Jamal, estava suando e pálido.

Layla comoveu-se ao receber a informação. Estava sendo egoísta, usufruindo o prazer de ter a filha nos braços. Sabia que ela não era filha biológica do marido, mas predispunha-se a ensiná-la a amar e respeitar Jamal como seu verdadeiro pai.

– Peça-lhe que entre. Quero que veja nossa filha – ordenou Layla, dirigindo um olhar a Salma, que não escondeu o espanto, pois convidar o marido a ingressar nos aposentos naquele momento e naquele estado não era próprio.

– Faça – insistiu Layla. – Não há nada mais belo ou glorioso do que a força da vida. O milagroso trabalho da natureza. É isso que meu marido irá ver.

Adara nem ao menos se afligiu em argumentar sobre os costumes. Julgava que Layla estava certa, ela teria feito o mesmo. Nem ao menos se abalou, permaneceu fascinada admirando a pequena.

Jamal surpreendeu-se ao ver a porta se abrir e ouvir o recado da serviçal. Mas também nele a voz do humano falou mais alto que a dos preceitos sociais. Não era o Califa, não era muçulmano, era apenas um homem preocupado com a saúde e o bem estar de uma mulher que aprendia a amar e que vivia um momento que ele temia por diversas razões, inclusive por não imaginar como ela reagiria ao ver a criança, cuja verdadeira paternidade era desconhecida.

No entanto, ao vê-la sorrindo, rosto iluminado, cercada pelas mulheres e tendo sobre os seios o bebê que ela aquecia com o corpo, visivelmente apaixonada pela menina, respirou aliviado. Tudo estava bem, como ele não acreditara fosse possível durante a gestação. Layla, de fato, não se importava com a origem da criança.

– É uma menina – declarou ela ao vê-lo se abaixar para beijar-lhe a fronte.

– Uma felicidade, considerando-se a mãe que irá educá-la – disse Jamal, sentando-se no leito, no lugar antes ocupado por Amirah que se afastara com Adara.

– Chamei-a Guadalupe.

– Rio de Lobos, um nome antigo, mas muito bonito. Aprovo. Posso dar-lhe um segundo nome?

O pedido surpreendeu Layla, que apenas balançou a cabeça concordando.

Jamal, cuidadosamente, tomou a pequena Guadalupe nas mãos. Examinou-a e sorriu ao vê-la gritar, reclamando do afastamento do colo quente e macio. Murmurou, nos ouvidos do bebê:

– Widad, só Alá é Deus e Muhammad seu profeta. Que Alá a abençoe, minha filha.

O sorriso de Layla ampliou-se. Jamal chamava sua filha – cuja origem ele conhecia – como amor e amizade.

– Guadalupe Widad – chamou Layla, recebendo a criança de volta, acariciando-lhe as costas para acalmá-la outra vez. – Você recebeu um lindo nome do seu pai.

– Você não está cansada? Sente-se bem? Benjamim está aguardando...

– Estou ótima, fique tranqüilo. Eu receberei Benjamim, para que você tenha certeza de que estamos bem. Apenas deixe que Adara, Salma e Amirah me auxiliem no que ainda precisamos fazer. Depois, chamarei Benjamim.

Jamal balançou a cabeça concordando. Olhava a criança, sob o mesmo encantamento que se abatera sobre as mulheres. Guadalupe Widad tinha uma luz própria. Desconheceu a si mesmo, por não sentir nenhuma vontade de vasculhar as feições da menina em busca de semelhanças consigo. Acostumara-se a pensar na criança há meses como seu filho. Ver a menina, tocá-la, tão novinha, como não tocara em nenhum de seus outros filhos homens, o fascinara.

Não escolhera nomes, nem premeditara nada; aliás, não esperava ser admitido naquele recesso feminino, quase sagrado, que era a hora do parto. Nenhuma de suas mulheres permitira tamanha proximidade de si ou de seus filhos recém-nascidos. Layla o chamara; dera-lhe a menina; não recusara seu pedido, feito em total impulso, de dar-lhe um segundo nome. E o único que podia imaginar para aquela menina era Widad que, em sua língua, significa amor e amizade.

Capítulo XXVII

Ser livre para crescer

Jamal caminhava nervosamente por sua sala de trabalho. Karim, impassível, com os braços cruzados em frente ao peito o olhava, estranhando a atitude do cunhado.

– Não sei como lhe dizer – declarou Jamal fitando Karim.

– Não sabe como dizer-me o quê? Sua resposta é, simples. Diga sim ou não.

– Não, não é assim. Há fatos, circunstâncias que você ignora. Acredite-me, são muito importantes, são delicadas. Amirah não é mulher qualquer...

– Aprendi com Layla que nenhuma mulher é uma mulher qualquer. São todas especiais. Para mim Amirah é a mais especial, é a que desejo por esposa. Adianto-lhe que, apesar de nossa cultura, não pretendo ter outra esposa além dela.

– Você não sabe o que diz.

– Pois então esclareça-me.

– Minha irmã é doente, muito doente. Sofre de um mal incurável dos pulmões. Tem asma. São crises lamentáveis, em que tememos muito por sua vida. Ibn Rusch, meu amigo e médico que a assiste, nunca fez segredo que em uma dessas crises ela pode morrer. Entenda, ela tem a vida contada, não serve para sua esposa...

– O que significa ter a vida contada? – indagou Karim, interrompendo as alegações do cunhado.

– Não se faça de bobo, nem de ignorante. Compreendeu o que eu quis dizer – retrucou Jamal irritado.

– Não. Não entendi. A meu ver todos temos a vida contada; nenhum de nós sabe o dia e a hora em que morrerá. O fato de Amirah ser portadora dessa doença – confesso que eu já desconfiava de algo assim, embora não soubesse qual era o mal – não muda nada. Eu, você, Layla e até a pequena Guadalupe podemos morrer muito antes dela...

– Não diga algo assim. Não suportaria perder minha filha.

– Porque ama a menina. Pois bem, eu também amo sua irmã. Lembra-se do desespero com que chegamos a Córdoba quando Layla havia sido raptada?

– É claro.

– Agora, caro cunhado, você pode avaliar melhor os sentimentos que nos moviam naquela época.

– E o que tem o passado a ver com sua pretensão de casar-se com Amirah?

– Simples. É a luta pela felicidade, ontem e hoje; pelas pessoas que amamos e queremos a nosso lado.

– São situações muito diferentes, Karim. Layla é uma mulher saudável, linda, maravilhosa.

– Furiosa, rebelde, independente, com opiniões próprias e que muitas vezes choca as pessoas e nos desafia. O casamento de vocês foi algo repentino. Você desejou protegê-la, talvez recompensá-la.

– É verdade, mas isso não altera o fato de que ela é minha esposa. Al Andaluz inteira a reconhece e a honra como a esposa de seu Califa, sua soberana.

Karim sorriu. Sabia que Layla era vista como a única esposa do Califa, a preferida. Tornara-se uma lenda de amor a união dos dois, cujos reais motivos o povo desconhecia.

– Quero dizer, Jamal, que ter Layla como esposa pode ser tão difícil quanto ter sua irmã. O fato de que ela tem crises, que é doente, não pode impedi-la de viver. É até absurdo que eu esteja aqui tentando convencê-lo a conceder meu pedido.

– Ela não poderá ter filhos. Tem que viver em ambientes muito bem cuidados; não pode ter contato com muitas pessoas; tem restrições a atividades físicas; o clima é um inimigo. O vento pode fazê-la passar mal. Pense, Karim.

– Pense você, Jamal. Eu já tomei minha decisão. Tenho certeza de que Amirah não recusará o pedido, nem será forçada a aceitar o casamento. Aliás, não o compreendo. Sua irmã é viúva. Você já a casou um dia e, diga-se, com um crápula da pior qualidade.

– Ele sabia e aceitou as limitações dela. Ela ficou em Córdoba; foi uma tentativa de fazê-la mais feliz.

– Bem, eu também. E não tenho nenhum interesse político. Você já é meu cunhado, essa união não irá alterar nada. Desejo apenas ser feliz ao lado dela; aprecio muitíssimo a sua irmã. Acredite-me, cuidarei dela.

– Ela pode morrer a qualquer hora, Karim. Entenda.

– Já lhe disse, Jamal, qualquer um de nós pode morrer a qualquer hora. É lei da vida, você não sabe? Só porque um médico disse isso sobre a sua irmã é razão para que a enclausuremos e a escondamos da morte? Não é possível. Nem mesmo Sísifo, o astuto rei de Corinto, herói mitológico, conseguiu tal proeza. Acredite, você também não conseguirá.

– Eu a protejo, preservo-a. Aqui ela tem tudo de que precisa.

– Menos o direito de viver – retrucou Karim. – Será que você não enxerga que a esconde da morte e da vida ao mesmo tempo? Não é justo. Algum dia lembrou-se de perguntar a Amirah se ela é feliz vivendo como você quer?

"Não nega ser irmão de Layla. São gêmeos em tudo", pensou Jamal, incomodado com a pergunta e com as confrontações do cunhado. Sempre pensara estar fazendo o melhor, estar sendo bom, e Karim, de repente, questionava-o insinuando que extrapolava e fazia sua irmã infeliz.

– Eu não tenho culpa da doença de Amirah – declarou Jamal, em alto e bom som, muito irritado.

– Não penso que existam culpados para doenças como a que aflige Amirah. É uma condição, uma circunstância da vida. Somente Alá poderá explicar por que deu a ela esse fardo. O certo é que ela precisa viver com essa realidade, não morrer em vida, não viver sepultada. E nós precisamos conviver com a realidade da doença, aceitar e agradecer o dia que podemos passar juntos, vivendo o presente de Alá.

Mais uma vez pareceu a Jamal ouvir a esposa, ou um eco de seus pensamentos. Em meio à irritação, essa lembrança o fez sorrir e experimentar um pouco de calma. Por fim, capitulou e encerrou a discussão prometendo pensar com muito cuidado na conversa e dar uma resposta em breve.

O diálogo com Karim tivera o poder de tirar a capacidade de concentração de Jamal. De nada adiantaria insistir em resolver as questões da cidade naquele momento. Por felicidade, era um tempo de relativa calma nas tempestuosas relações político-militares de Córdoba com alguns reinos-taifas e com o reino cristão de Castela e Aragão.

Agindo por impulso, saiu da sala, caminhando, em silêncio, e só, pelos corredores do palácio. Quando deu por si, estava adentrando a ala da residência de Layla. Obedecera aos comandos do inconsciente; nos últimos meses ela era seu porto de chegada e saída. Tornara-se uma espécie de local de peregrinação. Sempre que algum assunto o afligia, fosse uma decisão de estado, familiar ou uma questão pessoal, sentia necessidade de conversar com a esposa, às vezes para falar, outras para ouvir as interpretações dela acerca dos fatos que lhe narrava.

Layla tinha a filha nos braços e a amamentava, recostada entre almofadas, enquanto conversava com Adara e Farah. Salma, com olhar atento, observava o serviço de outros criados que àquela hora faziam a limpeza e arrumação das salas. Ao ver o Califa, sorriu; já não se surpreendia mais com a presença dele, acostumara-se.

– Minha ama alimenta a pequena Guadalupe, senhor.

– Diga-lhe que preciso vê-la, é urgente – ordenou Jamal, acomodando-se numa confortável cadeira forrada de almofadas de seda. – Dispense os criados; estão muito barulhentos; quero sossego.

Salma, de imediato, sinalizou aos serviçais que se afastassem, abandonando o trabalho, e apressou-se em ir ao encontro de Layla.

– Senhora – chamou ela ingressando nos aposentos –, o Califa tem urgência em vê-la. Está aguardando na sala e parece nervoso.

Layla lançou um olhar ao bebê que sugava seu seio com apetite. Não negaria o alimento à menina.

– Mamãe, Adara, por favor, deixem-me a sós com Jamal.

Farah ergueu-se, estendendo os braços para receber a neta, num gesto claro que desejava levá-la, que não imaginava a filha recebendo o marido dando de mamar. Layla sorriu; sua mãe era apegada demais às convenções e padrões de comportamento.

– Lupe ficará comigo, mamãe. Ela tem fome. Se levá-la irá chorar sem necessidade.

– Mas, minha filha, isso não é adequado. Seu marido não deve vê-la...

– Deixe, Farah – interveio Adara, tomando-lhe o braço. – Layla já fez isso antes; creia-me, não é a primeira vez. Aliás, já fez pior do que isso. Jamal parece não se importar. Fique tranqüila, acho até que ele gosta. Vamos.

Farah saiu protestando contra as liberalidades da filha, dizendo que um homem não deveria ver uma cena como aquela, que era algo só de mulheres. Adara sufocava o riso, lembrando-se que por muito pouco Jamal não assistira ao nascimento da pequena. E, ao cruzarem com ele no corredor, Farah pôde ver a naturalidade com que o genro se dirigia aos aposentos da esposa, mesmo sabendo que ela cuidava do bebê.

– Como está Guadalupe, hoje? – indagou Jamal, enternecido ante a cena da menina agarrada ao seio moreno da mãe. – Faminta, pelo que vejo.

– Ela está crescendo, é natural – comentou Layla, acariciando a cabecinha da menina onde nasciam finos e sedosos fios de cabelo, quase uma penugem negra. Depois, encarou o marido, endereçou-lhe um sorriso e, com a mão livre, bateu no acento a seu lado e convidou. – Sente-se aqui. Diga-me, o que aconteceu?

Obediente como um menino, Jamal sentou-se ao lado da esposa. Suspirou, fechou os olhos, não sabia o que dizer, não pensara em ir até lá, simplesmente havia ido. Naquele momento descobriu a razão. Enigmaticamente, apesar do temperamento forte e do comportamento pouco afeito às convenções sociais e culturais, a presença de Layla lhe dava paz. Ela não cobrava, não exigia, não pressionava, mas também não admitia tal tipo de interferência em sua vida. E ele gostava dessa relação.

– Seu irmão pediu Amirah em casamento – informou ele, de supetão.

– Hum... já esperava por isso. Você não, pelo que vejo.

– Amirah é doente, sua vida é...

– Lamentável – cortou Layla serenamente. – Absolutamente lamentável. Ela é invisível e inaudível.

– Que posso fazer? É a doença. Não sabe como sofro, como lamento, para usar o que disse sobre a vida que ela leva, mas não posso fazer nada. Se não for assim, ela morrerá. Não posso permitir.

Layla afastou os olhos da filha, fixando-os no homem a seu lado. Sem alterar a voz, mas falando com firmeza, disse:

– Jamal, não está em seu poder impedir a morte de ninguém. Liberte-se dessa idéia e desse medo ou ele o fará doente. É impossível. Você é um homem, por natureza, muito protetor, mas preste atenção nos limites entre proteção e controle. O que você está fazendo com sua irmã, e sempre fez, é controlar-lhe a vida por medo de que ela morra. Enxergue isso, admita. Não é bom nem para ela nem para você. Os dois estão sofrendo.

– É a doença, Layla. Você já viu Amirah em crise. Foi leve. Eu sei que ela já teve outras piores. Não imagina como temi por sua vida, como lutamos por ela.

– Não preciso imaginar nada, Jamal. Eu vejo, estou vendo você agora, vi o mês passado quando Amirah passou mal. Você se desestrutura. Sabe por quê? Porque deseja impedir o funcionamento da vida. Entenda, é impossível. Precisamos aceitar que acima da nossa vontade regem os desígnios do Misericordioso, e Ele fez a vida assim, lado a lado, com a morte. A cada passo ela nos espreita, sem distinção de idade, de raça, de religião, de sexo, de cor. Nada, absolutamente nada, nos diferencia diante desta lei natural: nascer e morrer. Diante dela, Jamal, só temos duas coisas a fazer: aceitar, é a primeira; questionar, é a segunda. Você sabe que eu amo a natureza, a vida animal, que amo todas as experiências que meu corpo me proporciona e que, desde menina, eu estou em contato com a face bela e a face dolorosa da natureza física. Aprendi a aceitar e a permitir-me questionar qual o sentindo disso tudo, o que ela revela. Concluí que o Misericordioso deseja nos ensinar que a vida é um processo de aprendizagem, e que é preciso experimentar, é preciso ousar, é preciso desafiar. Mas é também necessário reconhecer os limites, as possibilidades, respeitar os outros, sua existência e vontade e, acima de tudo, respeitar o Altíssimo e a ele submeter-se. Ele dispõe dos mecanismos da vida e da morte. Muitas vezes somos orgulhosos o bastante para pensarmos em nos igualar a Ele nessa matéria. Matamos e geramos corpos, apenas isso. A vida não nos pertence, foi-nos dada; ela é criação divina. Não ouse ter a pretensão de controlá-la; ela fugirá por entre seus dedos, como a areia da praia, Jamal. É como querer segurar o vento com as mãos.

Notando que ele prestava atenção a suas palavras. Layla prosseguiu:

– Quando alguém que amamos morre, dói muito. Especialmente se isso acontecer de forma inesperada, como o que aconteceu com Zafir, meu pai, Leah. Mas o que fazer? Contra quem rebelar-se? Eu também morrerei, não sei o dia ou a hora, nem mesmo como. Você também. Lupe, tem apenas dois meses, mas nem por isso está isenta de morrer. Gerou-se dentro de mim, alimenta-se do meu corpo, eu a amo muito, mas sei que nada posso contra a morte se ela vier buscá-la. Lutarei, é claro, mas sabendo dos limites do possível. Cuido, protejo, zelo, mas não tenho o controle, ninguém tem. É preciso reconhecer, aceitar. Mas, veja bem, Deus é tão bondoso que nos deixa algo imortal – a lembrança das boas horas, dos momentos felizes, dos sentimentos alegres. É para isso que vivemos, pois deles não nos arrependeremos nunca. Precisamos admitir que eles nos são entregues como capacidades, como potencialidades que nós temos que concretizar, não como algo pronto, acabado. Sabe por quê? Para que não venhamos a sofrer necessidades. Não há razão para você apegar-se a nada nem a ninguém se aprender a amar. Todos temos essa capacidade, Alá nos deu, porém depende de nós concretizá-la. Uma vez aprendido a viver com amor e alegria, podemos repetir essa vivência com tantas pessoas quantas desejarmos. Você não tem capacidade de amar apenas sua irmã, não precisa temer "perder" o amor ou a "morte" dele; mas você tem medo, e isso me faz pensar que talvez exista muito apego em seu afeto por Amirah. E o apego pode ser ruim, porque ele tem dificuldade em dar liberdade, em emancipar; é um sentimento exigente, controlador e inseguro, por isso origina relacionamentos ciumentos, sufocantes, opressivos.

– Você está sendo dura! – reclamou Jamal. – Eu só quero o bem de Amirah.

– E o seu. Aliás, o seu primeiro, depois o dela, se estiver de acordo com o seu bem, ou o que você considera ser o bem.

– Você me faz parecer um monstro, um egoísta, insensível. É assim que me vê? Pensei que nosso casamento a fizesse feliz, que apreciasse minha companhia...

– Não mude de assunto, Jamal. Não estamos discutindo nosso casamento. E, respondendo a sua pergunta, não, fique tranqüilo, eu não o vejo como um monstro, egoísta e insensível. Eu o vejo apenas como um homem, um ser humano, nada mais. Tudo o que disse não foi para agredi-lo, não tenho essa intenção. Falei sobre a natureza humana. Natureza dos meus sentimentos, dos seus, de Amirah, de qualquer um; da forma como nos relacionamos com esse universo emocional que somos e que guia nossas ações, na maioria das vezes, sem que se pare para conhecê-lo, pensar sobre ele, saber como funciona. Acredito que seríamos mais felizes, menos problemáticos e doentes, se fizéssemos esse exercício. Será muito bom se um dia alguém se debruçar sobre essa natureza humana invisível e estudá-la, desvendá-la, traçar seus contornos gerais, mostrar as afecções que podem ocorrer, quais são seus órgãos básicos. Penso que temos, sim, sentimentos básicos, um tipo de matrizes. Assim como nosso corpo físico é semelhante, sem discriminação de raça ou sexo, acredito que tenhamos também uma base de sentimentos e capacidades intelectuais semelhante, embora, como nossos corpos não são iguais, também essa natureza invisível não o seja. A vida na Terra haverá de ser bem melhor. Talvez venham a existir até criaturas especializadas em tratar esse ser invisível e tão forte que faz parte da nossa natureza, em cuidar do medo, do desespero, em guiar nesse labirinto, em tornar visível o invisível. Por favor, não confunda minhas idéias sobre o ser humano e o conceito que eu tenho a seu respeito. Eu o admiro muito, sabe disso. Sou sincera em dizer que gosto de você e que essa sua natureza protetora me beneficia; eu reconheço que sou sua protegida na sociedade em que vivemos. Mas, Jamal, o fato de gostarmos um do outro não nos isenta de nos machucarmos, de causarmos mágoas um ao outro, de não nos entendermos e de não concordarmos em tudo. Isso também é da natureza humana, que fez a cada um de nós criaturas únicas em sua forma de ser, pensar, agir e sentir.

Jamal balançou a cabeça, concordando com as palavras de Layla, tomado de emoção, por ser a primeira vez que ela falava dos sentimentos que nutria por ele – uma necessidade que ele descobrira possuir naquele momento, na hora de sua revolta ao pensar que ela fizesse má opinião de sua pessoa.

A confissão afetiva da esposa o acalmara, como todo seu discurso anterior não havia conseguido. Dera-lhe paz, apoio. Suprira o que é de fato necessidade – perdoem a repetição – humana de confirmação de aceitação afetiva por parte de outro. Precisamos amar, mas igualmente precisamos ser amados e saber que o somos, ouvir, ver e sentir. Precisamos conjugar todos os nossos sentidos físicos nessa percepção de confirmação de nossa aceitação afetiva por parte do outro; temos necessidade de ouvir palavras de afeto, de sentir carícias e carinhos, de ver olhares amorosos, amistosos, afetivos. A ausência dessa relação gerará a carência, a solidão; exacerbará os medos, trará a insegurança, a possessividade e a difícil socialização.

– Perdoe-me. Eu tenho aprendido a gostar muito de você. De repente, ao ouvir o que dizia, não suportei pensar que me visse como alguém tão mau.

Layla riu, trocando Guadalupe para o braço esquerdo e oferecendo-lhe o outro seio. Murmurou algumas palavras para consolar a menina que resmungou ao ser afastada do leite.

– Está perdoado. Aos meus olhos você é apenas um homem, Jamal. Nada mais. E sei que todos temos coisas boas e coisas ruins. Deixe Amirah decidir como quer viver. A doença é dela, a vida é dela, o pedido de casamento é para ela. Dê-lhe a liberdade e a responsabilidade por sua decisão. Vamos respeitar seu direito de decidir e escolher.

– Eu sou seu irmão, sou responsável por ela. Tenho que decidir – insistiu Jamal.

– Quem lhe disse isso?

– É a lei, são os costumes.

– Bem, se essas leis e esses costumes o fazem feliz... siga-os. Mas, se eles o afligem, se o fazem sofrer, se exigem de você o que não tem como dar, abandone-os.

– Não é tão simples... o que dirão os conselheiros, o povo...

– A dificuldade é interior, Jamal. Você decide se outros precisam saber ou não. Você decide quanto dará de poder aos outros na sua vida e se esse poder será de censura ou não sobre seus atos. Ser feliz é uma decisão pessoal, meu caro, diante dos outros, dos fatos, e de você mesmo, pela forma como encara as lições da vida, especialmente as do presente. Creia-me, você decide, sempre por você mesmo. Quando decidir por outro, estará impondo. Quando casam uma mulher ou a impedem de casar, nunca há uma decisão, há uma imposição. Podem ocorrer casos de convergência entre o querer e o imposto, mas pode não haver e, nesse caso, é triste.

As palavras de Layla calavam fundo no pensamento de Jamal. Ele a admirava, aprendia a amar a mulher decidida e temperamental que tomara por esposa. Mas, em que pese todo o poder da palavra, há que se dizer que ele não é imediato. Elas precisam de tempo para germinar, alterar antigos conceitos ou florescer em terra nova antes infestada de preconceitos, à semelhança do solo recoberto por erva daninha, onde primeiro se faz a limpeza, depois o plantio. Ele ainda estava confuso. Layla entendeu que o restante era tarefa pessoal e para isso era preciso dar tempo. Desconversou, então, chamando atenção para a filha que cândida adormecera, satisfeita e rosada, em seu peito.

Jamal amava a menina, não tinha dúvidas. Encantava-se por compartilhar o desenvolvimento e as experiências do bebê com Layla; vivências que Kamilah e Aidah não tinham lhe oportunizado de intimidade e familiaridade com os filhos. Era próximo de Guadalupe Widad desde seus primeiros minutos sobre a Terra, e a atitude de Layla fora fundamental nesse vínculo paternal. Por essa afetividade sentia-se muito mais pai da menina do que de seus outros filhos, cuja educação desde cedo fora formal, rigidamente dentro dos padrões e convenções sociais, pouco humanizados.

A estratégia coroou-se de êxito; a vida nova em plena exuberância de seu desabrochar fascinava e fazia esquecer, por algum tempo, os conflitos. Período necessário à acomodação íntima das idéias semeadas, como o do descanso da massa de pão fermentado, para depois ser alimento nutritivo.

***

Os dias se arrastavam para Karim, aguardando a decisão de Jamal. Aconselhado por Layla, não fazia pressão para obter a tão esperada resposta, porém somente ele sabia quanto custava domar a ansiedade. A mente criava mil e um pensamentos para futuros acontecimentos. Os "ses" proliferavam com espantosa rapidez. Imaginava fugas, perseguições, crises da doença de Amirah. Não percebia que retirava os pés do chão, dando asas à imaginação, afastando-se das circunscrições de tempo e espaço necessárias ao nosso equilíbrio interior. Movia-se no terreno pantanoso do futuro incerto.

O homem insiste em não observar a natureza, em não ler na obra divina a verdade de que a tendência de todas as coisas é ao bem, ao equilíbrio, à saúde. Com isso, deixando-se dominar pelo medo, cria a tendência contrária, por falta de reflexão e observação, de que tudo no futuro é desgraça, devastação, aniquilamento. O futuro é apenas a linha de continuidade do hoje, do agora, do presente. Nada mais. Aquele que deseja saber o futuro, concentre-se no que faz nesse minuto e saberá o que será de si.

Aliás, pensar nessa linha do tempo é um exercício filosófico dos mais interessantes. A demarcação é meramente material. Mas como em muitas outras circunstâncias temos nele a ilusão da perenidade.

Para a mente e para o espírito não existem noções de tempo. Há a seqüência inexorável da vida e as trajetórias que realizamos.

As marcas que carregamos são aquelas tingidas com as cores da significação. O que não teve importância, não se importa, ou seja, não se traz de fora para dentro. Fica fora. Esquecido. Relegado.

As memórias significativas tanto podem vir de nosso passado para o presente, como ir do presente para o futuro. Nessa estrada, o presente é uma ponte entre o eu de ontem e o eu de amanhã. Pelas vivências atuais podemos alterar experiências significativas do passado que nos tragam sofrimento, anulando-lhes os efeitos, ou melhor, transformando seus significados pela ampliação de nossa compreensão. É o que chamamos de superação de traumas do passado recente ou remoto.

Mais uma vez, chamo a atenção para a leitura da lei de equilíbrio e harmonia. Ela se expressa em nossas vivências. Ninguém precisa alterar significados construtivos que espontaneamente se alinham com a lei de equilíbrio da natureza interior e exterior. Os significados destrutivos é que necessitam transformação, só estes, note.

Mudar, renovar o presente é diferente de revolucionar tudo; é preciso conhecer o que está bem e que precisa melhorar, ser transformado, auxiliando ao equilíbrio natural. E agradecer a bênção do esquecimento, ciente da verdade do pensamento expresso por Nietzsche ao afirmar que: "Um poeta poderia dizer que Deus instalou o esquecimento como guardião na soleira do templo da dignidade humana."[1]

O presente é a digna ponte para o futuro, na medida em que transformamos marcas, redimensionamos significados, mudamos rotas e caminhos. Somente a insistência no conservadorismo, na inconsciência de si e da vida, gera a repetição de experiências. Portanto, estar centrado no presente, no aqui-e-agora, local e espaço, é a melhor forma de conhecer o futuro, de caminhar com equilíbrio emocional sem ser vítima de si mesmo, em torturantes momentos de ansiedade e medo.

Afastada da circunscrição espaço-temporal, a mente cria a ansiedade, e com ela vem a insegurança. Somente somos pessoas seguras quando temos perfeita consciência de que segurança ou autoconfiança é algo que depende apenas de nós. Aqueles que buscam segurança em vícios ou na companhia de outras pessoas desenvolvem manias e doenças, pois nunca encontrarão o objeto de sua busca. Estão procurando fora o que está dentro de si. É preciso descobrir-se, tornar-se consciente.

A fé tem sido muito confundida, ao longo das eras, com a crença. É preciso despertar.

Fé é confiança. Crença é adoção de opiniões com certa convicção.

Aquilo que comumente, denominamos fé religiosa é crença; não confiança. Inúmeras pessoas se julgam sem fé porque não conseguem adotar opiniões e comportamentos oriundos de confissões religiosas, com freqüência eivados de superstição, levando a condutas absurdas que afrontam a racionalidade, beirando ou ultrapassando o absurdo. Estes crêem e depois descrêem. Desiludem-se por descobrir que o impossível não acontece; que ainda que relativas, as leis da natureza obedecem a comandos que não se alteram. A isso nos referimos como crendices, superstições.

Fé é sinônimo de confiança, de segurança quanto à probidade de algo ou alguém; é uma relação que se estabelece com conhecimento; é firme e madura; pensada, sentida e racionalizada. Quem tem confiança sabe onde caminha. É como caminharmos no escuro em nossas casas; sabemos onde cada móvel se

[1] *Friedrich Nietzche, in Humano, demasiadamente humano. Um livro para espíritos livres. Origem da Justiça. Ed. Companhia de Bolso.*

encontra, mesmo não o enxergando, e a razão nos diz que eles não sairão do lugar sozinhos. Não tememos, confiamos; logo, estamos seguros.

Assim, nossa relação com Deus e com nós mesmos ganha novos contornos a partir do autoconhecimento, da reflexão, da busca de desvendar aquilo que nos seja possível sobre o Criador, estudando a natureza e a nossa consciência.

Cientes dos limites traçados pelas leis naturais e pela razão, ganhamos segurança. Deixamos de crer em ameaças vãs de seres temerários, como demônios, assim como deixamos de nos ver como marionetes nas mãos das forças espirituais, ou como brinquedos de um Deus irado e vingativo, que cria, dá vida e amor para depois espezinhar e destruir, fazendo sofrer porque erramos. Compreendemos que Deus é perfeito, não perfeccionista, uma mania muito humana que se lança indevidamente à Suprema Inteligência.

Nesse ínterim de nossa história peço-lhe permissão para mais uma digressão.

Em "O Evangelho Segundo o Espiritismo", há um texto memorável, por diversas razões, no qual encontramos idéias com um forte poder curador para as tão freqüentes inseguranças, ansiedades e medos que assolam as almas, num autoflagelo de causar piedade a quem vê.

Falo – e recomendo que estude – da comunicação intitulada "A fé divina e a fé humana", no Capítulo XIX. Faça-o, substituindo a palavra fé pela expressão confiança e pense em si, aceite o convite e o esclarecimento daquele humilde benfeitor que nos legou tão sábias palavras e não desejou ser conhecido nem mesmo por um pseudônimo, deixando, nesse ato, a clara lição de que mais vale o ensino do que aquele que ensina.

Esse amoroso e experiente ser falou de autoconfiança, segurança interior. Desmistificou a fé, desvendando-lhe a importância psicológica e redimensionando a relação da criatura com o Criador. Ele nos esclarece que a confiança é um dos muitos talentos inatos, das muitas capacidades que jazem em nós envoltas em sombra.

Na sombra de nosso ser não há somente maldade. Lá está tudo aquilo que não é explorado, que não é trazido à luz, que não queremos ver. Assim sendo, não tema olhar para si mesmo; existe um universo lindo e inexplorado dentro de cada ser humano. E acrescenta que a confiança surge e se mostra quando adquirimos consciência de todo o potencial que temos, das "faculdades imensas" que estão latentes e que dependem exclusivamente de nós, da nossa vontade ativa, para "eclodir e crescer".

Insisto no convite para que reflita a lição da autoconfiança. Ela nos mostra que segurança/confiança nasce dentro de nós, não é matéria nem de importação, nem de exportação, tão só de uso pessoal, intransferível. Voltemos a Karim e sua espera.

Sentindo-se preso por fios invisíveis, sufocado por mãos também invisíveis, decidiu dar um longo passeio pelas ruas de Córdoba. Caminhar acalma, gera sensação de bem-estar. Relaxa as tensões.

Devagarinho, conforme as ruas iam sendo vencidas e as distâncias aumentavam, Karim conseguia desvencilhar-se das incômodas sensações orgânicas impostas pela ansiedade mental. Em melhores condições, viu um veículo parar a seu lado e, na janelinha, o rosto sorridente de Ibn Rusch saudá-lo alegremente.

– Venha, eu o levo aonde quiser – convidou o médico.

– Agradeço, mas não vou a lugar algum. Estou apenas caminhando sem destino.

– Melhor ainda. Para quem não sabe aonde ir, qualquer lugar serve, não é mesmo? Venha comigo, vou para casa. Lá poderemos fazer uma refeição e conversar.

A idéia agradou a Karim; era melhor do que retornar ao palácio do Califa e prosseguir sua nervosa e ansiosa espera. Ao menos aproveitaria algumas horas da agradável convivência com Ibn. Decidido, embarcou no veículo.

A conversa fluía sempre fácil com o amigo de Jamal. Falavam de trivialidades, de política, de economia, de campanhas militares – este era um assunto não do maior agrado do anfitrião, um pacifista, mas sobre o qual todos acabavam informados.

A violência acaba comentada, de boca em boca, independente de ser por asco ou por prazer. Como todo ato nascido de sentimentos avassaladores, as repercussões a respeito recebem a contaminação da paixão, tocam os diapasões fazendo ecoar a ressonância da emoção original. Ninguém fica imune, alheio, indiferente à violência, à guerra, ou à crueldade. Contra ou a favor, a paixão contamina.

Entretinham-se na conversação quando um criado veio informar a chegada inesperada de um visitante.

– Quem é? Trata-se de alguém doente? – perguntou Ibn ao servidor.

– Não, senhor. É o rabino Benjamim ben Barusch.

– Ora, Benjamim é meu amigo. Espero que não o tenham deixado esperando na soleira da porta – advertiu Ibn.

– É judeu, senhor – defendeu-se o criado que batera a porta na cara do rabino, deixando-o na rua. É um cidadão de segunda classe.

– É meu amigo. Faça-o entrar imediatamente e peça-lhe desculpas pela descortesia.

Contrariado, o criado obedeceu. Karim observava a cena, interessado.

– Como é triste essa divisão racial – comentou ele. – Não sei se estou errado, mas penso que quanto menor o nível de formação intelectual, mais isso pesa.

– Não sei. Talvez, seja. Mas existem pessoas pouco habituadas a questionar com qualquer nível de formação intelectual.

– É verdade, porém as exigências da formação intelectual levam o indivíduo a questionar, obrigam-no a um esforço do intelecto.

– Isso é obvio, no entanto creio que por si só não liberta de todo e qualquer preconceito. Ainda existem as leis humanas e elas são impositivas e, freqüentemente, absurdas – rebateu Ibn, servindo chá ao amigo.

Benjamim, para surpresa dos dois, chegou sorrindo na sala; parecia divertido com o episódio de discriminação.

– Perdoe-me, Benjamim. É um servidor novato – desculpou-se Ibn após a troca de cumprimentos.

– Estou acostumado. Nasci judeu e já vivi em vários lugares. O problema do preconceito não é meu, é dele. Não há do que se desculpar; o ato também não foi seu. Esqueçamos o assunto.

Aliviado pela reação de Benjamim, o anfitrião o apresentou a Karim.

– Em minhas visitas ao palácio do Califa não tive o prazer de encontrá-lo – comentou Benjamim. – Está em Córdoba há muitos dias?

– Alguns. Diria que o suficiente para ouvir falar de sua pessoa. Minha irmã o aprecia muito, isso é uma considerável referência. Espero que sejamos amigos.

– A esposa do Califa, a senhora Layla. Uma grande e sábia mulher. Perdoem-me a comparação, mas ela é a Esther de Córdoba.

Karim riu da comparação. Lembrava-se da serva judia que acompanhara a infância e juventude de Layla. Por causa dela não havia nenhum dos familiares de Nasser Al Gassim que desconhecesse a trajetória da profetisa judia, a desconhecida jovem hebréia que se tornara, por sua beleza e sabedoria, rainha da Pérsia, no passado distante. Uma lenda no universo feminino, sem dúvida.

– Jamal estava desonrado por uma de suas mulheres? Eu não sabia. Que fique entre nós, mas se alguma desobedece a ele, não tenho dúvidas de que é a minha irmã.

– Não foi nesse sentido – comentou Benjamim descontraído e simpatizando com a espontaneidade de Karim – mas pelo fato de que ela soube tornar-se uma rainha entre nós, povo de Córdoba.

– Ela é expcional, sempre foi, desde menina.

– O que o traz a minha casa Benjamim? Espero que nenhum caso grave.

– Simples visita, acredita? – declarou Benjamim, tomando assento numa poltrona e recebendo grato a xícara de chá ofertada por Ibn. – Achei que era absurdo só nos encontrarmos em situações dramáticas e tomei a iniciativa de promover um encontro menos... como direi... desgastante, mais ameno e agradável.

– Saúdo sua decisão. De fato, precisamos nos dar momentos de convívio com quem temos afinidades. Às vezes, as atividades cotidianas nos ocupam tanto que deixamos esse aspecto de lado. Que bom que você veio!

A conversa prosseguiu animada, variando os temas, com os três integrados e harmônicos. As horas voavam, velozes. Quando o criado, discretamente, aproximou-se de Ibn, solicitando instruções para o jantar, as estrelas já enfeitavam o firmamento e nenhum deles havia percebido. Tomadas as providências, enviando-se um emissário para avisar Layla de onde se encontrava o irmão, os assuntos se sucederam.

A noite é acolhedora. Sob seu manto escuro, os seres humanos sentem-se incentivados à troca de confissões, talvez por ela ter algo de acolhedor, de suave, de ocultar as formas, de restringir a capacidade de visão, fazendo-nos mais atentos ao que está próximo. O certo é que a noite fala aos sentidos de forma serena, recordando o significado das coisas simples.

Com Karim se passou esse fato. A cálida noite de Córdoba, com seu odor de flores que só desabrocham sob a luz da lua, somada à necessidade de esvaziar suas angústias emocionais, dois atentos ouvintes foi tudo de que precisou para narrar seus medos e anseios desde que retornara a Cádiz. Não havia percebido antes o quanto precisava falar, falar, desesperadamente, das experiências que tinha vivido, embora houvesse partes da história omitidas. Contou tudo que lhe dizia respeito, inclusive a visão da "mulher anjo" e do bem que lhe fizera aquele fato.

– Nesse momento eu preciso tanto de alguém com a mesma sabedoria daquela visão! Ah, como eu gostaria de ouvi-la de novo! Mas... nunca mais. Não sei porque, não entendo. Já ouvi falar de pessoas que têm visões, que vêem familiares mortos, até que nem conheceram, mas, no fundo, isso é tão pouco – concluiu Karim, apanhando um doce feito de sêmola, nozes e mel da bandeja que repousava sobre uma mesa básica de centro, em torno da qual eles estavam acomodados sobre confortáveis tapetes.

Ibn encarou o amigo, pensativo.

– Quem nunca ouviu falar dessas visões? Acredito que existam em todas as raças, independente de crença. Confesso que esse aspecto da religiosidade ou das experiências humanas não é o que me interessa mais. Preocupo-me em tentar fazer as pessoas compreenderem que razão e religião podem e devem ser temas compatíveis. A religião sem a razão e sem a filosofia tende ao fanatismo. Uma pessoa fanatizada está a um passo da loucura, a meu ver. O que acha, Benjamim?

– Do quê? Do fanatismo ou das visões?

– Das visões, respondeu Karim.

– São fatos – sentenciou ele seco e direto. – A sua religião fala deles. O

Profeta Muhammad teve visões, não teve? Não foi assim que compôs os versos do Alcorão? A minha religião fala deles, desde tempos muito antigos. A crer-se na mítica cena do Gênesis, Eva foi a primeira a ter visões, afinal, a tentação da serpente é usada como metáfora para uma manifestação de um anjo decaído. Serpentes não falam, não é mesmo? O judaísmo é cheio de grandes profetas, e todos eles relataram suas visões, seu aprendizado com seres espirituais, inteligências separadas da matéria. Não temos aqui nenhum cristão, mas, pelo que sei, também o Cristianismo possui relatos de visões, a começar por Jesus que, inclusive, foi visto após a morte por uma seguidora e, depois, continuou apresentando-se a seus discípulos. E contam eles que um dos principais apóstolos – que foi um membro do Sinédrio, portanto conhecedor da Torá, do Talmude e das leis judaicas –, Saulo de Tarso, que se tornou conhecido após a conversão à seita cristã primitiva como Paulo de Tarso, narra em seus escritos visões e experiências além da matéria, fala mesmo de ter alcançado o sétimo céu. Acredito que elas são possíveis, aliás, minha religião assim ensina.

Karim o ouviu atento; as breves palavras de Benjamim tiveram o condão de fazê-lo esquecer suas confissões – em parte porque tivesse esvaziado as pressões interiores, os focos mais dolorosos daquelas emoções; ou, porque em seus anseios também entrasse uma busca por respostas e compreensão do que se passava consigo.

– Diga-me o que ensina sua religião sobre o assunto.

– Meu caro, nem tudo pode ser ensinado aos que não pertencem a nossa religião – desconversou Benjamim. – Deve saber que em todas as crenças existem duas formas de ensino: uma profunda e outra mais mítica, mais cheia de histórias, alegorias e parábolas com que se ensina o povo. Minha religião, por ser a mais antiga, é a mais cheia desses mistérios, a mais cercada de alegorias, por isso sobrevive há tantos milênios.

– Sobrevive, mas definha – rebateu Karim, aludindo à fantástica expansão do islamismo que, na época dos fatos narrados neste romance, era o maior império sobre a Terra e conseguira a rápida e inédita façanha de unir as tribos árabes em uma única crença, ainda que dividida em duas facções – sunitas e xiitas – desde a morte do Profeta Muhammad.

– Sobrevive – insistiu Benjamim. – E sobrevive a tantas lutas, perseguições, quantas fazem parte da história da humanidade, desde a antigüidade.

– Que seja! Não quero discutir as suas concepções religiosas. Fui educado a respeitar todas elas e não impor minha convicção a ninguém. Mas peço-lhe, então, que me diga o que julga possa ser ensinado a um não judeu sobre as visões de que lhe falei.

Benjamim respirou fundo; lançou um olhar ao anfitrião, que, em resposta, apenas ergueu uma sobrancelha. Sentindo-se um pouco desconfortável, mas notando que a pergunta era séria, bem intencionada e nascida de uma busca real, capitulou e passou a explicar.

– Bem, a primeira coisa a ressaltar é que o fundamental, para nós, é a crença em Deus. Por isso, vou me ater ao pensamento daqueles que compartilham essa idéia. Desde os chamados pagãos, é conhecido o dom ou a capacidade humana de profetizar. Diziam eles que Deus elegia entre seus membros aqueles que lhe agradassem e fazia deles seus profetas, conferindo-lhes essa missão. Não havia qualquer exigência quanto à condição deles, podiam ser sábios ou ignorantes, velhos ou jovens, era indiferente. Mas era importante que fossem homens de bem, de bons costumes, pois até hoje ninguém afirmou que Deus desse tal dom a alguém perverso, salvo que fosse com o propósito de transformá-lo em um homem bom. Já os filósofos aristotélicos, em especial os árabes, consideram a profecia como o mais alto grau do desenvolvimento das faculdades morais e racionais do espírito, e o homem pode alcançá-la tanto pelo estudo quanto pela pacificação e purificação interior, abandonando as coisas da vida material para unir-se ao Intelecto Supremo, pois tal conduta faz com que o homem passe, para o nível das atitudes, as faculdades que a alma possui em potência. Como vê, segundo eles, um ignorante nunca será profeta; assim como, diferente da anterior, ninguém dorme sem ser profeta e acorda profetizando. Em comum, ambas exigem que seja um homem íntegro. Portanto, se esse homem íntegro, saudável em sua razão, possuidor dessa qualidade natural de profetizar, preparar-se, necessariamente chegará à condição de profeta. Minha religião tem idêntica opinião à dos filósofos, à exceção do fato de que entendemos que ainda que alguém seja possuidor do dom natural e tenha se preparado, só chegará à condição de profeta se assim o quiser a Vontade Divina. O princípio fundamental, no entanto, é que é necessário se aperfeiçoar nas qualidades morais e racionais.

– Entendi que todos os profetas tinham visões e se comunicavam com seres espirituais de diversas formas. Mas o que você entende por ser um profeta?

– Você pode deduzir que profeta é um ser humano que tem por missão instruir os outros, revelar-lhes as coisas ocultas e os mistérios da vida espiritual. Por isso, exigimos dele conhecimento. Não é possível dar o que se não possui, concorda? A maioria deles, no entanto, tem visões, presciência do futuro, transmitem advertência e ensinamentos aos homens. Veja a Tábua dos Dez Mandamentos do Profeta Moisés e o Alcorão, livro da sua religião. São ensinamentos, não são? Ambos fruto de visões espirituais. Instruir, esse é o maior propósito do dom da profecia. As visões e outros fatos servem apenas de veículo para esse fim máximo que é ensinar um caminho melhor para a realização do ser humano.

– Então, eu não possuo o dom da profecia – concluiu Karim. – Todas as visões que tive sempre disseram respeito apenas a mim mesmo.

– Ah, meu caro, não seja apressado, nem creia tudo aprender nessa conversa. O tema é muito amplo, é preciso estudar essas faculdades humanas com vagar; não se adquire esse conhecimento em segundos. Elas são delicadas, muitas circunstâncias especiais influenciam, como as próprias condições de seu portador, por exemplo. Além do mais, nada é absolutamente igual e padronizado na natureza. Essas faculdades também não; sofrem muitas variações.

– Como assim? – indagou Ibn interessado. – Está dizendo que existem em graus diversos.

– Exatamente – concordou Benjamim, observando o fascínio com que seus interlocutores o ouviam. Estava habituado àquela reação, via-a no semblante de seus aprendizes, quando lhes falava sobre as faculdades humanas de intercâmbio com o mundo extrafísico. A maioria tinha a mente cheia de ilusões e, ao deparar-se com a racionalidade das explicações, encantava-se, perdendo os medos supersticiosos e aprendendo a respeitar as manifestações da vida.

– Essa influência – prosseguiu Benjamim –, pode atingir uma pessoa numa pequena medida, na exata proporção de sua condição intelectual. Pode-se dizer que servirá para guiá-la em sua jornada pessoal, e esse talvez seja o seu caso; não sei, conheço pouco de sua experiência para afirmar. Enquanto em outras ganha uma tal medida que além de aperfeiçoá-la, pode também significar o aperfeiçoamento para outros. Entenda, essa faculdade não é igual em todos, nem tem as mesmas proporções, assim a capacidade ou os graus, como queiram, são variáveis entre seus portadores. Veja, há aqueles que a possuem na condição de inspiração, não vêem nem ouvem nada, mas é como se a faculdade se derramasse apenas sobre sua capacidade racional e isso faz deles sábios, filósofos, grandes escritores; todos se declaram dominados pelas idéias que se derramam sobre sua mente, sem controle ou premeditação. Sócrates dizia captar sua idéias de um daimom, um espírito protetor. Quando essa capacidade se derrama sobre o intelecto e redunda em visões e outros fenômenos, é a que origina os profetas. A verdade dos fatos, ao analisar-se essas faculdades humanas, é que eles também ocorrem naqueles que não têm nenhum preparo. Nesses a razão fica completamente alheia; nem eles sabem o que estão fazendo, embora tenham consciência dos fenômenos. A maioria das vezes isso ocorre por falta de estudo da parte deles; são o que o comum das pessoas chama de adivinhos, agoureiros e donos de sonhos verdadeiros, que se realizam. Estes últimos, por falta de preparo, introduzem grandes confusões, embaralham, de forma surpreendente, o real com o ilusório. Não raro acabam doentes, confusos, com pensamentos desconexos. Mas, voltando ao seu caso, talvez seja, como pode ver, e eu assim espero, que o que se dá com você esteja nas condições daquele sobre quem essa faculdade se derrama para fazer dele um homem estudioso, dotado de critério e conhecimento, para uso em sua vida, mas sem propensão para ensinar aos indivíduos, nem compor obras. Já com outros se dá o contrário, como os profetas, que recebem a instrução para seu aperfeiçoamento e que vêem nela também algo que os leva a se interessarem pelas pessoas e instruí-las, compartilhando seu próprio aprendizado. A natureza desse dom de profecia os obriga a comunicá-la aos homens, aceitem estes ou não, inclusive arriscando-se a serem feridos por essa incompreensão e intolerância alheia. Na vida dos grandes profetas vê-se que eles ensinaram aos homens até morrer, movidos por essa inspiração ou necessidade, sem descanso nem repouso, passando por grandes dificuldades e, não raro, assinando sua obra com o próprio sangue, morrendo nas mãos daqueles que não os compreenderam, como coroamento dessa missão.

– Conheço pouco da sua religião – confessou Karim. – Apenas algumas histórias que nos contava uma servidora. Porém, lembro que eram cheias de lutas, de sofrimento, de violência. Ela falava muito de José, que previa o futuro em sonhos, e do pai dele. Ele teve uma vida fantástica; foi de escravo, vendido pelos irmãos, a vizir do Egito, não é mesmo?

Benjamim apenas balançou a cabeça concordando. Não queria entrar no terreno dos sonhos; era amplo demais, para ser explorado numa conversa informal. Conhecimento requer tempo, dedicação, empenho, paciência, perseverança, não chega do nada de uma hora para outra, tampouco se pode ter a pretensão de tudo aprender ou ensinar em alguns minutos.

– Eles são corajosos – insistiu Karim. – Leah, nossa criada, já falecida, também falava muito de Esther. Aliás, você falou dela ainda há pouco. Ela também profetizava?

– A vida de Hadassa, como a conhecemos, antes de tornar-se Esther, a rainha da Pérsia, é um exemplo por sua dedicação, por sua coragem em afrontar usos, costumes e leis, na defesa de nosso povo e pela sua fidelidade e fé em Deus. É por isso que é considerada uma profetisa. Sua vida é uma lição. Entretanto, pouco sabemos a seu respeito. Sua vida e feitos são contados por homens. Infelizmente, eu lamento isso, a história não tem o toque e a visão femininos. São os homens que a contam e nela omitem a presença e a participação das mulheres, como se elas não existissem. Isso acontece na minha religião, na sua e também entre os cristãos, embora o Mestre deles tenha sido o mais liberal no tocante a receber como discípulas e instruir mulheres, dando-lhes mesmo o direito de ensinar. Sempre considerei esse fato interessante e relevante entre os seguidores de Jesus

Cristo, apesar de ver que eles – seus seguidores – não lhes imitaram o gesto; deram continuidade à história de invisibilidade e exclusão das mulheres no seio das religiões. Mas aí está a vida da mulher chamada estrela para nos lembrar que elas existem, são importantes e que lhes devemos muito.

– Meu amigo, que não nos ouçam os líderes mais exaltados e conservadores – falou Ibn. – Ou perderemos completamente qualquer relevância social que temos. Tanto entre seu povo como entre o meu e até entre os cristãos.

Benjamim e Karim sorriram da expressão de fingida preocupação com que o anfitrião fizera tal declaração, mas todos eles sabiam que nenhum exporia à luz do sol e, em público, as idéias que estavam defendendo e discutindo, relativas à condição feminina nas três religiões.

* * *

Enquanto Karim aliviava suas tensões na conversa com os amigos, Amirah recebia a visita do irmão para um entendimento direto a respeito de uma situação que os anos haviam consolidado como uma teia emocional de super-proteção e dependência, feita de fios de aço entre eles e que precisava ser desfeita, libertando-os.

Num longo e sincero diálogo conscientizaram-se das razões que os levaram a compor aquela teia aprisionante. Nesse mútuo reconhecimento, identificaram as necessidades de mudança no comportamento de cada um. Afinal, a situação se consolidara com a participação dos dois, por isso era necessário que também eles a desconstruíssem, ficando libertos para refazerem as bases do relacionamento amistoso e afetivo que tinham como irmãos.

Para surpresa de Karim, ao regressar tarde da noite Jamal o esperava e, sem delongas, comunicou-lhe sua permissão ao casamento e à mudança da irmã para Cádiz, acompanhada de Ximena. Deliberaram que a criada partiria no dia seguinte para a cidade de destino a fim de adaptar a residência dos Al Gassim às necessidades e limitações impostas pela asma à vida de Amirah.

Capítulo XXVIII

Sete anos depois...

Risos e gritos infantis misturados ao som das ondas quebrando na praia e ao gorjeio dos pássaros marinhos chamaram a atenção de Kiéram. Após anos de exílio voluntário, retornava às paragens de Cádiz, acompanhando uma remessa de mercadoria a ser embarcada para o Marrocos via porto da cidade de Al Gassim.

A viagem era tranqüila. Tomado de uma nostalgia, que nunca o abandonara por completo, afastara-se da estrada, deixando que seus homens conduzissem a carga. Enveredara pelas margens do oceano, passando pelas praias onde fora o acampamento da luta contra os africanos no episódio da invasão da cidade. Os lugares eram os mesmos. Ele mudara. Constatava a realidade dessa mudança recordando como era sete anos antes.

Retornava a Cádiz com o reconhecimento dos árabes muçulmanos que dominavam a Cecília. Conquistara lá maior apreço do que o que gozava em Córdoba à época do emir Munir Al Jerrari e suas confusões. Seu exército mercenário crescera. As lutas no Oriente, nas Cruzadas, atraíam-no. Por lá existiam muitas riquezas e batalhas. A necessidade faz o preço, diz a milenar lei de mercado; em sua atividade não era diferente.

Tinha mulher, em breve teria filhos, mas as lembranças de uma jovem e exuberante muçulmana o atormentavam. A bebida tornara-se uma companheira de certa regularidade, que lhe anestesiava a dor e a mágoa. Nunca se libertara do passado e torturava-se pensando no que poderia ter sido sua vida, e ela sempre lhe parecia melhor do que a que tinha. Fantasiava, recusando-se a deixar que o esquecimento trabalhasse a paixão que um dia sentira por Layla. Era bom marido; continuava zeloso com a mãe; a irmã casara-se. Enfim, a família estava estabelecida nas terras distantes. E ele, aparentemente, também. Mas só aparentemente, pois no íntimo movimentavam-se as fantasias que o prendiam a Al Andaluz.

Olhando ao longe, reconheceu os telhados e as paredes brancas das construções da cidade. Cádiz estava próxima. Prestando atenção aos sons, vislumbrou crianças pequenas correndo na praia. "Talvez alguém tenha construído uma casa nas proximidades", pensou ele.

À certa distância, para não assustá-las, desceu e ficou observando-as, encantado com a cena ingênua.

Os três pequenos totalmente molhados brincavam com as ondas e os pássaros, rolando na areia, levados pela força do mar. O sol forte da tarde prateava as águas verde-azuladas, e as crianças morenas o encantavam cada vez mais. Era fácil notar que a menina era a mais velha e comandava os irmãos. Um dos meninos era ainda um bebê, talvez tivesse dois anos, e ela cuidava dele como se fosse seu brinquedo favorito. O outro deveria ter uns cinco anos, não mais. Era altivo, independente, mas também era zeloso com o menor e obediente às idéias da menina.

– Será que estão sozinhos? – murmurou Kiéram para si. – Devem ser filhos de pescadores e estão familiarizados com o mar.

Improvisando uma sombra com a mão em concha sobre os olhos, protegendo a visão da claridade do sol, vasculhou as proximidades. Sentada sobre uma duna, perto das crianças havia uma pessoa e, mais adiante, um cavalo. Ele demorou para vê-la pois as cores de sua roupa, muito clara, misturavam-se com a areia.

Também a pessoa sentada nas dunas percebeu sua presença, pois correu para perto das crianças, chamando-as pelos nomes: Guadalupe, Hálim e Záfir. Recolheu-as, apressada. Kiéram distinguiu tratar-se de um vulto feminino. Mas logo ela colocava os filhos sobre o animal e partia em galope acelerado. Com certeza, temera sua presença. A praia estava deserta e, naqueles dias, a violência em Al Andaluz era grande. Ninguém sabia mais quem eram os inimigos.

– Pobre mulher! Assustou-se. Mal sabe que estava encantado com seus filhos – murmurou Kiéram, grato porque a visão das crianças afastara de sua mente as recordações do passado.

..*

No pátio da propriedade da família, Amirah recebia a cunhada e os sobrinhos, sorridente.

– Layla, eles estão lindos assim tão sujos! Onde estavam? Parecem que rolaram...

– Na praia – respondeu Layla, alcançando o bebê para Amirah, depois auxiliando os outros a descerem.

– Hálim está imunda – comentou Amirah, observando com ternura a sobrinha menor. – Se seu pai a vir nesse estado, menina, ficará chocado.

– Tia, é tão bom brincar no mar. Não diga nada pro papai. Ele não pode saber que a mamãe nos leva lá – implorou Záfir, com seus grandes olhos escuros tão parecidos com os da mãe.

– Ela não vai dizer nada – ralhou Guadalupe. – Não precisa ficar choramingando. É só pedir e o papai nos leva. Mamãe, amanhã nós vamos à praia de novo?

– Não sei, Guadalupe. Seu pai deve chegar hoje à noite ou amanhã. Talvez ele queira retornar a Córdoba logo e tenhamos que nos preparar para a viagem. Já aproveitaram o verão. Se o pai de vocês quiser partir amanhã, não quero ouvir choro, certo?

– Se você pedir o papai deixa – disse Záfir para a irmã. – Prá você ele não vai dizer que não.

Salma, parada sob o batente da porta, olhava consternada a sujeira das crianças, mas admirava a forma como sua senhora os educava. Diferente de muitas mulheres, ela tinha os filhos próximos de si. Era ela quem os ensinava e não fazia distinção na educação de Guadalupe e de Záfir. Hálim, era ainda muito pequena, mas participava de todas as atividades possíveis à sua pouca idade. Naquele verão, ninguém reconheceria sob as vestes simples, cercada de crianças sujas, a esposa do Califa, a soberana de Al Andaluz.

– Venham, crianças – chamou a serva. – Hora do banho. Depois iremos acompanhar as orações. Vamos.

– Eu cuido de Hálim. Pode lavar os outros – disse Amirah, dirigindo-se à criada.

Salma sorriu, baixando a cabeça. O afeto da esposa do emir pela sobrinha menor saltava aos olhos. Durante as semanas que passara com a cunhada e o irmão, Layla percebera o desejo da cunhada de ter filhos, mas sabia que os riscos desaconselhavam. Deixara-a realizar-se cuidando de Hálim.

Esperava que o irmão percebesse a generosidade da mulher com que se casara e acolhesse seu pedido de que tomasse outra mulher por esposa ou concubina para lhe dar filhos. Não era só herdeiros que Amirah desejava para o marido: queria crianças correndo pela propriedade, que ela amaria como se fossem nascidas de seu corpo.

Adara enxergava essa realidade e a conhecia por experiência própria. Filhos legítimos ou adotados não faziam diferença quando havia amor a ser dado.

Mas Karim relutava. Estava feliz com seu casamento e mesmo podendo, não queria outras mulheres.

***

– Um véu de seda branca com bonitos bordados, largado sobre a mureta do pátio, esvoaçava com a brisa da noite. Uma pequena pedra o impedia de voar. Kiéram sorriu. Parecia que sempre haveria em Cádiz uma mulher rebelde, abandonando seus véus.

Ao final da tarde procurara Karim e acabara aceitando o hospedagem oferecida por ele. Era melhor que a hospedaria. O encontro fora amigável, mas lhe parecera que ele escondia alguma informação; havia um temor, uma contrariedade latente no comportamento de seu anfitrião. Apesar de amistosa e leve, sentira a conversa permeada por uma tensão, por palavras não ditas de parte a parte. Um fantasma pairara sobre o encontro, lançando uma sombra fria, cinzenta.

"Eu não fiz as perguntas que desejava. Não indaguei sobre Layla. Que era, de fato, o que eu gostaria de saber. Como ela estará? Será que é feliz? Que aconteceu a sua vida nesses sete anos? E Karim? Bem, Karim, também não me disse o que desejava. Aliás, nunca falamos sobre minha relação com ela. Como sufoca ter que aceitar esse silêncio imposto! Como tortura ter tantas perguntas e nenhuma resposta", pensava Kiéram, caminhando ao lado da mureta do pátio, no lado mais escuro, rente à parede.

– Quem está aí? – ouviu a pergunta. E sentiu seu coração disparar – reconheceria a voz firme e decidida de Layla em qualquer lugar.

– Layla?! – respondeu alegre. – É você? Onde está? Não a vejo?

– Kiéram? Kiéram Simsons?

– Sim, sou eu – disse ele, encaminhando-se para o centro do pátio.

Layla escondera-se atrás do grosso caule da árvore centenária. Largou suas armas no chão e, sorrindo, caminhou ao encontro dele.

Olharam-se avaliando o que aquele tempo fizera a cada um.

– Você continua a mulher mais fascinante que conheço – murmurou Kiéram. – Seu marido é um homem abençoado por Alá, com certeza.

Ela riu, lembrando-se das várias discussões que tinha com Jamal e retrucou:

– Não tenho essa certeza; talvez eu seja uma maldição. Mas o que tem feito? Venha, vamos nos sentar ali no banco. Que tal a vida na Cecília? Era o que desejava? Somente fiquei sabendo de sua partida algum tempo depois.

– Não devo reclamar da vida, apesar de ela não ser como eu queria. Estou bem. E você?

– Com uma vida bem mais pacata do que tive quando o conheci. Mas, estou bem. Não me arrependo das escolhas que fiz.

– É bom poder dizer isso. O arrependimento é muito triste, cruel. É a ruína do ser humano.

– Por Deus, que dramático! Você se arrepende de alguma coisa? Deve haver uma razão para um pensamento tão... tão pesado, se é que pensamentos têm peso – brincou Layla.

– Você é feliz, Layla? – insistiu ele, ignorando a pergunta. Tinha o olhar fixo no rosto dela e notou que ela emudecera, constatando todo anseio que carregava em sua alma.

– Por favor, responda – pediu ele. – Honestamente. Eu preciso saber. Não vim a Cádiz pensando em encontrá-la, nem poderia. Imaginei que Jamal a trancafiasse em Córdoba. Mas já que a vida fez esse reencontro, diga-me: você é feliz? Nunca aquela conversa inacabada sobre as muralhas dessa cidade lhe perturbou a consciência? Porque a mim ela tortura.

Tomada de surpresa com a confissão, Layla não encontrava palavras. Não sabia mesmo o que dizer. Estava confusa. Um longo silêncio imperou entre eles. Kiéram viu a confusão na íris negra, e calou-se; não tinha a intenção de ser mensageiro da agonia. Por fim, disse:

– Esqueça. Não tenho o direito de lhe pedir explicações sobre sua vida. Perdoe-me.

E fez menção de se levantar, sendo detido pela mão de Layla que o reteve.

– Espere – pediu ela. – Você tem razão de me pedir explicações. Eu lhe devo isso, afinal tenho consciência de que o tornei parte de meus planos. Reconheço que o usei. Não pretendia ferir seus sentimentos, nem ao menos imaginei que eles pudessem ter essa força. Sou eu quem lhe pede perdão. Perdoe-me, Kiéram, pelo que fiz, pelas ações e decisões que tomei; não pretendia magoá-lo. Fiz o que julguei ser o melhor. Eu não costumo olhar para trás. Você conviveu muito pouco comigo, apesar da intensidade daqueles dias. Eu não sou nada romântica. Uma mulher do meu povo e da minha religião não pode ser dominada por paixões desse tipo. Ela não sobreviveria aos costumes que acabam, de alguma maneira, sendo impostos. Acredite-me. Aprendi com minhas mães essa lição.

– É uma visão muito dura e cruel – rebateu Kiéram.

– A vida sob o véu é dura, é cruel, exige muito de nossas emoções, de nossa razão, para que tenhamos a força de sobreviver, não enlouquecer, e, com o que a vida nos oferece e nos é permitido, encontrar a felicidade.

– É possível ser feliz sem amar, Layla? Sem estar com quem se deseja? Se você conseguiu, ensine para mim.

– Eu não sei muitas coisas, Kiéram. Acho que nenhum de nós ainda aprendeu a amar. Já ouvi muitos conceitos, mas todos me parecem incompletos, idealizados demais. Quem lhe garante que, vivendo com quem você deseja, seria feliz? Crê que essa pessoa nunca o magoaria, não o decepcionaria, não o faria sentir raiva? Ou que você não a faria sentir tudo isso. Se você pensa em mim para esse lugar, creia, haveria dias em que você quereria o demônio a seu lado e não eu.

– É possível, mas... a frustração talvez seja pior.

– Seja racional, Kiéram. Qual seria seu futuro a meu lado? Sua carreira estaria destruída. Sua família não me aceitaria, ou, se aceitasse, com as dificuldades de freqüentes fugas, para fugir da lei muçulmana, acabaria por me odiar e culpar-me pelas complicações. No que teria razão. Juntos, nosso destino seria alguns anos de paixão e muitas brigas, raivas, rancores e, por fim, ambos ardendo vivos numa fogueira. Que como sabe é a pena para os casais que ousam descumprir a lei. E, se não fossem os muçulmanos a nos queimarem, seriam os cristãos. A intolerância é, de parte a parte, a mesma.

– Foi disso que desejou fugir? Esse foi o seu medo?

– Essas eram as minhas escolhas. Não se esqueça de que já naquela época eu era uma pária. Pelas leis do meu povo, minha própria família deveria ter pedido minha morte. Eu, aos olhos da sociedade, desonrei-os. Não lhe parece que eles foram corajosos demais em afrontar os costumes para defender-me?

– Nada disso se tornou conhecido.

– Mas se tornaria, se eu houvesse partido com você. E ainda que eles não tivessem feito nada, outros fariam. Meu pai morreu; Zafir foi assassinado. Eu matei, para defender-me e para fazer o que acredito precisava ser feito, mas ainda assim, matei. Sofri todo tipo de violência que você possa imaginar que uma mulher suporta. Aquele caminho eu não queria mais. Bastou. Não era preciso que os outros soubessem, eu sabia, eu tinha vivido. Não era necessário mais que isso para saber o que eu desejava. Não sou ingênua, Kiéram, sei o limite das minhas forças e aprendi que é preciso conhecer o inimigo. Nada poderíamos sozinhos, contra toda uma sociedade. Eu não quis morrer numa fogueira. E não quero. Sei que não poderei matar todos os homens que fazem as leis e oprimem as pessoas, porque são muitos. Eles proliferam; a probabilidade era que eu acabasse morta.

Layla fez uma pausa, lançou um olhar na direção das muralhas, onde havia vivido, no passado, aquele momento que debatiam.

– Eu não sabia que Jamal desejava tomar-me por esposa. Não premeditei esse casamento. Não fiz uma escolha entre ele e você. Entre o fácil e o difícil. Não vejo a vida por esse ângulo. Aceitei o possível, e creia, poderia ter sido muito mais difícil. Mas a felicidade ou a infelicidade são, penso eu, a forma como vemos nossas próprias atitudes, como aceitamos ou não a vida. O Criador nos dá o presente – o tempo e a oportunidade de viver; como, de que forma, com que pensamentos e sentimentos, isso corre por nossa conta. Poderia ter feito de minha vida uma tortura, poderia deitar-me num quarto escuro e chorar sobre minhas feridas, poderia reclamar a todo instante do meu casamento, poderia deixar minha mente criar tantas ilusões quantas comportasse e me aprisionar a elas, não enxergando, sequer, a ponta do meu próprio nariz, em termos de realidade dos fatos. Isso seria horrível. Mas a vida me permite fazer e ver as coisas de outra maneira. E eu decidi ser amiga de meu marido, aceitar o que não posso mudar, deixar minhas feridas no passado, não olhar para trás, viver da melhor forma com o que eu tinha em mãos, atendo-me sempre ao presente, ao que estava em meu poder fazer, ao que era necessário e possível. Um dia depois do outro, Kiéram, a vida e as pessoas me compensaram por eu viver assim. Não tenho dúvidas de que Jamal aprecia a vida a meu lado. Somos felizes. Tenho três filhos lindos, saudáveis, que eu adoro e me enchem de afeto. Muitas coisas ainda me incomodam e incomodarão até o fim dos meus dias, com certeza, mas descobri que cada mulher – que vive sob o véu – precisa destapar a própria cabeça. Se eu arrancasse esse maldito véu delas, muitas correriam envergonhadas a se esconder, com medo de que seus cabelos fossem vistos. Essas grandes mudanças que eu desejo somente posso realizar na minha vida, na vida das minhas filhas, pela forma como as educo. Na vida dos outros, sou tão só elemento para que pensem, que reflitam. Para uns sou escandalosa; para outros, ousada; para outros, objeto de desejo, de inveja, de admiração. Não sei, cada um sabe de si, e eu não me importo nem um pouco com o que dizem as línguas a meu respeito. Enfim, Kiéram, não me arrependo de nenhum dos meus atos; assumo total responsabilidade por eles; também, não guardo mágoa, nem rancor, pelo que fizeram comigo. Há muito tempo entendi que não posso exigir dos outros que sejam ou pensem da forma ideal ou como eu gostaria. Cada um é o que é, o que pode ser nesse momento e acredita estar fazendo o melhor e o mais correto. Viver é aprender, acredito nisso. Portanto, não existe o certo e o errado; existe aquilo que nos foi possível aprender e aquilo que ainda não entendemos, só isso. Seria muita falta de inteligência da minha parte remoer mágoas e sofrer porque alguém ainda não aprendeu uma forma melhor de se conduzir e enxergar a vida. Acho que isso é problema dele; enquanto não aprender irá sofrer. Por minha vez, se consigo entender esse fato, não há razão para sofrimento; o problema não é meu, não é comigo.

– Devo entender que você quer dizer que é feliz e não mudaria suas escolhas, se tivesse a mesma chance outra vez?

– É, eu não mudaria – respondeu Layla com segurança.

Kiéram soltou a mão. Ela não tentou impedi-lo. Quando saía pelo portão, apanhou o véu, enrolou-o, escondendo-o preso ao cinto. Sentindo-se aliviado, sem entender a razão, lançou um olhar à mulher sentada nas sombras da noite e disse:

– Boa noite, Layla. Seja feliz!

Capítulo XXIX

Lilith, a face oculta da lua

Na noite escura de Córdoba, as estrelas brilhavam como diamantes. O crepitar das fogueiras e os som das flautas e tambores anunciavam que as atividades políticas do dia encontravam distração e descanso após o pôr do sol, em alegres festejos.

A situação política continuava delicada, e reunir as principais famílias dos reinos taifas do território de Al Andaluz era sempre medida prudente que garantia certa unidade ao atacado império muçulmano, tanto pelas divisões internas quanto pelo anseio de reconquista dos reis cristãos.

A jornada fora exaustiva, e a festa era, por isso, muito bem vinda.

Benjamim e Ibn Rusch sentavam-se a alguns metros de Jamal, mas próximos o bastante para serem considerados convidados de honra em sua corte. Tinham perfeita visão de seu anfitrião, embora não pudessem ouvi-lo ou ser por ele ouvido, salvo no breve discurso inicial de boas vindas e no anúncio das danças que se iniciariam para deleite dos convidados.

Sucediam-se as demonstrações do amplo leque de danças árabes, e os convidados animados acompanhavam batendo palmas ao ritmo das músicas.

Quando, para surpresa de todos, o ritmo mudou: as flautas se tornaram dolentes, os dançarinos que se apresentavam dividiram-se em duas fileiras, e uma dançarina, envolta em véus multicoloridos e exibindo facas nas mãos, adentrou o centro do pátio, rodopiando por entre as fogueiras. Via-se, da mulher, somente os olhos negros, indevassáveis e brilhantes.

Jamal, tomado de surpresa, esqueceu-se da festa e dos propósitos políticos. Reconheceria os olhos de Layla em qualquer lugar. A sinuosidade e sensualidade explícita de seus movimentos não deixavam dúvidas. Era a primeira vez, ao longo de todos aqueles anos, que ela dançava em público e, pela forma como o olhava, estava claro para todos que dançava para ele. Era sua forma de hipotecar solidariedade à sua busca por unificar e fortalecer o povo andaluz. Seu gesto dizia aos presentes que aquele homem merecia ser seguido. Ela pretendia seduzir os expectadores e entregá-los aos pés do marido. Assim como fizera ao longo do dia, acompanhando-o em todas as assembléias, ouvindo e sugerindo idéias, com um véu diáfano e mal preso a cobrir-lhe os cabelos, que leves movimentos da cabeça faziam deslizar.

"Como não amar essa mulher?" – perguntava-se Jamal, encantado com a atitude ousada da esposa.

Em meio aos movimentos do ventre e dos braços, que lembravam uma serpente, ela brincava com as facas num jogo mortal, não fosse sua extrema habilidade, arrancando suspiros de uma platéia elevada.

Benjamim a observava, também preso à magia da dançarina. Sentindo dificuldade de prestar atenção aos comentários que seu acompanhante fazia, registrou somente o final:

– Deve ser por isso que se associam as idéias de sensualidade e serpente.

– O quê?

– Eu disse que deve ser por essa facilidade de movimentos que se associam as idéias de serpentes, répteis, e a sensualidade das mulheres. São, afinal de contas, o símbolo da perdição. Jamal, ao menos, parece feliz com sua filha de Eva – comentou Ibn Rusch.

– Layla não pode jamais ser chamada filha de Eva, meu caro – retrucou Benjamim.

– Como não? Ela é a digna representante da casta das mulheres tentadoras. Que não me ouça o nosso Califa.

– Ah, você tem muito a aprender, Ibn. Sobre coisas antigas, eu quero dizer. Sei que o Alcorão se assemelha e adota muitos ensinamentos da minha crença e que mescla ensinamentos cristãos. Mas aprenda comigo: Eva não foi a primeira mulher criada. Ela é a segunda esposa de Adão.

Ante o olhar surpreso de Ibn, Benjamim fez um discreto sinal, apontando a dançarina, e declarou:

– Diga antes que ela é filha de Lilith.

– Não conheço. De onde tirou essa idéia?

– Livros antigos são sempre reescritos. Já lhe disse que é preciso desvendar as metáforas e não dar interpretação literal a todos os textos sagrados, especialmente os do judaísmo. É um equívoco que muitos cometem. Daí, não encontrando lógica ou significação, acusam-nos de muitas inverdades.

– Mas quem é Lilith?

– A primeira esposa de Adão. A primeira mulher a ser banida dos textos religiosos e ter sua memória enxovalhada, condenada ao esquecimento, a ser quase invisível. Esqueceram de apagar algumas referências a ela feita pelo Profeta Isaías.

Notando que o assunto acabara atraindo a atenção de Ibn, voltou-se para ele e relatou:

– No Gênesis consta que o Senhor criou em sete dias tudo o que conhecemos. Observe que, na narração da obra, do quinto dia diz-se que Ele criou o homem à sua imagem e semelhança e que os criou homem e mulher[1] aparentemente da mesma forma, com os mesmos direitos e deveres, sem distinção no trato das coisas da criação. Abençoou-os e lhes disse que fossem fecundos, que se multiplicassem, enchendo e sujeitando a Terra, dominando todas as outras espécies. Veja, não há referências a Adão, nem a Eva, apenas a homens e mulheres. Esses nomes vão surgir depois. Quando, sem explicação, o homem alega solidão diante do Criador, é então que surge a figura de Eva, nascida de uma costela de Adão[2]. Nunca você se perguntou que fim tomou a outra mulher, ou as outras mulheres criadas. Elas desapareceram e, de uma hora para outra, o homem se viu só, implorando a Deus uma companheira. E quando se fala dessa nova mulher para Adão, refere-se a ela como sendo idônea e auxiliadora para ele. Eva não é natural; ela é derivada do homem. Há mesmo filósofos cristãos que defendem que as mulheres, por essa origem, não podem ser consideradas semelhantes ao Criador e, sim, semelhantes e dependentes do homem[3], matéria da qual se originam.

– Confesso que nunca tinha prestado atenção a esses detalhes. Deduzo que a mulher desaparecida seja Lilith. Quem era ela?

– Ibn, não se esqueça, eu não defendo a literalidade dos textos bíblicos. Eles precisam ser interpretados e representados no simbolismo que encerram. Lilith é a mulher natural, é o ser feminino revoltado com a subjugação do homem, com o domínio que sobre ela o homem desejou obter. Lilith abandonou Adão. E a associação da sensualidade e liberdade da mulher com as serpentes vem dela. Lilith transformou-se na serpente unida a Samael que tentou Eva, instigando-a a provar da árvore do conhecimento.

– Fascinante. E como você interpreta essa história: lenda, mito, metáfora? Qual o sentido?

– Um pouco de tudo – retrucou Benjamim, lançando um olhar a Layla

---

[1] *Gênesis, cap. 1, versículos 23 a 28.*
[2] *Gênesis, cap. 2, versículos 18 a 22.*
[3] *Referência ao pensamento de Santo Agostinho.*

que, ajoelhada ao solo, dobrava-se até encostar com as costas nos pés. Os cabelos escaparam do último véu que lhe envolvia a cabeça e o corpo, revelando os trajes primorosos e sensuais das odaliscas dos reis árabes. No ventre exposto, cintilava no umbigo uma jóia antiga, um rubi flamejante, que refletia as luzes das tochas, igual às outras jóias que lhe enfeitavam os braços, o colo e a testa. Realmente ela lembrava uma cobra, deslizando rápida e sinuosa pelo solo.

– Lilith é a rebeldia do feminino, da mulher, a dominação que sobre ela se faz. Eva é a mulher subjugada, submissa, mas, mesmo nessa, em algum lugar de seu íntimo, há uma voz rebelde chamando-a a libertar-se. Isso é a minha interpretação, olhando-se a questão da mulher. Acredito que a história esteja aí escrita sob metáforas. Sabemos que, na antigüidade distante e nos cultos das religiões pagãs, a condição das mulheres era muito diferente. Elas tinham o poder. Lilith é também a representação desse passado revoltado; Eva, o presente papel da mulher nas religiões patriarcais. De outro lado, também pode ser visto como a luta interna de todo ser humano e um convite a uma visão mais ampla da nossa história, enquanto humanidade. Nesse caso, Adão e Eva, a serpente e Samael, podem ser entendidos como o intelecto e o corpo, a imaginação e o desejo. Ou o corpo e as forças da alma em sua luta milenar na busca do equilíbrio. Veja, se atribuímos maior atenção à imaginação e ao desejo, o intelecto se degrada e, com ele, o corpo. Se a imaginação controla a razão, ao invés de ser guiada, fica sujeita ao desejo que enfraquece e degrada o corpo. Em ambos haverá morte. Civilizações e espécies se sucedendo para um dia abrigar uma forma humana equilibrada, ou a caminho do equilíbrio, nas forças que a presidem. Afinal, masculino e feminino existem em tudo, em toda e qualquer forma viva.

– Já ensinavam os gregos com suas histórias sobre as metades eternas, divididas pela ira divina e condenadas a se buscarem por toda a eternidade. Como nossa história é cercada de lendas! Por que tantos ensinos embalados em lendas e mitos?

– O Senhor deve ter suas razões para permitir esse ensino. Eu somente posso pensar que é como alimentarmos bebês; conforme eles crescem, muda-se a qualidade do alimento. Com nossa compreensão deve se passar o mesmo. Quando ela se amplia, entendemos e mastigamos idéias mais amplas. Voltando ao Gênesis: vemos o que antes não víamos. A vergonha atribuída a Adão e Eva, por se enxergarem nus, é apenas outra metáfora para referir que atingiram um nível de consciência maior que lhes permitiu enxergar o que antes não viam, mas que, nem por isso, deixava de existir ou estar lá. A cegueira era condição deles, a coisa vista não sofreu modificação. Eles é que mudaram.

– E o que me diz de Caim e Abel? O que são?

– Os filhos de Adão e Eva, mas você esqueceu de Set. São três. Simbolizam as sucessivas civilizações sobre a Terra e o aprimoramento que cada uma sofreu e que cada ser humano carrega consigo, como progresso da espécie. Abel é o tipo vegetativo; apenas força vital, sobrevivência. Caim é o surgimento do instinto, do aspecto animal, da capacidade de destruir, do anseio de conservar, de dominar. Ele elimina Abel que é mais frágil, sucedendo-o. Por último, surge Set que supera Abel. Set representa o domínio da razão; é o ser intelectual, racional, consciente. A descendência de Set forma a humanidade nascida de Adão e Eva. É a história de toda humanidade, da vida humana na Terra, e, ao mesmo tempo, das lutas que cada alma reproduz em seu crescimento como criatura humana.

Ibn, com a mente tomada e em atividade com as idéias lançadas por Benjamim, voltou sua atenção à apresentação de Layla. Naquele instante Jamal erguia-se e estendia a mão à esposa, que encerrara a dança enroscada e caída ao solo. Graciosamente ela se ergueu, sorrindo para o marido e agradecendo os aplausos dos convidados. Com um pequeno gesto, sinalizou aos músicos que iniciaram uma música suave. Por detrás das mesmas fogueiras, Guadalupe participava da festa, estreando como dançarina e aprendiz da mãe.

– Lilith e Eva, lados, faces da história da mulher – murmurou Ibn. Olhando-as com novo entendimento, ainda mais liberal e livre de culpas e pecados que as religiões insistem em lançar sobre a natureza feminina, sorriu para Benjamim e disse – Até o nome de Layla lembra Lilith.

Benjamim aquiesceu, silencioso. Desde que a conhecera, relacionara seu nome à palavra hebraica lail, que significa noite.

E a noite esconde mistérios, oculta forças.

Fevereiro de 2007.
José Antônio

Impressão e Acabamento
Prol
EDITORA GRÁFICA